Die Schattenspieler

Renate Hartwig

Die Schattenspieler

direct dv verlag

Renate Hartwig „Die Schattenspieler“

Internet: http://www.directverlag.de

Umschlaggestaltung: Paul Hartwig
Satz-, Druck- und Bindearbeiten: Ebner & Spiegel, Ulm
Printed in Germany 2002

ISBN 3-935246-02-1

Inhalt:

Du hast es auch gewusst ...

Weshalb schreibt sie dieses Buch? Sie war doch immer diejenige, die breit über Scientology informiert hat. Ich höre sie, die fragenden Stimmen, die Vorwürfe, man würde mit Fakten und Fragen – wie ich sie mit diesem Buch öffentlich mache – Scientology nützen.

Dagegen steht ganz klar: Ich bin nie angetreten, um jemandem zu schaden! Sondern, um eine damals wie heute überfällige öffentliche Diskussion in Gang zu bringen.

Richtig ist, ich habe mehr als 11 Jahre versucht, das gesellschaftspolitische Thema Scientology nach den Statuten eines Rechtstaates klären zu lassen! Es gab in dieser Zeit von staatlicher und kirchlicher Seite Broschüren und Planstellen, Tagungen und eine endlose Fülle von Worthülsen.

Aber geklärt ist nichts!

Statt dessen wurde Scientology nach Belieben für verschiedene Interessengruppen als Steigbügel benutzt. Wir haben heute eine Situation, in der ich gar nicht mehr anders kann als aufzustehen.

Warum? Weil ich über ein Jahr lang Fakten nachrecherchiert habe und mir Beweise vorliegen, von denen die Sektenbeauftragten und Planstellenbesetzer behaupten, sie seien „Scientology-Propaganda".

Selbst ich habe das einmal gesagt. Zu ungeheuerlich waren die Vorwürfe, als dass ich diese glauben konnte. Ein ganz wesentlicher Aspekt für die Entstehung dieses Buches ist die Einstellung, mit der ich als engagierter Bürger dieses Staates angetreten war: Wegschauen kommt für mich Mitmachen gleich. Und ich will nicht mitmachen bei dem, was sich hier in diesem Deutschland abspielt.

Ich will Denunziantentum nicht unterstützen. Ich will nicht Ausgrenzung fördern und nicht Feigheit dulden. Ich will in einem Rechtsstaat leben und nehme mir die Freiheit aufzustehen, eben weil dieser Rechtsstaat durch das Handeln Einzelner längst zur Farce geworden ist. Aus diesem Grund fühlte ich mich auch gezwungen, Beweismittel für diese Publikation und weitere Materialien an mehreren Stellen, auch im Ausland, zu deponieren. Ich gebe nicht viel auf meine eigene Sicherheit, es ist mir aber wichtig, dass Sie, lieber Leser, von diesen Vorgängen erfahren. Böse Zungen werden behaupten, ich sei „gekauft“ oder „erpresst“ worden, dieses Buch zu schreiben. Das ist nicht wahr. Im Gegensatz zum „Kartell“ der Sektenbeauftragten habe ich mich niemals einer Gruppe angeschlossen oder mich finanziell oder sonst wie von Dritten abhängig gemacht. Dies war so und wird auch so bleiben.

Während der Vorarbeiten für dieses Buch habe ich erkannt, dass die mir nun vorliegenden Dokumentationen einigen Wirbel machen würden. Vieles erschien mir einfach zu unglaublich, um es einem unbeschwerten Leser begreiflich machen zu können. Ich hoffe, es ist mir mit dem nun vorliegenden Ergebnis monatelanger Recherchen gelungen.

Es gilt für mich heute genau wie gestern und morgen:

Ich will nicht, dass meine Kinder und Enkelkinder einmal zu mir sagen – Du hast es gewusst, warum hast Du dazu geschwiegen und nichts dagegen gemacht?!

Einleitung

Und wenn ich erleben würde, wie alles untergeht, wenn ich einsehen müsste, dass all mein Handeln falsch war, wenn ich merken würde, dass wieder einmal Freunde zu Feinden werden, dass sich die davonstehlen, auf die ich mich verlassen habe, dann, ja dann erst recht – würde ich noch einmal von vorn anfangen und als erstes einen neuen Baum der Hoffnung pflanzen.

Im Haus der Demokratie wird das Schauspiel „Schattenspieler im inszenierten Rechtsstaat“ seit vielen Jahren aufgeführt.

Zu allen Zeiten erkannten die Menschen, dass Worte und Theater miteinander einhergehen. Entsprechend bereichernd fand man das Theater bereits in der Antike. Um Theater wirklich zu verstehen, müssen wir uns zunächst klarmachen, dass es sich „von Außen“ an uns wendet, mit Worten, Bildern und Handlungen. Um es zum Leben zu erwecken, es zu vervollständigen, müssen wir ihm selbst etwas entgegenbringen. Erst unsere eigenen Reaktionen verleihen dem Theater seine „magische Kraft“. Nur wenn wir uns auch als Zuschauer mit dem Geschehen auf der Bühne auseinandersetzen, gibt uns auch das Theater die Möglichkeit der Reaktion.

Weshalb das folgende Schauspiel „Schattenspieler im inszenierten Rechtsstaat“ noch nicht abgesetzt wurde, liegt an den vielen schlafenden, duldenden und zahlenden Zuschauern.

Renate Hartwig

Prolog

Freiheit fängt mit Würde an.

„Die Würde des Menschen ist unantastbar“ ist verankert in unserem Grundgesetz, Artikel 1.

In gesellschaftspolitischen Auseinandersetzungen wird dieser Artikel des Grundgesetzes regelmäßig als Grundlage unseres Miteinander zitiert.

In meinen verschiedenen Publikationen habe ich kontinuierlich darauf hingewiesen, dass es bei näherer Betrachtungsweise von so genannten Sekten, Weltanschauungs- und Psychogruppen auffällt, dass die sie betreffenden Konflikte auch dadurch entstehen, wie die Beauftragten für dieses Thema damit umgehen. Denn es geht nicht um die Sache – also eine gesellschaftspolitische Auseinandersetzung mit verschiedenen Gruppierungen zu führen, sondern um Machtspiele dieser Beauftragten und um die Interessen einzelner Lobbygruppen.

Und legt man nun der Auseinandersetzung um so genannte Sekten den Artikel 1 unseres Grundgesetzes zu Grunde, ist man bereits in einem Konflikt.

Da es sich um einen sehr emotionalisierten Themenkreis handelt, der bis in die Privatsphäre geht, muss man von den Beauftragten von Kirche und Staat eine Vorbildfunktion in der Auseinandersetzung erwarten können. Bereits hier beginnt das Manko, weshalb es seit Jahrzehnten keine Lösungen dieser Konflikte gibt, sondern im Gegenteil neue Brandherde geschürt wurden.

Gerade dieser Personenkreis, der mit Steuergeldern von Kirche und Staat finanziert wird, um als Sektenbeauftragte zu arbeiten, kristallisiert sich als Bremsklotz für Lösungen und Entschärfung der Situation heraus. Es wird nicht AUFGEKLÄRT, sondern es findet eine

STIGMATISIERUNG statt. Und zwar flächendeckend. Es wird nicht AUSEINANDERGESETZT, sondern VERURTEILT. Es wird nicht GEKLÄRT, sondern VERNEBELT. Und es wird durch das Verhalten dieser Personen der Artikel 1 des Grundgesetzes ausgehebelt.

Hinter den Kulissen gibt es Rangeleien zwischen staatlichen und kirchlichen Beauftragten. Diese beziehen sich nicht auf die Inhalte ihrer mit Steuergeldern finanzierten Planstellen, sondern es geht um höhere Kompetenzen, gesicherte Existenzen und bessere Einflussmöglichkeiten, also um Macht und Geld!

Wie geht der in sich geschlossene Kreis der Beauftragten tatsächlich mit der Würde des Menschen um?

Die Frage beschäftigte mich über Jahre, weil ich in vielen Einzelfällen erlebte, wie Artikel 1 Grundgesetz durch die Tätigkeit von Sektenbeauftragten zur Farce wurde. Ähnlich geheimen Zirkeln schotten sich auch Sektenbeauftragte ab. Es kam bereits vor, dass hinter verschlossenen Türen, sogar per Drohung, diejenigen zum Schweigen verdonnert wurden, die sich diesem Stil des Umgangs untereinander nicht anpassen wollten. DIE Sach, ist nebensächlich, es geht um die Sicherung von Positionen, es geht um Macht und Einfluss. Wer beginnt, die fest eingefahrenen Gemeinschaften zu hinterfragen, stößt auf eisernes Schweigen und Feindseligkeit.

Erst dieses Verhalten verursachte, dass ich begann, immer mehr Vorkommnisse zu recherchieren. Der Steuer zahlende Bürger wird ausgeblendet von Entscheidungen und wird zum Konsumenten einer einzigen Meinung – die der Beauftragten! Die ist aber nicht demokratisch oder gar expertenhaft entstanden, sondern sie wird diktiert!

Kaum einer ist bereit, die Situation so zu sehen, wie sie tatsächlich war und heute noch ist. Es gibt sie, die verschiedenen Lager, denen man sich entweder anschließt und unterordnet, oder man wird zum Feind und aktiv bekämpft. Nein, es sind nicht Sekten, die ich hier beschreibe, zumindest nicht im herkömmlichen Sinn. Es sind die Sektenbeauftragten und deren Strukturen. Wie Feindbilder aufgebaut und gezielt angewendet werden, können Sie, lieber Leser, im Laufe der verschiedenen Akte dieses Schauspiels erkennen. Vielleicht sind Sie ja dann auch so verblüfft wie ich es war, als ich diese in sich völlig antidemokratische Struktur innerhalb Staat und Kirchen erkennen musste.

Natürlich gab es immer einzelne Sektenbeauftragte, die mit mir in Kontakt standen und stehen. Diese wissen, dass ich nicht mehr länger zuschauen kann und will. Sie haben mich gewarnt, aufgrund ihrer eigenen Erfahrungen. Einige, die resignierten und deren Angst um ihre Existenz sie zur schweigenden Mehrheit werden ließ.

So entstand eine Kritikersekte mit allen Kriterien, die eine solche Gruppierung auszeichnet. Sie funktioniert und blendet Demokratie aus, mitten in einem Rechtsstaat. Von Recherche zu Recherche schwand auch meine Vorstellung, dass die Aktionen dieser Kritikersekte von verantwortungsvollen Politikern und Vorgesetzten geahndet werden.

Immer mehr kristallisierte sich heraus, dass die Kirchenoberen ein sehr einseitiges Interesse daran haben, Sektenbeauftragte einzusetzen. Schadensbegrenzung heißt das Schlüsselwort! Denn durch die Beauftragten wird ja auch statistisch festgestellt, wohin die „verlorenen Schäfchen" den beiden großen Kirchen abhanden gekommen sind. Nur niemand hinterfragt den Zweck und die Richtigkeit dieser Statistik. Das ganze Spiel hat mehr einen marketingstrategischen Hintergrund. Selbst das könnte man eventuell noch erklären, wenn es denn tatsächlich um den Schutz von Menschen ginge. Nur, darum geht es meiner Meinung nach eben nicht. Es geht um Macht, Einfluss und Geld! Und nicht um das Seelenheil. Mitglieder religiöser und weltanschaulicher Gruppierungen werden zur Ware und zum Machtfaktor. Aber ist das nicht genau der Vorwurf, den man so genannten Sekten und Psychogruppen macht? Ist es nicht dieser Vorwurf, der vorgeblich zur Beobachtung von Scientology durch den Verfassungsschutz geführt hat?

Weshalb beschäftigt sich der Staat zwar unter Schaffung von Planstellen und sehr kostenintensiv mit dem Thema Scientology, hat jedoch nach Jahrzehnten der lautstarken Kritik, des Sammelns von Unterlagen und der Veröffentlichung Dutzender Berichte versäumt, eine klare Rechtsgrundlage für den Umgang mit den kritisierten Gruppen zu schaffen?

Weshalb wurde und wird von staatlichen und kirchlichen Beauftragten noch gefördert, dass das Wort Scientology allein zur Keule wurde, und nur das Aussprechen dieses Wortes zu Ausgrenzung und Diffamierung führen kann?

Wer übernimmt die politische Verantwortung für die Schäden, die durch Sektenbeauftragte sowie staatlich alimentierte Personen entstanden sind? Wer die Verantwortung, dass der soziale Friede in Gefahr geraten ist? Dass Steuergelder zweckentfremdet werden und dadurch die demokratische Grundordnung in Schieflage kommt?

Umso mehr meine Recherchen in die Tiefen der einzelnen Strukturen in der Anti-Sektenszene gingen umso entsetzter wurde ich. Die von der Kanzel gepredigte christliche Nächstenliebe suchte ich vergebens, und das „Hilfsangebot" staatlicher Stellen gibt es nicht. Die Anlaufstellen werden bei genauer Recherche als Kulisse des inszenierten Rechtsstaates enttarnt. Privatinitiativen werden benutzt, um das staatlich verankerte Neutralitätsgebot zu unterlaufen und um juristischer Verfolgung und politischem Imageschaden zu entgehen.

So agiert der Staat hinter den Kulissen als Schattenmann. Das Drehbuch für das Schauspiel „Inszenierter Rechtsstaat" der letzten Jahre kommt aus seiner Feder. Die Großkirchen haben sich das Urheberrecht für das Drehbuch gesichert und wurden damit zur Zweckgemeinschaft mit dem Staat.

Die öffentliche Diskussion der folgenden Fragen ist längst überfällig: Gibt es eine detaillierte Ursachenforschung innerhalb der Kirchen, warum sich die Angebotspalette in Glaubens- und Weltanschauungsfragen immer weiter vergrößert? Ob die Kluft zwischen dem spirituell suchenden Menschen und den Großkirchen daher kommt, weil diese Kirchen sich mehr um Machterhalt und Kontrolle als um Glaubensfragen kümmern? Hat der Staat anhand von Ursachenforschung abgewogen und geprüft, ob das inzwischen aufgebaute Heer von Sektenbeauftragten für die Gesellschaft ein Nutzen oder ein Schaden ist? Langt die Existenzsicherung der Beauftragten als einzig erkennbares Resultat aus, um den Steuerzahler zu belasten? Oder handelt es sich hierbei nicht schon längst um einen eklatanten Betrug am Steuerzahler? Ab wann ist die Freiheit des einzelnen, sich für die Mitgliedschaft in einer umstrittenen Gruppierung zu entscheiden, höher zu bewerten als die Planstellensicherung für Beauftragte?

Es war und ist verpönt, solche Fragen überhaupt thematisieren zu wollen. Doch sie sind notwendig in einer Demokratie, erst recht in einer wehrhaften!

So fing ich an, im Jahr 2001 Bilanz zu ziehen und diesen Fragen nachzugehen. Ich begann, den schmalen Pfad zu begehen, auf dessen Wegschild steht: „Wann beginnt Fanatismus, und leben wir noch in einer Demokratie?“

> Der Mensch hat dreierlei Wege, klug zu handeln:
> Erstens durch Nachdenken,
> das ist der Edelste,
> Zweitens durch Nachahmen,
> das ist der Leichteste,
> Drittens durch Erfahrung, das ist der Bitterste.
> (Konfuzius)

Der Vorhang öffnet sich

Treffen mit unbestimmtem Ausgang
Dialog zwischen den Fronten

„Guten Morgen, ich bin Lehrer, und es gibt in unserer Klasse ein Problem."

Es handelt sich immer um Probleme, die mir „durch den Telefonhörer" mitgeteilt werden. Fragen über Fragen, die sich irgendwie stets wiederholen. Eigentlich erwartete ich, dass mich erneut jemand fragt, ob ich „weiß, ob X oder Y eine Scientologin oder ein Scientologe ist." Jedoch bereits beim zweiten Satz des Lehrers wusste ich, dass er sich in einer Situation befindet, mit der er nicht umzugehen weiß.

Auch eines dieser Phänomene, die mich zum Nachdenken brachten.

Wenn sich seit nun über 30 Jahren allein in Deutschland unzählige Experten von Staat und Kirche mit einem Thema beschäftigen und Papierberge darüber produzieren, ist zu fragen, weshalb es dann im Jahr 2001 noch möglich ist, dass zum Beispiel ein Lehrer nicht weiß, wie er mit dem Thema umgehen soll, wenn er damit konfrontiert wird.

„Bei uns in der Klasse ist ein Junge, 15 Jahre alt und bereits als Scientologe auf die Welt gekommen, also so getauft. Wie gehe ich damit um?" Meine gereizte Gegenfrage: „Wieso sollen Sie mit ihm anders umgehen als mit den anderen Kindern? Wo liegt der Unterschied zwischen ihm und Ihren anderen Schülern? Weshalb haben Sie damit ein Problem?" Das Schweigen in der Leitung deutete entweder auf Überlegen oder Erschrecken hin.

Zum Zeitpunkt des Anrufes war ich bereits mit meinen Hintergrund-Recherchen so weit, dass ich nicht mehr bereit war, wie ein funktionierender Roboter der Telefonauskunft zu reagieren, bei dem pauschale Ratschläge vom Band laufen. Diese gibt es nämlich gar nicht. Nur: Wie das jemandem klarzumachen ist, der am Telefon die Erwartungshaltung hat, auf Knopfdruck eine Lösung zu erhalten, war schwierig. Es zeigt allerdings auch, dass gar nichts stattgefunden hat; weder Aufklärung, noch Auseinandersetzung – noch Klärung – eben rein gar nichts.

Ein Wort – „Scientology“ – wurde negativ besetzt, mehr nicht. Von keiner Seite, weder Staat noch Kirche, wurde auch nur der Versuch einer Klärung unternommen.

Natürlich gibt es Dutzende „Experten“ zu diesem Thema. Doch im Jahr 2001 war mir klar, dass das Ganze ein Selbstläufer im Sinne von „Stillstand“ ist.

Wie ein Bild, das man an die Wand hängt und auf dem steht: „Achtung: Scientology“! Jeder, der dieses Bild betrachtet, sagt: „Aha, Vorsicht!“ Und je länger dieses Bild an der Wand hängt, verselbständigt es sich als Wort zum Monster, mit dem sich niemand mehr auseinander setzt.

Genauso ging es dem Lehrer am Telefon: Die Auseinandersetzung mit so genannten Sekten und Psychogruppen „ist im Schulprogramm verankert“ und das ist richtig. Nun kommt es darauf an, wie der einzelne Pädagoge dieses Thema selbst sieht, wie er an welche Informationen kommt und wie er diese – jugendgerecht objektiv – verarbeitet, so dass die Kinder und Jugendlichen lernen, wie man sich selbst eine eigene Meinung bildet.

Allerdings haben die Erfahrungen der letzten Jahre gezeigt, dass die Informationen, über die Lehrer verfügen, nicht kind- oder jugendgerecht sind und schon gar nicht objektiv.

Im Verlaufe des Gespräches erinnerte ich mich an die Zeit, als ich in der Jugend-Drogenhilfe verzweifelten Lehrern gegenübersaß, die mit dem Thema, als sie „praktisch“ damit konfrontiert waren, nicht wussten, wie sie „nun damit umgehen“ sollten.

„Theorie und Praxis“, so könnte auch der Verlauf dieses Schlüsselerlebnisses für mich als Überschrift lauten.

Im Unterricht wurden Sekten behandelt. Der besagte Schüler wurde von Stunde zu Stunde aggressiver und wehrte sich gegen den Unterricht. Im Gespräch mit anderen Kollegen sickerte dann hinter vorgehaltener Hand durch, „der Junge ist Scientologe, weil eben auch seine Eltern seit vielen Jahren Scientologen sind.“ Die erste Reaktion war: In der folgenden Stunde befasste man sich mit der Bibel und hat das Thema „Sekten“ ausgeschlossen. Nur ließ der Junge nicht locker und fragte immer wieder während des Unterrichtes: „Wer sagt, dass es schlimm ist?" „Warum?" „Aus welchem Grunde warnen Sie jetzt davor, dass jemand etwas anderes glaubt als Sie?" Die gereizte Stimmung in der Klasse nahm zu. Und was macht man in so einem Fall? – Man ruft bei einem „Sektenbeauftragten" an. So geschehen! Nicht nur einmal, zweimal, dreimal, überall. Und jedes Mal hörte der Lehrer das, was auch in seinem Kopf vorhanden ist: Achtung! Ein Lösungsvorschlag erfolgte nicht.

Nun handelt es sich bei diesem Lehrer um einen engagierten Pädagogen, der sich auch noch zu Hause über die Kinder, die er unterrichtet, Gedanken macht. Er erkannte, dass der Junge sich auf keinen Fall mit seinen Pauschalaussagen zufrieden gab. Deshalb kontaktierte er einzelne „Sektenexperten", die über Planstellen von Kirche und Staat eingesetzt sind. Das Ziel des Lehrers war, Antworten im Umgang mit solch einem Problem zu erhalten. Jedoch auch hier erhielt er Pauschalaussagen sowie die großen Worte „Vorsicht" und „Achtung", die ihn nicht weiterbrachten.

Im Vier-Augen-Gespräch mit dem Jungen erzählte er ihm, dass er Sektenexperten kontaktierte, um über diesen Weg Antworten auf seine Fragen zu erhalten. Der Junge, nicht dumm, bot an, sich die Antworten selbst zu holen. Und so kam es, dass der Fünfzehnjährige auf eigene Faust die Fragen von verschiedenen „Experten" beantwortet haben wollte: „Was habt Ihr gegen mich?" „Warum ist es schlimm, dass ich ein Scientologe bin?" Mit fünfzehn Jahren, mitten in der Pubertät, selbstsicher, wusste er durch die Gespräche mit seinen Eltern, von anderen Scientologen oder der Organisation, dass es diese gefestigten Feindbilder gibt. Und all das, was er aus seinem sozialen Umfeld hörte, erlebte er jetzt live, indem er versuchte, Antworten zu erhalten. Am Telefon wurde er mehrfach abgekanzelt; in zwei Fällen auf öffentliche Behördendokumentationen verwiesen mit dem distanzierten Unterton: „Wir wissen alles über Scientology und Du bist als Scientologe eben ein armer Hund. Aber helfen, nein, das können wir Dir nicht." Er wollte jedoch gar keine Hilfe. Er wollte Antworten. Er hatte offene Fragen. Er wanderte weiter durch die Listen, die offiziell als Anlaufstellen verbreitet werden. Zweimal versuchte er, direkt vorstellig zu werden. Diese Erfahrung zeigte ihm, wie man auf Scientologen reagiert. Die Türe fiel von innen ins Schloss. Ein Gespräch fand nicht statt. Die „Rollade eines Experten" rasselte vor einem Fünfzehnjährigen herunter. Man ließ ihn mit den vielen Fragen einfach stehen.

Als der Lehrer dies von dem Jugendlichen erfuhr, wurde er selbst unruhig. Aus dieser Stimmung heraus erfolgte das Telefonat mit mir. Spontan erklärte ich, dass ich – trotz weiter Entfernung – bereit bin, mit dem Jungen ein Gespräch zu führen. Ich bat den Lehrer, einen Vertrauenslehrer hinzuzuziehen und dem Jungen zu sagen, dass er jetzt nicht mit dem Kopf durch die Wand gehen soll, sondern dass man einfach mal schaut, wie man seine offenen Fragen beantworten kann.

Es verging wiederum eine Woche, bis der Lehrer mir den Lauf der Dinge mitteilte. Der Junge durfte nicht mit mir reden, weil seine Eltern das nicht wollten. Jetzt stand das andere Feindbild im Raum. Hartwig mit ihren Publikationen über Scientology will mit einem Fünfzehnjährigen reden und ihm für seine Fragen zur Verfügung stehen? Darauf kam als erstes mal ein „Nein!“ Das Sorgerecht haben die Eltern. Einfluss haben in dem Falle weder die Schule und schon gar nicht ich. Und wieder war es dieses Ohnmachtgefühl, das mich überkam. Eine Mischung aus Wut, Verzweiflung, aber auch Erkenntnis, was hier in unserem Land los ist.

Es kann doch nicht sein, dass ein 15-jähriger Scientologe im Selbstversuch, Antworten zu bekommen, so abgeschmettert wird. Und dadurch natürlich auch einerseits das Feindbild, das er in sich trägt, gefestigt wird, andererseits der Versuch, mit ihm zu reden, von Seiten seiner Eltern wegen des „umgekehrten Feindbilds“ verboten wird.

Eine Situation, die sehr klar die tatsächlichen Zustände offen legt. Nun, ich bin Publizistin und keine Sektenbeauftragte. Ich habe Bücher geschrieben zu einem Thema und habe in elf Jahren gelernt, wie schnell die Saat „Hass“ aufgeht und zum gefährlichen Fanatismus wird. Durch eine einseitige Informationsspur habe ich mitgeholfen, Feindbilder zu kreieren und habe gelernt, was es heißt, als „Feind“ leben zu müssen.

Das Telefonat ging mir nicht mehr aus dem Kopf. Einen Tag und eine Nacht beschäftigte es mich immer und immer wieder. Am nächsten Morgen kam ich mit unserem Labradorhund Plato vom morgendlichen Laufen zurück, legte die Leine hin, ging sofort zum Telefon und rief den Lehrer an. Natürlich war er gerade im Unterricht. Ich ließ nicht locker, machte es dringend und holte ihn so ans Telefon.

„Guten Morgen, ich habe es mir überlegt. Mit diesem Thema kann ich so nicht umgehen und Sie können das als Lehrer auch so nicht stehen lassen. Bitte, rufen Sie die Mutter des Jungen an und sagen ihr, dass ich mit ihr telefonieren will. Und wenn sie nicht möchte, dass Sie mir ihre Telefonnummer geben, dann geben Sie ihr meine. Ich erwarte ihren Anruf. Es geht um ihren Sohn und um sonst nichts."

Mein Ton war unüberhörbar konsequent. Und siehe da, der Anruf kam. Zurückhaltend, leise, misstrauisch nannte die Mutter des Fünfzehnjährigen ihren Namen, den ich im ersten Moment gar nicht einordnen konnte.

Zwei Jugendliche – viele Fragen – und das große Schweigen

Sie nannte den Namen des Jungen und die Schule. Für Sekunden war dann Schweigen in der Leitung. Irgendwie vermittelte sie mir das Gefühl, als würde sie bewusst leise sprechen oder den Hörer weit von sich weg halten, damit nur ja nicht eine irgendwie geartete Nähe zum „Feind" entsteht.

Ich dachte an den Jungen und die völlig verquere Situation, dass ein Lehrer hilflos vor seiner Klasse steht und nicht weiß, wie man nun in der Praxis mit einem Thema umgeht, das doch bundesweit von dutzenden Sektenexperten behandelt und mit Abermillionen Steuergeldern finanziert wird. „Grotesk", das ist alles, was einem dazu einfällt.

Unter anderem war das auch die Triebfeder meines Angebotes, mit dem Jungen zu reden, um das bereits vorhandene, betonierte Feindbild nicht noch weiter zu festigen. Das alles schoss mir in dem Moment als Zeitraffer durch den Kopf und ich unterbrach das Schweigen klar und unmissverständlich:

„Punkt 1. Wir reden jetzt miteinander von Mutter zu Mutter, von mir aus auch von Frau zu Frau, vergessen diese Fronten und denken beide nur an die Situation Ihres Sohnes. Denn um diesen geht es!"

Es war wie ein tiefes Durchatmen, das ich dann an meinem Ohr vernahm.

„Das Problem ist nicht mein Sohn, sondern, dass er das Kind von Scientologen ist und er überhaupt nicht versteht, wenn wir zu ihm sagen, es sei auf Grund der Situation in Deutschland besser, er sage niemandem, dass er auch ein Scientologe ist."

Jetzt war ich es, die erst einmal ruhig durchatmen musste. Was war das? Ich überlegte, was das heißt und sprach meinen Gedanken laut aus. „Wollen Sie mir jetzt damit sagen, dass es in unserem Land für Scientologen nicht möglich ist, ohne Probleme dazu zu stehen, und dass dieses bereits bei Kindern anfängt?"

Als würde man eine Schleuse öffnen, hörte ich ihre Stimme fester und lauter. Eine Mischung aus verhaltener Wut und so, als hätte sie mir schon längst etwas an den Kopf werfen wollen und nun endlich die Gelegenheit dazu hatte. „Sie haben doch wohl nicht ernstlich gedacht, dass die Bücher, die Sie geschrieben haben, ohne Wirkung bleiben?! Außerdem sind Sie doch keine Traumtänzerin, die annimmt, dass man gerade in Deutschland über verschiedene Ansichten diskutieren kann, ohne dass Diskriminierung passiert!" Und sie erzählte mir von ihrem Mann, der täglich mit einer Kündigung rechnet, sobald es irgendwo eine firmeninterne Möglichkeit zur Kündigung gibt. Dass sie versuchen, völlig unauffällig zu leben, keinen Disput in der Nachbarschaft bekommen und eben dem Sohn eintrichterten, er solle sich auf keinen Fall als Scientologe zu erkennen geben. Der Grund läge nicht an der Organisation, sondern daran, wie die Gesellschaft mit Scientologen umgehe.

Aha, schoss es mir durch den Kopf, jetzt kommt die Opfer-Verfolgungsschiene. So, wie man immer wieder darüber hört und liest.

Aber mein Gewissen begann zu rumoren, gepaart mit verhaltener Wut und dem Wunsch, der ganzen Sache jetzt endlich auf den Grund zu gehen.

Ich fragte sie, ob sie eines meiner Bücher gelesen habe. Und wenn ja, ob sie mit mir darüber reden möchte. So, wie sie mir antwortete, sah ich sogar, wie sie jetzt wahrscheinlich die Hand hebt und abwinkt.

„Ach, hören Sie doch auf, wer will denn aufrichtig mit uns reden?! Was denken Sie, aus welchem Grund der Lehrer in seiner Klasse nun ein Problem hat, weil dort ein Scientologen-Kind sitzt! Das ganze Theater ist doch nur entstanden, weil es sich um eine staatliche Schule handelt. So einfach kann man ihn auf Grund der Schulpflicht nicht hinausschmeißen. Wäre es eine Privatschule, hätte man sicherlich schon längst einen Weg gefunden, unser Kind hinauszuschmeißen.“

Ich widersprach heftig! „Also, jetzt bleiben Sie aber mal auf dem Teppich! Nennen Sie mir ein Kind, das deshalb „herausgeflogen“ ist, weil es ein Scientologen-Kind ist. Das wäre ja ...“ Ich hörte mitten im Satz auf, und sie bemerkte es. „Was wäre es, was, Frau Hartwig?“ Mir schnürte es in dem Moment den Hals zu, und ich sagte nur noch: „schlimm, sehr schlimm!“ Aber ich denke, sie wusste, dass ich etwas anderes dachte. Daran, dass ich selbst gesehen hatte, wie man mit Scientologen heute in Deutschland umgeht und ihren Vergleich mit dem „dunklen Deutschland“ als Propagandamaßnahme abgetan hatte. Und der Gedanke in meinem Kopf – was ist, wenn sie recht hat – war wie ein Hammer, der immer wieder anklopfte und sich dadurch bemerkbar machte.

Ich versuchte ihr zu erklären, warum ich mit ihrem Sohn sprechen wollte. In einen Fünfzehnjähriger, mitten in der Pubertät, dem man die Türe vor der Nase zuschlägt, die Rollladen herunterzieht und ihn ohne Antwort stehen lässt, legt man das Saatgut für Fanatismus.

Aus welchem Grund sie mir als Treffpunkt mit ihrem Sohn dann Frankfurt vorschlug, obwohl einige hundert Kilometer von ihrem Wohnort entfernt, habe ich nicht mehr hinterfragt. Es war für mich so etwas wie die halbe Strecke, und ich dachte, es ist so etwas wie ein Entgegenkommen. Ihre Bedingung, dass ich alleine kommen solle, begründete sie mit dem Hinweis, dass er noch sehr jung ist und unbedingt ohne seine Eltern solch ein Gespräch führen wolle. Sie möchten jedoch, dass er nicht ganz alleine ist; deshalb käme jemand in seinem Alter mit.

Das akzeptierte ich sofort. Wir beendeten das Telefonat, nachdem sie mir zusicherte, noch einen genauen Termin und Treffpunkt telefonisch durchzugeben.

Treffen mit unbestimmtem Ausgang

Wir trafen uns – zwei junge Scientologen und ich, diejenige, die man bei Scientology „Feind“ nennt. Wir waren bereit zu einem Gespräch, und das zählte heute, mehr nicht! Aber während der Fahrt von meinem Wohnort in Nersingen bei Neu-Ulm nach Frankfurt hatte ich Zeit zum Nachdenken.

Ich war überzeugt, dass die Entscheidung, dieses Gespräch zu führen, richtig war. Aber, aus welchem Grund auch immer, spürte ich so etwas wie eine drohende Wolke, die sich über mir zusammenzog. Ich begann in mir zu sortieren. Wir leben in einem Rechtsstaat, in einer Demokratie. Scientology ist nicht verboten. Ich habe viele Jahre versucht, über dieses System eine öffentliche Diskussion in Gang zu bringen. Also, woher kommt dieses Gefühl der Bedrohung? Von was fühle ich mich bedroht?

Das Schild „Frankfurt am Main“ tauchte auf. Auf der Stadtautobahn in Richtung des angegebenen Treffpunktes fiel es mir ein: Was würden sie jetzt sagen, die so genannten „Sektenexperten“, die Damen und Herren des Verfassungsschutzes, die Scientology beobachten und die unzähligen selbst ernannten Experten, die sich mit dem Thema beschäftigen?!

Auf einmal konnte ich diese drohende Wolke mit einem Namen bezeichnen. Tatsächlich, mich beschlich die Angst, dass mir genau diese Leute aus meinem spontanen Treffen mit zwei jugendlichen Scientologen eine Fußangel auslegen würden. Und wieder begann der Hammer in meinem Kopf zu schlagen mit dem Gedanken: Sie wird doch nicht Recht haben, die Scientologin mit ihren Aussagen?!

Der Parkplatz war fast leer. Ein Café an einer Durchgangsstraße. Ich überlegte, ob meinen beiden jungen Gesprächspartner nun hergebracht wurden und wieder abgeholt werden, oder ob sie mit irgendwelchen öffentlichen Verkehrsmitteln gekommen sind.

Entgegen meines sonst ungestümen Naturells öffnete ich fast vorsichtig die Tür zum Café. Bestimmt hatte ich irgend etwas vergessen. Wie sieht er eigentlich aus, der fünfzehnjährige Scientologe? Das war wieder typisch. Ich hatte nicht einmal gefragt, wie wir uns erkennen. Vielleicht musste ich deshalb verhalten lachen und schüttelte dabei den Kopf. Wer mich kennt, weiß, das war wieder mal typisch!

Rot gepolsterte Stühle, geraffte Vorhänge, blitzblanke Marmortische, auf denen kleine Blumensträußchen standen auf frisch gestärkten weißen Platzdeckchen. Eine Mischung aus frisch gebrühtem Kaffee und heißer Schokolade lag in der Luft. Ganz hinten in der Ecke sah ich die einzigen Jugendlichen in dem Café. Ich steuerte einfach auf sie zu, immer noch rechts und links blickend, ob nicht noch irgendwo jemand sitzt, so um die fünfzehn. Als der Junge aufstand, wusste ich, sie sind es.

Einen kurzen Gedanken überlegte ich, wie ein Sektenbeauftragter jetzt reagieren würde, jedoch zeitgleich verwarf ich den Gedanken. Denn erstens bin ich keine Sektenbeauftragte, zweitens habe ich mich nie so gesehen und drittens muss ich mir darüber keine Gedanken machen. Der Junge hatte ja zur Genüge versucht, mit einem solchen ins Gespräch zu kommen, ohne dass dies gelang.

Unsere Augen trafen sich. Er stand vor mir. Wir gaben uns die Hand. Er nannte seinen Namen und stellte seine Tischnachbarin, eine sechzehnjährige Scientologin, die heute in USA lebt, vor. Alle drei waren wir sehr zurückhaltend. Aber dann haben wir doch gelacht! Erst über das Eis, das so künstlich aussah; die Cola, die umfiel; dass ich nicht rauche, die beiden die Zigaretten hatten und ich das Feuerzeug.

Es gab einen Moment, als das Eis brach; als ich ihr Feuer gab und dabei sagte: „So ist wohl das Leben. Du hast die Zigarette und ich habe das Feuer. Wenn wir also etwas lösen wollen – z.B. dass Du rauchen kannst, dann müssen wir jetzt beide einsehen, dass wir aneinander nicht vorbei kommen.“ Bis zu diesem Zeitpunkt waren ihre Augen äußerst kritisch, misstrauisch und strahlten das aus, was sie vielleicht auch dachte, „Achtung Feind!“

Sehr, sehr vorsichtig gingen wir mit jedem Wort um! „Misstrauen“ stand groß über unserem Treffen. Aber nur die ersten zwei Stunden. „Offenheit“ war dann angesagt! Prima! Denn wir haben uns als „Menschen“ gegenübergesessen. Und das war gut so. Sehr gut! Die beiden haben mich viel gefragt.

Die erste, entscheidende Frage für sie war, ob ich ihnen hundert Prozent zusichern kann, dass ich niemals ihren Namen preisgebe. „Wem sollte ich Eure Namen preisgeben? Vor was habt Ihr eigentlich Angst?“ Sie begannen zu erzählen und, wie gesagt, mich viel gefragt. Oft konnte ich nur stockend antworten. Meine Antworten wurden immer mehr für all diejenigen zur Peinlichkeit, die in der Öffentlichkeit doch so moralisch und so seriös zumindest auftreten.

Diejenigen, die sich das selbst einreden und mit ihrem Auftrag begründen.

Um das Ganze nicht noch mehr zu belasten, nannte ich die junge Dame nicht bei ihrem richtigen Vornamen, sondern „kleine Lady“. Denn sie wirkte viel erwachsener, als sie altersmäßig war. Erst im Laufe der Zeit spürte man ihre Jugend, ihren Humor und den Wunsch, Spaß am Leben zu haben, heraus.

Der junge Mann wurde von mir „Mister Pfiffig“ genannt. Ein Lockenkopf und zwei hellwache, dunkle Augen, immer irgendwie ein Grinsen im Gesicht, das darauf hindeutet, dass jeden Moment irgend etwas aus seinem Mund kommt, woran man seine Pfiffigkeit erkennen konnte.

Sie erzählten mir von ihren Problemen. „Mister Pfiffig“ von der Angst, die er in der Schule davor hatte, dass herauskommen könnte, dass er Scientologe ist. Und die „kleine Lady“, die nun in Amerika lebt, erläuterte mir den Grund, weshalb ihre Familie nach USA umzog. Ich wusste, wovon beide sprechen. Jedoch hatte ich es tatsächlich noch nie aus der Sicht betrachtet, aus der die beiden es mir nun schilderten.

Während ich zuhörte, purzelten zeitgleich viele Gedanken durch meinen Kopf. Und wieder stand sie vor mir die Frage, die ich mir seit Jahren stelle: „Was ist schief gelaufen in dieser Auseinandersetzung, dieser so genannten Aufklärung?“

Mister Pfiffig: „Weshalb macht niemand etwas gegen das, was da passiert bei den Menschen, die man Sektenbeauftragte nennt?“

Sollte ich den beiden wirklich sagen, dass ich es genauso unglaublich und ungeheuerlich finde wie sie? Sollte ich wirklich sagen, dass niemand etwas macht, weil alles so bequem ist? Weil es nicht um das geht, was vorgegeben wird, nämlich um „Aufklärung“! Weil es eben kein Ringen um mehr Offenheit gibt! Weil – und das ist wohl die Wurzel – man in diesen Kreisen mehr Angst hat um die Sicherheit der Existenz und vor einer Auseinandersetzung, die diese gefährdet! Ich wusste es! Und ich dachte mir: Na, ihr beiden, die Welt der Heuchler hat auch ihre eigenen Gesetzmäßigkeiten, nicht nur die von Scientology!

Nur, wie sollte ich zwei Jugendlichen erklären, dass auch ich lernen musste, dass es bei diesem Thema mehr um Befindlichkeiten ging – politische und behördliche – und dass ich diese ebenso wenig verstehe wie sie. Die Öffentlichkeit versteht es ja auch nicht. Aber das stört nicht so. Sie erfährt es, wenn überhaupt, nur zufällig.

Das ungeschriebene Gesetz in dieser Welt der Sektenexperten heißt: „verschweigen, vertuschen, wo immer es geht!“ Landläufig nennt man dies auch: „absolute Loyalität“! Obwohl ich das Gefühl hatte, ein Kloß sitzt mir im Hals, brachte ich gegenüber den beiden alles in einem Satz zusammen: „Merkt Euch das Wort Loyalität! Auch, wenn es falsch ausgelegt wird. Dieses Wort wird Euch noch oft begegnen.“ Irgendwie überkam mich ein beklemmendes Gefühl.

Offenheit war angesagt! Prima! Das kam meinem Naturell sehr entgegen. Und sicher auch dem Naturell von zwei Jugendlichen, die, altersbedingt, von Grund auf neugierig sind. Man spürte es am Verhalten der „kleinen Lady“, dass auch sie anfing, lockerer zu werden. Sie erzählte, wie sie in den USA oft an die Konditorei (in Deutschland) dachte, an der sie jeden Tag vorbeigegangen war und sich ab und zu ihren Lieblingskuchen Käse-Sahne geleistet hatte. Als sie das so erzählte, schaute sie ganz verklärt auf den Kuchenteller und schloss für Sekunden die Augen, als die Kuchengabel mit ihrem geliebten Käse-Sahne-Kuchen in ihrem Mund verschwand.

In diesem Moment sah ich, dass sie zufrieden war. Dabei fielen sie mir ein, all die Sektenbeauftragten, wie sie wohl reagieren würden, wüssten sie, wer sich jetzt hier in einem Frankfurter Café gegenübersitzt. Den Gedanken schob ich beiseite, denn wir wollten reden; und zwar egal, wer nun was dabei dachte.

Ich atmete durch und mir fiel der Spruch ein: „Wer den Berg bezwingen will, muss ihn besteigen.“ Ich wollte nur eines: dieses Feindbild bezwingen – entgegen jeder Warnung. Und das zählte jetzt für mich, mehr nicht!

Alles, was ich von Scientology gehört, gelesen und darüber geschrieben habe, ließ ich an diesem Nachmittag vor der Tür dieses Cafés, das mit seinen samtroten Stühlen und der dick gepolsterten Bank gut besucht war. Und niemand ahnte, welche emotionalen Berg- und Talfahrten sich gerade an diesem Tisch abspielten. Die Feindbilder standen fest – hüben wie drüben. Ich kam mir vor wie ein

Baum, der an der falschen Stelle Wurzeln geschlagen hatte und dann gegen jegliche Vernunft einbetoniert wurde.

Auf der Fahrt zu dem Treffpunkt hatte ich bereits überlegt, welche Fragen dieser Junge wohl stellen und vor allem, wen er mitbringen würde. An die Bedingungen hatte ich mich gehalten. Es war mir wegen des Jungen wichtig, dieses Feindbild zumindest ins Wanken zu bringen. Es amüsierte mich, dass ich noch vor ein paar Stunden diesen misstrauischen Gedanken hatte, ob die gestellten Bedingungen nur deshalb so geplant waren mit dem Hintergedanken, dass ich zu diesen Bedingungen das Gespräch vielleicht ablehnen würde. Ob es so war, werde ich nie erfahren.

Das Treffen entwickelte sich komplett anders, als dies wohl von beiden Seiten gedacht war. Mister Pfiffig erzählte von der Schule, in der über Sekten im Unterricht informiert wurde. Und dass er stolz sei, ein Scientologe zu sein. Aber dass seine Eltern ihm sagten, er solle das nicht erzählen, sonst bekäme er Ärger. Und wie er es ausprobieren wollte und wie es langsam in der Klasse durchsickerte, dass er Scientologe ist. Wie die Lehrer versuchten, mit ihm umzugehen und ihn immer mehr reizten, diese Sonderstellung dann eben auch auszuleben. Wie sie Hilfestellungen von Experten anforderten und ihn damit beruhigen wollten. Von dem Lehrer wusste ich, dass alles, was er von den Telefonaten mit Sektenbeauftragten erfuhr, Warnungen waren, aber keine Lösungen.

Es war nicht leicht für den Fünfzehnjährigen. Aber auch der Lehrer sah sich in einer Zwickmühle, denn der pfiffige Junge hatte ihm nichts getan. Er war integriert in der Klasse, es gab keine Probleme. Auf einmal stand es im Raum, dieses Wort, das von heute auf morgen alles änderte: „SCIENTOLOGY!“

Die beiden Jugendlichen ahnten sicher nicht einmal, was sie an diesem Nachmittag bei mir auslösten. Ihre Frage: „Warum läuft das so bei denen, die angetreten sind, um über Scientology aufzuklären“, stand im Raum. Sie wollten wissen, ob es denn spezielle Richtlinien gibt, dass man niemanden kritisieren darf. Ich musste lachen und dachte an die Richtlinien bei Scientology, dass Scientologen andere Scientologen nicht öffentlich kritisieren oder vor Gericht gehen sollen. Und jetzt haben mich zwei Jugendliche mit der Nase drauf gestoßen, dass ja die Sektenexperten das übernommen haben. Denn das darf man in diesen Kreisen auch nicht. Dann wird man „Nestbeschmutzer“ genannt. Verbunden mit vielen Ausreden, warum man es nicht darf. Vorneweg die größte Ausrede, man würde so dem Feind „Scientology“ nutzen.

Sie hatten recht, die beiden. Denn ich weiß sogar, wer so etwas zu mir gesagt hat.
Doch das Argument hinkt doch sowieso. Was soll man denn an dem Nest noch schmutzig machen? Das war schon 1991 bis obenhin beschmutzt. Zerstritten und neidisch, als ginge es um ein Hearing, wer am besten mobbt, lernte ich sie im August 1991 in Leipzig bei einem Sekten-Symposium kennen, die Damen und Herren aus Staat und Kirche.

Mister Pfiffig wollte wissen, ob das irgendwo stehen würde, dass man in diesen Kreisen nicht kritisieren darf. „Nein, das steht nirgends! Was denkt Ihr denn?“ Ich erkannte, dass auch die Kritikerszene ihre eigene Sprache hat. „Warum dürfen die denn so was machen? Warum ist das alles normal, wenn es Sektenbeauftragte machen und wird einfach so hingenommen?“ Das war einfach zu beantworten:

„Weil es Sektenexperten sind! Die nehmen sich das Recht dazu! Und niemand widerspricht ihnen! Das ist schon immer so!“ Es waren verdammt gute Fragen. Nur, was haben die beiden als Antworten von mir erwartet? Rechtfertigung für all das, was geschehen ist und weiter geschieht? Nein, es gibt keine, keine einzige Rechtfertigung für das, was dort an Machenschaften, Intrigen, an Lügen und Heuchelei passiert! Wie diese gedeckelt werden und das über Jahrzehnte! Sie waren beide ganz begierig mir aufzuzeigen, dass es stimmt, was sie mir erzählen. Sie legten mir Unterlagen von Kindern und Jugendlichen vor, die ich lesen konnte.

Sie versuchten, einen Dialog zu beginnen dort, wo man Hilfe verspricht. Die Türen gingen für „Mister Pfiffig“ zu, die Jalousien herunter! Ein Armutszeugnis! Ich fing an mich zu schämen für die, die sich „Experten“ nennen, aber oft nichts anderes sind als kleinkarierte, dumme Abzocker von Steuergeldern.

Weitere Fragen wiegelte ich ab und versuchte weiterzumachen „beim Gespräch in der Pufferzone zwischen den Fronten“! Wir drei waren uns einig. Ohne die Probleme zu bereden, geht es eben nicht. Und das reichte für das erste Mal! Man hat beiden das Recht verwehrt zu reden, man hat ihnen die Türe gewiesen. Und dafür gibt es eben keine Rechtfertigung, nur ein Faktum. Das spricht nicht gegen die beiden Jugendlichen, sondern gegen diejenigen, die sich Experten nennen.

Die „kleine Lady" wollte meine Kritik an Scientology als System hinterfragen. Das konnte ich begründen und reflektierte nun nach 11 Jahren sehr wohl, was da war, was falsch gelaufen ist und was wichtig und richtig war. Es gab einen Moment, da wollten sie mit mir über Hubbards Technologie diskutieren. Ich sagte ihnen, bringt Zeit mit und gute Nerven, denn darüber kann ich lange sprechen, wie ich es sehe und was meine Kritikpunkte sind. Da lachten sie beide.

Ihre Frage, ob ich mit ihnen reden darf, machte mich sehr nachdenklich. Wer sollte mir das verbieten? „Denkt Ihr, ich würde mir das verbieten lassen?" Beide schüttelten den Kopf. Es wäre auch echt komisch gewesen, wenn sie das tatsächlich von mir denken würden.

In dem Gespräch haben wir drei eine Lektion an Freiheit erlebt, so, wie ich sie gerne sehe und auch lebe. Ich lasse es mir nicht verbieten – das Reden – mit wem, wann, wo und wie oft ich es immer will. Ganz einfach! Damals im April 2001 war ich noch felsenfest überzeugt, dass wahrscheinlich niemand etwas zu diesem Treffen sagen würde. Später wurde ich eines Besseren belehrt!

Als ich versuchte, über diese Vorfälle zu reden, spürte ich noch mehr den eisigen Wind aus dieser Szene. Als ich dann noch wagte, einen „Offenen Brief" an die beiden Jugendlichen im Internet zu veröffentlichen, war es ganz aus. Interessant ist, dass beide mir das vorausgesagt hatten. Ich war jetzt nicht mehr bereit, einfach zu vergessen, was ich gehört, gelesen und erlebt habe. Komisch, Staatsoberhäupter lassen sich feiern, wenn es zu Gesprächen zwischen verschiedenen Parteien mit unterschiedlichen Ansichten kommt. Aber, als ich öffentlich machte, mit zwei jugendlichen Scientologen gesprochen zu haben, fiel die „Expertenwelt" über mich her und vielleicht auch vor Wut zusammen.

Nur, diese künstlich erzeugte Welt der Aufklärer, die alles machen, nur eines nicht – „aufklären" oder „Mut zur Auseinandersetzung" einbringen – ist für mich keinen Pfifferling wert. Keine Sekunde, in der ich darüber nachdachte, oder die ich vergeudete, was diese nun von diesem Gespräch halten.

Heute denke ich, dass es wichtig war, grundsätzlich einmal die Dinge gerade zu rücken. Das war längst überfällig!

Aus einem Stoffbeutel kramte die „kleine Lady“ dann ein Buch heraus, eingepackt in einem blauen Geschenkpapier. Zuerst dachte ich: Wenn ich es auspacke, kommt sicher ein Hubbard-Wälzer heraus. Beide schauten mich neugierig an, und ich überlegte, ob ich es so mitnehmen oder gleich auspacken sollte. Ich zögerte und verlegte es auf später. Es war kein Hubbard-Wälzer. Es war das Buch: „Die Akte Odessa“! Der Nachmittag neigte sich dem Ende zu.

Sie gingen noch mit zum Auto und erzählten mir, dass sie jetzt zu Verwandten der „kleinen Lady“ fahren und „Mister Pfiffig“ am nächsten Tag mit dem Zug nach Hause. Jedem der beiden schenkte ich meinen neuen Jugendroman. Wir verabredeten, uns nicht aus den Augen zu verlieren. Den Spruch von Tolstoi, den ich beiden mitgab, bekomme ich ab und zu per E-Mail mit Lachzeichen und einem Gruß. Alle drei haben wir ihn gut gefunden: „Man hasst niemand und fürchtet niemand so sehr wie den, dem man Unrecht getan hat.“

Schlüsselerlebnisse sind es immer wieder, die mich in meinem Leben zum Bilanz ziehen bewegen, aber auch zum Hinterfragen, zum genauen Hinschauen und – vor allem – zur schonungslosen Selbstkritik führen.

So, wie es im Frühjahr 2001 die kritischen Blicke und die Fragen von zwei Jugendlichen waren, die mich dazu bewegten, auf meine 11 Jahre Aufklärungsarbeit zum Thema „Scientology und Psychogruppen“ zurückzublicken. Die beiden ahnten nicht, was sie an diesem Nachmittag in einem Frankfurter Café bei mir auslösten.

Mir wurde schlagartig klar, dass mein Versuch, ein aus meiner Sicht gesellschaftspolitisches Problemfeld in Form von demokratischer Auseinandersetzung anzugehen, gescheitert ist.

Im Frühjahr 2001 gab es mehrere Schlüsselerlebnisse, die mich aufwühlten und noch mehr zum Nachdenken, zum Hinterfragen brachten. Mir war seit langem klar, dass irgend etwas an dieser ganzen „Aufklärung“ und an der eingeschworenen Szene von Sektenbeauftragten nicht stimmt.

Bevor ich ins Auto einstieg, drehte ich mich noch einmal nach den beiden um. Sie bogen gerade um die Ecke Richtung Bushaltestelle. Und auch sie blieben stehen, und wir winkten uns zu.

Eine große Nachdenklichkeit machte sich in mir breit. Genau in diesem Moment fiel mir Rosa ein. Ich hatte sie doch tatsächlich vergessen.

Rosa

Der kleine Laden lag an der Kurve und war ein täglicher Prüfstein für alle Kinder, die an ihm vorbei mussten. Auch für mich. Ich war 8 Jahre alt.

Sie stand immer da, jeden Morgen. Eine Frau, ledig, weit über die fünfzig, zu der man immer noch „Fräulein“ sagte, mit einer weißen, gestärkten Schürze in der Eingangstür, an der die Kinder von allen Richtungen in die Schule vorbeiströmten. Es war ein ungeschriebenes Gesetz, dass niemand vor der Schule in ihrem Laden auch nur eine klitzekleine Süßigkeit kaufen durfte. Es hielt sich jeder daran. Ob es eine Abmachung zwischen der katholischen Bekenntnisschule, in die auch ich damals ging und dem „Fräulein“ gab, war nie ein Thema. Die himmlischen Süßigkeiten durfte man in ihrem Laden erst nach Schulschluss kaufen. Und wehe, jemand zahlte mit anderem Geld als mit Pfennigstücken. Denjenigen fragte sie ein Loch in den Bauch, wie er heißt, in welche Klasse er geht, woher er das Geld hat.

Im Rückblick betrachtet, ist doch seltsam, wie das damals absolut niemanden störte. Auch ich musste jeden Tag an diesem Laden des „Fräuleins“ vorbei. Ich kann mich noch erinnern, dass es mir an einem Sommermorgen sehr wichtig war, früher in der Schule zu sein. Unsere Lehrerin hatte uns erzählt, dass wir eine neue Mitschülerin bekommen. Im Grunde nichts Weltbewegendes, wenn, ja, wenn sie nicht zusätzlich erwähnt hätte, dass sie ein Zigeunermädchen sei.

Meine generelle Offenheit und meine Neugier sind mir in die Wiege gelegt und ich kann mich noch erinnern, dass ich es richtig aufregend fand und genau deshalb unbedingt – getrieben von meiner Neugier – früher in der Schule sein wollte.

An diesem Morgen interessierten mich die roten Himbeer-Bonbons des Fräuleins, von denen ich immer beim Vorbeigehen träumte, nicht.

Wir waren eine große Klasse und hatten noch Bänke und Tische, die mit Scharnieren zusammengeschraubt waren. An der Lautstärke war zu erkennen, dass die Lehrerin noch nicht im Klassenzimmer war. Ich hängte meinen Schulranzen an den dafür vorgesehenen Haken in der Schulbank. Irgendwie muss ich zu spät gekommen sein, trotzdem ich viel früher als sonst von zu Hause wegging, denn alle Kinder waren bereits an diesen Tag schon in der Schule.

Ich konnte auch nicht mehr fragen, weshalb alle kicherten, denn in dem Moment kam die Lehrerin herein und hinter ihr die neue Mitschülerin. Artig standen wir, wie jeden Morgen, auf, als die Lehrerin sagte: „Guten Morgen“ und wir grüßten gemeinsam zurück.

Gut kann ich mich auch noch daran erinnern, dass die Lehrerin das Mädchen vorstellte mit dem Satz: „Das ist Rosa“ und wir gefragt wurden, wer sich nun neben sie setzen möchte. Mehrere Bänke waren nur mit einem Kind besetzt, aber keiner von den Kindern wollte, dass Rosa sich daneben setzt. Und dann fiel laut der unheimliche Satz, von einem der Mitschüler, den jeder hörte. „Zigeuner stinken“. Es fingen viele an zu lachen. Ausgelöst durch diesen Satz muss wohl über einige der Mut gekommen sein, noch eins drauf zu setzen. Von einer anderen Richtung hörte man: „Ja, sie stinken und stehlen.“

Noch heute weiß ich, wie ich total irritiert auf dieser Schulbank saß, nach vorne auf dieses Mädchen schaute, das völlig verschüchtert neben der Lehrerin stand.

Und noch etwas fällt mir ein. Die Lehrerin sagte nur: „Pssst!“ Und entschied, dass Rosa hinten in der letzten freien Bank an der Wand ihren Platz bekam.

Was wir im Unterricht durchgenommen hatten, weiß ich nicht mehr. Aber ich kann dieses Gefühl beschreiben, was mich damals in der ersten Unterrichtsstunde umtrieb. Es war eine unheimliche Wut auf diese Mädchen mit ihren Schleifen in den Zöpfen, wie sie die Köpfe zusammensteckten, kicherten und auch auf meine Nachbarin Erika, die ich fragte, wieso denn Zigeuner stinken. Und die mich ganz entrüstet anschaute und fragte, „warum ich das nicht wisse“.

Für mich waren Zigeuner irgendwie ganz etwas anderes. Dass sie stinken sollten, das war mir fremd. Ich hatte zu Hause ein Buch über eine wunderbare Puppenreise, das noch heute in meinem Buchregal steht. Es geht darin um zwei verlorene Puppen, die vom Kind einer Zigeunerfamilie gefunden wurden. Das Mädchen in der Stadt, in der die Zigeuner ihre Wagen aufstellten, weinte um ihre Puppen. Das Kind, das in diesem Zigeunerwagen wohnte und die Puppen fand, versteckte sich, als die Zigeunerwagen weiter fuhren und wartete ab, bis es dunkel war. Dann ging sie in der Stadt von Tür zu Tür und suchte das Kind, das seine Puppen verloren hatte.

Damals, als kleines Mädchen, konnte ich überhaupt nicht verstehen, was an diesem Morgen in meiner Klasse passierte. Denn das, was ich von Zigeunern wusste, war alles wunderbar und vor allem aufregend. Als es zur Pause klingelte, packte ich nicht mein Vesperbrot aus, sondern begann, meine Sachen auf der Bank zusammenzuräumen und in den Schulranzen zu stecken. Dann nahm ich ihn, ging hinten zu der letzten Bank, hängte den Schulranzen an den Haken, packte wieder aus und setzte mich neben Rosa. Zeit für viel Pause blieb nicht mehr.

Ich holte mein Brot heraus und sah, dass Rosa eher verschreckt auf mich reagierte, als ich sie fragte, ob sie ein Stück von meinem Pausebrot haben möchte. Sie sagte nichts, sondern schüttelte verneinend nur den Kopf. Sie hatte wunderschöne dunkle schulterlange Locken. Ich fand, sie sah genauso aus wie wir.

Es klingelte, die Pause war beendet. Als alle wieder ihre Plätze eingenommen hatten, sah man mich neben Rosa sitzen. Irgendwie war das komisch. Die Lehrerin fragte mich, warum ich jetzt dort hinten sitzen würde. Ich antwortete ihr, dass ich von dort aus die Tafel besser sehen könnte. Meine teilweise vorlauten Antworten brachten die Mitschüler oft zum Lachen. An diesem Morgen nicht.

Die Lehrerin ermahnte mich, dass ich eigentlich zuerst einmal fragen sollte, ob ich mich umsetzen darf. Das reizte mich anscheinend zu der Aussage, dass es doch egal sei, es wollte ja sowieso niemand neben Rosa sitzen, weil sie stinken würde. Und das würde ja gar nicht stimmen. Ich hätte ein Buch über Zigeuner und da würde auch nicht drinstehen, dass Zigeuner stehlen.

Ich weiß noch, dass es sehr laut wurde und jeder versuchte, mir irgendwie klarzumachen, dass es hicht gut war, wie ich mich verhalten hatte. Die Lehrerin sagte noch: „lasst sie doch“, und nach einem lau-

ten energischen Ruf „Ruhe“ ging der Unterricht weiter. Rosa hatte kein Heft. Ich fragte die Lehrerin nach einem Heft.
Rosa zeigte ich, was in meinem Heft steht und mittags, als die Schule beendet war, hatte ich eine neue Freundin: Rosa.

Wie selbstverständlich, verließen wir zusammen das Schulhaus. Ich fragte sie, wo sie wohnt. Es war ein ganzes Stück zu laufen. Sie wohnten auch nicht in einem Wohnwagen, wie ich erwartet hatte, sondern in einem Haus am Stadtrand. Damals wusste ich nicht, dass es ihnen von der Stadt zugewiesen worden war, da sie sesshaft werden wollten. Ich wusste gar nicht, was das war. Ich wusste auch nicht, dass das mit der Krankheit ihres Vaters zusammenhing. Ich fragte Rosa nur, ob sie am Nachmittag zu mir kommen möchte und zeigte ihr, wo ich wohne und wollte mir ihr spielen.

Rosa kam an diesem Nachmittag nicht. Sie erzählte mir am nächsten Tag, dass ihre Eltern ihr sagten, es wäre besser, sie ginge nirgends hin, weil die Kinder ja schon gesagt hätten, dass Zigeuner stehlen. An diesem Tag war ich sehr traurig und fragte meine Eltern, warum man sagt, dass Zigeuner stehlen und stinken.

Mein Vater, politisch und sozial engagiert, immer stark interessiert, reagierte sofort bei dieser Aussage und fragte mich nach den Hintergründen dieser Frage. Ich erzählte ihm von Rosa. Zwei Stunden später saß ich mit meinem Vater bei Rosa zu Hause.

Rosa wurde damals meine beste Freundin. Sie konnte wunderschön singen und malen. Wir bauten uns aus Pappkarton ein Schloss. Einmal war sie die Prinzessin und ich der Prinz; ein andermal war sie der Räuber und ich die Räuberbraut.

Rosa kam oft mit mir nach Hause. Wir aßen zusammen und machten unsere Hausaufgaben (nicht immer). Erst nach dem Spielen ging sie wieder heim. Ab und zu waren wir auch bei ihr. Als Einzelkind fand ich sehr aufregend zu erleben, wie es in einer Familie zugeht, in der man fünf Kinder hat.

Wenn ich heute das Wort FREIHEIT definieren müsste, dann vielleicht an Hand eines Beispiels aus den Kindertagen, die ich mit Rosa verbrachte. Hinter den Kulissen lief aber ganz etwas anderes ab.

Durch meine Freundschaft zu Rosa wurde ich automatisch in der Klasse gleich mit zur Außenseiterin. Eine begabte Turnerin war ich nie. Mich interessierten ganz andere Dinge: Geschichte, Aufsatzschreiben, Malen, Musik. Aber unbedingt die Erste zu sein beim Hundertmeterlauf, das war nicht mein Ding. Auch elegant am Barren schwingen konnten andere weit besser als ich.

Rosa zum Beispiel konnte es. Aber mir fiel auf, dass sie nie gelobt wurde im Gegensatz zum Töchterchen des Zollbeamten. Und ich fand, Rosa machte es besser. Ich weiß noch, wie sehr es mich belastet hat, dass man immer über Rosa tuschelte und lachte und dies auch meinem Vater erzählte.

Die Kastanienbäume stehen noch, unter denen ich auf einer Bank mit meinem Vater saß und ihn fragte, weshalb jetzt niemand mehr mit mir spielt und Rosa und ich auch nicht mehr zu Geburtstagen von Kindern eingeladen werden, beantwortete er mir mit einer Gegenfrage: „Hast Du denn schon einmal die Kinder gefragt, warum sie über Rosa lachen, warum sie zu ihr so sind?“ Am nächsten Morgen habe ich gleich alle danach gefragt, die mir begegneten. Die Antwort war immer gleich: „Weil sie eine Zigeunerin ist!“

Meine Vorstellung von Zigeunern war einfach ganz anders. Es war das Mädchen in dem Buch, das die beiden Puppen zurückbrachte. Es war Rosa und ihre Familie. Sie haben weder gestunken noch gestohlen, die Zigeuner die ich kannte. Ich verstand es nicht und es hat mir auch niemand erklären können, warum Zigeuner schlecht sein sollen. Laut geredet hat man ja gar nicht darüber. Man hat ja nur die Rosa ausgelacht und mich dann auch, weil ich mit Rosa befreundet war.

Man hat uns – heute weiß ich es – ausgegrenzt!

Aber durch die wunderbare Freundschaft zu Rosa habe ich gewonnen. Zwar habe ich gespürt, dass ich dadurch andere Freundschaften verloren habe, aber ich kann mich nicht daran erinnern, dass ich darunter litt. Vielmehr machte mir zu schaffen, wie man mit Rosa umging, und was ich erlebte, weil ich eben ihre Freundin war.

Meine Eltern haben es wunderbar hinbekommen, dass diese Freundschaft nicht von außen kaputt gemacht wurde. Und doch muss es tief in mir etwas Unauslöschliches hinterlassen haben, dass ich mich gerade nach dem Nachmittag mit diesen beiden Jugendlichen wieder an Rosa erinnerte.

Hätte mich mein Vater nicht durch die Situation in der Schule mit Rosa so geführt, wäre er nicht mit einer absoluten Sicherheit hingestanden und hätte sein Handeln als was ganz Normales gesehen, es weder verteidigt, noch gerechtfertigt und hätte er mir das Wort „Gerechtigkeit“ nicht „vorgelebt“, sondern nur erzählt, vielleicht – ich nehme sogar an bestimmt – hätte ich niemals diesen Nachmittag in Frankfurt mit den beiden jugendlichen Scientologen wahrgenommen und daraus den Mut gefasst, jetzt AUFZUSTEHEN!

SZENENWECHSEL: Wirtschaft

Rufmord als Gesellschaftsspiel

In den letzten Jahren entwickelte sich das Wort Scientology zum Stigma. Auf der wirtschaftlichen Ebene hat dieser rechtlich ungeklärte Zustand eine Dimension erreicht, die alles sprengt, was seit dem deutschen Neuanfang der Demokratie an Boykott, Ausgrenzung, Diffamierung und Existenzvernichtung durch staatliche Vorgänge passiert ist.

Als sich die ersten Firmen 1998 und 1999 bei mir meldeten, dachte ich auch noch, es seien Einzelfälle. Seit 1994 beschäftige ich mich intensiv mit Vorgängen in Firmen zum Themenbereich „Sekten und Psychogruppen". Es war nicht so, dass ich diese Unternehmen nur am Rande über ein Telefonat oder einen kurzen Brief kennen lernte. Es gab Firmen, die durch Gerüchte existentiell so sehr geschädigt wurden, dass Arbeitsplätze nicht nur in Gefahr gerieten, sondern wurden auch tatsächlich vernichtet. Insofern wurde mein Augenmerk immer mehr auf diese Situation gelenkt.

Eines dieser Schlüsselerlebnisse war die zivilrechtliche Auseinandersetzung mit einem Kursanbieter, den ich namentlich in einem Artikel genannt hatte. Ich hatte ihn weder als Scientologen bezeichnet, noch als einen bei Scientology trainierten Trainer genannt. Trotzdem verlor ich, wie gesagt, das Verfahren.

Der Hintergrund: Der Kursanbieter argumentierte, „dass er allein dadurch, dass er in einem Artikel namentlich genannt ist, in dem es u.a. auch um Scientology geht, einen Image-Schaden zu erwarten habe. „Denn", so seine Argumentation, „der unvoreingenommene Leser könnte ableiten, er sei Scientologe oder einmal Scientologe gewesen ..." Obwohl ich in diesem Artikel ausschließlich über Schulungsmethoden in Unternehmen geschrieben hatte und mich in einem ganz anderen Fall zum Thema Scientology äußerte, verlor ich das Verfahren.

Das Landgericht und auch das Oberlandesgericht München sah es als erwiesen an, dass allein durch die Namensnennung in einem Artikel, in dem es u.a. um Scientology geht, für den Trainer ein Image-

Schaden entstehen könnte (Gz. 19 U 5561/00, OLG München). Dieser Fall gehörte auch zu denen, die mich zum Überlegen brachte.

Im Grunde heißt diese Entscheidung des Gerichts nichts anderes, als dass durch die Nennung des Wortes „Scientology“ in Verbindung mit einer Person oder einer Firma ein existentieller Schaden entstehen kann. Heute bin ich diesem Trainer dankbar, dass er diesen Prozess angestrengt hat, denn er bedeutete für mich den ersten klaren juristischen Hinweis dafür, dass die Aufklärung in Deutschland zum Thema Scientology mit dieser Gruppe als solcher überhaupt nichts mehr gemein hat.

Nur so ist die dadurch entstandene Rufmord-Welle gegenüber Unternehmen zu erklären. Doch es passiert auch in anderen Bereichen.

Wenn eine Meinung zur Waffe wird

Bundesweit berichtete die Presse über die Auseinandersetzung der UPS (United Parcel Service) mit der ABI (Aktion Bildungsinformation). Über zwei Instanzen vor dem Landgericht und dem Kammergericht Berlin wurden die Aussagen des ABI-Vorsitzenden Eberhard Kleinmann juristisch als seine „Meinung“ bewertet und als „freie Meinungsäußerung“ abgesegnet. Kleinmann macht seine Meinung zur Keule und lässt Fakten weg. So beginnt gefährlicher Fanatismus, der sich in einem unverrückbaren zementierten Feindbild manifestiert, das sich verselbständigt.

Die Aussagen von Kleinmann über „Zusammenhänge“ von UPS und Scientology gegenüber der Presse wurden so subtil formuliert, dass sie in der breiten Streuung, auch wenn man die Ausführungen des Kammergerichts zur Kenntnis nimmt, verheerende Folgen hatte. An mancher Schlagzeile ist zu erkennen, dass dies eben so manchen Redakteur gar nicht interessierte.

Was aus der „Kleinmännischen“ Meinung daraus gegenüber dem Unternehmen UPS gemacht wurde und wird, wie hier die Vermischung von Information und Rufmord zum Vorschein kommt, hat nicht nur Brisanz, sondern auch öffentliches Interesse. Denn es geht darum auszudiskutieren, wo auch für einen alimentierten Aufklärer die Grenzen sind.

Auf Grund des Bekanntheitsgrades der Firma UPS lautete die Schlagzeile in den Medien, angeheizt durch ABI Propaganda: „Was haben die Logistik-Firma UPS – United Parcel Service – und die Scientology-Sekte miteinander zu tun?“

Diese Formulierung entspringt der Meinung des ABI-Vorsitzenden Kleinmann. Sie brachte für den Leser Unruhe, Verwirrung, aber auch Verurteilung anhand dieser ABI-Meinung. Und UPS-Kunden und Lieferanten, die verunsichert wurden und sich bei verschiedenen Stellen über den Wahrheitsgehalt dieser „Kleinmännischen Meinung“ erkundigten. Die Aussagen des ABI-Vorsitzenden, in denen er seine Meinung über große und bekannte Firmen hervorhebt, schaden nicht nur der deutschen Wirtschaft, sondern auch dem Standort Deutschland.

Wir registrieren eine ständig ansteigende Zahl von Unternehmen, die sich über eine massive Image-Schädigung mit wirtschaftlichen Einbußen im Zusammenhang mit dem Wort Scientology beschweren. Erschreckend, wie allein das Wort „Scientology“ als Keule gegenüber Unternehmen benutzt wird. Mit Halb- und Viertelinformationen kann massiver Schaden angerichtet und eine öffentliche Verurteilung vollzogen werden. In dem hier nun als eklatantes Fallbeispiel aufgezeigten Unternehmen UPS war es wieder einmal der Vorsitzende der Verbraucherschutz-Organisation ABI, der bundesweit „seine Meinung“ propagierte und die Masse der „Experten“ – wie auch verschiedene Medien – seine „Meinung“ dann auch ungeprüft übernahmen. Die Schäden für UPS gehen in Millionenhöhe.

Bereits die Pressemitteilung der ABI im Fall UPS suggeriert einem unvoreingenommenen Leser Fakten, die einer Überprüfung nicht standhalten. Normalerweise muss man davon ausgehen, dass eine Redaktion eingehende Pressemitteilungen auf ihren Wahrheitsgehalt überprüft. Nun hatten wir aber im Laufe der Jahre feststellen müssen, dass dies nur bedingt richtig ist. An dem Vorsitzenden der Aktion Bildungsinformation Eberhard Kleinmann ist festzumachen, weshalb Unternehmen mit dem Thema Scientology oft nicht objektiv umgehen können, ohne dabei Gefahr zu laufen, Opfer von Rufmord zu werden.

An folgendem Fallbeispiel, was die ABI-Meinung verursachte, ist nicht nur die Inkompetenz, sondern auch die Pauschalverurteilung um der Schlagzeile willen beweisbar.

Die Hintergründe im Fall UPS

Man braucht keinen kriminalistischen Spürsinn, um hinter verschiedene ernüchternde Fakten zu kommen, die auch den rechtlichen Hintergrund aufzeigen, was das Thema Scientology betrifft.

Die Reiselust des ABI-Vorstands, mit seinem Tross die ganze Republik zu bereisen, um in verschiedenen Bundesländern in ein- und derselben Sache per Pressekonferenz seine These über UPS als Frage verpackt, unters Volk zu bringen, fiel auf. Nimmt man die Aussagen von Kleinmann und wie sie teilweise ohne Gegenrecherche von verschiedenen Journalisten übernommen wurden, dann kann allein an diesem Fall bewiesen werden, wie problematisch generell eine solche Aufklärung ist.

Kleinmanns „Meinung“ langte für einige Redaktionen aus, um den Blätterwald zu füllen. Hintergrundrecherchen wurden nicht gemacht. Ansonsten wäre es niemals zu solch einseitigen Berichten gekommen. Die Frage tritt in Unternehmerkreisen immer wieder auf:

Wie soll denn eine Firma mit solchen Schlagzeilen umgehen?

Die schnelllebige Medienwelt nimmt einerseits eine solche Aussage gerne auf, zumal die Firma überall bekannt ist. Andererseits verschließt sie sich den Fakten und unterlässt eine Hintergrundrecherche.

Die Aussage eines Redakteurs: „Das kann man gut als Story verkaufen“, wirft auch einen Blick auf die Qualität, die dem Leser an Information geboten wird.

Die „Aufklärung“ auf Steuerkosten, wie sie gerade in Unternehmen und Industrie als Schädigung empfunden wird, muss aufgedeckt, öffentlich diskutiert und gestoppt werden.

Wer, wie wir, tagtäglich aus Wirtschaftskreisen hört, liest, und erlebt, wie Desinformation, Verwirrung, Halbwahrheiten oder als Wahrheit verkaufte „Meinungen“ zu allem, nur nicht zu sachlicher Information führt, spricht vom täglichen Alltag, aus der Praxis, nicht aus der Theorie.

So fallen z.B. die von Kleinmann aufgelisteten „dubiosen Zusammenhänge“ – bei distanzierter, genauer Betrachtung und auf

Grund unserer gesetzlichen Grundlagen – negativ auf den Verursacher dieser Schlagzeilen zurück.

Folgende Hintergründe müssen berücksichtigt werden:

United Parcel Service – UPS – hat ihren Hauptsitz in USA. Der Mutterkonzern UPS bekam als Dienstleistungs- und Logistikunternehmen einen Auftrag der Scientology-Organisation über Buchlieferungen. Die Scientology genießt in USA die Gemeinnützigkeit. Die Logik des „Verbraucherschützers" Kleinmann: Jeder, der durch UPS ein Päckchen transportieren lässt, unterstützt Scientology! Diese Art von Logik birgt gefährliche Gedankengänge, die dem gesamten Image von Deutschland als Wirtschaftsstandort schaden.

Legt man nun die „Kleinmännische" Denkweise zu Grunde, würde das dann heißen, dass die Bundesrepublik Deutschland, in dem Fall vertreten durch den Bundesfinanzminister Eichel, ebenfalls Scientology unterstützt, weil die Bundesrepublik ein Grundstück an einen Scientologen in Zwickau verkaufte?

Das Ganze kann man selbstverständlich nach Kleinmännischer Manier noch weitertreiben: Demnach unterstützt dann auch die Deutsche Post AG in Deutschland Scientology. Immerhin ein Unternehmen, an dem die Bundesrepublik – respektive wieder Herr Finanzminister Eichel – stark partizipiert. Denn allein das Briefmonopol bringt dem Staat Milliarden. Also, weshalb hat der seit Jahrzehnten tätige Verbraucherschützer Kleinmann diese von ihm angeprangerte „Unterstützung für Scientology" nie bei der Post kritisiert? Was macht er denn für Unterschiede? Um was geht es ihm eigentlich?

Journalisten fragten sich schon, ob die Deutsche Post AG durch das penetrante Vorgehen des Herrn Kleinmann nicht den Geruch bekommen könnte, dass Kleinmann für die Deutsche Post AG arbeitet.

Ein Briefträger aus Bayern, der sich weigerte, die Werbezettel von Scientology zuzustellen, fing sich nicht nur ein Disziplinarverfahren ein, sondern riskierte sogar aus rechtlichen Gründen seinen Job. Nach der Kleinmännischen Sichtweise dürften wir jetzt keine Briefmarken mehr kaufen, keine Briefe mehr versenden. Denn jeder, der das macht, unterstützt dann, nach treffsicherer Kleinmännischer Logik Scientology. Konsequenz: zurück zur Brieftaube?

Stellt sich mal jemand die Frage, wie eine Geschäftsleitung, in dem Fall die UPS Deutschland, völlig fassungslos und vor den Kopf geschlagen, lernen muss, mit diesen Vorwürfen umzugehen? Weshalb im Dutzend auftretenden staatlich alimentierten Verbraucherschützer und Sekten-Berater vom Schlage Kleinmann – ohne zur Rechenschaft gezogen zu werden – seit fast 30 Jahren unfähig waren, objektiv zu informieren und sich mit dem Thema tatsächlich auseinander zusetzen?

Der Spagat einer US-Firma zwischen den Auslegungen amerikanischer und deutscher Sichtweisen zu Scientology ist nachvollziehbar. Wie wir erleben, ist es aber genauso ein Drahtseilakt, wie deutsche Konzerne im Umgang mit US-Firmen erklären müssen, was sich in Deutschland staatliche und kirchliche Sektenexperten erlauben.

Aus welchem Grund fragt keiner einmal nach, wie viel Steuermittel eigentlich jährlich für Planstellen zum Thema Sektenfragen in die Kassen der so genannten „Experten" gehen, die dieses Wort im Grunde gar nicht in den Mund nehmen dürften, geschweige denn mit unseren Steuergeldern finanziert werden dürften.

Die Meinung der ABI, dass UPS in den USA Politiker mit Zuwendungen unterstützte, die im US-Senat eine Resolution gegen die Bundesrepublik verabschieden wollten, in der Deutschland Menschenrechtsverletzungen gegenüber Scientologen vorgeworfen wurden, ist nicht nur falsch und abenteuerlich, sondern durchzogen von Boshaftigkeit. Hier wird über eine so genannte „Dokumentation" durch die ABI suggeriert, dass die Firma UPS in den USA gezielt Zahlungen an Mitglieder des US-Kongresses, die Deutschland Diskriminierung vorwerfen, leistete. Jeder unvoreingenommene Leser sieht das in diesem Kontext.

Einseitig informiert, naiv, inkompetent oder gezielt boshaft?

Die Rücksprache mit mehreren Journalisten, die sich diese Art von „Information" zu eigen machten und daraus Schlagzeilen produzierten, zeigt, dass weder Hintergründe recherchiert, noch tatsächliche Zusammenhänge an Hand von Fakten von Interesse waren. Es ging gar nicht um das Problemfeld und um Ursachen. Es ging um eine Schlagzeile. Bei manchem um Zeilengeld.

Wir haben – ohne Kontakt zur Firma UPS – über mehrere Monate Unterlagen zusammengetragen und uns auch über die Rechtslage und die Vorgehensweise in den USA, was Zuwendungen an Politiker angeht, erkundigt. In Amerika sind Politiker auf Spenden in ihren Wahlkämpfen angewiesen. Auch das amerikanische Logistik-Unternehmen UPS praktiziert wie andere Firmen die in USA gängige Vorgehensweise und unterstützt Politiker mit Spenden. Zum Beispiel könnte kein Präsidentschaftskandidat in USA ohne Spenden einen Wahlkampf finanzieren, geschweige denn zur Wahl antreten. Spenden an Politiker sind in den USA völlig transparent. So hätte die ABI mit Leichtigkeit wie wir herausfinden können, dass UPS ungeachtet von deren „Unterzeichung einer Resolution“ Spenden an Politiker leistet, seit vielen Jahren. In diesem Fall haben sogar mehr Politiker eine Spende erhalten, welche die Menschenrechtsresolution nicht unterzeichneten, als diejenigen, die Deutschland wegen der Behandlung von Scientologen kritisierten. Allein aus dieser mathematischen Faktenlage löst sich der in mehreren Pressekonferenzen subtil vorgetragene Vorwurf der ABI in Luft auf.

Aus gängiger Praxis in den USA nun abzuleiten, UPS hätte gezielt die Politiker unterstützt, die eine Resolution gegen Deutschland formulierten, ist also abwegig und faktisch falsch. Dass es sich bei solchen Vorgehensweisen nur um erschreckende Naivität handelt, ist zu bezweifeln. Denn gerade aus Kreisen der mit Steuergeldern alimentierten Stellen wie der „Aktion Bildungsinformation“ wird nicht informiert, sondern irritiert und zerstört. Das ist keine Meinung, sondern erlebte Realität von Firmen und Personen, die in die Mühlen dieser Art „Aufklärung“ geraten sind.

Dagegen bleibt die Frage offen, wer deckt eigentlich die Kleinmännischen Aktionen? Politiker, Behörden, selbst der Verfassungsschutz weiß um diese Vorgehensweisen – und schweigt dazu! Unsere Nachdenklichkeit, weshalb ABI, trotz der oben genannten Hintergründe, so stur an diesen Vorwürfen festhält, begann mit der Frage: Wem nutzt eigentlich das Vorgehen von ABI?

Mit einem unhaltbaren Vorwurf, wie oben beschrieben, begann der Vorsitzende der ABI seine Kampagne gegen die Firma UPS. Er schrieb einen offenen Brief an einen SPD-Politiker und fragte, ob er weiterhin einem Wirtschaftsbeirat einer Firma angehören wolle, die in USA Politiker bezahle, die gegen Deutschland eine Resolution unterzeichnet haben. Und gerade da hätte bereits eine schnelle Recherche die Vorwürfe entkräftet! Weshalb das tatsächlich niemand getan hat und man solche Behauptungen auch in politischen und behördlichen Kreisen solche Vorwürfe grassieren lässt, wirft mehr als nur Fragen auf.

Welche betriebswirtschaftlichen Hintergründe der Preisgestaltung der gemeinnützigen Verbraucher-Organisation ABI zu Grunde liegen, bleibt deren Geheimnis. Auf Nachfrage zu seiner nach unseren Recherchen verleumderischen „Meinung“ veräußert Kleinmann eine von der ABI zusammengestellte Dokumentation über UPS. Sie besteht aus 74 Seiten Ausdrucken aus dem Internet, hauptsächlich Unterlagen von Dritten und von Scientology selbst. Der Preis: DM 812,–/406,– EURO, also fast DM 10,–/5,– EURO pro Seite.

Dass die ABI seltsame Wege zur Geldvermehrung geht, ist bereits gerichtlich bekannt. Doch Steigerungen sind immer wieder möglich. So flatterte deutschen Unternehmen ein seltsamer Spendenaufruf der ABI ins Haus. Firmen wurden schriftlich aufgefordert, den „Kampf der ABI“ finanziell zu unterstützen. Diese Aufforderung stützte Kleinmann, in dem er als Erfolg seine „Meinung“ über das gerufmordete Unternehmen UPS angab.

Spendengelder, auch hohe Summen, würde die ABI sicher nicht ablehnen, auch wenn sie über die Postbank eingezahlt werden, also der Firmen-Gruppe, die auch in Deutschland Briefe von Scientology befördert. Auch daran hat sich Kleinmann noch nie gestört.

Weshalb bei dieser Preisgestaltung der ABI Steuerzahler noch mit mehr als 100.000,– EURO jährlich für die ABI zur Kasse gebeten wird, ruft ebenfalls nach dringendem Klärungsbedarf. Durch diese Art der „Information“ ist nicht nur ein volkswirtschaftlicher Schaden vorprogrammiert, sondern sind im Fall UPS auch diplomatische Verwicklungen absehbar.

Immerhin agiert Kleinmann mit der Fahne „Staatliche Unterstützung“ und „politische Lobby“ für seine Arbeit. So wird auch das Handeln der ABI in der Außenwirkung auf den Staat zurückfallen.

Auch der Vorwurf, dass UPS an eine Scientology nahe stehende, gemeinnützige Organisation gespendet habe, löst automatisch eine Flut von Fragen gegenüber den staatlich alimentierten „Experten“

aus. Bis heute war es aber genau dieser Personenkreis, der eine objektive Auseinandersetzung mit Scientology durch das Manifestieren von Feindbildern verhindert. Fanatisch und gefährlich, aber auch als unglaublich schädlich, so empfinden betroffene Firmen diese Art des Expertentreibens! In den USA werden von großen Konzernen im Gießkannen-Prinzip gemeinnützig anerkannte Organisationen mit Spenden bedacht. Nach Dutzenden von Gesprächen mit amerikanischen Firmen und deutschen Unternehmen zeigt sich, dass dies überall gleich ist. Wer vom Staat die Gemeinnützigkeit zuerkannt bekommt, kann Spenden annehmen, die auch als solche von den Steuerbehörden anerkannt werden.

Ich habe in den vergangenen Jahren vielfach mit Vertretern der Industrie und des Mittelstands über Vorfälle wie den Fall UPS diskutiert. Es zeigt sich dabei eine erschreckende Zurückhaltung, wenn es eben um eine kritische aber objektive Auseinandersetzung mit dem Thema Scientology geht. Daraus spricht nicht Desinteresse, sondern in den meisten Fällen kristallisiert sich Angst vor „Sektenexperten“ und deren Art von „Aufklärung“ heraus. Wenn man konsequenterweise die Meinung eines Kleinmann von der ABI als Grundlage für die Geschäftspraktiken in Wirtschaft und Industrie nehmen würde, dann dürften ja deutsche Unternehmen überhaupt nicht mehr mit amerikanischen Firmen in geschäftlichen Kontakt stehen oder treten. Scientology hat nun mal in Amerika die Gemeinnützigkeit und wird dementsprechend behandelt.

Die Aussage eines Bankvorstandes ist nachvollziehbar und zeigt, welche Folgen diese Experten-Inkompetenz gepaart mit Hass und einer daraus folgenden „Meinung“ hat:

„Meine Aufgabe ist es, die Bank erfolgreich zu führen. Das ist nicht anders als bei unseren Kunden, die als Unternehmer das Ziel haben, ihre Firma erfolgreich zu führen. Es geht um Verantwortung und um den Erhalt von Arbeitsplätzen. Die von uns geleisteten Steuergelder sichern die Arbeitsplätze der so genannten Sektenbeauftragten und Beratungsstellen mit. Es kann doch nicht sein, dass wir als Steuerzahler ein Klientel finanzieren, das uns ausschließlich aus Eigeninteresse und Inkompetenz Schaden zufügt, um die eigene Position zu rechtfertigen.

Wenn wir als Unternehmen an den Pranger gestellt werden, weil wir mit einem Scientologen in Geschäftskontakt stehen, dann frage ich mich ganz einfach, wer stellt eigentlich die Inkompetenz gerade dieses Personenkreises an den Pranger?

Ich wusste nicht einmal, wie man Scientology schreibt, als ein ‚Experte' sich vorwurfsvoll an mich wandte und mir mitteilte, ich unterstütze Scientology, weil einer unserer Kunden Scientologe ist. Er kam mir mit moralischen Vorwürfen und hatte keinerlei Argumente, geschweige denn eine rechtliche Grundlage, auf die ich mich als Bank stützen könnte.

Denn immerhin gibt es Scientology in Deutschland nun fast 30 Jahre. Von staatlicher oder juristischer Seite gibt es keinen einzigen Anhaltspunkt, dass ich gegen ein Gesetz verstoße, wenn ich mit einem Unternehmen in Geschäftskontakt stehe, dessen Inhaber Scientologe ist.

Aus meinen Erfahrungen in der Wirtschaft, mit der ich als Bankvorstand laufend in Kontakt stehe, kann ich nur eines sagen:

Der Personenkreis der Sektenbeauftragten hat den Unternehmen mehr geschadet als genützt. Wer verurteilt, braucht Beweise. Wenn er die nicht hat, muss er zugeben, dass es eben keine gibt. Wenn er das nicht macht und dann seine Meinung als Beweis liefert, agiert er gegen den Rechtsstaat und die Menschenwürde.

Episoden am Rande: Anonymus

Als er mich das erste Mal traf, sagte er, er sei Mediziner, momentan arbeitslos und er würde sich um das Thema Scientology „kümmern". Auf die Frage, warum und wie er sich darum „kümmert", blieb er mir die Antwort schuldig. Er war unruhig und überredete uns, die hinterste Ecke des kleinen badischen Lokals – unserem Treffpunkt – auszuwählen. „Um nicht gesehen zu werden". Unsere Gespräche verliefen flach. Nach etwa 45 Minuten dachte ich, ein Mediziner mit einer handfesten Paranoia säße vor mir. Eine Weile überlegte ich, wie man einem Mediziner sein eigenes Krankheitsbild erklären soll.

Mitten in meinen Überlegungen erzählte er mir von seinen Kontakten zum Bundesverfassungsschutz in Köln. Zunächst war ich sprachlos und dachte mir „Die nehmen auch jeden!" Auf meine Frage, mit wem er denn dort Kontakt habe, wich er wiederum aus. Ach so, in diesen

Kreisen bleibt alles anonym. Ja, das hatte ich glatt vergessen. So wie das Treffen.

Ein wenig später bekam ich Post von einem „Anonymus“. Sie enthielt Handelsregister-Auszüge von Firmen, in denen entweder ein Scientologe arbeitet oder der Inhaber ist. Auch eine Computer-CD mit Dutzenden von Fotos von Scientologen, fein säuberlich aufgelistet nach Namen, war dabei. Dann kamen Anfragen von Firmen, die ebenfalls Post von Anonymus erhalten hatten, zusammen mit einem Begleitschreiben, das speziell vor Geschäftspartnern oder Mitarbeitern als „Scientologen“ warnte.

In einem Telefonat mit dem „arbeitslosen Arzt“ gab er sich schließlich mir gegenüber als Anonymus zu erkennen. Er war es, der anonym durch die Republik Informationen an Firmen sendete und diesen dann auch noch Telefonnummern mitteilte, bei denen sich die Firmen melden konnten.

Ich war ganz schön sauer, dass sich da jemand landauf, landab als „Anonymus“ bei Unternehmen meldete und seinen Aussagen mit Durchwahl-Nummern, zum Beispiel des Verfassungsschutzes aber auch von mir, eine angebliche Brisanz verlieh.

Die eine oder andere Firma unterrichtete mich von den Sitzungen der Geschäftsleiter, wie man denn nun auf Grund der Informationen eines „Anonymus“ mit dem Thema umgehen soll. Dann begann meistens eine Telefon-Odyssee ebenfalls quer durch die Republik. Die einen wollten nichts sagen, die anderen konnten nichts sagen.

Als ein großer Automobil-Zulieferer vom „Anonymus“ angegangen wurde und in der Personalabteilung eine panikartige Geschäftigkeit ausbrach, um sämtliche Mitarbeiter auf Scientology-Mitgliedschaft zu überprüfen, platzte mir der Kragen. Durch diese ganze Geheimniskrämerei kam ich immer weiter von meinem Ziel, der „Klärung“, weg.

Nicht nur das. Ich erkannte auch, dass allein durch eine solche anonyme „Information“ eine Firma innerhalb von Stunden völlig lahm gelegt werden kann. Ich wartete, bis Herr Dr. Anonymus sich wieder bei mir meldete und erteilte ihm durch das Telefon eine Lektion der „besonderen Güte“. Was bildete sich dieser „arbeitslose Mediziner“ eigentlich ein?! Ich sagte ihm, dass ich an seinen Informationen nicht interessiert sei und habe ihm eingehend verboten, jemals meinen

Namen, meine Telefonnummer in seinen feigen „anonymen“ Informationen zu erwähnen. Auf die Frage, wie denn „die Kölner“ auf seine Aktionen reagieren würden, blieb er abermals eine konkrete Antwort schuldig.

Die Aktion Bildungsinformation e.V.

Bereits vor 14 Jahren hat sie die „Unschuld“ als Verbraucherorganisation verloren. Aber bis heute sind Unternehmer der ABI schutzlos ausgeliefert

„Verlorene Unschuld“ titelte bereits am 24. Februar 1987 die Stuttgarter Zeitung über die Methoden der „Aktion Bildungsinformation“ (ABI), schon damals unter dem Vorsitz des Eberhard Kleinmann. Hintergrund war ein Deal der ABI mit einem Lehrinstitut, welcher der ABI 50.000 Deutsche Mark als „Prozesskostenerstattung“ einbrachte. Die Stuttgarter Zeitung berichtete:

„... Aktion Bildungsinformation, kurz ABI, hat einem seiner Erzfeinde mit einem vier Seiten starken Gutachten rundum Gutes bescheinigt, zum Beispiel, dass die Vertragsbedingungen der „Ersten Gesellschaft für Programmierte Lehrmethoden mbH“ – Sight & Sound – als bahnbrechend und im Fortbildungsinteresse der Verbraucher zu bezeichnen seien. Wie das? Nach ausführlichem Gerangel vor Gerichten – 12 Verfahren hin und her waren anhängig – haben sich ABI und Sight & Sound offensichtlich wieder lieb. Und das ist in einem Wohlverhaltungs-Vertrag besiegelt, in dem u.a. die Erstellung des guten Gutachtens vereinbart worden ist. Dazu eine ‚Morgengabe‘ von 50.000 DM von Sight & Sound an die ABI, deklariert als Prozesskosten-Erstattung. Es wäre wohl nie aufgekommen, wenn nicht eine junge Frau einen Studienvertrag mit dem Ausbildungsziel ‚Fremdsprachensekretärin‘ bei der besagten Firma abgeschlossen hätte. Sie musste aus ‚persönlichen Gründen‘ den Vertrag kündigen. Das Institut schickte ihr aber eine Rechnung über 1.964,– DM für Einschreibung und Lehrmaterial.
‚Unsere Vertragsbedingungen sind in Ordnung‘, wurde ihr vom Institut mitgeteilt und auf das Gutachten der ABI verwiesen. Der Verbraucherschutzverein in Berlin hatte kurz vorher wegen gerade jener angeblich so bahnbrechenden Vertragsbedingungen in Bezug auf das Kündigungsrecht das Institut abgemahnt. Die ABI argumentierte, man habe so hohe Prozesskosten und die ganze Angelegenheit war für die ABI lebensbedrohend ...“

SÜDWESTDEUTSCHE ZEITUNG

Stuttgarter Zeitung Nr. 202

Finanzvermittler soll Kontakt zu Scientology haben

Stuttgarter „Aktion Bildungsinformation" will im Fall de… Staatsanwaltschaft helfen

…on of Scientologists" wird unter der Überschrift „Mitglieder in Aktion" das „Lifetime Member" (Mitglied auf Lebenszeit) Horst Mehler vorgestellt. Er sei Bestseller-Autor von 28 Büchern. Wörtlich heißt es weiter: „Als Scientologe und Mitglied nutzt Horst sein Talent als Autor, um durch nützliche Informationen für die Bevölkerung eine bessere Welt aufzubauen."

Diese „Beweise und Urkunden" aus „einem der größten Archive gegen Scientology in Deutschland" will der ABI-Vorsitzende Kleinmann jetzt in den bevorstehenden Prozeß gegen Lepel einführen. Man stehe „für Ermittlungen und im Strafprozeß als Zeuge zur Verfügung", hat Kleinmann nach eigenen Angaben mit Schreiben vom 25. August der Staatsanwaltschaft beim Augsburger Landge… richt angeboten und gleichzeitig bedauert, daß die Strafverfolger bisher noch nicht in Stuttgart angefragt haben. Der Leitende Oberstaatsanwalt Jörg Hillinger konnte dazu auf …frage allerdings keinen Kommentar abge… – war der Brief gestern noch nich…

Schwäbische Firma steht im Scientology-Verdacht

Kampf gegen ein Gerücht

Anzeigenkampagne soll wenigstens Kunden aufklären

Von unserem Korrespondenten Michael Lehner

Weingarten/Pforzheim. Ein schw… Unternehmer kämpft gegen ein Ger… seine Existenz bedroht: Sogar Be… sen die renommierte Möbelhaus… cil" spüren, daß ihren Besitzer… Scientology nachgesagt werde… die Vorwürfe…

Lindauer Scientologen-Jagd: „Domicil" darf nun bauen

Die Lindauer Stadtverwaltung hat den Widerstand gegen die Ansiedlung des Weingartener Möbelhauses „Domicil" aufgegeben. Das Unternehmen war in den Verd… Sekte unter…

…nisterium berufen, nachdem ein bereits im August gefaßter Stadtratsbeschluß für die Ansiedlung der Design… des Möbelhauses zunächst …zogen wurde. …nachdem intensive Recher…er Zeitung ergeben hatten, …e etablierten Scientology…isationen – zum Teil …naten – Anfragen nach …ngen zwischen Scientol… Möbelhaus abschlägig …ten, sprach Oberbür… Müller erneut beim …vor. Aber auch dort …t, daß es keine Ver… be. In der Stadtrat…

Von „Robin Direkt" stammt auch die „Schutzerklärung", mit der die Domicil-Geschäftsführer am 15. Oktober 1997 eidesstattlich erklärten, daß sie mit der Sekte nichts zu schaffen haben. Von dieser Erklärung hatte die Stadtverwaltung die weitere Bearbeitung der Bauvoranfrage abhängig gemacht. Pikant: Bis letzte Woche galt für den Verkauf des Lindauer Domicil-Grundstücks eine Rücktrittsklausel. Domicil-Chef Armin Eberlein, das ehemalige Konstruktio… bester Lage sehr günst… (gerüchtew…

Sektenmitglied muß gehen

Von unserem Redaktionsmitglied

NECKARTENZLINGEN (brb) – Der Chef der Verbraucherberatung Aktion Bildungsinformation (ABI), Eberhard Kleinmann, wirft der Rob… Nec… der… gen… jetz… wor… digt… der… ford… sam… auf… Klei… ser… die… wir…

Wie die „Aktion Bildungsinformation" sich mit einem Erzfeind vertragen hat

Das bestellte, rundum gute Gutachten

Die Revanche: Lehrinstitut „Sight and Sound" erstattet 50 000 Mark Prozeßkosten / *Von Werner Brock*

Das Lächeln ist wie kalter Zucker: „Kennen Sie die ABI?" fragt Bettina Schick, die Leiterin der Stuttgarter „Sight and Sound"-Filiale in der Tübinger Straße, und reicht ein schöngedrucktes Werbepapier über den Schreibtisch. „Gutachten der Aktion Bildungsinformation e. V." steht als Titel drüber. „Die ABI hat unsere Geschäftsbedingungen untersucht. Die sind in Ordnung." In der Tat: Der Verbraucherschutzverein „Aktion Bildungsinformation", kurz: ABI, hat einem seiner Erzfeinde in diesem vier Seiten starken Gutachten rundum Gutes bescheinigt, zum Beispiel, daß die Vertragsbedingungen der „Ersten Gesellschaft für programmierte Lehrmethoden mbH Sight and Sound" als „bahnbrechend und im Fortbildungsinteresse der Verbraucher" zu bezeichnen seien. Wie das? Nach ausführlichem Gerangel vor Gerichten – zwölf Verfahren hin und her waren anhängig – haben sich ABI und „Sight and Sound" offensichtlich wieder lieb. Und das ist in einem Wohlverhaltensvertrag besiegelt, in dem – unter anderem – die Erstellung des guten Gutachtens vereinbart worden ist. Dazu eine Morgengabe in Höhe von 50 000 Mark von „Sight and Sound" an die ABI, deklariert als Prozeßkostenerstattung.

Eberhard Klein

Folgender Fall hat die Sache ans Licht gebracht: Martina A. hatte bei „Sight and … konnte, doch zurückzunehmen, wollten die Studien-Händler aus der Tübinger Straße nicht erfüllen. Vertrag ist Vertrag.

Im Vertrag steht für den Kündigungsfall tatsächlich folgende Klausel: „Fällig sind nur die bis dahin in Anspruch genommenen Leistungen, inklusive der Gebühr für Einschreibung und Lehrmaterial." Dabei soll es offensichtlich keine Rolle spielen, daß das an Martina A. ausgehändigte Lehrmaterial – ein einfacher Kassettenspieler, sechs Lehrbücher, ein Arbeitsheft, ein Satz Steno-Übungsblätter, dazu ein Stenoblock und -stift – allenfalls 250 Mark wert sein dürften.

„Unsere Vertragsbedingungen sind in Ordnung", lächelt Bettina Schick mit Bezug auf das sogenannte Gutachten. Was sie nicht erwähnt: Der Verbraucherschutzverein in Berlin, die Klageorganisation der Verbraucherzentralen, hatte jüngst „Sight and Sound" wegen just jener angeblich so bahnbrechenden Vertragsbedingungen in Bezug auf das Kündigungsrecht abgemahnt. „Sight and Sound" hatte sich zunächst gebeugt, dann aber die eigene Unterlassungserklärung wegen Irrtums angefochten, informiert Helke Heidemann vom Berliner Verbraucherschutzverein. Jetzt steht eine gerichtliche Auseinandersetzung bevor.

Zum speziellen Fall der Martina A. urteilt die Juristin aus Berlin, daß die 1964 Mark in jedem Fall eine unangemessen hohe Forderung seien.

Bei der „Aktion Bildungsinformation" in der Alten Poststraße windet man sich ein bißchen: „Wir hatten Prozeßkosten von rund 100 000 Mark, das war für uns lebens- … Gutachten bereits „vorausgeahnt" wird: „… wird die ABI die Verträge und Vertragsbedingungen von ‚Sight and Sound' als ordnungsgemäß und im Fortbildungsinteresse der Verbraucher bezeichnen", steht da zu lesen. Ferner ist dort vereinbart, daß die ABI in ihrer Bibliothek der Direktunterrichtsunternehmen ein Eckchen für „Sight and Sound" einräumt. Schmackhaft gemacht haben die Münchner, in deren Aufsichtsrat der Ex-Chef der Bundesanstalt für Arbeit, Josef Stingl, und der bayrische SPD-Landtagsabgeordnete Böddrich sitzen, den Freundschaftsvertrag nicht nur durch die besagten 50 000 Mark, sondern auch durch das Versprechen, das zu erstellende Gutachten „nicht für Werbekampagnen in den Medien" zu nutzen.

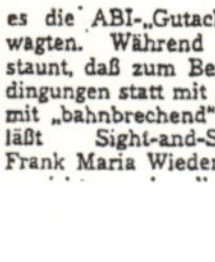

Josef Stingl

Daß das Gutachten indes an mögliche Kunden werbend weitergereicht wird, ist nicht verboten. Ein Punkt ist allerdings noch ungeklärt: In dem von „Sight and Sound" verteilten Papier klingt das eine oder andere um noch eine Nuance positiver, als es die ABI-„Gutachter" zu formulieren wagten. Während Kinzinger darüber staunt, daß zum Beispiel die Vertragsbedingungen statt mit „ordnungsgemäß" nun mit „bahnbrechend" beschrieben werden, läßt Sight-and-Sound-Geschäftsführer Frank Maria Wiedenmann der Redaktion …

„Aber die ABI ist mehr als ein Unternehmen, das nach wirtschaftlichen Gesichtspunkten geleitet werden muss. Es ist ein gemeinnütziger Verbraucherschutzverein. Das kostbarste Kapital eines solchen Vereins sind seine Integrität und das Vertrauen, das er in der Öffentlichkeit genießen darf. Ein Unternehmen, das sein kostbarstes Kapital verspielt, hat ausgewirtschaftet.

Die ABI hat ihr kostbarstes Kapital tatsächlich verspielt. Wie soll noch ein Rat suchender Verbraucher Vertrauen in das haben, was der Verbraucherschutz in Bildungsfragen, so die ABI über sich selbst, über die Praktiken der Bildungs- und Ausbildungsunternehmen äußert, wenn er weiß, dass sich die ABI Gutachten samt vorgegebenen Aussagen einfach abkaufen lässt? Die ABI hat ihre Unschuld verloren. Es gibt in Deutschland einen Verbraucherschutzverein weniger.“ (Stuttgarter Zeitung)

In dem Fall hat sich die Stuttgarter Zeitung getäuscht. Denn nicht nur Eberhard Kleinmann, sondern auch der damalige Geschäftsführer Werner Kinzinger haben diese Affäre überlebt. Bis heute bekommt die Aktion Bildungsinformation Steuergelder und sie wird bis zum heutigen Tag alimentiert. Inzwischen hat sich ein Kreis von Unternehmern Gedanken gemacht, wie man diese Angelegenheit über den Bund der Steuerzahler klären lassen kann, nachdem die Politiker nichts unternehmen.

Treffen beim Paulaner

„Sehr geehrte Frau Hartwig,

... Infolge einer Fernsehsendung habe ich erfahren, dass die Aktion Bildungsinformation mit Sitz in Stuttgart Hilfeleistung für Scientology-Geschädigte anbietet. Da ich bei meiner Ex-Frau kurz vor der Trennung unglaublich starke Persönlichkeitsveränderungen feststellte und sie mit ihren Äußerungen Scientology-Gedankengut von sich gab, vermute ich bis heute, dass hier Verbindungen zur Scientology-Sekte bestehen ... Ich suchte dringend nach Hilfe und habe, wie bereits erwähnt, bei der Aktion Bildungsinformation angerufen. Von dort wurde mir ein Herr Kleinmann zugewiesen. Sogleich erhielt ich auch per Post eine Zahlungsaufforderung in Höhe von DM 368,– zugestellt mit der Bitte, diesen Betrag sofort zu überweisen, damit sie sich meinem Fall annehmen können. Ich hatte dann mit Herrn Kleinmann ein telefonisches Gespräch, und der sagte mir, er

sei sehr stark überlastet und könne Termine nur abends anbieten. Der Termin wurde in einer Gaststätte (Paulaner) in Stuttgart vereinbart. Anscheinend haben wir uns dort verfehlt, und so bin ich unverrichteter Dinge wieder heimgefahren. Einen weiteren Termin konnte ich dann nicht wahrnehmen, weil ich krank war, ich habe mich bei Herrn Kleinmann entschuldigt. Er hat mir dann einen neuen Termin genannt: Freitag 27. Oktober 1995, 22 Uhr im Hotel Lamm in Singen/Hohentwiel.
Ich bin dort pünktlich erschienen und habe an der Rezeption nach Herrn Kleinmann gefragt. Er war im Nebenzimmer bei einer Konferenz. Nach einer Wartezeit von ca. 1/2 Stunde ist er dann erschienen. Er hat auf mich einen sehr müden Eindruck gemacht und ist gleich am Anfang unseres Gespräches eingeschlafen. Als er nach einer gewissen Zeit (ca. 1/2 Std.) wieder zu sich kam, hat er mich in dieses Nebenzimmer mitgenommen. Dort bin ich von einer etwas feuchtfröhlichen Runde begrüßt worden. Spätestens dann war mir klar, dass mein Anliegen auf diese Art und Weise nicht bearbeitet werden kann. Herr Kleinmann sagte mir auch an diesem Abend noch, sie hätten bei der Aktion Bildungsaktion einen Rechtsanwalt, der sich um meine Sache annehmen kann. Ich solle ihm (Herrn Kleinmann) die Vollmacht geben, meinen Fall zu bearbeiten und weitere Geldbeträge im voraus leisten. Dies hat bei mir eine starke Skepsis erzeugt. Schon bei meiner Heimfahrt bin ich dann zu dem Entschluss gekommen, auf diesem Wege nicht mehr weiterzumachen. Später habe ich auch von anderen Leuten erfahren, die über meinen Fall Bescheid wissen, dass die Aktion Bildungsinformation in ein schlechtes Licht geraten sei ...

Mit freundlichen Grüßen“

Eine Klage und die Zeugen

Dass es auch in der „Aktion Bildungsinformation“ mehr um Abzocke geht als um tatsächliche Aufklärung und Information zeigen nicht nur die hier aufgeführten Fallbeispiele in diesem Buch, sondern dokumentiert sogar interessanterweise der Verfassungsschutz in Sachsen.

So hat sich eine „Kleine Anfrage“ des Abgeordneten Gunter Lochbaum, MdL (SPD), vom 2. Oktober 2001 (Drucksache 3/5007) mit den wirtschaftlichen Aktivitäten von Scientologen in Sachsen beschäftigt.

In der Antwort des Wirtschaftsministers gegenüber dem Parlamentarier heißt es u.a.:

„In der ‚Kleinen Anfrage' wird Bezug genommen auf einen Artikel in der freien Presse vom 21. September 2001.

Dort werden auf Grund von Aussagen der Aktion Bildungsinformation e.V. Stuttgart (ABI) im Freistaat Sachsen „starke Aktivitäten" der Scientology-Sekte vermutet.

Zwischen 70 und 80 Firmen sollen im Freistaat Sachsen demnach von der Scientology-Organisation, direkt oder indirekt, unterwandert sein.

Diese Angaben und auch andere Feststellungen der ABI zu Schwerpunkten und Tätigkeitsfeldern der Organisation sind von dort bisher nicht belegt worden und widersprechen zum Teil auch den bisherigen Erkenntnissen des Landesamtes für Verfassungsschutz Sachsen ..."

Was die Damen und Herren Parlamentarier aber auch der Wirtschaftsminister wohl völlig übersehen haben ist das Schlüsselwort des Vorsitzenden der Aktion Bildungsinformation Kleinmann und das heißt: „vermutet"!

Und dass in diesem Lande inzwischen eine derartige „Vermutung" auslangt, um Aktivitäten von Politikern bis hin zum Wirtschaftsminister zu entfalten ist schon mehr als bedenklich.

Es war genau so eine ABI-Vermutung, die am 30. April 2002 vor dem Stuttgarter Landgericht verhandelt wurde. In diesem Fall gestützt auf eine der abenteuerlichsten eidesstattlichen Erklärungen eines Ex-Scientologen, von der ich in diesen letzten 11 Jahren gehört oder gelesen habe,

Termin war angesetzt auf 13.30 Uhr. Es war einer dieser ersten warmen Frühlingstage. Wir rechneten mit maximal 45 Minuten bis zu einer Stunde Verhandlungsdauer. Wir hatten uns alle geirrt. Die Uhr zeigte frühen Abend, als wir fast fünf Stunden später zurück zum Parkplatz gingen.

Der Beginn der Verhandlung: Es wurde aufgerufen die Sache Eberhard Kleinmann gegen einen Redakteur des staatlichen Fernsehens, der es „wagte“, die Machenschaften dieses Kleinmann über einen Fernsehbeitrag in die Öffentlichkeit zu bringen. Kleinmann, bewaffnet mit einem großem Fliegerkoffer, kam, in Begleitung seines langjährigen „Edelzeugen“ Oliver Schramm den Gerichtsgang entlang. Dem Zeugen war die Nervosität direkt anzusehen. Es ging um eine Beweisaufnahme, vom Gericht angeordnet, in der ein Unternehmer und der Ex-Scientologe als Zeugen vernommen wurden. Der Vorsitzende und seine beiden Beisitzenden Richter waren bereits seit Frühjahr 2001 mit der Angelegenheit beschäftigt. Er mahnte die Zeugen, nur die Wahrheit zu sagen und machte auf die Folgen einer falschen Aussage aufmerksam.

Zeugenvernehmung mit Folgen

Bei dieser mehrstündigen Vernehmung der beiden Zeugen wurden in erschreckender Weise die Methoden des Vorsitzenden der Aktion Bildungsinformation geschildert. Der Kontakt zwischen dem Unternehmer und der ABI kam zustande, als die Firma X ihren Firmensitz nach Lindau im Bodensee verlegen wollte. Dort erwarb sie ein Grundstück und reichte eine Baugenehmigung ein, die auf einmal – aus undefinierbaren Gründen – im September 1997 ins Stocken kam. Vom damaligen Oberbürgermeister bekam der Unternehmer die Auskunft, der Grund sei, dass seine Firma „zu Scientology gehöre“. Der stellvertretende Rechtsamtsleiter erklärte gegenüber dem Unternehmer, diese Information hätte die Stadt Lindau anonym per Telefon mitgeteilt bekommen und daraufhin das Genehmigungsverfahren gestoppt. Obwohl der Firmeninhaber eine eidesstattliche Versicherung an die Stadt schickte und darin dokumentierte, dass dieses Gerücht völlig aus der Luft gegriffen sei, passierte nichts. Der Unternehmer schaltete dann eine Anzeige in der Schwäbischen Zeitung mit der Überschrift „Gerüchtevertreiber gesucht“! Ein Redakteur der Schwäbischen Zeitung recherchierte den Fall und setzte sich sogar mit dem Bayerischen Innenministerium in Verbindung. Dort konnte er keine Bestätigung für die „anonymen“ Aussagen bekommen. Der Redakteur berichtete aber auch dem Unternehmer, dass die Stadt Lindau in Kontakt mit der Aktion Bildungsinformation stehe.

Im November 1997 forderte das Unternehmen X daraufhin die ABI in mehreren Schreiben zur Stellungnahme auf. Eine Antwort blieb aus.

Aufgrund der Zeitungsanzeige – „Gerüchtevertreiber gesucht“ – interviewt der Süddeutsche Rundfunk den Unternehmer, aber auch den Vorsitzenden der ABI, Kleinmann. Dieses Interview wurde am 20. November 1997 ausgestrahlt. Der Unternehmer wird danach von Bekannten auf die Aussagen von Kleinmann und seine Verdächtigungen gegenüber der Firma aufmerksam gemacht. In dieser Radiosendung machte der ABI-Vorsitzende eine unheilvolle Aussage und brachte das Unternehmen X hierbei in Zusammenhang mit „Scientology“.

Daraufhin hat das Unternehmen X umgehend beim Sender angerufen und mit einer Klage gedroht, falls diese Aussagen von Kleinmann weiterhin verbreitet werden. Dementsprechend wurde das Band verkürzt ausgestrahlt. Um ca. 17.00 Uhr erfolgte ein Anruf von Kleinmann bei der Firma X. Deren Inhaber sagt nun vor Gericht aus, Kleinmann hätte völlig diffus losgebrüllt und ihn aufgefordert, sofort nach Stuttgart zu kommen. Er, Kleinmann, wisse, dass es der Firma nur um Subventionen ginge. Diesen Vorwurf konnte sich der Unternehmer nur so vorstellen, dass Kleinmann irgend etwas durcheinander bringe. Eine Geschäftspartnerin, Frau J. wurde 1997 „Unternehmerin des Jahres“. Diese schrieb später einen Brief an alle Bundestagsabgeordneten, in der sie eine Steuerreform für mittelständische Unternehmen forderte. Weshalb dieser Brief an die Bundestagsabgeordneten bei der ABI landete, war dem Unternehmer völlig unklar. Während dieses Telefonates im November 1997 fackelte er dann auch nicht lange und schlug Kleinmann ein Treffen im Intercity Hotel am Ulmer Bahnhof am darauf folgenden Sonntag nach Ausstrahlung des Interviews vor. Kleinmann sagte zum Unternehmer, er solle zu diesem Treffen gleich DM 400,– zuzüglich gesetzlicher Mehrwertsteuer mitbringen. Auf Rückfrage, weshalb: „Wegen der umfangreichen Recherchen im Zusammenhang der Untersuchung um ihre Firma X!“

Auf Rückfrage des Richters sagte der Unternehmer, dass er damals, 1997, Inhaber von 13 Filialen und 17 Franchise-Unternehmen gewesen sei. Heute sei er Mitinhaber. 1997 wollte der Unternehmer, so seine detaillierten Aussagen vor Gericht, nur eines: dieses Gerücht, seine Firma gehöre zu Scientology, so schnell wie möglich entkräftigen. Am besten damit, dass in die Medien die Meldung kommt, dass die Firma nichts mit Scientology zu tun habe. Die dem Gericht vorliegenden Briefe vom 18. und 23. November 1997 von Seiten des Unternehmers an die ABI müsse man unter diesem Gesichtspunkt anschauen.

Zu einem Treffen mit Kleinmann kam es dann am 23. November 1997 von 18.30 Uhr bis 24.00 Uhr im besagten Hotel im Ulmer Bahnhof. Bei diesem Treffen äußerte sich Kleinmann gegenüber dem Unternehmer, dass er die Informationen über seine Firma von einem Mitarbeiter habe. Der Unternehmer nannte ihm den Namen eines Mannes, der 1994 in der Buchhaltung beschäftigt war und entlassen wurde. Dieser ging zur ABI. Dies bestätigte Kleinmann. Kleinmann legte dem Unternehmer am 23. November 1997 eine „eidesstattliche Erklärung" des besagten Ex-Scientologen Oliver Schramm vor. Dieser bestätigte darin, „dass ein Scientologe in der Firma X sei". Allerdings nannte er in seiner eidesstattlichen Erklärung keinen Namen. Kleinmann wollte nun dem Unternehmer für DM 6.000,– plus Mehrwertsteuer eine Kartei liefern mit Namen von Scientologen. Kleinmann sagte dem Unternehmer, es würden ihm nur noch zwei Punkte zu den Beweisen fehlen, dass im Schulungssystem der Firma alles wie bei Scientology abliefe. Es gibt zu diesem Treffen von Seiten des Unternehmers ein Protokoll, welches er dem Gericht auch angeboten hat.

Er stellte auch gegenüber Kleinmann klar, dass er mit der auf einer Liste von Kleinmann auftauchenden Frau weder verwandt noch verschwägert sei, auch wenn sie den gleichen Nachnamen trägt. Die gesamten Aussagen des Kleinmann zum Zeitpunkt 1997 zeigen, wie er gegenüber den Medien und der Stadt Lindau einen roten Faden spinnt, der die Firma X mit einem Gerücht belastet. Später wurde das Gerücht benutzt, um es – wie es die Zeugenvernehmung dann auch bestätigte – über ein Jahr nach dem Treffen zwischen dem Unternehmer und Kleinmann für die ABI zur klingenden Münze zu machen.

Die Aussagen des Unternehmers, aber auch des Ex-Scientologen und die inzwischen vorliegenden Berge von Beweisen über die Vorgehensweisen der Aktion Bildungsinformation, immerhin nicht zu vergessen, einer mit ca. 100.000,– Euro alimentierten Verbraucherschutzzentrale, sind längst eine Angelegenheit für den Staatsanwalt.

Denn der Fall der Firma X ist ja kein Einzelfall in der „Aufklärungsspur" dieses Kleinmann. Unabhängig von der Rechtslage, da Scientology ja nicht verboten ist, und ein Mitarbeiter, wenn er denn Scientologe ist, nicht deshalb entlassen werden kann, zeigen sich hier in der Vorgehensweise des Kleinmann mafiose Strukturen. Es ist ihm völlig egal, welche Auswirkungen seine für mich schon „Geldeintreiber-Methoden“ für die ABI in wirtschaftlichen Unternehmen haben.

Vor allem, wie verdreht und verlogen hier von Seiten eines ABI-Vorsitzenden agiert wird, um seine Geldbeschaffungs-Methoden eben auch nicht auffliegen zu lassen, schlagen im Grunde alles, was man sich mit einem gesunden Menschenverstand vorstellen kann.

Da sitzt an einem 23. November 1997 ein Unternehmer, der Millionen Umsätze macht und dementsprechend auch Steuern zahlt, Hunderte von Arbeitsplätzen sichert, einem Mann gegenüber, der nicht nur völlig diffus Vorwürfe äußert, die er nicht belegen kann, sondern auch knallhart für seine „Recherchen“ erst einmal einen Scheck von DM 400,– plus Mehrwertsteuer und dann noch eine Namenskartei mit für DM 6.000,– plus Mehrwertsteuer verkaufen will.

Dagegen steht eine ins Stocken geratene Baugenehmigung auf Grund eines anonymen Hinweises, der von Seiten der ABI gegenüber der Stadt Lindau eher bekräftigt wurde, was mir sogar die Stadt Lindau in einem späteren Telefonat bestätigt hat. Der Hintergrund meines Telefonates ist ganz einfach zu erklären: Auch die Stadt Lindau hatte sich beim Bayerischen Innenministerium über die Firma X erkundigen wollen. Selbst der Verfassungsschutz Bayern wurde aktiviert und fragte bei mir nach Informationen über die Firma X.

Der Fall X ist auch deshalb exemplarisch, da er das Zusammenspiel zwischen der Aktion Bildungsinformation und einem Ex-Scientologen nun auch klar dokumentiert. Es langt einfach die Aussage irgendeines Ex-Scientologen, die allein vom Aufbau her alles andere als einen beweisbaren Wahrheitsgehalt darstellt.

Zurück zum Treffen mit Kleinmann im Ulmer Hotel. Der Unternehmer war damals sehr emotional geladen. Das merkte man ihm übrigens auch am 30. April 2002 vor dem Landgericht noch an, wie unverschämt er das Verhalten des Kleinmann immer noch ansah. Trotzdem der Unternehmer beim Treffen mit Kleinmann seinem Unverständnis über dessen Vorgehensweisen Luft machte, bot dieser ihm nach Ausstellung der beiden Schecks sogar noch das „Du“ an, das der Unternehmer jedoch umgehend ablehnte.

Kleinmann ging sogar so weit, dass er den Namen eines Mitarbeiters, den der Unternehmer nebenher äußerte, hochstilisierte und daraus einen „Scientologen mit Auftrag“ erfand. Für Außenstehende ist schon gar nicht mehr nachzuvollziehen, was hier eigentlich gelaufen ist.

Das Gespräch mit Kleinmann und dem Unternehmer drehte sich um Personen, die sich hoch verschulden. Der Unternehmer nannte deshalb den Namen eines Mitarbeiters, der sich selbständig machte und nach einem Jahr jammernd zurück kam, weil er über 100.000,– DM an Schulden produziert hatte. Genau aus diesem Mitarbeiter macht nun aber Kleinmann ein Argument der Unterwanderung durch einen hochrangigen Scientologen, macht aus diesem Mitarbeiter einen „führenden“ Mitarbeiter in der Firma X. Bleibt jeden Beweis dafür schuldig. Nennt man das nun Hirngespinste oder knallharte Kalkulation?

Selbst völlig unabhängige Gerichtsbeobachter schüttelten bei der Erzählung dieser Vorgänge den Kopf. Es fielen in diesem Zusammenhang in der Verhandlungsunterbrechung von Zuhörern auch die Worte „Ablasshandel“ und „Schutzgeld“! Denn der Unternehmer sagte als Zeuge vor Gericht, dass es ihm bei dem Treffen mit Kleinmann im November 1997 nur darum ging, dass dieser Spuk endlich vorbei sei. Auf den Spuk bezogen: dass seine Firma eben nichts mit Scientology zu tun habe. Und so erhielt Kleinmann, laut Aussage des betroffenen Unternehmers, bei diesem Treffen zwei Schecks über 460,– DM und 6.900,– DM überreicht. Tatsächlich, am nächsten Morgen gab es eine entsprechende Pressemitteilung von Seiten der ABI und, so der Unternehmer: „Damit war der Spuk für mich zu Ende.“

1998 wurde aus dem Umfeld des Unternehmers eine Anfrage an die ABI gestellt, ob in der Sache „Firma X und Scientology etwas dran sei“ (!). Die anfragende Person bekam ein Schreiben von der ABI, dass die Auskunft über die Firma DM 580,– kosten würde, und zeitgleich bot man eine Liste von Scientologen für DM 985,– an.

Der Unternehmer 2002 vor Gericht: „Die ABI hat 1997 eine Pressemitteilung herausgegeben, dass am Gerücht nichts dran ist und zockt ein Jahr später wieder ab. ABI geht es nur um das Abkassieren.“ Der Unternehmer dokumentierte vor Gericht auch sehr genau, wie die ABI nach einem Jahr öffentlicher Dementis immer noch mit diesem Gerücht Geld macht. Der Unternehmer übergab dem Gericht die für DM 580,– verkauften „Informationen“!

Mit welcher Unverfrorenheit Kleinmann auch vor Gericht penetrant versuchte, den Unternehmer unglaubwürdig zu machen, wirft generell ein Bild auf diese Aufklärungsszene in Deutschland. Hier wird jemand nicht nur fälschlicherweise beschuldigt, sondern seitens Kleinmann direkt sogar noch gesagt, es würden nur noch zwei Punkte fehlen und man könnte dieses Gerücht beweisen. Daraufhin wehrt sich der Unternehmer und muss sich dann von diesem staatlich alimentierten Vorsitzenden einer Verbraucherschutzzentrale noch als unglaubwürdig hinstellen lassen. Kleinmann behauptete gegenüber dem Gericht, interessanterweise, als der Zeuge den Gerichtssaal bereits verlassen hatte, er habe nur einen Scheck von dem Unternehmer erhalten und zwar den mit 6.900,– DM. In den Unterlagen des Unternehmers ist jedoch ein Schriftstück, unterzeichnet von Kleinmann am 23. November 1997 über die Summe 400,– plus Mehrwertsteuer, zu finden, für die Auskunft zur Firma X.

Der Ex-Scientologe und sein Gedächtnis

Oliver S., ein Ex-Scientologe, der immer mal wieder von der ABI als „hochrangiger Scientologe“ in der Öffentlichkeit präsentiert wird.

Schaut man rückblickend auf seine Präsentation vor Gericht, erkennt man, wie problematisch die ganzen Ex-Scientologen-Diskussionen im Grunde sind. Oliver S. wurde von Seiten der Aktion Bildungsinformation nicht nur das eine Mal als so genannter Kronzeuge bei kritischen Auseinandersetzungen und Äußerungen des ABI-Vorsitzenden Kleinmann präsentiert. Die Aussagen von S. vom 30. April 2002 weisen nicht nur erhebliche Lücken auf, sondern müssen grundsätzlich, was die Einseitigkeit und Glaubwürdigkeit dieser Aussteiger angeht, hinterfragt werden.

Folgendes hat sich zugetragen: Oliver S. wird vom Gericht nach seinem Beruf gefragt. Seinen erlernten Beruf des Bautechnikers übe er nicht aus, er sei selbständig und Vertriebsdirektor. Nach längerem Hin und Her einigt man sich dann auf die Berufsbezeichnung „Handelsvertreter“. Auf die Frage des Richters, ob er mit der Organisation Scientology zu tun habe, antwortete Schramm mit „ja“ und nennt die Jahre 1992, 1993 und 1994, in denen er bei Scientology gewesen sei. Er sei „in der Hierarchie nach oben gerutscht“. Und er wäre tagein und tagaus bei Scientology Stuttgart in der Urbanstraße gewesen. Dort sei ihm in einem Buchladen bei der Scientology eine Person aufgefallen, die er angesprochen habe. Diese Person hätte ihm erzählt, sie wäre Führungskraft bei der Firma X. Später fasste der Richter die Aussagen des Ex-Scientologen zusammen und dieser korrigierte dann den Richter, indem er aussagte, seine Mitgliedschaft bei Scientology wäre nur vom 13. März 1994 bis zum 28. August 1994 gewesen. Er habe das Datum verwechselt.

Der Richter fragte Oliver S. nochmals, ob er die vorher erwähnte Person denn jetzt tatsächlich angesprochen habe. S. antwortete mit „Ja." Diese Person hätte zu ihm, S. gesagt, dass Scientology Mitglieder in Möbelhäusern anwerben wolle. Bei der Firma X und auch bei einem schwedischen Möbelhaus, dessen Namen er auch nannte. Die Person habe spezielle Projekte in diesem Zusammenhang. Dann wäre die Unterhaltung ins Persönliche übergegangen. S. habe die Person vorher noch nie gesehen. Die Person hätte zu ihm gesagt, sie wäre Abteilungsleiter. Und er wäre sich nicht mehr sicher, meine aber, die Person hätte auch gesagt, er wäre im Vertrieb. An den Namen könne er sich allerdings nicht mehr erinnern.

Die eidesstattliche Versicherung des Herrn S. die von Kleinmann bereits 1997 nicht nur an den Unternehmer übergeben wurde, sondern auch Dritten gegenüber als Rechtfertigung seines Angriffs auf die Firma X, wurde in diesem Verfahren als Beweisanlage K 13 eingeführt. Diese eidesstattliche Versicherung wurde nun S. vom Gericht vorgehalten, und er wurde gefragt, warum er diese eidesstattliche Erklärung geschrieben hätte. Es antwortete der Ex-Scientologe: Weil ihn Eberhard Kleinmann, der Vorsitzende der Aktion Bildungsinformation, darum gebeten habe.

S. erläuterte vor Gericht sehr ausführlich, er wäre nach seinem Ausstieg von Scientology „verfolgt worden" und „bei einer Tante in München" untergetaucht. Der Widerspruch ist ihm wohl nicht aufgefallen. Wieso taucht jemand offiziell aus „Sicherheitsgründen" 200 Kilometer von Stuttgart entfernt unter, lässt sich aber laufend als „hochrangiger Aussteiger" von der ABI, sprich Kleinmann, in den Medien vorführen? Auch seine Aussage, dass er aus diesem Grunde so schnell wie möglich zum Bund wollte, um dort „sicher" zu sein. Oder dass bei der Bundeswehr dann der MAD mit ihm in Verbindung stand und ihm dann den Namen „ABI" als „Kontaktstelle" nannte, waren wenig glaubwürdig und hatten schon gar nichts mit der Sache zu tun.

Dem unvoreingenommenen Zuhörer stellte sich S. mit seinen Widersprüchen und seinen Gedächtnislücken doch eher als jemand dar, der hier versuchte, durch die Namensnennung des MAD Wichtigkeit zu erlangen. Er betonte auch, dass er „ein wichtiger Aussteiger" sei, da er „in der Hierarchie so weit aufgestiegen" wäre. Also jeder, der sich auch nur oberflächlich mit dem Thema Scientology auseinandergesetzt hat, weiß, dass jemand innerhalb von fünf Monaten garantiert nicht „hoch aufsteigen" kann. Gegenrecherchen zum Fall S. haben ergeben, dass er in der Kürze der Zeit rein zufällig für einen anderen in der so genannten Sea Org bei Scientology eingetreten ist. Durch seinen Eintritt erhielt er auch einen so genannten Sea-Org-Ausweis, den er jedem als „Beweis" für seine „Hochrangigkeit" als Beweismittel zeigte. Scheinbar langt es ja auch in dieser Republik, dass man nichts als ein kleines Stück Papier vorlegen muss, um als so genannter „hochrangiger Aussteiger" der Öffentlichkeit präsentiert zu werden.

S. wurde vom Richter gefragt, ob er die Aussagen, die ihm dieser Unbekannte, an dessen Namen sich S. nicht mehr erinnern kann, durch Nachfragen überprüft habe. Die Aussage S. kam – im Gegensatz zu den anderen Aussagen – sehr schnell. Er sagte: „Scientologen sagen untereinander immer die Wahrheit. Die Frage des Prüfens stelle sich daher nicht." Auch, ob S. damals gewusst hätte, ob diese Person denn eigentlich auch Scientologe war, beantwortete S. mit dem Hintergrund, dass nur Scientologen in diesen Bereich der Organisation Scientology – den Buchladen der Stuttgarter Organisation – vordringen würden. Und er hätte keinen Anlass gehabt, an der Wahrheit der Aussagen des Unbekannten zu zweifeln. Der Name der Person sei ihm entfallen. Und auch auf Nachfrage des Gerichts, ob er den Namen denn jetzt wieder wisse, antwortete S. mit „nein". Interessanterweise wusste er aber ganz genau die privaten Erzählungen des Unbekannten. Nicht nur, dass er jegliche Beweise für diesen „Unbekannten" schuldig blieb, sondern in den maßgeblichen Aussagen, bei denen man weitere Recherchen oder Zeugenaussagen hätte aufbauen können, wie den Namen, evtl. wenigstens den Vornamen dieses „Fremden" den er da getroffen haben will, schlichtweg als – vergessen – wegwischte. Gedächtnisschwund hat in manchen Fällen auch Vorteile, dachte ich mir bei diesem peinlichen Zeugen der ABI.

Seine eidesstattliche Erklärung jedoch hat zwei Firmen – Firma X und die schwedische Möbelfirma – zu von Scientology „unterwanderten Firmen" gemacht. Beides entspricht nicht der Wahrheit! Das ist aber nur die eine Seite der Medaille.

Meine ganzen Recherchen in diesen Zusammenhängen „Rufmord, Gerüchte“ haben sich deshalb ergeben, weil es diese zweite Seite eben dieser Medaille gibt. Im Umkehrschluss ist doch nun die Frage zu stellen: Wie gehen eigentlich Behörden und Politiker mit solchen Zeugen um?

In den verschiedenen Verhandlungspausen fasste ein Anwalt den Sachverhalt dieses Verfahrens ganz einfach mit einem Satz zusammen: „Das, was wir hier durch die Aussagen und durch die Beweise des Unternehmers erleben, lässt nur den einen Schluss zu: staatlich geduldetes Denunziantentum.“

Schreiben eines Unternehmers an einen Rechtsanwalt

„Nachdem ich nun die Person Kleinmann leibhaftig erlebt habe – noch nie habe ich einen solchen Fanatiker, bar jeder Selbstkontrolle, ohne die auch nur andeutungsweise vorhandene Fähigkeit der sachlichen Argumentation getroffen – bin ich froh, dass dieser Spuk jetzt vorbei ist. Gerade deshalb werden wir künftig sehr wachsam sein, sollten wir erfahren, dass aus dem zwischenzeitlich aufgebauten Netzwerk dieser „Kritiker“, dass wieder jemand aus Dummheit, Faulheit oder mit Gemeinnützigkeit getarnter Profitsucht, unseren Namen in die Nähe von Scientology bringt.

Gestatten Sie mir abschließend noch eine ganz persönliche Bemerkung. Bis zur Aufdeckung der Machenschaften der ABI hatte ich großen Respekt vor Menschen, die sich für den Schutz Schwacher vor der Einvernahme durch vermeintliche Heilsbringer jeglicher Couleur stark machten. Die ABI hat mir beweisen, sehr skeptisch zu sein. Schade, dass die Anständigen darunter zu leiden haben.

Mit freundlichen Grüßen
Geschäftsleitung“

Schwarze Listen – dunkle Kanäle

Die Firma ist seit Jahrzehnten durch die Medien bekannt und wird für innovative Marketing-Strategien von Industrie und Wirtschaft konsultiert.

Zuerst dachte der Geschäftsführer, dass der Rücklauf bei den Aufträgen eben konjunkturbedingt sei. Doch als langjährige Kunden –

peinlichst berührt – den langjährigen Beratervertrag nicht mehr verlängern wollten, wurde er aufmerksam.

Auf seine Rückfragen bekam er nur Schweigen als Antwort. Oder Ausreden, die er sofort als solche erkannte. Der Geschäftsführer versuchte, von seinen Mitarbeitern Informationen zu erhalten. Am Runden Tisch diskutierte man den steten Rückgang der Aufträge und konnte sich nicht erklären, woher dieser Kundenrückgang auf einmal kam. Der Senior-Chef eines Unternehmens erklärte es schließlich dem Geschäftsführer mit dem Satz: „Sie stehen auf der Schwarzen Liste!“ Gewohnt, Problemfälle zu lösen, telefonierte er alle Kunden ab, die mit seiner Dienstleistung nichts mehr zu tun haben wollten. Und siehe da, es bestätigte sich: Es gab eine „Schwarze Liste“! Völlig konsterniert erzählte ein Kunde dem Unternehmer, dass er bei einer Verbraucherschutzzentrale in Stuttgart für mehrere hundert DM eine Liste erstanden habe, auf der sein Unternehmen aufgeführt würde. Aber um sich selbst nicht in die Schusslinie zu bringen, denn der Verkäufer der Liste sei sehr unangenehm, wolle man sich weder genauer äußern, noch die Liste zeigen. Das Problem ließ sich deshalb nicht lösen, weil dem Geschäftsführer niemand mitteilen wollte, was es überhaupt bedeutet, auf dieser „Schwarzen Liste“ zu stehen. Bis irgendwann im Gespräch mit einem Bankvorstand das Wort „Sekte“ fiel. Der Geschäftsführer musste lachen und schüttelte den Kopf.

Allein dieses Wort beruhigte ihn, denn wenn er etwas ganz sicher wusste, dann war es dies: dass weder er noch sein Unternehmen einer „Sekte“ angehört. Der Banker machte ihm allerdings klar, dass er das nicht auf die leichte Schulter nehmen solle, denn die Liste, auf der er steht, wäre – laut dem Stuttgarter Verbraucherschützer „Kleinmann“ – eine Liste der SPD-Landtagsfraktion Baden-Württemberg. Damit bekäme das Ganze einen politischen Anstrich, und er brauche sich nicht zu wundern, dass sich die Kunden zurückziehen.

Der darauf folgende Gang durch die Sektenberatungsstellen war für den Unternehmer wie ein „Gang nach Canossa“. Eisiges Schweigen. Keine Informationen. Man dürfe nicht, man wolle nicht, man könne nicht!

Als der Unternehmer völlig entnervt den Kontakt zu mir suchte, waren Wochen vergangen. Zunächst glaubten wir nicht, dass es eine Liste der SPD-Landtagsfraktion Baden-Württemberg geben könnte, in der Firmen auf einer so genannten „Schwarzen Liste“ geführt sind, die auch noch durch die staatlich alimentierte Verbraucherschutzzentrale „ABI“ verkauft wird. Von „Kleinmann“ war man so etwas ja gewöhnt, aber von der SPD? Das Problem des Unternehmers – im Gegensatz zu seinen Kunden: Er war nicht im Besitz dieser Liste! Das einzige, das wir ihm beweisen konnten, war, dass sich Anfragen bei uns über ihn als Person und seine Firma seit Monaten gehäuft hatten. Der Sicherheitschef eines Konzerns war schließlich bereit, die Liste zu kopieren und herauszugeben.

Es stellte sich heraus, dass diese so genannte „Scientology Liste“ von der Aktion Bildungsinformation für mehrere Hundert Mark vertrieben wurde. Auf der Liste war tatsächlich die GmbH des boykottierten Unternehmers aufgeführt, sogar mit seinem Vor- und Zunamen sowie der Bemerkung „unterwandert“.

Das Unternehmen versuchte, über eine Briefaktion Kunden über diesen Sachverhalt zu informieren und sich per eidesstattlicher Erklärung eines jeden Mitarbeiters, dass weder er, noch die Firma, noch irgendein anderer Mitarbeiter zu Scientology gehört, zu rechtfertigen. Nicht nur, dass diese Aktion einem Spießrutenlaufen gleich kam. Auch wurden die Rechtfertigungen des Unternehmers zum Bumerang. Ein Verbraucherschützer, der mit öffentlichen Mitteln subventioniert wird und vor Gericht behauptet, dass diese Liste von der SPD-Landtagsfraktion Baden-Württemberg stamme, hat erst einmal einen Vorlauf an Glaubwürdigkeit. Als ich diese Aussage des Kleinmann öffentlich machte, reagierte die SPD und lies mich wissen, dass diese Liste nicht von der SPD-Landtagsfraktion stamme. Also hat der ABI Vorsitzende vor Gericht gelogen. Dem Unternehmer hat das alles damals nichts genutzt. Seine Anwälte forderten Unterlassung. Die außergerichtliche Klärung scheiterte und man zog gegeneinander vor Gericht.

Wir sind im Besitz dieser Liste, auf der oben mit der Handschrift des Eberhard Kleinmann, vermerkt ist: SPD-Landtagsfraktion Baden-Württemberg. Wir sind ebenfalls bei unserer Recherche auf Unternehmen gestoßen, die genau diese Liste, ohne die handschriftliche Bemerkung, gekauft haben. Aber noch viel schlimmer: Wir wissen, dass diese Liste in nicht mehr nachvollziehbarer Anzahl kopiert, unter mehreren Schreibtischen heimlich weitergegeben wurde und auch noch wird! Aber auch in diesem Fall gab der Unternehmer vor Gericht genervt auf. Er stimmte einem Vergleich zu, dass ihn die ABI in Zukunft aus dieser Liste streiche. Er hoffte, dass die Zeit von der Geschichte überholt würde. Weit gefehlt!

Die Auseinandersetzung mit dieser Firma liegt inzwischen drei Jahre zurück. Anlässlich eines Unternehmertreffens im Oktober 2001 zog einer der Anwesenden genau diese Liste wie eine Jagdtrophäe aus seiner Mappe und ließ sie für alle Anwesenden von seiner Sekretärin kopieren. Aber so wie es aussieht hat das SPD-Mitglied Eberhard Kleinmann genau so wenig wie seine Helfershelfer in der ABI etwas zu befürchten. Die maßgeblichen Politiker in Baden-Württemberg wissen sehr lang schon um diese Vorgänge in der ABI, reagieren zwar nicht – aber subventionieren weiter! Es gibt kein Rundschreiben der ABI, dass sich auf der Liste längst überholte Informationen befinden. Inwieweit es sich bei dieser Art von Verkauf um Betrug handelt, wird über strafrechtliche Ermittlungen geklärt werden müssen!

Gewusst und weggeschaut haben viele!

Hier wendet sich ein Unternehmer an die SPD-Landtagsfraktion Baden-Württemberg. ABI/Kleinmann hatte behauptet, die Firma des Unternehmers gehöre zu Scientology.

(Auszug)
„Herrn Gerd Weimer
Parlamentarischer Geschäftsführer
der SPD Landtagsfraktion
im Landtag von Baden-Württemberg
Haus der Abgeordneten
70173 Stuttgart

Betr.: ... Scientology

Sehr geehrter Herr Weimer,

... O-Ton Kleinmann: „Diese Information habe ich aus einer Liste der SPD-Landtagsfraktion in Baden-Württemberg“,

So hat sich der Geschäftsführer der ABI Aktion Bildungsinformation e.V., Stuttgart, Herr Eberhard Kleinmann, gerechtfertigt, als ihm vom Landgericht Stuttgart das Verbreiten falscher Tatsachen und Behauptungen vorgehalten wurde. Inhalt der Auseinandersetzung war eine Liste, welche die ABI gegen den geringen Obolus von DM 592,– für wenige Seiten, schlecht kopiert, zum Thema Scientology-Mitglieder in Deutschland verkauft ...

Das Gericht hat zweifelsfrei festgestellt, dass weder meine Gesellschaft unterwandert ist, noch, dass ich selbst mit der Scientology Church sympathisiere, noch sympathisiert habe ..."

Das hier auszugsweise veröffentlichte Material sind Beweise eines unglaublichen Skandals: Was der SWR am 30. April 2001 nun an die Öffentlichkeit brachte, sind keine Einzelfälle. Seit Jahren werden über dieses Vorgehen des Eberhard Kleinmann Informationen an Behörden und Politiker gerichtet.

Beweise liegen in mehreren Ordnern vor. Der damalige SPD Fraktionsvorsitzende Maurer schrieb bereits vor mehreren Jahren sinngemäß: Kein Handlungsbedarf, wir unterstützen mit Steuergeldern weiter. Sein SPD-Genosse Kleinmann weiß dies bis heute sicher zu schätzen und prahlt mit seinen hervorragenden politischen Kontakten, wo und wann immer er kann.

Bei Behörden und Politik wird es unter „Eigenständiger Verein, geht uns alles nichts an" abgehandelt, weggepackt! Man schweigt und schaut weg! Wir Steuerzahler zahlen alle mit, und das Rad dreht sich immer wieder von neuem! Firmen wie Domicil und viele andere zahlen nicht nur die Alimentierung der ABI durch ihre Steuerabgaben, sondern müssen dann auch für „Dienstleistungen" bezahlen.

Wie es der Unternehmer Eberlein in der SWR Sendung ausspricht: „... Denn nachdem ich den Scheck ausgestellt habe und der Scheck eingelöst wurde, am nächsten Morgen haben wir dann eine gemeinsame Presseerklärung abgegeben und der gesamte Spuk war im Grunde beendet."

Vergleiche vor Gericht werden akzeptiert, da es den Firmen um „Ruhe an der Front" geht, so wie es ein betroffener Unternehmer formulierte! Aufklärung insgesamt wird zur Farce – und wer glaubt, man müsse um diese Vorgänge schweigen, um „Scientology keinen Gefallen zu tun", der zeigt seine eigene Inkompetenz! Denn einen besseren Kritiker wie Kleinmann kann sich Scientology meiner Meinung nach gar nicht wünschen!

Das zeigt die Aussage eines Betroffenen mit einer „Kleinmann Erfahrung“ der besonderen Art, nach einem Prozess mit dem ABI Vorsitzenden:

„Ich überlege mir nach der Erfahrung mit ABI in Person des Vorsitzenden Kleinmann, ob ich mich nun nicht doch für meine Scientology-Kritik bei denen entschuldigen muss“

Wie gehe ich mit Gerüchten um?

Um sich von dem Vorwurf „Scientology anzugehören“ freizumachen, haben Unternehmen keine Mittel und Mühen gescheut. In einem Schreiben an den damaligen sächsischen Ministerpräsidenten Biedenkopf bat ein Unternehmen um Hilfe gegen Diskriminierung. Als ortsansässiges Unternehmen musste die Geschäftsleitung erfahren, welche negativen Auswirkungen es mit sich bringen kann, wenn zunehmend Geschäftspartner, Kunden und Angestellte Verleumdungen ausgesetzt sind.

Im Gespräch mit dem Geschäftsführer wurde auch erörtert, ob er sich mit dem Thema denn überhaupt einmal auseinandergesetzt habe. Niemand aus dem Unternehmen interessierte das Thema Scientology wirklich. Aber wegen des öffentlichen Makels, der mit dem Wort „Scientology“ inzwischen einhergeht, mussten sie sich mit den Auswirkungen auseinandersetzen. Erschwerend kam in diesem Fall dazu, dass eine ehemalige Mitarbeiterin sich mit Sektenexperten kurzgeschlossen hatte und dieses Gerücht immer wieder gezielt am Laufen hielt. Selbst gerichtliche Maßnahmen – bis zur Abgabe einer Unterlassungserklärung durch die ehemalige Mitarbeiterin – nutzten nichts.

Über ein Jahr später saß ich einem Bundestagsabgeordneten gegenüber. Wir erörterten das Problemfeld „Rufmord“, aber auch die Folgen für den Standort Deutschland. Als Fallbeispiel, „dass man diesen Scientologen ja gar nicht Herr werden kann“, nannte er die Firma, die sich seit Jahren bemühte, entsprechenden Gerüchten entgegenzuwirken. Beim Einwurf, dass gerade dieser Fall prädestiniert ist zu zeigen, wie bereits das Wort „Scientology“ im gleichen Atemzug mit einem Unternehmen verheerende Wirkungen auslöst, veranlassten selbst ihn zu einer typischen Aussage: „Wenn es aber doch so viele bereits sagen, wird ja schon etwas daran sein!“

Rufmord und kein Ende
Die Interessengemeinschaft
Steuerzahler gegen Abzocke (IGA)

Allein seit Januar 2002 gingen bei uns über ein Dutzend Rufmord-Fälle mit verheerenden Folgen ein: Nachgewiesene Schäden durch Verluste in der Auftragslage. Irreparabler Imageschaden.

Es betraf stets die selbe Problemlage. Es wurde unterstellt, die Firma, die Person, der Unternehmer, „gehöre zu Scientology“. Oder sei von Scientologen „unterwandert“! In vier mir bekannten Fällen haben die Firmeninhaber versucht, über offizielle Sektenberatungsstellen Hilfe zu bekommen, wie man sich in einer solchen Situation verhalten soll. Bei kirchlichen Stellen wurden die Geschädigten mit dem Satz: „Gehen sie zum Anwalt“ abgefertigt. Staatliche Anlaufstellen haben sich auf das Neutralitätsgebot zurückgezogen und die Geschädigten an Privatinitiativen verwiesen. Für diesen Zweck brauchen wir aber keine teuren Planstellen für Sektenbeauftragte – da langt ein Anrufbeantworter.

Rufmord ist brutal. Wie kann man sich dem rechtlich zur Wehr setzen, wenn das Gerücht nicht an einer Person, die es aufgebracht oder weiter verbreitet hat, festzumachen ist? „Man lebt damit und lässt sich weiter beschuldigen“?

Sehr geehrter Herr Minister,

... Wir haben daraufhin Herrn Kleinmann angesprochen und unserer Verwunderung Ausdruck gegeben, daß er derartige Äußerungen in der Öffentlichkeit macht anstatt uns unmittelbar anzusprechen. Er versuchte, die Äußerung zunächst abzustreiten. Da wir aber einen Mitschnitt haben, gab er die Aussage zu und berief sich auf Listen, die europaweit Mitglieder der Scientology Sekte in Unternehmen enthalte. Diese Liste könne er uns für DM 15.000,-- verkaufen. Wir haben inzwischen erfahren, daß er ein derartiges Angebot nicht nur uns gemacht hat.

In einem weiteren Gespräch, diesmal nicht am Telefon, sondern unmittelbar, nahm er dieses Angebot zurück und sprach nur noch von einer Bearbeitungsgebühr von mehreren hundert DM und verwies nachdrücklich auf die schwierige finanzielle Lage der Aktion Bildungsinformation.

Wir können uns nicht vorstellen, daß dieses Verhalten mit den Zielen vereinbar ist, die das Land Baden-Württemberg durch seine finanzielle Unterstützung verfolgt sehen möchte. Wir fühlen uns durch die Äußerung von Herrn Kleinmann geschädigt. Das Interview hat Unruhe in der Belegschaft hervorgerufen. Wir haben auch Reaktionen bereits aus der Kundschaft außerhalb des Rhein-Neckar-Raumes bekommen.

Es scheint uns wichtig, Sie über diesen Sachverhalt zu informieren.

Mit freundlichen Grüßen

Aktennotiz

Gespräch mit Herrn Kleinmann von der ABI im Intercity Hotel Ulm am 23.11.1997 zwischen 18:30 und 24:00

... Ich machte in diesem Zusammenhang Herrn Kleinmann meine Meinung deutlich, daß es vielleicht auch seine Bürgerpflicht gewesen wäre, mit mir direkt Kontakt aufzunehmen, anstatt ausschließlich den Worten eines Mitarbeits, der kurz vorher aus dem Unternehmen fristlos ausgeschieden ist, Glauben zu schenken. Herr Kleinmann erwähnte auch, daß er von Herrn [redacted] Material bekommen hätte, z. B. Statistiken, die genau in das Denkmuster von Ron L. Hubbard hineinpassten. Ich habe den Eindruck, daß sich Herr Kleinmann ein Wunschgebilde aufbaute aus falschen, überzogenen Informationen und deshalb unsere Art der Schulung in die Nähe der Scientologen brachte.

... Herr Kleinmann machte einen emotional verwirrten Eindruck. Ich sagte ihm, daß ich, bevor ich mit ihm eine Vereinbarung treffe, er erst einmal seine Behauptungen zurücknehmen müßte. Dies hatte ich vorformuliert. Dabei wurde die Zurücknahme seines Interviews herausgenommen, da er sagte, er könne nicht zurücknehmen, sondern nur für die Zukunft etwas festlegen. Es ging ausschließlich um die Wahrung seines "Gesichts". Ich habe das toleriert.

Sehr geehrter Herr Kleinmann,

.. Ihre 'Geheimniskrämerei' am Telefon ist mir unverständlich und die hohen Vorauszahlungen, die ich für Ihre Auskunft leisten mußte, unverhältnismäßig, zumal ich bei unserem am 01.04.1998 geführten Telefonat mehrmals betonte, daß ich nur eine allgemeine kurze und mündliche Auskunft von Ihnen will. Die mir zugesagten schriftlichen Erläuterungen und 'Beweise' - die Ihr Hauptargument für die angeblich berechtigten DM 371,20 waren - haben Sie mir außerdem bis heute noch nicht zugesandt.

[redacted]

[redacted]

[redacted]

[redacted] [redacted]

Sehr geehrte Damen und Herren,

leider haben wir in diesen Tagen erst erfahren, daß die ABI-Aktion Bildungsinformation e.V., Stuttgart, eine sogenannte Bundesliste vertreibt, in der unsere Agentur als von Scientology unterwandert aufgeführt wird. Es gibt dabei einen Hinweis auf mich persönlich.
Da beide Hinweise nachweislich falsch sind, gehen wir mit allen juristischen Mitteln dagegen vor.

Zu Ihrer Information lege ich eine Eidesstattliche Erklärung bei.

Meine Mitarbeiter und ich haben ein Anrecht darauf, daß unsere Existenz nicht willkürlich vernichtet wird. Als Agentur, deren Dienstleistungen sehr viel mit den Menschen zu tun haben, ist die Verbindung zu einer Sekte geradezu geschäftlicher Selbstmord.

Deshalb unsere Bitte, sollten Sie selbst ähnliche Listen herausgeben, überprüfen Sie bitte, ob wir in dieser oder diesen Listen vertreten sind und - falls ja - löschen Sie uns bitte. Sollten Sie uns Hinweise auf andere Herausgeber ähnlicher Listen geben können sind wir sehr dankbar, damit wir auch die Herausgeber auf ihren Irrtum aufmerksam machen können.

Vielen Dank für Ihre Unterstützung. Wir warten gespannt auf Ihre Antwort.

Mit freundlichen Grüßen

[redacted]

[redacted]

[redacted]
Geschäftsführer

Weshalb funktioniert diese Rufmordsache mit dem Wort „Scientology“? Wer profitiert davon? Wo ist nach 30 Jahren Scientology in Deutschland eine Rechtslage, die das Thema geklärt hätte? Wer verantwortet die wirtschaftlichen Schäden durch Rufmord und folgender Ausgrenzung angeblich „Unterwanderter“? Manche sagen, es „nutze Scientology“, wenn man solche Fragen stellt. Nur, ist das nicht zu einfach? Anhand der nachgewiesenen Schäden zeigt dieses Argument, dass hier andere Interessen als Aufklärung im Raum stehen. Sollten wir nicht klären, weshalb allein das Wort „Scientology“ ausreicht, um es als Keule gegen jeden einsetzen zu können, dem man schaden will?

Kann und soll man diesen Zustand so lassen? Eine berechtigte Frage, die jeden Steuerzahler interessieren muss! Und einige Hundert bereits für sich beantwortet haben: Man kann und soll es nicht so lassen. Einer davon, ein entsetzter Unternehmer, der sich im Hexenkessel von Angriffen wiederfand – es wurde behauptet, er sei „Scientologe und sein Unternehmen unterstütze Scientology“ – stellte nach einem Prozess derartige Fragen an einen so genannten Sektenexperten. Die Antwort sagt alles über diese Szene: „Ich lege mich doch wegen ihrem Fall nicht mit anderen Kollegen an. Da bekomme ich Probleme. Das müssen sie schon alleine regeln.“

Das macht dieser Unternehmer jetzt auch! Anwälte und die Interessengemeinschaft Steuerzahler gegen Abzocke (IGA) unterstützen ihn dabei. Es geht den so genannten Experten nicht um die Sache, nicht um uns Bürger, es geht ums liebe Geld – um das Geld von uns Steuerzahlern wohlgemerkt. Wen interessiert die Entwicklung, die sich zur Rufmordfabrik entwickelte? Wen interessieren gerufmordete Personen oder Firmen, der volkswirtschaftliche Schaden durch so genannte „Sektenexperten“? Niemanden! Sonst wäre schon längst etwas unternommen worden.

Es muss die Ist-Situation 2002 hinterfragt werden. Diese Machenschaften müssen auf den Tisch der Öffentlichkeit. Es muss auch klar darüber gesprochen werden, wo das Problemfeld dieser völlig fehlgeleiteten Sektenpolitik in unserem Land hinführt. Zu Fanatismus und Hass, aber nie zur Klärung und Veränderung. Die Sachlage zeigt es glasklar – mit Planstellen und alimentierten Privatvereinen löst man nichts, absolut nichts!

Berufsverbot ohne Rechtsmittel

Seit 6. Juni 1997 beobachtet offiziell der Verfassungsschutz Scientology.

Die über die Jahre herausgegebenen Verfassungsschutzberichte ergeben aneinandergereiht ein Bild: Man vermutet etwas, kann es aber nicht beweisen.

Wir kommen nicht umhin, wieder ein mathematisches Zahlenspiel in Erinnerung zu rufen:

1954 wurde Scientology in den USA gegründet, und seit über 30 Jahren gibt es Scientology in Deutschland. Etwa genauso lang dient es – wie viele andere neue Gruppierungen aus den 70er Jahren – als Grundlage für Diskussionen. Das alles gehört noch in die Rubrik „Demokratie", also Meinungsäußerungen, öffentliche Debatten miteinander, Reibung an der Sache. Seit 1997 haben wir die offizielle Beobachtungssituation von 15 Landesämtern des Verfassungsschutzes und dem Bundesamt für Verfassungsschutz.

Schleswig-Holstein hat sich von Anfang an auf Grund der eigenen Landesgesetze an der Beobachtung nicht beteiligt. Denn die Gesetze des Landes Schleswig-Holstein sehen vor, dass sich eine Gruppe kämpferisch-aggressiv verhalten muss, um dem Beobachtungscharakter zu entsprechen. Dass dieses Charakteristikum auch nach fünf Jahren Beobachtung der anderen Bundesländer nicht dokumentiert werden konnte, hat sich Schleswig Holstein bis heute heraus gehalten. Liest man die Pauschalaussagen in den verschiedenen Veröffentlichungen der Dienste, muss man Schleswig-Holstein Weitsicht zubilligen.

Auf Grund eigener Erfahrungen im Umgang mit der „Informationsbeschaffung" dieser Dienste kam ich bereits im Jahr 2000 auf die Frage: Aus welchem Grund wird denn nun tatsächlich beobachtet? Bereits Ende Februar 1999 warf die Berliner taz die Frage auf, welche Hintergründe die Beobachtung von Scientology haben könnte: „Der Verfassungsschutz ist arm dran. Ihm geht die Kundschaft aus. Im verzweifelten Kampf gegen die Bedeutungslosigkeit muss er sich neue Feinde schaffen. Der Umgang mit Scientology ist ein typisches Beispiel."

Manchmal kam es mir so vor, als seien diese Herrschaften süchtig nach immer mehr Informationen, die dann fein säuberlich archiviert werden können. Nein, ich gehe jetzt nicht so weit zu meinen, es handele sich um eine Arbeitsbeschaffungsmaßnahme für Beamte. Ich selbst war ja bis 1999 sehr darauf erpicht, dass der Verfassungsschutz zur „Klärung“ Informationen bekommen muss. Nur meine Idee war, dass die Vorwürfe gegen Scientology entweder bestätigt werden sollten und dann durch die zuständige Innenbehörde juristisch abgesicherte, rechtlich saubere Maßnahmen zum Schutz der Bürger erfolgen würden oder man akzeptiert die Scientologen als gesellschaftliche Gruppe.

Im Jahr 2002 haben wir Berge von Papier und wahrscheinlich über 100 Beamte, die sich mit diesem Thema auseinandergesetzt haben. Eine Klärung oder gar Ergebnisse aus dieser Datensammelaktion ist jedoch nicht in Sicht.

Die taz formulierte es 1999 so: „Gegen Hubbards Gemeinde haben die Innenminister allerdings Maßnahmen angeordnet, die nicht einmal von der deutschen illiberalen Rechtslage gedeckt sind. Denn den Scientologen kann man allerhand vorwerfen, bloß keine ‚Bestrebungen gegen die freiheitliche demokratische Grundordnung‘ ... Der schleichende Funktionsverlust, der nicht aufzuhalten ist, provoziert im Innern des Sicherheitsgehäuses fahrige Suchbewegungen.“

Also, wenn es weder einen wichtigen Grundlagenbericht noch eine Rechtsgrundlage für die Verfassungsschutzämter gibt, liegt es doch wohl in der Natur der Sache, dass jemand wegen seiner Mitgliedschaft in Scientology keine berufliche Nachteile haben darf. Und wieder klafft die Schere zwischen dem, was sein darf und dem, was tatsächlich ist, weit auseinander.

In meiner Funktion als Vorsitzende der Bürgerinitiative „Robin Direkt e.V.“ stellte sich mir Anfang 1994 die Frage, ob die folgende Klausel aus einem Arbeitsvertrag, „die Firma arbeitet nach den Richtlinien des L. Ron Hubbard; ich bin mit dieser Maßnahme einverstanden“, rechtlich in Ordnung sei. Laut Arbeitsamt und dortiger juristischer Beratung ist daran nichts auszusetzen, sprich: juristisch nicht anfechtbar.

Für mich war damals die logische Konsequenz, dass man im Umkehrschluss auch die Möglichkeit haben muss, eine solche Maßnahme ablehnen zu können. So entstand im Frühjahr 1994 die

„Schutzerklärung“, die ich veröffentlichte. Diese besagte, dass der Unterzeichner „nicht nach Richtlinien des L. Ron Hubbard arbeiten will“. Mein Bestreben war damals, mehr Offenheit in diese laufende, fast hysterische Auseinandersetzung zum Thema Scientology zu bringen.

Für mich war die Sachlage dadurch erledigt, indem einer der Vertragspartner entweder äußern kann: „Ich akzeptiere das“ oder „Nein, ich will das nicht“, ohne dass für einen der beiden irgendwelche Nachteile entstehen. Mit meinem Verständnis von „Offener Demokratie“ machte ich erneut eine Bauchlandung!
Denn die Schutzerklärungen wurden umfunktioniert zu einem „Sektenfilter“, teilweise mit verheerender Wirkung. Das, was ich als Offenheit durchsetzen wollte, entpuppte sich durch die Übernahme durch staatliche Stellen in der Umsetzung als „Berufsverbot“ ohne Rechtsmittel.

Freie Zone e.V.
Geht es um ein Wort oder geht es um die Sache?

Ein weiterer Widerspruch in der Auseinandersetzung um Scientology ist die so genannte „Freie Zone“, eine Gruppe von Scientologen, die nicht mit der offiziellen Scientology Organisation zusammen arbeiten wollen.

Scientologen hatten sich Ende der achtziger Jahre außerhalb der Organisation zusammengeschlossen, um Hubbard auf anderen Wegen als die Organisation breit in die Gesellschaft zu bringen.

In vielen Gesprächen mit Beamten erkannte ich, dass hier mit zweierlei Maß an die Sache herangegangen wurde. Einerseits gibt es die Organisation Scientology in Form von eingetragenen Vereinen. Diese Organisation wird von den Verfassungsschutzbehörden beobachtet und staatliche und kirchliche Sektenbeauftragte warnen davor.

Auf der anderen Seite gibt es eine so genannte „Freie Zone“, die völlig ungehindert die gleichen Grundlagen nicht nur benutzt, sondern auch verbreitet. Die „Freie Zone“ wird nicht beobachtet und agiert völlig ungehindert. Im Gegenteil: Das geht so weit, dass einer der Köpfe der

„Freien Zone“ in Bayern völlig ungehindert in einem großen Konzern arbeitet. Als der Scientologe aus der „Freien Zone“ einmal in berufliche Schwierigkeiten kam, half ihm angeblich sogar der Verfassungsschutz aus und setzte sich für ihn ein, damit er seinen Job behalten konnte. Im gleichen Unternehmen wurden Mitarbeiter, die Mitglieder in der Organisation Scientology sind, durch Kündigung „entfernt“.

Ob es nun daran liegt, dass der Mann aus der Freien Zone sehr kooperativ mit dem Verfassungsschutz arbeitet, oder ob die großzügige Überlassung von Unterlagen an den Arbeitskreis Scientology in Hamburg eine Rolle spielt, dass bei ihm die Hubbard-Ziele niemanden stören, sei nun dahingestellt. Auch, ob es sich bei diesen Zielen überhaupt um etwas so Gefährliches handelt, dass er gefeuert werden sollte. Fakt ist: Hier wird von Behördenkreisen mit zweierlei Maß gemessen.

Entweder geht es um die „Klärung“, was Hubbard wollte und ob die tatsächlichen Aktivitäten von Scientologen widersprüchlich zum Rechtsstaat sind. Wenn das so sein sollte, dann kann man nicht die einen beobachten, weil sie organisiert sind mit einem Mitgliedsausweis, und die anderen frei agieren lassen, weil sie keinen offiziellen Ausweis haben. Oder es geht überhaupt nicht um Klärung.

Ein Fallbeispiel: In einem Unternehmen bekam der Geschäftsführer einen Tipp, dass einer seiner Mitarbeiter Mitglied bei Scientology sei. „Durch die Blume“ hat er erfahren, dass es für seine weiteren Aufträge von der Gemeinde besser wäre, er würde sich von diesen Scientologen trennen. Der Scientologe wird gekündigt. Offizieller Kündigungsgrund: Rationalisierung!

Im gleichen Unternehmen arbeitete ein ehemaliger Scientologe, der von seiner Begeisterung für Hubbard und seinem Übertritt zur Freien Zone keinen Hehl machte. Ihn störte niemand! Weder die Gemeinde, die die Aufträge vergab, noch einen Unternehmer. Und, wie die Recherchen im Frühjahr 2002 ergeben haben, auch nicht den Verfassungsschutz.

Also, um was geht es jetzt?

Ich kann beweisen, dass ich in allen meinen Publikationen die Frage stellte, „ob die Zielsetzungen von Scientology im Widerspruch zu diesem Rechtsstaat stehen.“ Nach elf Jahren haben mir weder der

Staat, noch die Kirchen, noch irgendein Sektenbeauftragter und schon gar nicht der Verfassungsschutz detailliert beweisen können, dass es so ist. Nur eines haben sie mir alle bewiesen:

Wie man mit einem einzigen Wort ohne Rechtsgrundlage Boykotte, Berufsverbote, Ausgrenzung und Rufmord betreiben kann, ohne von irgend jemandem behelligt zu werden.

SZENENWECHSEL: Agent Provocateur

Rückblick: Engagement mit Folgen

Man schreibt das Jahr 1991.

Aus der Distanz betrachtet und völlig ohne Emotionen, lag es wohl an meinem eigenen Verhalten und an meinem Temperament, dass man mich in dem Stück „Inszenierter Rechtsstaat" für eine gezielte Rolle avisierte. Das Casting fand statt ohne dass ich davon erfuhr.

Aufmerksam wurde man auf mich wohl am 16. April 1991 auf Grund eines Artikels im Magazin Der Spiegel mit dem Titel „Sekten – Ordentlicher Stromschlag", in dem ganzseitig darüber berichtet wurde, dass sich Firmenmitarbeiter, die mit Scientology in Berührung gekommen waren, zusammen geschlossen hatten.

Im April 1991 engagierte ich mich bereits seit über einem Jahr gegen Ungerechtigkeiten in einem Strukturvertrieb. Ich wurde sehr schnell zum Sprachrohr für diejenigen, die – das sage ich heute – zu feige waren, sich nicht wehrten und immer noch dachten, dass sich alles was da lief, irgendwann zum eigenen Vorteil entwickeln könnte. Es war wohl auch derselbe Motor, weshalb ich mich früher in der Bewährungshilfe und Drogenhilfe, Brandherden dieser Gesellschaft, engagiert hatte. Für mich bedeutet „wehrhafte Demokratie" eben auch Reibung, um Dinge zu verändern! Deshalb war es ganz normal, dass ich anlässlich eines „Seminars für Führungskräfte" am 5./6. Oktober 1989 einfach nicht akzeptierte, weshalb die Trainer die Herkunft ihrer Trainingsunterlagen verleugneten.

Im Rückblick sehe ich meine Position von damals kritisch und kann erklären, weshalb es auch zu der einen oder anderen Eskalation kam. Der Leiter der Struktur motivierte sich über Führungsseminare. Die Trainer, Seminaranbieter, Inhaber einer Lizenz für das Training der Lehren von L. Ron Hubbard, dem Gründers von Scientology. Probleme gab es, als die Trainer meine Fragen über die Herkunft ihrer Unterlagen falsch beantworteten und mich stattdessen attackierten. Ich wehrte mich. Der Leiter der Struktur war nicht imstande, mit den auftretenden Schwierigkeiten fertig zu werden, und der Streit wurde heftiger. Als ich in der Folge Unregelmäßigkeiten des Strukturvertriebes in die Öffentlichkeit brachte, kam es zur Eskalation. Die Medien griffen das Thema Scientology mit auf, da die Trainer nach den Lehren des Scientology-Gründers Hubbard ausgebildet worden waren.

Anhand heutiger Unterlagen zeigt sich eindeutig, dass mein Aufbäumen im Jahr 1991 gegen die von mir empfundene und erlebte Ungerechtigkeit für einige Schattenspieler just zum richtigen Zeitpunkt mit der nötigen Lautstärke bekannt wurde.

In Folge der Eskalation verlor mein Mann seine Stellung und unsere fünfköpfige Familie kam dadurch in existenzielle Schwierigkeiten. Zeitgleich hatte der damalige Chef des Bundesamtes für Verfassungsschutz, Gerhard Boeden, ein Problem und einen Geistesblitz. Sein Amt sollte nach Beendigung des Kalten Kriegs verkleinert werden. Um dem zu entgehen, schlug er vor, dass sein Amt auch Organisierte Kriminalität beobachten und bekämpfen dürfe. Er wusste auch schon wie: indem der Begriff „Staatsschutz“ über den vom Verfassungsschutzgesetz gesteckten Rahmen hinaus „ausgedehnt“ werden sollte. Denn, so Boeden, es ginge ja letztendlich auch hier um den freiheitlich demokratischen Rechtsstaat. Und just zu diesem Zeitpunkt musste man natürlich nicht nur theoretisch, sondern auch praktisch unterlegen, warum diese Umstrukturierung notwendig sein soll.

Aus diesem Vorgang ging das erste Spähopfer hervor: die „Scientology-Church“, die bei kirchlichen Beauftragten bis dahin als „Jugendreligion“ eingestuft worden war, ein Begriff, der vom ersten, inzwischen verstorbenen, evangelischen Sektenbeauftragten Pfarrer Haack Anfang der 70er Jahre geprägt und ökumenisch von seinen Kollegen übernommen wurde. Der Spiegel-Artikel über unsere damalige Situation passte damit genauestens zu den Wunschvorstellungen des damaligen Chefs des Bundesverfassungsschutzes in Köln.

Und so wundert es mich heute nicht mehr, dass ich schon früh Besuch aus Köln erhielt. Dazu später mehr.

Bühne frei

Dicke, undurchsichtige Vorhänge unterteilen die verschiedenen Bühnenbilder. Eines zeigt einen großen Konferenztisch, an dem kirchliche Sektenbeauftragte tagen. In einem anderen wird auf einer großen Tafel die Erweiterung der Kompetenzen innerhalb der Gesellschaft aufgezeichnet. Dieser Teil der Bühne veranschaulicht den Kölner Verfassungsschutz. Diese Szene beinhaltet noch ein weiteres Bühnenbild: Regierungspolitiker mit ihren Staatssekretären, die Themen für den kommenden Wahlkampf besprechen. Im Kultusministerium Stuttgart sitzt hinter unsortierten Papierbergen der evangelische Theologe Hartmut Hauser, der sich mit dem Thema Sekten befassen soll.

Die Bühne dreht sich

Eine öffentliche Veranstaltung im April 1991. Am Nachmittag dieses Tages gingen in Pfaffenhofen beim Verein „Robin Direkt“ mehrere anonyme Drohanrufe ein. Tenor: Die in der Lindenhalle in Ehingen stattfindende Veranstaltung über Scientology sollte ich auf keinen Fall besuchen! Bis dahin wusste von uns allen niemand etwas von einer Veranstaltung! Eine Nachfrage bei der Tageszeitung ergab: Ja, es fände da eine Veranstaltung der Jungen Union zum Thema Scientology statt. Hintergründe könne man beim Sektenbeauftragten im Stuttgarter Kultusministerium erfragen. Nach mehreren Telefonaten erreichte ich das Büro des Sektenbeauftragten. Von dort wurde mir mitgeteilt, „unbedingt zu erscheinen, um die im ‚Spiegel‘ publizierte Geschichte öffentlich vorzutragen“.

Auf meine Frage, wie man mit solchen anonymen Anrufen umgeht, wird mir mitgeteilt, das man sich darum kümmern werde. Es war schon früher Abend, als sich ein Herr G. von der Kriminalpolizei Ulm meldete. Der Grund seines Anrufs war, mir gezielte Verhaltensanweisungen für einen Diskussionsbeitrag bei der JU-Veranstaltung zu geben – nicht etwa, was aufgrund der anonymen Anrufe zu tun sei. So sollte ich mich möglichst nahe an das Podium setzen, so dass ich mich leichter zu Wort melden könnte. Der Beamte sicherte zu, dass er selbst anwesend sei. Mein Vorschlag – ich war noch nie bei einer solchen Veranstaltung gewesen – dass man sich vielleicht kurz vorher treffen könnte, wurde abgelehnt. Dies gehöre alles zu meinem „Schutz“. An diesem Tag wusste ich nicht, wer hier eigentlich jetzt wen und vor was schützen muss. Nach einer kurzen Diskussion wurde dann bei „Robin Direkt“ entschieden, dass wir als Zuhörer zu der Veranstaltung gehen und einfach alles auf uns zukommen lassen.

Die Veranstaltung

Ein brechend voller Saal, aufgeheizte Stimmung. Der besagte „Spiegel“-Artikel kreist, wie von Geisterhand kopiert, bereits unter den Zuschauern. In dem kleinen Ehingen bei Ulm findet man keinen Parkplatz mehr vor der Lindenhalle. Verwundert stellen wir fest, dass die regionale Presse von Ehingen wohl bundesweit zu lesen ist. Denn Fahrzeuge aus Hamburg, München, Stuttgart parken kreuz und quer.

Auf dem Podium nehmen Platz: Vertreter der Jungen Union, der evangelische Sektenbeauftragte Bender, Hartmut Hauser als damals einziger staatlicher Beauftragter, ein Vertreter von Scientology, die Vertreterin einer Elterninitiative, sowie die Juristin einer so genannten Verbraucherschutzzentrale. Die beiden Trainer, die mir nicht sagen wollten, von wem ihre Kursunterlagen sind, sitzen im Publikum. In der ersten Reihe ist noch ein einziger Stuhl frei.

Mein Mann und Mitglieder von Robin Direkt füllen die freien Nischen zwischen den Menschen entlang der Wand und den Fenstern. Ich steuere zielgerichtet auf den leeren Stuhl zu und setze mich. Das Spektakel beginnt.

Bei den verschiedenen Redebeiträgen erkenne ich an Hand der Reaktionen wie Beifall oder Zwischenrufe, dass ich mitten unter Scientologen sitze. Mir fällt sofort auf, dass es nicht um den Vortrag von Fakten geht, sondern um gegenseitige Vorwürfe.

Bei der Diskussion stehe ich auf, nehme das Mikrofon und bombardiere die anwesenden Trainer des Führungsseminars mit Fragen und Fakten hinsichtlich unserer mit ihnen erlebten Situation. Für die anwesenden Zuschauer ist das sicher ein amüsantes Pingpong Spiel von Worten, Vorwürfen und Argumenten. Eine Klärung findet nicht statt.

Scheinwerfer an – Schlag auf Schlag

17.04.1991: Ein Anruf aus dem Büro des Sektenbeauftragten Hauser, der um Rückruf bittet.

18.04.1991: Während meines Rückrufes erzählt mir Hartmut Hauser als erstes, dass er sich „ganz weit weg" in Urlaub begebe, mir aber aus Sicherheitsgründen nicht genau sagen könne, wohin. Ich runzele die Stirn, wundere mich. Mir ist sowieso egal, wohin dieser Beamte des Kultusministeriums, den ich doch gar nicht kenne, in den Urlaub fährt. Am Ende des Telefonates erfahre ich, dass mich dieser Herr Hauser zu einer Sektentagung nach Leipzig anmelden möchte. Veranstalter sei die Konrad-Adenauer-Stiftung der CDU. Fragen wie „weshalb mich?" gehen in Erzählungen über seine wichtige Position und Kontakte unter. Ich vergesse den Anruf.

19.08.1991: Die Konrad-Adenauer-Stiftung schickt eine Einladung. In dieser werde ich zu meinem Erstaunen bereits als Referentin zum Thema „Sekten und Establishment – sind Politik und Wirtschaft bereits multinational unterwandert?" aufgeführt. Bis dahin war mir nicht bekannt, dass ich als Referentin bei der Tagung vorgesehen war.

Am 26./27. September 1991 findet die Tagung „Sekten" in Leipzig statt. Bereits hier lerne ich den inneren und äußeren Aktionskreis der Personen kennen, die durch verschiedene Interessen das Thema „Sekten" zum Dauerbrenner der gesellschaftspolitischen Auseinandersetzung machen wollen. Sie sind untereinander zerstritten, keine homogene Gemeinschaft, sondern ausschließlich aus Eigeninteresse agierend, um sich eine eigene Hausmacht aufzubauen. 1991 sind die kirchlichen Beauftragten noch eindeutig in der Überzahl. Sie haben ein reges Interesse daran, „Opfer" auch vorführen zu können. Ich erkenne an diesem Tag an der Aussage des Herrn Hauser – „niemand nimmt mir die Hartwig weg" – dass er mich als seinen Besitzstand betrachtet. Bereits hier beginne ich innerlich zu rebellieren.

Im Jahr 1991 wurde ich auf jeden Fall eingebunden in eine breit angelegte Thematisierung, in der ich, wie gut geölt, mitwirkte.

Nach meinem improvisierten Auftritt in Leipzig jagte ein Vortrag den anderen. Es war Wahlkampf in Baden-Württemberg und man hatte sich auf das Thema „Scientology" eingeschossen!

Im Juni 1991 versuchte ich, auf politischem Wege Klärung zu den strittigen Fragen über Scientology erzwingen. Die Junge Union peitschte das Thema von Podiumsdiskussion zu Podiumsdiskussion, und immer mehr wurde ich mit eingebunden. Der Politiker Mauz war oft dabei. Als damaliger sektenpolitischer Sprecher der CDU im Stuttgarter Landtag hat er das Thema Scientology zu Wahlkampfzwecken benutzt. Auch mit von der Partie der Sektenbeauftragte des Kultusministeriums, Hartmut Hauser. Das Wahlkampfthema „Scientology" wurde genutzt, um Säle zu füllen. Und sie waren gefüllt. Und Mauz war zufrieden. Meine Versuche, ihn immer wieder auf Ungereimtheiten anzusprechen, auch was den Sektenbeauftragten Hauser anging, scheiterten. „Das alles klären wir nach der Wahl." Nach der Wahl hatte er seinen sicheren Platz im Landtag, nur geklärt wurde nichts! Das Thema nutzte er nur noch zu „Kleinen Anfragen", mit denen er sich hin und wieder in die Presse brachte. Mehr nicht.

Ich bekam ein schlechtes Gewissen. Denn zu Hause hatte ich meine pflegebedürftige Mutter. Und das wusste der Mediziner Dr. Mauz auch! Meine Einwände „ich kann nicht 4 x pro Woche auf ein Podium" wurden mit „es geht um die Sache" abgetan. Noch heute würgt es mich, wenn ich dieses Argument höre! Um die Pflege meiner Mutter zu garantieren, mussten wir uns von außen Hilfe holen. Nein, ich war nicht Mitglied bei der CDU, ich war in keiner Partei Mitglied. Mich beschäftigte 1991 nicht die Frage: „welche Partei", sondern: Warum gibt es eine solche Organisation wie Scientology über so viele Jahre, in denen vieles behauptet wurde, aber nichts wirklich geklärt? Weshalb so viele Experten? Und wieso ändert sich nichts, außer dass Feindbilder manifestiert werden? Doch ich kam gar nicht zum Nachdenken. Eine Veranstaltung jagte die nächste. Immer mit politischem Hintergrund. Die Fragen blieben: Wer sucht eigentlich hier ganz gezielt Betroffene aus, um bei solchen Veranstaltungen zu sprechen? Was bewirken deren Informationen?

Wenn ich mich heute an diese öffentlichen Auseinandersetzungen erinnere, dann gab es klar abgegrenzte Seiten. Keiner wäre auf die Idee gekommen, einmal zusammen zu sitzen und die Vorwürfe auszudiskutieren.

Nach dem Fall der Mauer gab es öffentliche Diskussionen, inwieweit der Verfassungsschutz in dieser bestehenden Größenordnung weiter eine Daseinsberechtigung hat. 1991/1992 wurden immer wieder

Stimmen laut, die sagten: Eine Demokratie, die funktioniert, braucht keinen Geheimdienst. Die Verfassungsschutzämter suchten ein sicheres Aufgabengebiet.

Auch die jüngsten öffentlichen Diskussionen haben gezeigt, dass der Dienst oft sein Ziel – wie er es in seinen bunten Broschüren aufzeigt – verfehlt. Es gibt das Bundesamt für Verfassungsschutz ebenso wie 16 Landesämter, in denen Beamte einen Apparat in Gang zu halten hatten und haben. Die dabei eingesetzten Mittel sind – zumindest nach meinem heutigen Wissensstand beim Thema Scientology – oft haarsträubend.

Mein Weg in die Öffentlichkeit verbunden mit Überzeugungskraft kam im April 1991 für den Verfassungsschutz und die bis dahin erfolglosen kirchlichen Sektenbeauftragten gerade recht. Eingelullt in einen einseitigen Informationsfluss wurde ich zum durchschlagskräftigen Sprachrohr für ihre Ideen und Konzepte. Allein die lückenlose Auflistung des Zeitrasters von meinem ersten Auftritt im April 1991 bis zur Wahl 1992 zeigt, wie ich, versehen mit verschiedenen Fäden ähnlich einer Marionette, gezielt „geführt" wurde. Ich nahm in der kurzen Zeit an Dutzenden von Vorträgen teil, 90% davon organisiert aus politischen Kreisen, schwerpunktmäßig durch die Junge Union Baden-Württemberg.

Am 7.1.1992 finde ich mich schließlich im Gespräch mit einem Oberstaatsanwalt im Justizministerium in Stuttgart wieder. Dieser hatte Interesse an meinen Unterlagen, die ausschließlich aus Informationen Dritter zum Thema Scientology bestanden. Um das Ganze im Kontext zu sehen: In diesem Dreivierteljahr – von April 1991 bis Dezember 1991 – wurde ich mit Unterlagen fast erschlagen. Natürlich waren es „einseitige" Informationsquellen, Personen, die sich als Betroffene meldeten und vielleicht auch fühlten. Bereits damals fiel mir auf, dass diese Informationen von Seiten der „erfahrenen" Sektenexperten ausschließlich konsumiert und für eigene PR-Zwecke benutzt wurden. Manchmal kam ich mir vor wie ein Trichter, in den unsortiert Informationen geschüttet wurden. Es gab keinen Filter, keine Gespräche, bei denen man diese vielfach emotionsgeladenen Vorkommnisse hätte reflektieren können. Erst in der Rückblende wurde mir klar, dass ich die Informationen zu oft ohne Gegenrecherche übernommen habe. Natürlich hatte ich die sehr naive Vorstellung, dass Politik und Regierungsstellen die bei mir aufgelaufenen Materialien nicht nur archivieren, sondern auf ihren Wahrheitsgehalt überprüfen würden. Eben klären, was es zu klären gibt, da ich als Privatperson die Vorwürfe von Dritten nur emotional bewerten konnte. Heute weiß ich, dass ich dazu ausersehen war, „Information zu sammeln, was das Zeug hält.“

Doch es geschah noch ganz etwas anderes! Ich half mit, ein Thema zu verbreiten, das just zu dem Zeitpunkt 1991 in verschiedene Raster der Inszenierung Rechtsstaat passte. Und ich hatte keine Ahnung von den Plänen der Schattenspieler! Bei genauer Betrachtung dieser Jahre war ich schlichtweg die Lokomotive. Richtig ist: Ich habe das Thema „Scientology“ in der breiten Öffentlichkeit thematisiert. Richtig ist aber auch, dass es nach 1991 außer Planstellen für Sektenbeauftragte keine weiteren Änderungen gab. Noch heute bekomme ich eine Gänsehaut, wenn ich an die vielen Beamtenhände denke, die mir auf die Schulter klopften und sagten: „Weiter so“, sich dann zurücklehnten und zuschauten, wie das Spiel „Hase und Igel“ ausgeht!

Meine Gespräche am 7.1.1992 mit einem Oberstaatsanwalt im Justizministerium in Stuttgart sehe ich heute als „Wahlkampf-Aktion“. Der damalige Justizminister Ohnewald hat dann die von mir der Staatsanwaltschaft übergebenen Unterlagen dazu benutzt, das Thema „Scientology“ in einer Justizminister-Konferenz zu behandeln. Soweit ich weiß, wurde aus den damaligen Unterlagen kein strafrechtliches Verfahren eingeleitet.

Ich war immer in dem Glauben, dass kirchliche Sektenbeauftragte, Politiker und Beamte einzig und allein an der Klärung der Angelegenheit Scientology interessiert wären. Im Rückblick war es aber nicht so. Es gibt ein Feindbild, einzelne Gewinner und eine Menge Verlierer. Die Politiker benutzten das Thema zu Wahlkampfzwecken. Kirchliche Sektenbeauftragte festigten ihr Glaubensmonopol. Der Verfassungsschutz arbeitete auf ein neues Beobachtungsfeld hin. Neue staatliche Planstellen wurden damit geschaffen.

Die Verlierer: Der demokratische Rechtsstaat und seine Steuer zahlenden Bürger.

Phantomjagd eröffnet

Natürlich war ich im Januar 1992 vollkommen überzeugt davon, dass sich der Staat durch die Bereitstellung der Unterlagen für die Justizminister-Konferenz darum bemühte, eine saubere Rechtsgrundlage zum Thema „Scientology" zu schaffen. Aus welchem Grunde sollte sich sonst eine Justizminister-Konferenz mit diesem Thema beschäftigen? Weit gefehlt! Denn die Justizminister-Konferenz gab das Thema an die Innenminister-Konferenz ab!

Und den jeweiligen Innenministern untersteht der Verfassungsschutz. Während der minutiösen Aufarbeitung der letzten zehn Jahre fiel mir im Jahre 2001 wieder einmal auf, dass es Scientology „bis zum Zeitpunkt 1991" ja bereits zwanzig Jahre in Deutschland gab. Um Hintergründe und Vorgehensweisen zu begreifen, muss man einfach fragen: „Aus welchem Grunde habe ich eigentlich in acht Monaten eine solch unglaubliche Entwicklung von behördlichen Aktivitäten – als Einzelperson! – ohne jeglichen staatlichen oder kirchlichen Auftrag erreichen können?

Denn die 63. Konferenz der Justizminister und Senatoren, vom 18. bis 21. Mai 1992, in Hannover, beschloss auf der Basis meiner Unterlagen „die strafrechtliche Überprüfung des Gebarens der Scientology-Organisation". Es gab im Laufe der letzten Jahre zwei Strafanzeigen gegen Scientology als Organisation: Eine von Ursula Caberta im Jahr 1991, damals war sie SPD-Bürgerschaftsabgeordnete in Hamburg, und eine von mir 1992 in Stuttgart – beide wurden eingestellt.

Es gab keine Anklage gegen die Scientology-Organisation. Die „strafrechtliche Überprüfung des Gebarens der Scientology-Organisation" scheint keine faktischen Konsequenzen gehabt zu haben. Was aber war der Zweck dieses Beschlusses der Justizministerkonferenz?

„Justizminister und Senatoren beobachten das Gebaren der Scientology-Organisation mit Besorgnis.

... die Konferenz der Innenminister und Senatoren [bitten] um Prüfung, ob die Ziele und die Methoden der Scientology eine Beobachtung durch den Verfassungsschutz notwendig machen ..."

In dreizehn Seiten wird der Beschluss begründet. Es blieb dabei. In Folge beschäftigten sich die Innenminister und Senatoren der Länder mit dem Thema Scientology.

Und genau das, was Gerhard Boeden 1991, kurz vor seiner Pensionierung, als Chef des Bundesamtes für Verfassungsschutzes Köln andachte, wurde über die Justizminister-Konferenz vom Mai 1992 in die „richtigen" Bahnen gelenkt. Bereits im Juni 1992 beauftragte das Bonner Innenministerium den Verfassungsschutz mit der Prüfung, ob die Scientology „verfassungsfeindlich" sei.

Was nun fragt sich doch da der Fachmann, der Laie wundert sich? Jugendreligion oder Staatsfeind? Kurz darauf fand dieser Dienst heraus, dass die Scientologen „Kapitalisten reinsten Wassers" seien und dass sie weder links noch rechts eingeordnet werden könnten. Es sei fraglich, ob sich die Zielsetzung der Scientology und ihre Aktivitäten als politische Verhaltensweisen bzw. Bestrebungen werten ließen. Die Scientology strebe zwar nach Einfluss, beteiligte sich aber weder direkt noch indirekt an Wahlen. Später war darüber im „Spiegel" zu lesen, dass mit diesen Aussagen bewiesen sei, dass der Verfassungsschutz die falsche Adresse für Scientology sei. Die Geheimdienstler fanden dennoch einen Dreh, um zuständig zu werden. Die Vorbereitungen liefen an.

Bereits am 7. Dezember 1992 berichtete der „Spiegel" über ein weiteres Gutachten der Kölner Schlapphüte, das mit „vertraulich" gekennzeichnet war. In diesem Papier steht nun: „Die Voraussetzungen für die Beobachtung von Scientology" wären erfüllt. Doch irgendwie waren sich die Herrschaften 1992 doch nicht ganz sicher. Vielleicht deshalb „VS – vertraulich?"

Es war damals ein Novum, das für Spionageabwehr und politische Extremisten zuständige Amt für Verfassungsschutz gegen eine Gruppierung einzusetzen, die doch bis 1991 einzig und allein als „Jugendreligion" galt und von kirchlichen Beauftragten für Weltanschauungsfragen als festes „Existenzsicherungsobjekt" ihres beruflichen Auftrags angesehen wurde.

Nun gab es aber die Zielvorgabe des Verfassungsschutz-Chefs von 1991, den Begriff „Staatsschutz" über den vom Verfassungsschutzgesetz gesteckten Rahmen hinaus auf „Organisierte Kriminalität" auszudehnen. Wie also konnten diese beiden Begriffe, „Scientology" und „Organisierte Kriminalität", zusammen gebracht werden? Beweise oder Verurteilungen lagen nicht vor. Die Vorbereitungen liefen weiter.

Zehn Jahre später gab es zwar von Seiten des Staates eine Menge Aktionismus in Form von lautstarken Ermittlungen, die jedoch allesamt im Nichts endeten. Die Jagd nach einem Phantom. Was blieb, waren immerhin nun sichere Planstellen für Verfassungsschützer und Sektenbeauftragte von Staat und Kirche. Man hat sich den „Feind" Scientology redlich untereinander geteilt. Vielleicht ist das der Grund, weshalb man bis heute auf eine Rechtsgrundlage für Maßnahmen gegen Scientology verzichtet hat.

In mühsamer Kleinarbeit versuchte ich im Jahr 2001 die verschiedenen Argumente und Aussagen zum Thema Scientology aus Politik und Kirche nachzurecherchieren. Dadurch kam ich an Hintergrundmaterial und Beweisen zu gezielten Kontakten, die man zu mir aufgebaut hatte. Am Ende war eine Indizienkette unübersehbar, die mir beweist:

Ich wurde nicht nur als Lokomotive ge- und missbraucht, um das Thema in der Öffentlichkeit präsent zu machen. Sondern ich wurde auch durch meine Loyalität und Offenheit gegenüber diesem Staat in eine Falle gelockt! Verschiedene Fachjuristen, Richter, Staatsanwälte, Rechtsanwälte, die ich im Jahr 2001 aufsuchte und die diese Indizienkette anhand von Unterlagen sichteten, definierten das Ganze viel drastischer, als ich dies jemals gewagt hätte auszusprechen: Ich wurde wohl vom Verfassungsschutz als Lockvogel benutzt!

Irgendwie kam meine persönliche Betroffenheit und mein Aufbegehren gegen Ungerechtigkeit 1991 einigen Leuten sehr gelegen. Im Rückblick betrachtet passen einfach viele Dinge zusammen, die jedoch erst auffallen, wenn das Puzzle ganz zusammengefügt ist.

Was ist aus all diesen Aussagen geworden, all diesen Gutachten und den 1992 mit allen Mitteln hochgepeitschten Warnungen, wenn im Jahr 2001 auf der Innenminister-Konferenz auf einmal die Devise ausgesprochen wird: „Man käme jetzt zu dem Schluss, dass Scientology ja doch mehr eine Religionsgemeinschaft ist?"

Liest man die verschiedenen Veröffentlichungen der Innenminister-Konferenz, der Länderinitiativen und Ministerpräsidenten-Konferenzen durch, ist genau ab 1992 – nach der Justizminister-Konferenz – das Thema Scientology auf allen nur denkbaren Tagesordnungen und wird auch planmäßig über Jahre vermarktet. Jetzt verschwindet es wieder, lautlos. Nur was es mit Scientology auf sich hat, bleibt ungeklärt.

Wer inszeniert hier was und warum? Diese Frage hat mich beschäftigt und weiter fragen und recherchieren lassen. So kam ich zu dem Schluss: Diese Inszenierung hat enorme Löcher in den Rechtsstaat gerissen. Pfusch am Bau, der öffentlich werden muss. Außer, dass es seit 1992 eine Vielzahl neuer Planstellen in Sektenfragen bei Staat und Kirche gibt und sich der Verfassungsschutz seit fünf Jahren mit Scientology beschäftigt hält, gibt es zum Thema Scientology bis heute keinerlei Rechtsgrundlage, geschweige denn eine Klärung, eben was es mit Scientology eigentlich auf sich hat. Warum ich anfing, bestimmte Vorgänge in diesen zehn Jahren zu hinterfragen, Aussagen von Beamten und Behörden nicht mehr blind zu glauben und warum ich begann, mich zurückzuziehen, um Bilanz zu meiner Aktivität im Themenkomplex „Scientology" zu ziehen, hatte mehr als nur einen Grund.

Als erstes war es das Gefühl, dass ich in den letzten Jahren in einen Kreislauf „Gefährlich machen und warnen" eingebunden war. Ohne das es mir gelungen ist, staatlicherseits die erwartete Hilfe zu bekommen um es auch rechtsstaatlich fest zu machen – ja eben um es erklären zu könne. Dieses Gefühl, etwas übersehen zu haben, machte sich immer mehr breit. Dann waren es einschneidende Erlebnisse, die mich immer wieder beschäftigten: z.B. diese Anita, eine Strafgefangene, die aus dem Nebel kam und wieder dorthin verschwand. Sie ist wie ein Schatten, der mich seit 1993 begleitet. Sie nimmt in dieser Inszenierung einen ganzen Akt mit seltsamen Szenenwechseln in Anspruch. Und sie sollte für mich zum Schlüssel in die Tür zum Regieraum der Schattenspieler werden. Hinzu kamen Unternehmer, die mit Brachialgewalt erleben mussten, wie das Wort „Scientology" für sie zur Keule wurde. Und zwar nicht nur diejenigen, gegen die man es als Rufmord-Instrument einsetzte, sondern auch diejenigen, die ohne Rechtsgrundlage als Arbeitgeber gezwungen waren ihre Arbeitnehmer – teilweise aus hohen Positionen – zu entlassen, da sie mit erheblichem Image-Schaden rechnen mussten.

Der erste Fall, den ich erlebte, als ein Chef sich bei seinem Angestellten dafür entschuldigte, dass er ihn jetzt entlassen müsse, um „Imageschaden" für die Firma zu verhindern, war 1999. Das Gespräch mit dem Unternehmer ist mir unvergessen. Er hatte tatsächlich mehr Angst, eine „Sektenberatungsstelle“ könnte erfahren, dass bei ihm ein Scientologe beschäftigt ist, als dass er in seinem Mitarbeiter eine Gefahr sah. Es war eines dieser Schlüsselerlebnisse, die mich wach rüttelten und reagieren ließen. Und mich beschlich dieses unangenehme Gefühl, dass sich hier etwas ganz Gefährliches zusammenbraut. Die unzähligen Gespräche, in denen ich mir vorkam, als hätte sich mein ganzes Leben und meine Arbeit auf eine implantierte CD in meinem Kopf reduziert, von der man ununterbrochen „Namen von Scientologen“ abrufen konnte, taten das Übrige: Aberhunderte Telefonate, Emails und Faxe, in denen immer nur die eine Frage stand: „Hat diese Person oder Firma etwas mit Scientology zu tun?“

Dazu kam die eigenartige Haltung der kirchlichen und staatlichen Sektenbeauftragten, ihre Konkurrenzkämpfe und vor allem ihr verbissener Kampf um möglichst viel Anteile aus dem gefüllten Steuersäckel. Auf einer dieser immer wieder kehrenden Sektentagungen schnappte ich im Vorbeigehen einen gedankenlos daher gesprochenen Satz einer Mitarbeiterin eines Sektenbeauftragten auf: „Bloß gut, dass wir die Scientologen haben. Damit ist auf jeden Fall mein Job gesichert“! Ich blieb wie angewurzelt stehen und es beschlich mich wieder dieses Gefühl: Irgend etwas habe ich übersehen.

Vielleicht reflektiert man das eigene Unterbewusstsein nicht mehr richtig, weil der Verdrängungsmechanismus bereits selbständig funktioniert. Ich denke, dass dies sogar ganz logisch erklärbar ist. Da versucht man im Alleingang, mit dem Rücken zur Wand, auf eigenes Risiko, ohne jegliche Unterstützung, ein gesellschaftspolitisches Thema über Jahre öffentlich zu klären. Wie auf einer Bühne wechseln die Kulissen, die Schauspieler; niemand kennt das Drehbuch, niemand den Regisseur. Man redet über Jahre, Jahrzehnte über mögliche Gefahren durch Scientology, ohne dass man diese auf einer rechtsstaatlichen Ebene klärt und handelt. Keiner stellt sich hin und sagt: „Es ist gar keine solche Bedrohung. Es ist in unserer Gesellschaft vorhanden, aber es geht keinerlei Bedrohung für den Rechtsstaat aus.“ Dann müsste die Gesellschaft lernen damit umzugehen. Sich auseinandersetzen. Sich daran reiben. Dann ist es ein Teil dieser wehrhaften, gelebten Demokratie. Nur so wie es jetzt ist, da ist es Willkür, unglaubliche Verwirrung, Unsicherheit und ein gefestigtes Feindbild „Scientology“, das ohne Rechtsgrundlage manifestiert wurde. In Richtung KLÄRUNG ist eben nichts passiert! Und dann kommt die Ungerechtigkeit dazu, dass man alles veröffentlicht, was Scientology belastet und meine Fragen nach den Urteilen, die eben auch oft entlastend sind – wurden mir dann angelastet als „Hilfe“ für Scientology. Verdrehte Welt? Nein, es ist eine gefährliche Entwicklung, der ich mich nicht anschliesse und auch nicht unterordne. Der ich mich entgegen stelle, weil sie für mich genau der Punkt ist, bei dem für mich beginnt: Wehret den Anfängen!

Im Sommer 2000 kam die ehemalige Bundesjustizministerin Sabine Leutheusser-Schnarrenberger zu mir zu Besuch. Sie wurde, ohne dass sie es wusste, zum Auslöser eines Schlüsselerlebnisses mit Kettenreaktion, die mich dann endgültig zum Handeln brachte. Doch davon später, jetzt zurück zur Bühne und dem Schauspiel „Inszenierter Rechtsstaat“!

Anita – die Schattenfrau

Der Fall „Anita“ – einer falschen „Scientology-Aussteigerin“ – beschäftigt mich seit 1993. Erst im Zuge der Aufarbeitung im Jahre 2001 war es durch verschiedene Akteneinsichten möglich, ihre Aussagen und demzufolge auch Ungereimtheiten klarer zu erkennen und zuzuordnen. Diese Frau spielt eine besondere Rolle. Sie wird auf der Bühne mit speziellem Scheinwerferlicht beleuchtet. Nach Bedarf fällt der Vorhang, um ihre Helfershelfer nicht zu entlarven. Nach Aktenlage müssen Schattenspieler sie je nach Bedarf eingesetzt haben. Diese Frau erschien in dieser Inszenierung, ohne dass die einzelnen betroffenen Mitspieler diesen Passus kannten. Wie in jedem Schauspiel agierte die Regie hinter den Kulissen. Da der Ausgang dieses Aktes nicht vorhersehbar war, lief der Regie so einiges aus dem Ruder. Nur deshalb ist es heute möglich, durch eine chronologische Auflistung der Vorgänge den Kegel des Scheinwerferlichtes auf den Teil des Rechtsstaates zu richten, in dem das Zusammenspiel von Verfassungsschutz/Justizbeamten und Großkirchen zur öffentlichen Diskussion führen muss. Entsprechend der heutigen Sicht erscheint die Inszenierung „Rechtsstaat“ gespenstisch.

Bevor die Schattenfrau Anita in mein Leben tritt, sind auf der Bühne Beamte aus verschiedenen Behörden bereits in Position.

So kontaktierte mich im Januar 1992 ein Beamter der Kriminalpolizei in Baden-Württemberg, Leiter der dortigen Abteilung „Organisierte

Kriminalität" (OK). Der Kontakt dieses Beamten wurde mit der Aussage: „Ich interessiere mich für die Thematik Scientology" zuerst telefonisch und dann persönlich angebahnt. Er sollte in den nächsten 12 Monaten zur absoluten Vertrauensperson für unsere Familie werden.

Ebenfalls 1992 kontaktierten uns mehrfach Beamte des Bundesamtes für Verfassungsschutz Köln. Einer dieser 2-Meter-Männer aus der Anfangszeit nannte sich „Nauter". Ihr Gesprächseinstieg war „Organisierte Kriminalität" in Verbindung mit Strukturvertrieben und Scientology.

Sehr schnell vermittelten sie mir, wie wichtig die Weitergabe von Informationen an ihre Behörde wäre. Undurchschaubar und geheimnisvoll seien diese Strukturen. Was sie genau wollten, war am Ende des ersten Gespräches nicht klar. Ich war erst einmal irritiert von ihrer Aussage, Sicherheit hätte Priorität. Auf Nachfrage kamen sie schnell von der Theorie zur Praxis. Einer der beiden suchte nach der Telefondose, verbog sich, um hinter meinen Schreibtisch zu kommen und zog den Stecker. Jetzt wusste ich, mit wem ich es zu tun hatte: Geheimdienst. Und so haben sie sich auch in weiteren Treffen benommen. Wie man Fahrzeuge abhängt oder Beschattungen bemerkt, Briefe auf Explosivmaterialien untersucht und sein Umfeld sichert, hat mein Mann von den beiden Hünen erfahren.

Ein Effekt dieser Vorgehensweise war, dass sich innerhalb unserer Familie Unsicherheit breit machte. Die schleichende Angst um unsere drei Kinder schlug aufgrund meines Naturells schnell in Wut um. Resultat: Meine Angriffe gegen Scientology wurden heftiger, die Auseinandersetzung eskalierte bis hin zur Unsachlichkeit. Natürlich wehrten sich die Scientologen genau so heftig, wie ich sie angriff. Ich wollte Klärung, warum eine Organisation, vor deren Gefahren mich sogar der Verfassungsschutz warnt, juristisch für die vielen Vorwürfe nicht belangt wird. Mir war nie klar, weshalb es in einem Rechtsstaat nötig ist, dass mein Mann von Beamten zu meinem Leibwächter umfunktioniert wurde, nur weil ich mich offen mit Scientology auseinander setzte! Ich wollte eine Antwort, bekam aber nur zu hören:

„Wir brauchen mehr Beweise. Wir brauchen Zeugen." Mein Einwand, dass es Scientology in Deutschland ja bereits über 20 Jahre gebe und weshalb es da noch Beweise und Zeugen bedarf, um juristisch vorgehen zu können, wurde verworfen. Damals erkundigten sich Beamte des „Verfassungsschutz Köln“ in regelmäßigen Abständen, wie es uns ginge und ob wir neue Erkenntnisse über Scientology hätten. So auch im März 1993.

Eine Frau hinter Gittern

Ihre tatsächliche Geschichte kennt bis heute kaum jemand. Es gibt auf der verbrannten Erde, die sie hinterlassen hat, viele Daten, Fakten, geschädigte Personen und Behördenvertreter. Und sie brachte „Scientology“ und „Organisierte Kriminalität“ zusammen.

Am 1. April 1993 hatte der Sektenbeauftragte der Evangelischen Kirche Bayern, Pfarrer Wolfgang Behnk, zu dieser Frau Kontakt. Einen Tag später, so geht es aus der Aktenlage im Jahr 2001 hervor, besuchten Kölner Beamte des Bundesverfassungsschutzes die wegen Betrugs einsitzende Anita in der Justizvollzugsanstalt Aichach. Sie behauptete damals, im Auftrag für Scientology Straftaten begangen zu haben. Ebenfalls an diesem Tag erschienen bei uns Beamte des Bundesverfassungsschutzes in Köln und fragten uns, was wir zu der Beziehung der Hamburger Scientology-Beauftragten Caberta mit einem ehemaligen Scientologen wüssten. Von Anita sagten sie mir nichts. Ich lasse bewusst die verschiedenen Nachnamen dieser Schattenfrau weg, um ihre Kinder, die in neuen Familien leben, nicht zu belasten.

Am Abend dieses 2. April fand im Landeskriminalamt in München zum Fall Anita ein Gespräch zwischen dem Oberstaatsanwalt Maier-Staude aus München, zwei Beamten des Bayerischen Landeskriminalamtes (BLKA), einem Beamten des Kölner Bundesamtes für Verfassungsschutz (BfV) sowie zwei seiner Mitarbeiter und dem Sektenbeauftragten der Evangelischen Kirche Bayern, Pfarrer Behnk, statt. Darüber liegt mir inzwischen ein Dokument vor:

„V e r m e r k über eine Besprechung mit Vertretern des BfV und des Sektenbeauftragten der Evangelischen Kirche München:

Am 02.04.1993, gegen 20.00 Uhr, wurde ich ... darüber informiert, dass der Bereitschaftsbeamte sich umgehend mit Bundesanwalt Beese, ... in Verbindung setzen soll. Bei dem anschließenden Gespräch teilte Bundesanwalt Beese mit, dass er soeben von Mitarbeitern des BfV angerufen wurde. Diese halten sich zur Zeit in einer bayerischen JVA auf. Dort befragten sie eine einsitzende Frau, die bei der Scientology-Sekte in einer Führungsposition ist. Diese Frau erzählte den Befragenden von verschiedenen Straftaten ... Bundesanwalt Beese teilte mit, dass die Herren unterwegs ins BLKA sind und dort Erkenntnisse präzisieren wollen. Bundesanwalt Beese regte an, zu diesem Gespräch einen Staatsanwalt hinzuzuziehen ...

Die Mitarbeiter des BfV teilten mit, dass sie seit sechs Wochen im Auftrag des BMI (Bundesministerium für Inneres) eine Untersuchung über die genannte Sekte durchführen. Dabei sind sie auf eine Frau Anita ..., zur Zeit in der JVA Aichach, gestoßen. Anita, die wegen verschiedener kleinerer Vermögensdelikte in U-Haft sitzt, teilte gegenüber dem BfV und dem Sektenbeauftragten mehrere Straftaten mit ...

Durch den Vertreter des Bundesamtes für Verfassungsschutz, RD Theis, wurde nun die sofortige Aufnahme der Ermittlungen gefordert ... Der Vertreter des Bundesamtes für Verfassungsschutz teilte mehrfach mit, dass die Übernahme der Weltherrschaft das Ziel der Sekte sei. Durch Herrn OStA Maier-Staude wurde entschieden, dass sofortige Ermittlungen und Maßnahmen nicht durchgeführt werden. Am Montag, dem 05.04.1993 wird die Mitteilerin zum Sachverhalt eingehend vernommen."

Das alles erfuhr ich erst nach acht Jahren ständigen Bohrens im Fall Anita durch das Aufarbeiten verschiedener Gerichtsakten. Aufgefallen ist mir als erstes: Zu mir sagte man damals, dass der Sektenbeauftragte aus München den Kölner Verfassungsschutz über die Aussagen der Anita informierte. Nun steht in den Akten, „die Kölner Beamten seien auf sie gestossen"! Wie, steht nicht dabei! Woher wusste denn der evangelische Kirchenmann aus München, dass man in Köln beim Bundesamt für Verfassungsschutz am Thema Scientology interessiert war und „seit sechs Wochen" einen Auftrag hatte? Weshalb hat mich der Sektenbeauftragte nie auf den Fall Anita angesprochen? Ich kenne ihn persönlich, bin mit ihm per Du. Der Fall Anita war tabu, er hat auch in diesen Kreisen Nebelschwaden erzeugt.

Bei mir tauchte die „Schattenfrau" Anita das erste Mal am 8. April 1993 durch einen Anruf eines Staatsschutzbeamten aus Neu-Ulm auf.

Es war Gründonnerstag und nach vielen stressigen Wochen freute ich mich auf ein ruhiges Osterfest mit der Familie. Mein mangelndes Interesse im Telefonat mit dem Beamten war sicher nicht zu überhören. Er untermauerte die Wichtigkeit seines Anrufs mit dem Hinweis, dass es „in meinem eigenen Interesse“ liegen müsste, ob ich den Namen einer Frau in irgendeinem Zusammenhang mit Scientology schon einmal gehört hätte. Dieses „im eigenen Interesse“ überhörte ich. Mein Wunsch nach Abschalten und Familie überwog. Der Beamte kam dann am Karfreitag gegen Mittag bei uns vorbei und erkundigte sich, ob mir im Zusammenhang mit dieser Frau etwas eingefallen sei. Mir war nichts eingefallen. Der Umstand, dass er sich sogar am Karfreitag persönlich zu mir bemühte, zeigte eine gewisse Brisanz. Die bestätigte er, als er schließlich mit dem Grund seines Besuches rausrückte und damit meinen Wunsch auf ein ruhiges Osterfest zunichte machte:

„Frau Hartwig, es betrifft Sie und Ihren Mann. Uns wurden Aussagen einer Inhaftierten in Aichach bekannt, die sie gegenüber dem Sektenbeauftragten von München und Beamten des Verfassungsschutzes Köln gemacht hat.“ Ich horchte auf: „Was?“

„Diese Frau hat gegenüber verschiedenen Personen auch eindeutige Aussagen gemacht, die in den strafrechtlichen Bereich fallen.“

„Was für einen strafrechtlichen Bereich?“

„Sie sprach von Manipulationen an Ihrem Auto, einer Autobombe. Auf gut deutsch: Es geht darum, dass Sie jemand umbringen wollte oder will.“

Natürlich dachte ich, dass ich mich verhört hätte. Zu mir sprach nicht irgend jemand, sondern immerhin ein Beamter des Staatsschutzes. Und in seiner Stimme lag ja auch so etwas wie Besorgnis. Ostern war gelaufen. Aber so sehr ich mich auch bemühte, der Name dieser „Scientology-Aussteigerin“ mit dem Namen Anita war mir völlig fremd.

Jeder Jurist, der 2001 folgende Fakten mit den dazugehörigen schriftlichen Beweismaterialien sichtete, zeigte sein Erstaunen über diese Vorgänge: Ein Staatsschutzbeamter kommt vorbei und sagt: „Frau Hartwig, da sitzt eine Frau im Knast und sagt, sie hätte den Auftrag, Sie in die Luft zu sprengen“. Im Rückblick ist rechtlich nicht nachvollziehbar, weshalb mich der Staatsschutzbeamte „einfach so" darüber informieren konnte, dass ein Kapitalverbrechen gegen mich geplant gewesen sei. Und dabei auch noch den mutmaßlichen Auftraggeber nennt.

Erst Jahre später erfahre ich anhand einer Akteneinsicht, dass die mit dem Fall befassten Behörden schon vor diesem Zeitpunkt Kenntnis von mehreren fachärztlichen Gutachten hatten, die Anita eine Persönlichkeitsstörung mit dem Hang zu Lügengeschichten bescheinigten. Auch dass es eine Aktennotiz des LKA München gab, in der ihr akuter Realitätsverlust nachgesagt wurde. Beide Informationen wurden mir vorenthalten.

An Ostern im Jahr 1993 fragte ich nicht, aus welchem Grunde mich der Staatsschützer gerade an Gründonnerstag/Karfreitag kontaktierte und mir eine solch irritierende Information übermittelte. Es war die Zeit, in der ich durch Vorträge und Öffentlichkeitsarbeit im Visier von Scientology stand und von einem Termin zum anderen hetzte. Die folgenden Termine sagte ich ab, da mir der Staatsschutzbeamte geraten hatte, mich um mehr Sicherheit zu kümmern. Und da war sie, die Angst.

Erst bei der Aufarbeitung wurde deutlich, warum der Beamte mich noch vor den Osterfeiertagen kontaktierte. Diese Aktion war zeitlich und psychologisch gut gesetzt. Denn nach Ostern ging ein Brief von Anita bei mir ein, geschrieben am 5. April 1993 in der Justizvollzugsanstalt Aichach. Das Schreiben war durch die Briefzensur des zuständigen Gerichtes gegangen und bestätigte einen Teil dessen, was der Staatsschutzbeamte mir sagte. Ihr Hinweis auf einen Ex-Scientologen dokumentierte auf den ersten Blick „Hintergrundwissen".

Also Informationen, die laut von mir befragten Juristen zu einer Beschlagnahme hätten führen müssen. Sie stellten zu diesem Vorgang auch die Frage, ob mir dieser Brief nicht gezielt im zeitlichen Abstand zu dem Besuch des Staatsschutzbeamten zugeführt wurde. Nach dem Briefeingang erhielt ich einen Anruf aus der Justizvollzugsanstalt Aichach und wurde informiert, dass mich Anita dringend sehen wollte. Der zuständige Richter in Memmingen sagte mir eine Besuchserlaubnis zu. Ich solle nur einen entsprechenden Antrag stellen. Und so faxte ich gleich nach dem Telefonat, um etwa 11.40 Uhr, einen Antrag an das Landgericht Memmingen.

Als ich mich anschließend bei der JVA Aichach nach den Besuchszeiten erkundigten wollte und den Namen der Inhaftierten nannte, wurde ich sofort an den JVA-Chef weiter vermittelt. Anscheinend wussten alle über die Aussagen dieser Frau Bescheid. Nachdem ich meine Anschrift und Telefonnummer hinterlassen hatte und mein Kommen umgehend nach Erteilung einer Besuchserlaubnis zusagte, passierten weitere Merkwürdigkeiten!

Damals, am 20. April 1993, wunderte ich mich, dass der Haftbefehl gegen Anita kurz nach Eingang meiner Besuchsanfrage und nach dem Telefonat mit dem zuständigen Richter urplötzlich aufgehoben wurde. Sie wurde bis zu ihrem Verhandlungstermin am 11. Mai 1993 auf freien Fuß gesetzt. Diese Frau hatte gerade über angebliche Mordpläne ausgesagt! Da die Information über ihre Entlassung vom JVA-Chef persönlich kam, wurde meine aufkommende Irritation erst einmal verdrängt. Noch dazu, weil sie trotz ihrer Haftentlassung mit Zustimmung des JVA-Leiters freiwillig im Gefängnis blieb. Auf meine spontane Rückfrage: „Weshalb denn das?" wurde mir gesagt, dass sie sich auf Grund ihrer Aussagen gegenüber den Behörden in Gefahr befinde. Ich wusste durch meine Tätigkeit in der Bewährungshilfe, dass dieses Vorgehen zwar ungewöhnlich ist, aber immerhin von höchster Stelle abgesegnet sein musste.

Der Besuch

Mein Mann und ich fuhren am 22.04.1993 nach Aichach und überlegten, was es mit dieser Frau auf sich hat. An diesem Tag dachte ich im Anblick der Gefängnismauern an die Zeit, in der ich mich in der Sozialarbeit für Menschen hinter solchen Mauern stark gemacht hatte. Nach dem normalen Procedere – Ausweis abgeben, Verstauen der Handtasche und meiner Jacke in den dafür vorgesehenen Schließfächern – wurden wir durch einen langen Flur geführt, begleitet von der Geräuschkulisse klappernder Schlüssel und auf- und zugehender Gitter. In seinem Büro berichtete uns der Gefängnisleiter von den Aussagen dieser Frau und übergab mir einen von ihr gezeichneten Plan über Strukturen der Scientology, versehen mit Namen und Verbindungen. Den hatte sie laut seinen Aussagen „aus dem Kopf" gezeichnet. Ein weiteres Mal, dass mir aus einer behördlichen Quelle die Glaubwürdigkeit dieser Frau vermittelt wurde. Alle meine späteren Nachfragen, ob jemand ermittelt habe, woher die Inhaftierte diese Informationen haben kann, sollten im Sand verlaufen. Fragen wie „Wie soll man sich weiterhin verhalten?" wurden mit dem

JVA-Leiter diskutiert, aber vor allem: „Wo sollte sie hin?“ Mir fiel der Kripo-Beamte aus Tübingen ein, zu dem ich damals absolutes Vertrauen hatte. Ihn wollte ich gleich nach dem Besuch befragen, was in solch einem Fall zu tun sei. Das Gespräch mit Anita sollte dann im Büro der Gefängnis-Pastorin stattfinden. Vor dem Fenster waren zwei Gitter, im Büro eine angenehme Atmosphäre. Die Frau, um die sich alles drehte, war noch nicht da. Und wieder hörten wir die Schlüssel klappern. Dann ging die Tür auf – und da stand sie: dunkelhaarig, etwa 1,65 m groß, schlank, mit einem leicht asiatischen Einschlag. Der Trotz in ihren Augen fiel mir sofort auf, auch ihre Sicherheit. Wer war diese Frau?

Sie hatte eine Flasche Orangensaft dabei und sagte zum Einstieg: „Ihr habt sicher Durst nach der Fahrt. Deshalb habe ich gleich etwas zum Trinken mitgebracht.“ Vor meinem geistigen Auge erschien der Staatsschutzbeamte, der mir vom Auftrag dieser Frau berichtet hatte. Ich wollte auf keinen Fall etwas zu Trinken von ihr annehmen! Ich beobachtete sie beim Öffnen der Flasche und wartete auf das vertraute „Plopp“, das Geräusch, das bewies, dass die Flasche noch nicht geöffnet worden war. Misstrauen! Und diese, meinem Naturell völlig fremde Gefühlsebene „Angst“. Das hatten sie bis dahin erreicht, die „Schattenmänner“ hinter den Kulissen!

Ich entschied mich für einen Kaffee, den mir die Pastorin anbot. Wir baten sie auch, bei diesem Gespräch dabeizubleiben. Außerdem fragte ich Anita, ob es ihr etwas ausmache, wenn ich ein Band mitlaufen lassen würde. Sie war einverstanden, als sei es das Normalste und Selbstverständlichste der Welt, dass jemand, von dem sie behauptet, sie hätte den Auftrag, diesen zu liquidieren, nun ihr gegenüber sitzt, „bei einer Tasse Kaffee“, und dieses Gespräch auf Band aufgezeichnet wird.

Sie erzählte von ihrer Mutter, die im Kultusministerium in Stuttgart im Umfeld des Sektenbeauftragten Hauser arbeiten würde und von ihrer, wie sie meinte, „verschrobenen Kindheit“. Und dann holte sie aus zum Dolchstoß. Lachend sagte sie: „Denkst Du wirklich, dass die Scientologen die Kritikerszene nicht schon längst im Griff hätten?!“ Ich schüttelte den Kopf und sagte: „Mag sein, dass sie versuchen, Kontakte zu bekommen, um Informationen zu sammeln und dann strategische Keile zwischen die verschiedenen Personen zu treiben. Aber das Spiel ist ja schon alt und bekannt.“ Zu der Zeit wusste ich nicht, wie Recht ich hatte und dass ich bereits mitten in einem solchen Spiel war. Nur verwechselte ich damals die Spielführer. Aber wie soll man „Spielführer" erkennen, die sich im Nebel außerhalb des Spielfeldes bewegen, noch dazu ihr Gesicht mit Schlapphüten verdecken?!

Anita fuhr fort mit der Erzählung von Details aus unserem Privatleben. Sie wusste, welche Seite der Doppelgarage von meinem Mann für sein Auto benutzt wurde. „Paul, außerdem stellst Du ja Dein Auto bei Vorträgen immer um. Man kann sich irgendwie nie darauf verlassen, wo Du parkst und was Du mit dem Auto machst. Es steht immer anders." Die Blicke meines Mannes und die meinigen trafen sich. Wir dachten das selbe: „Woher kann sie das wissen?" Er saß am anderen Ende des Zimmers und beobachtete uns beide am Tisch. Genau wie die Pastorin. Anita sprach auch von einem geplatzten Reifen auf der Autobahn an einem Fahrzeug, in dem die Hamburger Scientology-Beauftragte Ursula Caberta mitgefahren ist. Sie sprach von einem Ex-Scientologen, vor dem sie mich in ihrem ersten Schreiben vom 5. April 1993 gewarnt hatte. Ich fragte sie, warum sie denn eigentlich in Haft sei. Sie erzählte uns freimütig, dass sie wegen verschiedener Delikte inhaftiert sei. Eine Kleinkriminelle. „Warum hast du mir geschrieben, Anita? Warum hast Du diese Aussagen gemacht?"

Ihre Antwort klang, zumindest in diesem Moment, logisch: „Irgendwie habe ich es nicht mehr ausgehalten. Aber ich denke, es war auch die Umgebung, in der ich mich seit längerer Zeit wieder einmal sicher und geborgen fühlte." In dem Moment schaute sie die Pastorin an und lächelte. Tatsächlich vermittelte sie mir das Gefühl, dass sie hier in diesem Gefängnis glücklich war. Ich wechselte das Band.

Sie erzählte von ihrem Leben, ihren Verbindungen, ihren Aktionen. Und ich ließ sie einfach reden. Auf ihre direkte Frage, ob ich ihr helfen könnte, antwortete ich am Schluss des Gespräches, dass ich mit einem Beamten unseres Vertrauens sprechen würde. Sie würde über die Pastorin von mir hören. Ich hatte das Gefühl, dass mit dieser Aussage nicht nur Anita, sondern auch die Pastorin zufrieden war. Mit einem kräftigen Händedruck verabschiedeten wir uns. Wir sprachen dann noch mit der Pastorin und dem JVA-Leiter, tauschten die Telefonnummern aus. Dann fiel hinter uns laut die Türe ins Schloss, und der Albtraum Anita begann!

Natürlich war es schwierig, die Situation einzuordnen. Einerseits bin ich mit einer gewissen Distanz an die Informationen von Anita herangegangen. Andererseits gab es ja die Vorgespräche mit dem Staatsschutzbeamten, die Gespräche von Anita mit Beamten des Landeskriminalamtes und dem Verfassungsschutz, von denen ich vom JVA Leiter wusste. Im Rückblick fiel mir auf, dass sie bei unserem Gespräch im Büro der Pastorin mit keinem Wort ihre Gespräche mit dem Verfassungsschutz erwähnte. Noch im Auto diskutierten mein Mann und ich die weitere Vorgehensweise.

Nachdem ich wiederholt die Aussagen von Beamten gehört hatte, dachte ich, dass an dieser Geschichte irgend etwas dran sein muss. Was es war, das konnten und mussten die Behörden ermitteln. Genau aus diesem Grunde informierten wir den Kripo-Beamten, der im Herbst 1992 auf uns zugekommen war und sich für das Thema „Scientology" und über „strafrechtlich relevante Informationen von unserer Seite" interessiert hatte. Telefonisch haben wir ihn über die Aussagen der Inhaftierten informiert. Er hat umgehend ein Treffen bei einer Autobahn-Raststätte vorgeschlagen. Nach diesem Gespräch setzte er sich sofort telefonisch mit verschiedenen Vorgesetzten von seinem Auto aus – in meinem Beisein – in Verbindung. Wer tatsächlich an der anderen Leitung war und was dort gesprochen wurde, weiß ich nicht. Ich hörte nur, dass der Beamte „grünes Licht" für eine Vernehmung der Anita in seiner Behörde erbat. Er beendete sein Telefonat und sagte uns, was wir zu tun hätten. Unsere Aufgabe war, die Frau von der Bayerischen Justizvollzugsanstalt abzuholen und den Beamten in Baden-Württemberg zu übergeben. Keine Sekunde habe ich damals darüber nachgedacht, dass dieses Ansinnen, Anita aus der bayerischen Vollzugsanstalt abzuholen und sie dann an der Autobahnraststätte Stuttgart einem Baden-Württembergischen Beamten zur Vernehmung zu übergeben, völlig irreal sei. Mein Vertrauen zu diesem Beamten ließ gar keinen Zweifel zu.

Aus der Distanz betrachtet, erkennt man natürlich bei diesem Vorgehen ein unlogisches Handeln. Denn erstens war ja Anita bereits durch mehrere Beamte vernommen worden. Und die Baden-Württembergischen Behörden hätten mit einer plausiblen Begründung sicher Akteneinsicht bekommen. Außerdem ist es ja auch unüblich, dass eine Privatperson Kurierdienste für Vernehmungsbehörden erledigt. Auffallend in der Aufarbeitung war auch das Verhalten von Anita, die keinerlei Fragen über mein Ansinnen stellte, sie einem Baden-Württembergischen Beamten für Organisierte Kriminalität zu übergeben.

Die Übergabe

Nach dem Gespräch informierten wir den JVA-Leiter, holten am nächsten Tag Anita vom Gefängnis ab und brachten sie umgehend zur Autobahnraststätte Stuttgart, wo der Beamte schon auf uns wartete. Anita hat sich beim Treffen mit dem Beamten theatralisch von einem Plastiksack, in dem sich Kleider und Kassetten befanden, getrennt. Ihr Grund: Sie wollte sich nun endgültig von ihrer „Sektenvergangenheit" lösen. Als sie den mit Kleider gefüllten Sack aus dem Kofferraum nahm, zeigte sie andeutungsweise ein Kleidungsstück – eine dunkelblaue Jacke mit goldenen Knöpfen – von dem sie behauptete, es sei ihre Uniform bei Scientology gewesen. Der Beamte nahm diesen vollgestopften Plastiksack, stellte ihn an der Autobahnraststätte neben einen Papierkorb und sagte: „Der steht hier keine zehn Minuten, dann sind die Klamotten weg und damit die Vergangenheit gelöscht!"

Tatsächlich, als wir vom Rasthaus zurückkamen, war der Beutel verschwunden. Nur: Die Vergangenheit dieser Frau war damit weder geklärt, noch war der Fall Anita erledigt.

Sie befand sich zehn Tage lang in der Obhut der Beamten und wurde vernommen. Sie bestand darauf, dass wir bei diesen Vernehmungen zeitweise anwesend waren. Dies wurde organisiert und akzeptiert. Nach ihrer Vernehmung nahm ein Mitglied unserer Initiative Robin Direkt Anita bei sich auf. Die festigte ihre Legende, indem sie mir immer wieder von einem Münchener Scientologen berichtete, der dort mit ihr in Kontakt getreten sein soll. In stundenlangen Gesprächen habe ich Anita versucht zu überzeugen, dass sie doch als erstes ihren Strafprozess hinter sich bringen und dann überlegen solle, wie sie einen Neuanfang machen kann. Sie steigerte sich stattdessen in ihre Erzählungen – dass Scientologen Kontakt mit ihr aufgenommen haben sollen – hinein. Ihren Wunsch, bei einem meiner Vorträge mitzugehen, lehnte ich ab. Sie hielt sich nicht daran!

Zwei Tage vor ihrem Strafprozess, am 11. Mai 1993, brachte sie sich während einer Podiumsdiskussion showgerecht in Szene. Sie lieferte sich mit den anwesenden Scientologen ein scharfes Wortgefecht und schmiss mit scientologischen Begriffen um sich. Dass niemand ihre Aussagen überprüfen konnte, wurde überhaupt nicht wahrgenommen. Das ganze Szenario hatte aber, in der Rückschau betrachtet, einen ganz bestimmten Sinn. Denn ihr Auftritt und ihre Aussagen wurden von der anwesenden Presse aufgenommen und in die breite Öffentlichkeit getragen. Dadurch manifestierte sie ihre Aussagen auch nach außen.

Strafprozess und weitere Ungereimtheiten

Der Strafprozess gegen Anita vor dem Memminger Amtsgericht fand am 13. und 17. Mai 1993 statt. Der Richter eröffnete das Verfahren und erklärte, dass der Anwalt der Angeklagten per Fax das Mandat niedergelegt habe. Nun stand sie ohne Anwalt vor Gericht.

Der Richter hatte mich kurz vor Prozessbeginn zu sich gebeten und wollte wissen, ob ich bereit wäre, während des Verfahrens neben Anita Platz zu nehmen. Ich war erstaunt. Er erklärte es so, dass sich meine Anwesenheit neben ihr auf sie vielleicht beruhigend auswirken könnte. Ich wurde belehrt, dass ich keinen Kommentar abgeben dürfe. So saß ich während des Prozesses neben ihr. Der Staatsanwalt verlas die Anklageschrift, und Anita konnte sich Punkt für Punkt äußern: Warum sie eine Jacke nicht bezahlt hatte. Aus welchem Grund ein Leihauto von ihr nicht bezahlt wurde. Aneinander gereihte Kleindelikte, Betrügereien, Fälschungen.

Unvermittelt begann sie dem Gericht von Aktionen zu erzählen, die sie gegen meinen Mann Paul und mich vorgehabt hätte. Sie sprach von einer Autobombe, die uns töten sollte. Und wieder kam ich mir vor wie ein Statist in einem Film, bei dem ich weder Drehbuch noch Regisseur kannte. Es fiel mir damals schwer zu schweigen. Doch das Schauspiel ging weiter.

Juristisch betrachtet war dieser Zeitpunkt, ihre Anschuldigungen in die Öffentlichkeit zu bringen, gut gelegt: Alle ihre Aussagen konnten von der anwesenden Presse ohne Gegenrecherche übernommen werden. Weder Anita noch ein Gerichtsberichtserstatter konnten rechtlich für Falschaussagen belangt werden. Doch die Geschichte war verbreitet. Öffentlich.

Ein Gutachter, der Anita wegen Suizidgefährdung untersucht hatte, berichtete vor Gericht, wie er sie einschätzt. Er hielt sie für narzisstisch, wenig realitätsbezogen, aber voll schuldfähig. Sie vermittelte bei der Verhandlung durch das laufende Einflechten des Wortes Scientology den Eindruck, alle ihre Handlungen hätten mit Scientology zu tun. Die Angeklagte wurde nach dem zweiten Verhandlungstag wegen Betrug in drei Fällen, Urkundenfälschung in zwei Fällen, des vorsätzlichen Fahrens ohne Führerschein und der Unterschlagung zu einer Gesamtstrafe von einem Jahr Freiheitsstrafe verurteilt. Diese wurde auf die abgesessene Untersuchungshaft angerechnet, mit dem Ergebnis, dass Anita am 17. Mai 1993 den Gerichtssaal als freie Person verließ.

Jahre später suchte ich nach Spuren der Frau aus der Zeit vor ihrer Inhaftierung in Aichach. Ich fand sie im kleinkriminellen Milieu. Hochstapelei, Aussagen von Männern belegen auch Prostitution und Heiratsschwindel. Ich brauchte fast neun Jahre, um an all diese Unterlagen zu kommen, die bereits seit 1993 bei verschiedenen Behörden in Deutschland auflagen. Heute sehe ich den Kontakt zu dieser Frau als einen geplanten Kontakt. Denn allein, dass verschiedene Behörden mir wichtigste Informationen vorenthielten – darunter Gutachten über psychische Störungen der Anita, lange Vorstrafenregister, aber auch, ab wann es Kontakte zum Kölner Verfassungsschutz gegeben hatte und ihre widersprüchlichen Aussagen – zeigt ein schmutziges widerwärtiges Spiel, ein Schauspiel auf Kosten des Rechtsstaats!

Die Frage bleibt: Wer profitierte vom Zurückhalten dieser Informationen?

Wer profitierte von den Aussagen dieser Frau, die nach Bedarf aus dem Schatten kam und dorthin wieder verschwand?

Verwirrspiel

Beim Aufarbeiten der Akten fiel mir auf, dass sich Scientology und einzelne Scientologen über die Kontaktaufnahme einer gewissen „Edith van Delten“ wunderten. Ein Name, den Anita uns gegenüber als ihren „Decknamen“ bezeichnet hatte.

Einer dieser Anrufe, am 30. April 1993, erfolgte zu einer Zeit, während sie sich in der Obhut von Baden-Württembergischen Beamten befand: Verblüfft entnahm ich den Akten, dass sich telefonisch am 30. April und am 3. Mai 1993 eine Edith van Delten bei einem Scientologen F. gemeldet hatte. Diese sei auf der Fahrt zum Flugplatz und fliege nach Kopenhagen. Sie müsse ein Konzept vorlegen und wolle sich so schnell wie möglich mit dem Scientologen treffen. Scientologe F. glaubte kein Wort und ignorierte den Kontakt, wie es aus den Gerichtsakten zu entnehmen ist.

In ihren Aussagen gegenüber uns, aber auch während verschiedener Vernehmungen in der zweiten Hälfte des Jahres 1994 unterstellte sie fälschlicherweise den Scientologen die Kontaktaufnahme zu ihr.

Übrigens diese Frau wurde für ihre Unterstellungen gegen Scientology bis heute juristisch nicht zur Verantwortung gezogen. Der Anwalt der Scientology war mehrfach gegen Anita juristisch vorgegangen. Diese Anzeigen verliefen seltsamerweise im Sande, wie ich auch erst im Jahr 2001 aus den Unterlagen ersehen konnte.

Im Schauspiel „Inszenierter Rechtsstaat" endet diese Szene mit einem Schreiben der Polizeidirektion Heidenheim, Abteilung II Kriminalpolizei, an die Staatsanwaltschaft:

23. Juni 1993 Landgericht Memmingen zu 20 UJS 2509/93:
Betreff: Vernehmung der Zeugin Anita S. ... wegen versuchter Bestimmung zu einem Mord zum Nachteil Frau Hartwig ...
Bezug: Auftrag der Staatsanwaltschaft Memmingen vom 04.06.1993, AZ: 20 UJS 2509/93 an Oberstaatsanwalt ...

Die Ermittlungsakte der Staatsanwaltschaft Augsburg muss unerledigt zurückgesandt werden. Die Zeugin Anita ..., die seit 01.05.1993 in ... polizeilich gemeldet ist, befindet sich wegen angeblicher Erbschaftsangelegenheiten seit dem 18.06.1993 in Australien. Sie hat beim Postamt in Heidenheim für die Zeit vom 18.06.1993 bis 18.12.1993 einen Nachsendeantrag wegen vorübergehender Abwesenheit gestellt ... Sollte eine Vernehmung der Zeugin nach ihrer Rückkehr aus Australien noch durchzuführen sein, so wird gebeten, die Akten nochmals der KP Heidenheim zu übersenden."

Anita verschwand nach drei Monaten so mysteriös aus meinem Leben, wie sie gekommen war. Eine Karte aus einem Land, wo der Pfeffer wächst, war 1993 das letzte Lebenszeichen. Angeblich verließ sie das Land im Flugzeug Richtung Indien. Mein Leben hatte sie allerdings mit ihren Lügen für viele Jahre negativ beeinflusst. 2001 hörte ich von Juristen, dass ein solches „Verschwinden" in Verfassungsschutzkreisen „Abtauchen" genannt wird. Ja, das ist meiner Ansicht nach auch das einzig richtige Wort, vor allem wenn man sich dazu ihre weiteren Eskapaden anschaut.

Anita wusste im Gefängnis einsitzend von Gewohnheiten unserer Familie. Jemand musste sich intensiv damit befasst haben. Dabei waren viel Einsatz und Gerissenheit nötig, aber auch Personen, die sich mit Ausforschungsmethoden auskennen. Niemand klärte die Frage, warum gerade eine kleine Betrügerin einen solchen Aufwand an Ausforschung betreiben sollte. Noch dazu saß sie bereits ein Jahr in U-Haft, als sie mir in den Weg gestellt wurde und von Gewohnheiten und Vorkommnissen wusste, die während ihrer Haftzeit passiert sind.

1993/94 formulierte ich die Frage natürlich auch noch einseitig: Warum belastet sich eine Frau mit ungeheuerlichen Aussagen? Fast zehn Jahre später muss man diese Frage anders formulieren: Aus welchem Grunde haben ihre Aussagen dieser Frau eigentlich nie geschadet? Weshalb wurde sie nie dafür zur Rechenschaft gezogen, dass sie Straftaten vortäuschte? Professionelle „Ermittler" reihenweise arglistig täuschte und an der Nase herum führte? Wer hat ihr Auf- und Abtauchen gesteuert? Wer hat es unterstützt? Auch wenn Ihnen jetzt Scientology einfällt, lassen Sie sich nicht zu voreiligen Schlüssen hinreißen. Denn Sie werden im Laufe der Affäre „Anita" wie ich erkennen müssen, wie sich gerade Scientology um juristische Klärung bemühte, Behörden informierte und ich staunte selbst, als es anhand der Aktenlage bewiesen ist – dass eine Klärung zu dieser Frau und ihren Helfern, bis heute nicht erfolgte. Ich sage nun dazu: Nicht erwünscht war!

Nach Ihrem Verschwinden stiftete sie noch mit verschiedenen Telefonaten und Faxen nicht nur in meinem Lebensumfeld eine gewisse Unruhe, sondern sie suggerierte immer wieder und fälschlicherweise, dass sie einen engen Kontakt zu Scientology unterhalte. Dass der Eintritt dieser Frau in mein Leben auch mit dem Aufbau von Angst und Schrecken für mich und meine Familie einherging und nicht nur kurzfristig unser Privatleben darunter gelitten hat, war mit ein Grund, dass ich nie aufgehört habe den Fall Anita weiter zu verfolgen.

Wie viele Schattenspieler fest damit gerechnet hatten, dass ich die Details schlichtweg vergessen oder dass sie untergehen würden, ergab sich nach weiterer akribischer Nachforschung. Eines ist bewiesen: Man hat mir ganz gezielt gefilterte Informationen übermittelt, im Fall Anita über verschiedene Beamte. Um Licht in dieses Geflecht von Ungereimtheiten zu bringen, konnte ich nicht nur die juristischen Attacken, die diesem Kontakt folgten, nachvollziehen, sondern stieß auch auf ein gekonntes Zusammenspiel verschiedener Behörden:

Einerseits sitzt Anita wegen „verschiedener kleinerer Vermögensdelikte" seit 9. April 1992 in Untersuchungshaft. Nach 13 Monaten findet der Strafprozess statt. Drei Wochen vorher, kurz nach ihren Aussagen gegenüber Beamten des Bundesverfassungsschutzes, gemäß derer sie verschiedene Straftaten bis hin zum Mord ausführen sollte, wird sie aus der U-Haft entlassen, erhält durch ihre Aussage über einen Mordauftrag bundesweite Aufmerksamkeit durch Behörden und Beamten. Die Kölner Schlapphüte informierten darüber sogar den Generalbundesanwalt Beese. Ich als Zielperson werde über den angeblich geplanten Mordanschlag zwischen Tür und Angel informiert. Danach wird der Haftbefehl gegen Anita aufgehoben, und sie kann freiwillig im Gefängnis verbleiben.

Kommentar eines von mir befragten Richters im Jahr 2001/02: Rechtlich nicht nachvollziehbar, eigentlich nicht möglich! Möglich war auf jeden Fall, dass diese Frau immer wieder verschwinden konnte, eine ungeklärte Zahl von Ausweisen zu haben schien und die Behörden bundesweit ihr „Verschwinden" auch als normale Zeiterscheinung akzeptierten.

Am 01. Februar 1994 gab es von der Staatsanwaltschaft des Landgerichtes Memmingen eine weitere Anfrage bei der Polizeidirektion Heidenheim, Abteilung II Kriminalpolizei, AZ: D 1/1537/93 und dem Betreff:

„Ermittlungsverfahren wegen Verdachts der versuchten Bestimmung zu einem Mord zum Nachteil von Frau Hartwig ..."

Es war ein Auftrag zur zeugenschaftlichen Vernehmung der Anita. Die Kriminalpolizei Heidenheim gab den Auftrag unerledigt zurück:

„Der Ermittlungsauftrag der Staatsanwaltschaft Memmingen muss weiterhin unerledigt zurückgesandt werden. Die Zeugin Anita S. ist in Heidenheim nicht mehr wohnhaft. Ihr Aufenthaltsort ist nicht bekannt. Die Staatsanwaltschaft in Stuttgart hat Frau S. zur Festnahme ausgeschrieben, AZ: 1222 VRS 7345/87. Die Haftunterlagen liegen bei der Landespolizeidirektion Stuttgart II Datenstation – Frau S. wurde von der hiesigen Einwohnermeldebehörde am 15.06.1993 von Amts wegen nach Unbekannt abgemeldet. Sie hat beim Bürgermeisteramt in Heidenheim einen vorläufigen Reisepass beantragt, jedoch bis heute nicht abgeholt (siehe beigefügte Kopie). Außerdem liegen bei der Gemeindeverwaltung in 86865 Marktwald, wo sie früher wohnhaft war, neue Ausweisdokumente, die sie dort beantragt und auch bezahlt, jedoch nicht abgeholt hat. Über ihre ehemalige Vermieterin ... wurde bekannt, dass Frau S. bei ihr in der Zeit vom 01.05.1993 bis 15.06.1993 wohnhaft war. Angeblich, um nach Australien zu reisen, sei sie dann verschwunden. Im Oktober 1993 habe sie von Frau S. eine Karte aus Indien erhalten, wobei sie mitgeteilt habe, dass sie geheiratet habe. Sie habe auch darum gebeten, ihre persönlichen Sachen postlagernd an das Hauptpostamt nach Frankfurt zu senden ..."

Richtig ist: Sie hat im Oktober 1993 in Kaschmir einen Deutschen geheiratet. Dieser bestätigte: Sie war in Besitz von gültigen Ausweisdokumenten. Das oben genannte Verfahren wurde am 28. Februar 1994 eingestellt. Übrigens just zu einem Zeitpunkt, als durch den Kontakt zu Beamten bekannt war, was in meinem ersten Buch zum Fall Anita steht. Mein Buch kam am 7. März 1994 auf den Markt.

Reaktivierung der Anita

Am Ende der letzten Szene ist Anita per Flugzeug von der Bühne entschwunden. Aber schon bald bringt sie ein Flieger an den Ort des Geschehens zurück. Wieder beginnt ihr Auftritt in einem Gefängnis.

Und zwar gerade zu einem Zeitpunkt, als ich mit meinem Buch „Scientology – ich klage an" einen Paukenschlag landete. Ja, ich wollte sie, die Klärung zum Thema Scientology. Genau die, die ich seitens der Sektenbeauftragten damals vermisste.

Das Buch wurde akribisch genau vom Hausjuristen des Verlages überprüft. Der Vertrag mit dem Pattloch Verlag trat erst in Kraft, als der Hausjurist, ein promovierter Volljurist aus Kassel, das Buch ab-

genommen hatte. Ein Kapitel über die „Mordgeschichten von Anita" war vom Verlag abgesegnet, gewünscht, der OK Beamte hat sich sogar in meinem Büro mit dem Verlagsleiter zu diesem Fall noch besprochen. Es sollten auch die unglaublichen Vorkommnisse, die mir widerfahren sind, im Buch geschildert werden. Und wieder wurde Anita zur Falle! Mit der von allen, die davon wussten, abgesegneten Geschichte handelte ich mir mehrere Klagen ein. Im Ausgang der Verfahren wurde deutlich, dass der Wahrheitsgehalt von Anitas Aussagen nicht einmal annähernd der Realität entsprach. So befand ich mich Mitte 1994 in einem rauen Clinch mit der Scientology und einigen Scientologen. Mit allem hatte ich zu diesem Zeitpunkt gerechnet, aber nicht mit einem weiteren Schreiben der Anita, auch diesmal aus einem Gefängnis.
Heute sage ich dazu: Reaktiviert mit einer sehr genauen Zielrichtung!

Denn ihre neuerliche Inhaftierung hat sie in dem Schreiben an mich wieder der Scientology angelastet. Zuerst dachte ich, dass es sich bei dem Schreiben um eine Fata Morgana handelte. Doch Anita war real; in Deutschland, in Frankfurt am Main, in der Justizvollzugsanstalt III.

Ja, lieber Leser, auch ich fragte mich: Kann das denn sein? Kurz nach Erscheinen meines ersten Buches, in dem ich über diese mehr als dubiose Begegnung berichte, taucht sie wieder auf. Diesmal zuerst über das Faxgerät. Es war der 19. April 1994. Sie war es. Abgebildet in schwarz/weiß, mit mysteriösem Text, meldete sie sich zurück. „Bitte helfen Sie der verzweifelten Frau" stand oberhalb ihres Fotos. Ich dachte, na, wieder mal im Knast. Dabei ließ ich es diesmal aber bewenden. Sie ist zäh, wenn sie Kontakt zu mir sucht. Wie ich noch manches Mal erleben musste. Am 28. April 1994 kontaktiert mich wieder per Fax ein Mann – ihr Mann! Nicht der von Kaschmir, diese Ehe war annulliert worden! K. ist ihr neuer Name, aha! Und was geht mich das an? „Weshalb ist sie nicht dort geblieben, wo der Pfeffer wächst?", ging mir blitzartig durch den Kopf. Und was wollte er, dieser Mann? Als ich die sechs Seiten las, wurde mir immer klarer, dass nichts, rein gar nichts, was mit dieser Frau zusammenhängt, klar ist!

Sie heiratete diesen jungen Mann am 14. März 1994, und damit fing für ihn das Chaos an. Weniger als einen Monat nach der Eheschließung mit Anita, am 13. April 1994 tauchten Beamte einer „SOKO

Nord“ bei ihm auf und suchten seine Frau. Allein das Vorgehen erinnert nach den schriftlichen Ausführungen des völlig irritierten Ehemanns der Anita eher an die Verfolgung einer Bandenchefin und nicht die kleinkriminelle Betrügerin, als die sie in Memmingen 1993 verurteilt worden war.

„... Am Mittwoch, den 13.4.1994 tauchte vor unserer Frankfurter Wohnung die Kriminalpolizei auf, die, wie ich schnell herausfand offensichtlich unsere Wohnung observierte. Nachdem einer der Beamten (wies sich durch Ausweis aus) erst vor unserer Wohnungstür und dann an den Briefkästen herumstand, fragte ich ihn ob ich ihm helfen könne. Er sagte er suche nach K. Als ich mich als solcher auswies, zeigte er mir einen Reisepass von meiner Frau, in dem nachweislich handschriftliche Änderungen vorgenommen waren. Angeblich wollte er den Pass zurückbringen (!) nach dem weiteren Grund befragt gab er zunächst keine Auskunft. Ich fragte ihn ob das irgendwas mit Scientology zu tun habe, worauf dieser antwortete ‚Ja auch‘ (!?) Später sagten sie mir, dass meine Frau wegen Heiratsschwindel und Scheckbetrug gesucht würde und dass sie einen Haftbefehl hätten (haben sie mir aber nicht gezeigt). Erst sagte man mir das Vergehen liege mindestens 6 Monate zurück, später war es von 1987 und füllte mehrere Aktenordner ... Einer der beiden Beamten sagte mir, es wäre das Beste, wenn ich meiner Frau nicht sagen würde, dass die Polizei da war ... . um die Ecke noch ein weiteres Fahrzeug mit zwei Zivilbeamten. Mit diesen führte ich ein kurzes Gespräch. Dabei meinten sie, dass wahrscheinlich nichts Dramatisches vorläge, ‚irgend ein Richter wolle halt meine Frau sprechen‘ ... ich wunderte mich über die komische Art der Ermittlungen, wenn man schon einen vollstreckbaren Haftbefehl hat und eigens eine SOKO damit beauftragt ...“

Das Leben dieses Mannes wurde durch die Eheschließung mit Anita zur Berg- und Talfahrt. Er verstand weder die Welt noch diesen Rechtsstaat, als Anita sich in die Privatstation einer Frankfurter Klinik einweisen ließ und dies damit begründete, dass sie dort vor Verfolgung sicher wäre. Sie bestellte ihren neu erworbenen Ehemann mit einigen persönlichen Sachen zu sich. Dort angekommen sah er einen Mannschaftswagen der Polizei. Im Zimmer befanden sich drei Beamte in Uniform. Am Abend informierte Anita ihren Mann, dass sie nun in Sicherheitsverwahrung genommen worden sei. Am nächsten Morgen war es ihrem Mann und seinem Anwalt nicht mehr möglich, sie zu besuchen. Vor der Tür stand eine Justizbeamtin und teilte ihnen mit, dass sie „in Stuttgart“ um eine Besuchserlaubnis anfragen müssten. Wenige Zeit später wurde Anita in die JVA III in Frankfurt-Preungesheim überstellt.

Ihr damaliger Mann berichtet darüber: „Ich finde die ganze Geschichte sehr mysteriös ... Zum einen ermittelt die Polizei erst ganz lax, obwohl sie im Besitz eines Haftbefehls ist. Selbst als die Polizei schon weiß, wo sie ist, ist man anfangs sehr gelassen. Auf einmal startet eine Sicherungshaft und dergleichen. Hier stimmt was nicht. Die Kripo gibt sich sehr zugeknöpft, wodurch die Verwirrung noch ansteigt. Mich wundert auch, dass die Kripo mir noch keinerlei Fragen gestellt hat!“

Eine Recherche über den Grund ihrer Verhaftung 1994 lässt mehrere weitere juristische Unmöglichkeiten aufkommen: Bei ihrem Memminger Verfahren ist laut Gutachten vom November 1992 bekannt gewesen, dass Anita am 24. Oktober 1991 zu einer Bewährungsstrafe von eineinhalb Jahren verurteilt worden war. Diese Bewährungsstrafe wird seltsamerweise erst sehr viel später – am 26. Mai 1994 – widerrufen und in eine Haftstrafe umgewandelt. Deshalb wird sie in der JVA Frankfurt festgesetzt. Dass sie bereits einen Monat vor diesem Beschluss in Haft genommen worden war, ist eines der „Wunder“ im Fall „Anita“.

Eine weitere Akteneinsicht im Jahr 2001 ergibt: Im Gefängnis wird Anita – am 16. Juni 1994 – von Beamten der Frankfurter Mordkommission zu ihren Aussagen „Mordauftrag gegen mich und meinen Mann“ erneut vernommen. Sie wiederholt nicht nur ihre mittlerweile bundesweit bekannten Falschaussagen, sondern berichtet über weitere Straftaten, die sie begangen haben will. Außerdem belastet sie den Scientology-Anwalt schwer. Sie weigert sich jedoch am Ende, das Protokoll zu unterzeichnen. Ihre Beschwerde gegen den Beschluss des Amtsgerichts vom 26. Mai 1994 wird am 5. Juli 1994 vom Landgericht Stuttgart verworfen:

„Soweit die Verurteilte weitschweifig vorträgt, durch ihre Abkehr von der Scientology Church sei heute die Gewähr gegeben, dass sie nicht mehr straffällig werde, ist ihr Vortrag widersprüchlich. Auch ist er nicht mit den Feststellungen von drei verschiedenen Sachverständigen vereinbar, denen zufolge die Straftaten der Verurteilten auf deren Persönlichkeitsstruktur, nicht jedoch auf den Einfluss dritter Personen zurückzuführen sind.“

Keine Helfer bei Scientology, nicht bei deren Anwalt, aber: Wer ermöglicht dieser Anita, auch dieses Mal, die Justiz zu benutzen, um ihre Falschaussagen zu dokumentieren? Weshalb gibt es bis heute – 2002 – kein Gerichtsverfahren in dieser Richtung? Weshalb konnte und kann sie bis heute europaweit agieren und immer und immer wieder ihre Lügen anbringen? Wer ist es, der ihr hilft und sie immer wieder im Nebel verschwinden lässt? Schattenspieler, die den Vorhang je nach Belieben schließen und öffnen. Ihr letzter Abgang von der Bühne entspricht einer Premiere der besonderen Art. Hier müssen mehrere Logenplätze von hochkarätigen Schattenspielern besetzt gewesen sein, um zuzuschauen, wie ihr Schauspiel „Inszenierter Rechtsstaat" europaweit Wellen schlägt.

Am 28. Oktober 1994 verlässt Anita morgens in Begleitung eines Sozialarbeiters in Frankfurt das Gefängnis zum Freigang. Sie wurde bei ihrer Verhaftung in Hessen im April des Jahres – entgegen allen Regeln – nicht in die für sie zuständige Justizvollzugsanstalt in Stammheim überstellt. Nein, wozu auch, Anita, hatte ja was anderes vor. Sie nutzte ihre Haftstrafe, um weiter ihre Falschaussagen zu verbreiten. Außerdem war Frankfurt für die weiteren Planspiele geografisch sicher besser geeignet als Stuttgart. Nach fünf Monaten bekommt sie die Haftlockerungsmaßnahme „Freigang". Man nennt es landläufig eine Resozialisierungsmaßnahme, um die Wiedereingliederung in die Gesellschaft zu erleichtern. Erleichtert hat man es ihr tatsächlich. Denn sie gliederte sich gleich europäisch ein. An diesem 28. Oktober 1994, dem Tag ihres Freigangs, erscheint sie in der Scientology-Kirche Amsterdam in Holland und fragt nach der verantwortlichen Person für externe Angelegenheiten. Ach, Sie wundern sich jetzt, lieber Leser? Nicht wundern, weiter staunen. Die Strafgefangene Anita hatte für diesen Termin nicht nur einen Personalausweis dabei, sondern dieses Dokument mit der Nummer 400 873 4039, ausgestellt am 16. März 1994 in Frankfurt am Main, lautete bereits auf ihren neuen Namen K., obwohl sie laut ihrer Heiratsurkunde vom 14. März 1994 erst zwei Tage vor Ausstellung des Ausweises geheiratet hatte. Bei diesen Fakten spielt es doch keine Rolle mehr, dass sie ja als geflohene Strafgefangene unterwegs war. Dass diese Frau einen besonderen Service seitens der Behörden bekommen hat, muss angenommen werden. Denn allein, dass man zwei Tage nach einer Namensänderung durch Eheschließung einen neu erstellten Personalausweis bekommt, spricht schon für einen Spezialservice!

Die geflohene Strafgefangene verbrachte ihre Zeit bis 31. Oktober 1994 in Amsterdam, da der zuständige Rechtsvertreter der Scientology abwesend war. Die Frage, die mich nach Sichtung der Akten beschäftigte: Wo ist denn der Begleiter aus der Justizvollzugsanstalt geblieben? Ach so, der konnte nicht mit, denn der musste ja zurück zum Dienst. Um keine Missverständnisse aufkommen zu lassen: Sie hatte einen Tages-Freigang. Dieser dauert normalerweise maximal 8 Stunden. Ja, normalerweise, das hat für Anita noch nie gegolten, wenn man ihre Strafakten analysiert. Denn von ihrem Ausgang kehrt sie nicht mehr in die Haftanstalt zurück.

Scientology Amsterdam vereinbarte mit ihr einen Gesprächstermin für den 31. Oktober 1994. Bei dem erzählt sie nun das glatte Gegenteil ihrer sonstigen Legenden. Sie widerruft alle ihre bisherigen Aussagen und belastet gegenüber Scientology Amsterdam nun mich.

Die ganze „Anita-Bomben-Story" hat durch die agierenden Beamten einen roten Faden. Anita taucht in meinem Leben über einen Staatsschutzbeamten namentlich das erste Mal auf, nachdem ein evangelischer Sektenbeauftragter und Beamte des Bundesamtes für Verfassungsschutz mit ihr in der Haft Kontakt hatten. Es sind exakt die Beamten, die sich aus Interesse zum Thema Scientology an mich gewendet hatten, ohne dass mir klar war, weshalb. Auffallend, wie Anita sich selbst und die Beamten, Nauter aus Köln und den OK Mann aus Tübingen, mit ihren Aussagen bei Scientology Amsterdam entlastet, und wie sie mich als Verantwortliche für ihre früheren Falschaussagen hinstellt. Ihre Aussagen sind bis zum Zeitpunkt in Amsterdam vom Inhalt immer so ausgerichtet gewesen, um Scientology zu kriminalisieren. In der Öffentlichkeit haben ihre Aussagen Wirkung gezeigt. Vor Gericht haben sie sich als glatte Lügen bewiesen.

Der von Anita in der JVA Aichach gezeichnete Plan hätte sicher viel schneller die Hintergründe dieser Frau aufgeklärt, wenn ich damals nicht auf verschiedene Beamte gehört hätte und dem Gericht diesen Plan als Beweismittel für die Vorgänge in der zivilrechtlichen Auseinandersetzung von Scientology gegen mich vorgelegt hätte. Der Originalplan, den ich vom JVA-Leiter in Aichach bekommen hatte, wurde mir einen Tag später von den Beamten, die Anita in Baden-Württemberg in ihre „Obhut" nahmen, abgenommen. Heute bin ich froh, dass wir wenigstens eine Kopie dieses Planes gemacht haben, so dass es mir heute möglich ist, die damaligen Vorgänge besser nachvollziehen zu können.

Nun taucht sie Monate später als flüchtige Strafgefangene mit einem Ausweis in Amsterdam auf und macht eine 28-seitige Aussage! Und das gerade zu einem Zeitpunkt, an dem Scientology wegen ihrer – Anitas – Aussagen gegen mich klagt! Wer hatte vor diesem Verfahren Angst? Wer die Befürchtung, dass durch das Verfahren Anitas seltsame Reise durch Justiz und Beamtenhände öffentlich werden könnte? Da war es doch viel leichter, weiter Verwirrung zu stiften und der Scientology einen Brocken hinzuschmeißen, der sie beruhigt. Belastung gegen den Feind Hartwig. So wie man mir den Feind Scientology als „Killertruppe" präsentiert hatte. Anita, die Reisende in Desinformationswelten. Genau dieses Vorgehen entlarvt ein systematisches Handeln, das sie im Alleingang nicht durchhalten konnte und kann. Sie taucht in meinem Leben auf und bekommt alle nur denkbare Unterstützung der Behörden, um mir ihre Aussagen glaubhaft werden zu lassen. Man suggeriert mir von Amtswegen die Wichtigkeit der öffentlichen Diskussion auch über diese Ungeheuerlichkeiten. Ich will darüber Klärung und veröffentliche eben auch diese mir zugespielten und zugegangenen Informationen! Gerade Anita war in diesem Fall eine Schlüsselfigur!

Ihre Aussagen lösen trotz ihrer Biographie und Gutachten eine bundesweite Welle der Aktivität in Behördenkreisen aus. Ausgehend vom Bundesverfassungsschutz bis hin zum Bundesgeneralanwalt, alles war in Aufruhr wegen den Aussagen dieser Frau. Heute, in der Aufarbeitung, sieht es aus, als habe jemand einen Startschuss gegeben, den nur ganz bestimmte Kreise vernommen haben. Und es kam zum Knall! Genau richtig, um die breite Öffentlichkeit auf rechtsstaatlich unhaltbare Maßnahmen gegen Scientology einzustimmen. Und so wurde ich zuerst durch Anitas Aussage zur Betroffenen gemacht und dann zum Transportmittel für Anitas Desinformation. Das funktionierte aber nur durch die Filterung der Informationen, die ich über Behörden bekam. Wie aber kommt eine Kleinkriminelle in Untersuchungshaft zu so einer Strategie und den dazu passenden Aussagen? Der weitere Verlauf ihres zweiten Auftritts wird es zeigen.

Zurück nach Amsterdam: Der von ihr kontaktierte Scientologe, Herr Peperstraete, erkundigt sich vor ihrem Gesprächstermin am 31. Oktober 1994 über K., bei Scientology Deutschland. Diese dortigen Mitarbeiter finden durch ein Telefonat mit JVA-Leiter Müller heraus, dass Anita geflohen ist und verständigen die Amsterdamer Polizei. Anita wird am 31. Oktober 1994 von den Polizeibeamten Vos und Gerretier in der Polizeistation Warmoestraat festgesetzt. Meine Recherchen ergaben, dass dieser Vorgang mit Polizeibericht Nr. 000979154 festgehalten wurde. Nach mir vorliegenden Unterlagen wurde seitens der Polizei in Amsterdam nicht nur JVA-Leiter Müller, sondern auch die Interpolstelle beim Bundeskriminalamt in Wiesbaden umgehend benachrichtigt. Der JVA-Leiter bestätigte, dass er die zuständige Polizeidienststelle in Frankfurt sowie die zuständige Staatsanwaltschaft in Stuttgart informiert hat.

Die deutschen Behörden reagieren NICHT darauf. Anita musste deshalb nach 24 Stunden von der Polizei in Amsterdam wieder frei gelassen werden. Ab diesem Zeitpunkt verlor sich ihre Spur wieder im Nebel. Am 7. Dezember 1994 bekomme ich ein Fax von ihr aus Israel, in dem sie versucht, mit neuerlichen diffusen Aussagen Vernebelungstaktik zu betreiben. Ein weiterer Brief vom 20. Dezember 1994, abgestempelt in Tel Aviv, beendet den diesmaligen Auftritt der schillernden Lichtgestalt, an der, nach Aktenlage, Schattenspieler bis heute ihre Freude haben.

Nachdem ich den Fall Anita mehreren Juristen, vom Strafrechtler bis zum Kenner von Geheimdienstkreisen, vom Richter bis zum Verfassungsrechtler, unabhängig voneinander zur Beurteilung mit allen mir vorliegenden Fakten und Beweisen vorgelegt habe, ist klar: Juristisch ist das, was Anita ab 1993 allein an Straftaten ohne Anklage verübte, nicht nachvollziehbar!

Lag es daran, dass sie es verstand, just immer dann im Nebel zu verschwinden, wenn es eng wurde? Nur wer warf die Nebelbomben, damit sie untertauchen konnte? Wer gab ihr den Tipp, sich 1993 auf das Thema Scientology zu konzentrieren? Wer hat ihr die Möglichkeit geschaffen, diese gezielten Desinformationen zu platzieren? Wer hat ihr die Flucht ermöglicht? Wer gab die Zeiten zu den einzelnen Handlungen vor? Und wer, ja wer, hatte ein elementares Interesse, dass diese Frau immer wieder agieren konnte? Weshalb haben die Behörden bis heute keine Anstalten unternommen, sie per Auslieferungsantrag zurück zu holen, obwohl sie wissen, wo sie ist?

Diese Frau scheint auch ein Gespür für Familienfeste zu haben. Denn auch 1997 taucht sie als Name wieder bei mir auf. Diesmal kurz vor Weihnachten.

Die Kriminalpolizei faxte mich am 16. Dezember 1997 mit folgender Frage an:

„Sehr geehrte Frau Hartwig,

ich soll Sie im Zusammenhang mit dem Strafverfahren wegen Anstiftung z. falschen Verdächtigung, AZ 13.Js 6111/94, i.A. der Staatsanwaltschaft Memmingen befragen, ob Ihnen der derzeitige Aufenthaltsort von Frau Anita (...) bekannt ist. Bitte um umgehenden Rückruf oder besser Fax an obige Adresse. Ich bedanke mich im Voraus und verbleibe

Mit freundlichen Grüßen!"

Tja, Herr Kriminaler, heute kann ich Ihnen mehr darüber sagen als 1997. Sie hätten damals besser Ihre Herren Kollegen beim Verfassungsschutz fragen sollen ... warum? Weil die Herren ihr Interesse an dieser Anita nicht aufgegeben haben.

Im Jahr 2001 nahm die Schattenfrau plötzlich wieder mit mir Kontakt auf. Diesmal aus Holland. Per Email. In englischer Sprache informierte sie mich über ihre Kontakte nach Deutschland. Außerdem teilte sie mir ihre Telefonnummer mit dem Zusatz mit, dass ich sie geheim halten solle. Dass mich gerade am gleichen Tag, dem 28. Mai 2001, ein Beamter des Verfassungsschutzes vor einer neuen „Bedrohung" durch Scientology gewarnt hatte, ist sicher einer dieser „Zufälle", die diese Frau begleiten.

Bis wann kann diese Frau ungestraft agieren, fragen Sie nun sicher genau wie ich!

Ich weiss, dass Beamte des Verfassungsschutzes viele Jahre später mehrere Personen zu Anita befragten. Genau die, welche als Zeugen von damals in Frage kommen würden, wenn es hart auf hart kommt vor Gericht; wenn es darum geht, wer hinter dieser Frau agierte. Anita hat bei ihrer neuerlichen Kontaktaufnahme zu mir im Jahr 2002 auch sehr detailgetreu einen VS Beamten beschrieben. Das wunderte mich deshalb, weil gerade diese Behörde mich immer wieder anfragte, ob sich Anita wieder bei mir gemeldet habe. Man suggerierte mir auch Jahre danach aus VS-Kreisen: „Wir müssen sie befragen." Als sie sich dann sieben Jahre später tatsächlich sehr dubios bei mir meldete, sagte ich ihr gleich: „Stopp, kein Interesse, verschwinde aus meinem Leben!"

Zäh hat sie mich überzeugen wollen, dass alles eingefädelt gewesen worden sei. Ich lachte, „das mag stimmen – nur hast Du die Leute verwechselt." Sie wollte mich überzeugen, dass sie doch jetzt alles mit „denen" mache und nannte mir sogar den ungewöhnlichen Nachnamen eines VS-Beamten. „Blödsinn, das ist doch Inlandsgeheimdienst. Was sollen die in Holland?" Da lachte sie laut auf und buchstabierte dessen Namen: „Renate, Du glaubst immer noch an das Gute im Menschen. Das ist dein grösstes Problem." Ich konterte: „Nein, ich glaube immer noch, dass wir in einem Rechtsstaat leben. Ich glaube aber auch, dass wir keiner mehr sind, wenn das funktioniert, was Du da treibst, Anita. Das ist dann unser aller Problem und nun geh zurück in den Nebel und sag Deinen Beschützern, es ist ekelhaft, was da abgeht." Dann legte ich auf, nicht jedoch, ohne ihr einen weiteren Kontakt zu mir zu verbieten. Daran hat sie sich gehalten. Wenigstens bis heute. Einen Tag nach dem Telefonat habe ich dann persönlich bei einem VS-Beamten nachgefragt, ob das denn sein könne, was Anita da wieder mal von sich gibt. Es mag daran gelegen haben, dass ich sauer war und ihm auch sagte, wie benutzt ich mir vorkomme und mich doch sehr wunderte, dass da ein egal wie gearteter Kontakt von Beamten zu Anita besteht, dass er mir dann zusagte, das mal zu hinterfragen. Auf alle Fälle bestätigte er mir am nächsten Tag, dass „man" – damit meinte er Beamte, ohne die Dienststelle zu nennen – tatsächlich seit längerem Kontakt zu Anita unterhielt. Warum und weshalb? Ja, das bleibt Staatsgeheimnis, bis auf weiteres!

Vielleicht ist das eine neue Resozialisierungsmaßnahme, dachte ich, als ich das vernahm. Wer weiß, im Fall Anita ist alles möglich. Nur, falls die Beamten, die mit dieser entflohenen Strafgefangenen Kontakt halten, aus Versehen ihren Aufenthaltsort vergessen haben und deshalb kein Auslieferungsgesuch an Holland gestellt wurde, möchte ich natürlich nicht Beweismittel zurück halten: deshalb hier ein Lageplan, wo diese Anita seit langem völlig unbehelligt lebt.

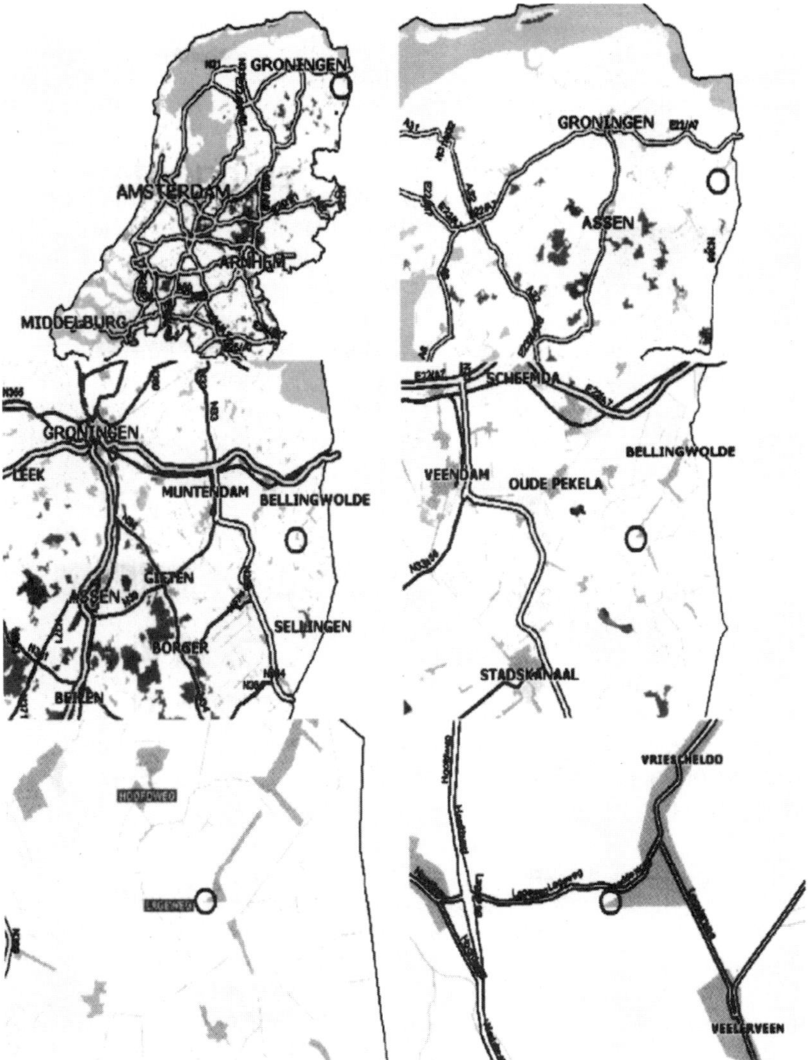
GRONINGEN
AMSTERDAM
ARNHEM
MIDDELBURG
GRONINGEN
ASSEN
GRONINGEN
LEEK
MUNTENDAM
BELLINGWOLDE
GIETEN
ASSEN
SELLINGEN
BORGER
BEILEN
BELLINGWOLDE
VEENDAM
OUDE PEKELA
STADSKANAAL
VEELERVEEN

Meine Suche nach den Wurzeln

Wer sind sie eigentlich, diese Sektenbeauftragten von Kirche und Staat? Wie setzt sich das Ganze zusammen? Welche Gremien und Vernetzungen liegen zu Grunde?

Eines dürfte von vornherein klar sein: Das nach außen gestellte „Expertentum“ entpuppt sich sehr schnell als gezielte Desinformation, wenn man hinter die Kulissen schaut. Da gibt es die Leute mit „eigener Kulterfahrung“, die sich selbst als „Suchende“ freiwillig den verschiedenen Richtungen angeschlossen haben und dann wegen verschiedenster Gründe scheiterten, weil sie ihre Erwartungen als nicht erfüllt ansahen; die dann als so genannte „Aussteiger“ ihre Suche alleine fortsetzen und in den Kult der Gegenbewegung geraten. Nicht umsonst wurde das Wort „Kritikersekte“ geprägt. „Ausstiegsberatung“ als Geschäftsidee.

Im Bereich „Sektenberatung“ gab als erstes die Kirchen, die in Deutschland ab 1964 spezielle Sektenbeauftragte als Berufsbild hervorbrachten. Einer der ersten war der aus der DDR übersiedelte Pfarrer Haack von der Evangelischen Kirche Bayern. Er prägte das Wort „Jugendreligionen“ für alle neuen religiösen und weltanschaulichen Bewegungen. Auch Scientology wurde damals als „Jugendreligion“ bezeichnet. Mit dieser Wortkombination war der Angstmechanismus in der Bevölkerung ohne viele Erklärungen und Diskussionen in Gang gesetzt. Infolge dieser Wortwirkung bekamen Eltern Angst um ihre Kinder.

Bei Betrachtung der ganzen Palette der verschiedensten Gruppierungen stellt man fest, dass Menschen, die sich für eine solche Gruppierung entscheiden, fast ausschließlich Erwachsene sind. Also war bereits das Wort „Jugend“ eine gezielte Desinformation.

Als ich selbst Anfang der neunziger Jahre den Kontakt mit Familienangehörigen aus den verschiedenen Gruppierungen bekam, fiel mir in den Gesprächen stets auf, dass auf meine Nachfrage, wie alt ihre Kinder denn sind, Angaben wie „Anfang Zwanzig“ bis „Ende Vierzig“ gemacht wurden. Schon damals diskutierte ich mit Familienangehörigen über das Problemfeld, wenn Kinder erwachsen werden und Eltern nicht loslassen wollen. Teilweise haben sich daraus dramatische Diskussionen entwickelt. Denn man hinterfragte überhaupt nicht mehr, warum sich ein Fünfunddreißigjähriger für eine Gruppe entscheidet und schon gar nicht, wie Familienangehörige dazu kommen, über diesen Fünfunddreißigjährigen und seine freie Willensbildung zu urteilen. Und immer war der Hauptmotor sich dagegen zu stellen mit dem Wort Geld verbunden. Erbschaften die man schützen wollte, „Geld, das da rein fließt in eine Sekte“ oder „Geld, das da wieder zurück soll an den Einzahler“!

Das alles war übrigens einer der Gründe warum ich ab 1995 diese Art von „Aufklärung“ ablehnte. Die von mir selbst erlebten Konfliktsituationen zwischen verschiedenen Familienangehörigen hatten mir gezeigt, dass die Mitgliedschaft in einer dieser Gruppierungen einseitig als „Schuld“ der Gruppierung zugeordnet wurde, und man damit die eigenen Problemfelder ausschaltete.

Sätze wie: „Die haben mir mein Kind weggenommen“ elektrisierten mich natürlich immer, bis ich dann hörte, „das Kind war 43 Jahre, ledig, mehrfach gescheiterte Existenz und lebte unter der absoluten Fuchtel der Eltern, die sein Leben komplett bestimmten.“ Nun war es natürlich der Situation nicht gerade angepasst, wenn ich nachvollziehen konnte, dass sich ein 43 Jahre alter Mann in einer Gruppe wohl fühlte, für die er sich das erste Mal selbst und ohne das Zutun der Eltern entschieden hatte.

Der zweite Faktor, der bei näherem Hinterfragen oft zum ersten Faktor wurde, war Geld. In einem Fall saß ich einem weinenden Vater gegenüber, der den Verlust des Sohnes in einer solchen Gruppierung theatralisch bedauerte. So, wie er vor mir saß, hatte er sehr schnell mein Mitleid. Bei näherem Hinterfragen kamen wir aber umgehend auf das Thema Geld. Denn sein Bestreben war, den an den Sohn vergebenen Privatkredit von DM 5.000 wieder zurückzuerhalten. Erst dann kam der Vater damit heraus, dass der Sohn sich gerade von der Gruppe getrennt habe.

Seine Tränen trockneten sehr schnell, als es um die Umsetzung der Geldrückflüsse ging. „Ein knochenharter Anwalt“, der, so der Vater, „denen das Messer an die Gurgel setzt, bis sie freiwillig zurückzahlen“, ließ die wahre Motivation um den Verlust des „verlorenen“ Sohnes durchscheinen. Vielleicht hatte er sich ja auch nur in der Ausdrucksweise vertan. Er weinte um seine verloren geglaubten DM 5.000 und nicht um seinen Sohn. Die Annahme bestätigte sich nach der Gerichtsverhandlung. Denn man einigte sich sofort, da die Gruppe – Scientology – keine Probleme machte, eingezahlte Gelder zurückzuzahlen. So kam der Vater an seine verloren geglaubten DM 5.000. Nach einem Jahr erfuhr ich zufällig, dass der Sohn sich einer anderen Gruppierung angeschlossen hat. Gleichzeitig wurde mir bekannt, dass dies dem Vater vollkommen egal sei, denn: „Mein Geld habe ich. Was er macht, ist mir egal! Immerhin ist der erwachsen!“, so sein Argument zu der Situation!

SZENENWECHSEL: Kirchen

Im Namen welches Vaters?

Seit den 70er Jahren ist „Sektenbeauftragter" eine Berufsbezeichnung mit Pensionsberechtigung, wenn man bei Kirche oder Staat angestellt wird. Um dieses Berufsbild aufrecht zu erhalten bedarf es „Feindbildern", sprich: „Sekten und Gruppierungen", für die man „beauftragt" wird.

Beim Nachhaken, wie diese „Beauftragung" eigentlich vom Berufsbild, sprich: von der Stellenbeschreibung her, aussieht, tauchte ich wiederum in eine „Grauzone" ein, die mich das Fürchten lehrte. Nicht nur, dass ich gerade bei Sektenbeauftragten der Kirchen eindeutige politische Strömungen erkennen musste, die, je nach Parteizugehörigkeit oder Sympathisantentum, den weiteren Erfolg und die Existenzsicherung gewährleisteten.

Auffallend war für mich, dass Sektenbeauftragte in den evangelischen Kreisen eher „Linke" und mehr Richtung SPD ausgerichtet und in katholischen Kreisen stark „konservativ", CDU/CSU-nah, sind.

So gehört es in der Szene zu einer bekannten Information zum Beispiel über den evangelischen Sektenbeauftragten Thomas Gandow, dass er sich in seinen Sturm- und Drangzeiten in der kommunistischen „Liga gegen Imperialismus" engagierte hat. „Jeder hat so seine eigene Biografie", dachte ich zunächst, als ich davon erfuhr. Immerhin war ich während meiner Sturm- und Drangzeiten bei der Jugendorganisation der SPD und damals war dies für mich okay. Ich hätte niemals einen einzigen Gedanken an des Pfarrers politische Biografie verwendet, wenn er nicht durch sein Auftreten und seine Vorgehensweisen mein Interesse geweckt hätte. Wer mit speziellen Fragetechniken jemanden zum „Ausstieg" bewegen will, für den scheint mir das Wort „Pfarrer" ein wenig deplaziert. Irgendwie verbinde ich mit diesem Wort etwas ganz anderes. Wer sich in übelster Form über andere lustig macht, dass sie sich erniedrigt fühlen und jeden, der auch nur im Ansatz seine Ansicht nicht teilt, zum Sektenhelfer stempelt, der ist mir als Mann, der die Bibel vertreten sollte, ja schon sehr suspekt.

Und deshalb fragte ich mich: „Im Namen welches Vaters“ agiert eigentlich solch ein Pfarrer Gandow? Ist das mit seinen Glaubensgrundsätzen vereinbar, wie er sich gegenüber Menschen verhält? Im Internet stieß ich auf einen Verfassungsschutzbericht von 1975, in dem der nordrhein-westfälische Verfassungsschutz über die „Liga gegen den Imperialismus“ schrieb:

„Eine besondere Stellung innerhalb der Hilfsorganisationen der KPD nimmt die ‚Liga gegen den Imperialismus‘ ein. Sie bildet die KPD-Aktionszentrale zur agitatorischen Verwertung von politischen Konflikten außerhalb der Bundesrepublik und internationalen Krisenherden zu Gunsten der von dieser Partei vertretenen besonderen Richtung des Kommunismus. Ihre spezielle Aufgabe sieht die ‚Liga ...‘ darin, von ihr als anti-imperialistisch angesehene Organisationen und Bewegungen ideologisch und politisch zu unterstützen und für sie in der Bundesrepublik Sympathiewerbung zu betreiben und zwar auch, soweit sie sich in bewaffneter Erhebung äußern ...“

In einem anderen Bericht des nordrhein-westfälischen VS von 1976 steht auch etwas über maoistische, kommunistische Parteien:

„Seit der Außerordentlichen Delegierten-Konferenz vom März 1975 verzichtet sie auf ein eigenes Programm. Sie verweist auf das Programm der KPD, das sie zu ihrem eigenen macht. Auch bekennt die ‚Liga gegen den Imperialismus‘ offen, dass sie ihre Ziele nur durch Anwendung von Gewalt erreichen kann. Im Statut der Liga heißt es: ‚Der Kampf der Arbeiter und Völker aller Länder hat deshalb ein Ziel – die Vernichtung des Imperialismus. Der Imperialismus wird nicht freiwillig abtreten, er muss gewaltsam beseitigt werden; und er wird beseitigt werden‘“!

Von früheren Bekannten des Gandow habe ich dann noch erfahren, dass er damals eine Vorliebe für Nordkorea entwickelte, was bis zur Übernahme von dortigen Essgewohnheiten in unsere Breitengrade ging.

Weshalb mich die politische Biografie dieses Pfarrers interessierte, lag ausschließlich an seinen Verhaltensweisen im Jahr 2001, die umso deutlicher hervortraten, als ich begann, hinter die Kulissen dieser Szene zu schauen.

Gandow war nie anders, als er sich 2001 als „Sektenbeauftragter und Pfarrer“ gegenüber Andersdenkenden verhielt. Es waren die Widersprüche, die ich zwischen seiner Berufsbezeichnung „Pfarrer und Sektenbeauftragter“ und seinem „Verhalten“ empfand. Deshalb begann ich zu recherchieren.

So stieß ich auf ein Buch „Himmlische Soldaten“ von Günter Koch, in dem es um die „Moon-Sekte“ – in Deutschland auch „Vereinigungskirche“ – geht. Der Verlag und sein Sitz irritierten mich. Unter der ISBN 3-327-00304-1, 1. Auflage, lag das Copyright dieses 1987 veröffentlichten Buches beim „Militärverlag der Deutschen Demokratischen Republik (VEB) Berlin“ Die Gesamtherstellung hatte die Druckerei des Ministeriums für Nationale Verteidigung, Berlin (Ost).

Ich wunderte mich natürlich, weshalb sich die damalige DDR – noch dazu der Militär-Verlag – mit einer solchen Gruppierung beschäftigt. Die einzig nachvollziehbare Erklärung war im Buch selbst zu finden: „Der Sektenführer Moon vertritt die westliche Verteidigungs-Strategie unter Südkorea und betitelt sich selbst als absoluten Feind des Kommunismus.“

Bis hierher konnte ich politisch einordnen, weshalb ein Militär-Verlag der DDR sich mit diesem Mann und seinen Anhängern beschäftigt. Es ging wohl eher um politische Hintergründe als um eine Sektenfrage. Weshalb ich jedoch während meiner Recherchen von einem politisch interessierten Journalisten auf das Buch hingewiesen wurde, war ein in diesem Buch beschriebener Aussteigerfall, in dem ab Seite 133 über mehrere Seiten hinweg die Kompetenz des Pfarrers und Sektenbeauftragten Gandow gelobt wird. Der Autor im Militär-Verlag der Deutschen Demokratischen Republik ging sogar soweit, über eine „Bitte um eine Spende an den Schriftendienst Religions- und Weltanschauungsfragen von Pastor Gandow, zu überweisen an das Postscheckamt Westberlin, Konto: 445778-104“ zu schreiben.

Hoppla! Gandow, der aus der DDR stammt, kam – laut seiner Aussage – mit seinen Eltern in den Westen und zwar, weil die dem Arbeiter- und Bauernstaat den Rücken gekehrt hatten. Die „Eigenartigkeiten“ um mögliche bestehende Verbindungen des Pfarrers in den Osten wurden hinter vorgehaltener Hand auch in internen Kirchenkreisen und durch Kollegen von Gandow immer wieder diskutiert. Das muss auch Gandow selbst bekannt gewesen sein, denn er rechtfertigte sich in einem so genannten „persönlichen Freundesbrief“ vom Januar 1993 zu diesem Themenkomplex. Unter dem Titel „Rückschau? – „Stasi-Probleme“ lamentiert Gandow: „Dass ich wirklich „im Osten“ gelandet bin, geht vielleicht aus dem folgenden Geschehnis hervor, über das offen zu reden ist. Es gibt jetzt eine besondere Art von Vergangenheitsbewältigung. So musste ich zweimal mit anhören, wie ein Kollege (!) unter kirchlichen Mitarbeitern streute, ich hätte Stasi-Verbindungen, hätte einem Stasi-Verlag ein „seitenlanges“ Interview gegeben und dann mich nicht einmal distanziert und damit der kirchlichen Friedensbewegung erheblich geschadet ... Das Ganze ausgerechnet als Argument, ich sollte mich bei der Kritik von Kontakten zur Moon-Bewegung zurückhalten ... In meinem Fall ist nun Folgendes richtig: Ein DDR-Journalist hatte zu DDR-Zeiten einen ziemlich frei erfundenen Tatsachen-Roman erdichtet (Günter Koch, „Die himmlischen Soldaten“). Darin ließ er auch mich als aufgeschlossenen Westberliner Geistlichen des Jahres 1985/86 als Person auftreten. Kein Interview übrigens, sondern ein frei erfundenes Beratungsgespräch mit einem betroffenen Vater wird geschildert. Tatsächlich habe ich gegen das im Militär-Verlag der DDR 1987 erschienene Buch (ich selbst bekam es Ende 1988 in die Hände) nichts mehr unternommen. Was sollte ich auch. Es ist sicher nicht nett, eine real existierende Person in einem völlig frei erfundenen politischen Roman auftreten zu lassen. Dichterische Freiheit? Vielleicht. Weniger spaßig und keine feine Methode ist es aber, daraus, wie auch immer, Connection mit der Staatssicherheit der DDR anzudichten. Ich habe nun, um den Vorwurf deutlich zurückzuweisen, der ja in unserer Landeskirche in der gegenwärtigen Situation nicht eine persönliche Angelegenheit ist, meine offizielle Überprüfung nach Stasi-Kontakten durch die Gauck-Behörde beantragt ...“

Was Pfarrer Gandow vergessen hat: Wir haben nun das Jahr 2002! Was ist aus der Überprüfung seiner Stasi-Kontakte geworden? Weshalb macht er aus dem Buch einen „ziemlich frei erfundenen Tatsachen-Roman“? Und was er auch nicht ansprach: Kamen auf das Konto, das mit Überweisungsträger in diesem Buch veröffentlicht war, Spenden? Vielleicht ist die wichtigste Frage aber in diesem Zusammenhang: Was macht eigentlich diesen Sektenbeauftragten Gandow für einen Militär-Verlag der DDR so interessant, dass sie ihn seitenweise lobend erwähnen und seine Bankverbindung veröffentlichen? Außerdem ist für jeden, der dieses Buch liest, völlig schleierhaft, wie Gandow zu dem Wort „Roman“ kommt! Denn bereits auf Seite 133 wird auf die damalige Personalsituation im Schöneberger

Rathaus hingewiesen. Und der Seitenhieb auf die CDU ist unüberlesbar.

Wenn es Gandow 1993 mit Achselzucken in seinem „Freundesbrief" so hinstellt, als hätte er schicksalsergeben die Situation hingenommen, dann muss man sich allein vom Text her fragen: Warum? Denn immerhin steht auf Seite 134 der Name Gandows als Quelle für eine politisch motivierte Hetze gegen den damaligen Klassenfeind CDU:

„Pastor Thomas Gandow war nicht nur Beauftragter für neue religiöse Gemeinschaften im Amt für Jugendarbeit der Evangelischen Kirche in West-Berlin, sondern auch Vorsitzender der Elterninitiative gegen psychische Abhängigkeit und religiösen Extremismus ... in seinem Büro in der Goethestraße, Berlin-Charlottenburg, äußerte der Pastor unverblümt, was weder die Jugendsenatorin noch der Polizeioffizier auch nur anzudeuten bereit gewesen waren."

Die Texte in dem Buch lesen sich für mich nicht wie ein „Roman" wie es Gandow hinstellte. Der Autor hat das Buch auch nicht als solches ausgewiesen:

„... Der Geistliche händigte seinem Besucher etliche Broschüren über Ursachen und Wirkungen der so genannten Jugendsekten in der westlichen Welt aus, die oftmals das Leben der jungen Menschen zerstören und über die betroffenen Familien unendliches Leid bringen. In einem hektographierten Material über ein mehrtägiges Seminar von Elterninitiativen wurde hervorgehoben, dass junge Menschen von der Massenarbeitslosigkeit in der BRD und in West-Berlin besonders hart betroffen sind. Jeder dritte Jugendliche sei arbeitslos. Es wurde eine in Bonn veröffentlichte Studie zitiert, die von einer wachsenden Zerstörung der Lebensgrundlagen großer Teile der Jugend durch Arbeitslosigkeit und vorenthaltene Ausbildungschancen spricht: So waren allein 1985 mehr als 325.000 Schulabgänger zwischen Schleswig-Holstein und Bayern gezwungen, den Weg zur Lehrstelle mit dem zur Stempelstelle zu vertauschen. Die Zukunftsangst der jungen Generation in der kapitalistischen Welt, das Unvermögen der bürgerlichen Gesellschaft, den Heranwachsenden Lebensmotivationen zu bieten, Freude an einem sinnvollen Dasein statt Alltagsfrust und Resignation, wurden als Hauptursachen für den Erfolg selbst ernannter Heiliger vom Schlag Sun Myung Moons bezeichnet. In einem Heft, dezent versteckt, fand Herr T. außerdem eine vorgedruckte Zahlkarte mit der Bitte um eine Spende

GÜNTER KOCH

Himmlische Soldaten

DIE LEGION
DES SUN MYUNG MOON

MILITÄRVERLAG
DER DEUTSCHEN DEMOKRATISCHEN
REPUBLIK

Auch im aktuellen Branchenadreßbuch von Berlin (West) fehlt jeglicher Hinweis auf die Vereinigungskirche e. V.

In einem Heft, dezent versteckt, fand Herr T. außerdem eine vorgedruckte Zahlkarte mit der Bitte um eine Spende an den «Schriftendienst Religions- und Weltanschauungsfragen» von Pastor Gandow, zu überweisen an das Postscheckamt Westberlin, Konto 4457 78-104.

Der aufgebrachte Vater des Ex-«Moonies» Wolfgang T. forschte weiter nach Spuren der «verschwundenen» Vereinigungskirche in Westberlin. Doch weder im «Behördenverzeichnis von Berlin (West) 1985», in dem neben allen öffentlichen Einrichtungen auch die Verbände und Vereine enthalten sind, noch im «Branchenadreßbuch Berlin (West) 1985/86», einem dicken Wälzer mit mehrfachen an den Schriftendienst Religions- und Weltanschauungsfragen von Pastor Gandow zu überweisen an das Postscheckamt Westberlin, Konto 445778-104."

Übrigens: Im Jahr 2002 stempelt Gandow alle Akten, die seine politische Biografie betreffen, als „Schwarze Propaganda von Sekten"! Nicht zu vergessen: Er reagierte erst, als in Kirchenkreisen darüber getuschelt wurde und nicht mehr aufzuhalten war, dass Fragen aufkamen.

Im Jahr 2002 versuchte Gandow, einige Personen, die sich kritisch mit seiner Person auseinandersetzen, durch gezielte Diffamierungen und subtile Unterstellungen unglaubwürdig zu machen. Zum Beispiel bezeichnete er einen jungen Mann, der ihn nach dem Wahrheitsgehalt seiner kommunistischen Vergangenheit befragte, sofort als Helfershelfer von Sekten. Auch ein Unternehmer, der sich auf Grund der Vorgehensweisen von Gandow gegenüber Menschen Gedanken über die Arbeit eines Pfarrers machte, kam in die Schublade „Sektenhelfer". Auch sein Rechtfertigungsversuch 1993, was dieses Buch anbelangt, zeigt eine Terminologie, über die man sich in Kirchenkreisen endlich einmal Gedanken machen sollte. Dieser Mann ist für mich auf jeden Fall für die Position eines Sektenbeauftragten schon wegen der öffentlichen Menschenverachtung, die er im Internet an den Tag legt, untragbar.

Dass die Kirche das wohl selber wusste, geht schon aus dem Umstand hervor, dass Gandow eine Verlängerung des Arbeitsvertrages für seine Position als Sektenbeauftragter gerichtlich erstreiten musste. Bereits im Juli 1990 informierte die Evangelische Kirche in Berlin-Brandenburg den Gemeindekirchenrat und Kreiskirchenrat von Personalveränderungen: „Im Einvernehmen mit den Betroffenen entbinden wir zunächst Pfarrer Gandow von seinem Gemeindeauftrag."

Im September 1999 kannte man landauf, landab die Spendenaufrufe dieses Kirchenmannes. So schrieb er in Rundbriefen: „Die Früchte der Arbeit sind vorhanden und zählbar ... Aber die Kürzungen des kirchlichen Haushalts bedrohen die Erfolge. Inzwischen weist mir die Landeskirche überhaupt keine Sachmittel mehr zu." Dass Gandow bei finanziellen Fragen vor nichts zurückschreckt, zeigt, dass er sogar seinen eigenen Dienstherren öffentlich als Geizkragen hinstellt: „Gandow kriegt ja Spendeneinnahmen", zitiert er die Kirche und kontert: „Aber leider nicht genug für solche drastischen Kürzungen." Vielleicht ist deshalb Gandows bekannteste Publikation seine vorab ausgefüllte Zahlkarte.

Personen wie Gandow sind meiner Ansicht nach auch verantwortlich für die steigende Anzahl von Kirchenaustritten bei den Großkirchen. „Sektenbeauftragte" werden bereits öffentlich als lächerliche Figuren dargestellt. So hat die Süddeutsche Zeitung im 10. Juni 2002 bei der Besprechung eines Buches über die Börse kleinliche Motzer mit Sektenbeauftragten gleichgesetzt: „... in dem sie gegen deren Undisziplinierheit zu Felde zieht, nimmt Stroczan das etwas lächerliche Aussehen einer Sektenbeauftragten an, die ihre Kirche gegen Schmutzkonkurrenz von Moon und Scientology zu sichern hat."

Der Biologe und die Sekten

Ob es sich bei der Ernennung des Biologen Hemminger zum Sektenbeauftragten der Evangelischen Landeskirche Baden-Württemberg eventuell um einen Irrtum handelt, weil manche Kritiker in der Szene „Sekten" mit „Insekten" gleichgesetzt hatten, konnte nicht geklärt werden. Wie kommt nun aber ein Biologe zu der Position eines Sektenbeauftragten?

Würde man als Kriterium „Machtkämpfe und Intrigen" als Grundvoraussetzung nehmen, könnte ich es – so wie ich Hemminger kennen gelernt habe – nachvollziehen. 1967 bis 1969 belegte Hemminger ein Studium der Biologie als Hauptfach an der Universität Tübingen. Um 1970 war er jahrelang aktiv in der als links geltenden evangelischen Studentengemeinde Freiburg. 1973 legte er sein Diplom als Biologe ab. 1975 kam seine Promotion (Dr.rer.nat.) über das Farbsehen des Menschen. Aus seinem Lebenslauf geht auch hervor, dass er 1976 über ein Stipendium der Deutschen Forschungsgemeinschaft in Selbsterfahrung die Urschreitherapie (Primärtherapie) näher kennen lernte. Dort wurde Hemminger zwar als Patient angenommen, nicht aber zur anschließenden Therapeutenausbildung zugelassen. 1983 Habilitationsschrift an der Universität Freiburg im Fach Verhaltensbiologie. 1982–1985 verschiedene Zeitverträge beim Öko-Institut Freiburg in der Umweltpolitik, wobei er sich mit der Frage der Vereinbarkeit von Wissenschaft und umweltpolitischem Engagement befasste. Nach eigenen Angaben arbeitete er zu dieser Zeit als „Psychotherapeut" und im Gutachterwesen. Ab 1. September 1985 dann Referent für Weltanschauungsfragen in Stuttgart. 1992 wurde Hemminger vom Berufsverband Deutscher Psychologen darauf aufmerksam gemacht, dass er den Titel des Psychologen nicht führen darf.

Und wieder steht hinter einem Sektenbeauftragten eine Nebelwand, die es zu zerreißen gilt, wenn man sich mit dem Thema „Aufklärung" tatsächlich auseinandersetzen will. Denn Hemminger rutschte 1985 in das Referat der evangelischen Zentralstelle für Weltanschauungsfragen in Stuttgart.

Wer die letzten Jahre beobachtet und die Tendenz sieht, wie verschiedene Berufsgruppen allein über das Wort Sekten „Marktpotentiale" finden, dann scheint die Sache langsam logisch.

So genannte Opfer brauchen Beratungen. Über diese lässt sich ein Markt herstellen. Die Kirchen sehen in den verschiedensten Angeboten Konkurrenz, weil sie selbst über ein breites Feld von „Weiterbildung" verfügen, das es abzudecken gilt und – nicht zuletzt – ihre eigenen Mitglieder halten wollen. Hier geht es nicht um Auf-„Klärung" – hier geht es um „Markt-Potentiale". Und genau dies hat eine inzwischen jahrzehntelange Entwicklung.

Als Haack im Jahre 1965 eine „Arbeitsgemeinschaft für Religions- und Weltanschauungsfragen" gründete, ging es damals noch um eine Bedarfsanalyse, aus welchem Grund sich die eigenen Kirchenmitglieder bei anderweitigen Gruppierungen orientieren. Über diese Fragestellung kam es zur Existenzsicherung eines neuen Berufszweiges; nämlich dem des Sektenbeauftragten.

Nachdem die evangelische und die katholische Kirche dann flächendeckend Sektenbeauftragte eingesetzt hatten, gründeten Sektenbeauftragte „Elterninitiativen", meist ohne erkennbare Aktivität von „Eltern", aber mit Vehemenz gegen Gruppierungen, die als „Sekten" ins Visier der Sektenbeauftragten geraten waren. Diese „Initiativen" wurden für den jeweiligen Sektenbeauftragten zur Hausmacht, über die er seine eigene Position absicherte. Und es kamen von staatlicher Seite Steuermittel als Unterstützungsgelder. Der Kanal war geöffnet. Nun galt es, ihn am Fließen zu erhalten. In schöner Regelmäßigkeit wurden so genannte „Betroffenenberichte" publiziert. Damit war in der Außenwirkung gesichert, dass diese „Sektenbeauftragten" tatsächlich gebraucht werden.

Als die ersten staatlichen Sektenbeauftragten etabliert waren, kam es bereits zu Reibungspunkten. Da gab es andere Initiativen mit anderer Hintergrundmotivation, die auch mit staatlichen Geldern subventioniert wurden. Die kirchlichen Sektenbeauftragten wollten ihr Hoheitsgebiet nicht teilen.

Im Dezember 1986 wurde durch den damaligen Baden-Württembergischen Kultusminister Mayer-Vorfelder die erste staatliche Sektenstelle im Kultusministerium in Stuttgart etabliert. Diese Stelle wurde 1992 mit einem evangelischen Theologen besetzt. Über die auch in diesem Buch beschriebene Politisierung der so genannten „Sektenproblematik“ wurden weitere Planstellen in staatlichen Gremien etabliert.

Bis Mitte der neunziger Jahre hatte ich immer noch die Hoffnung, dass über diese Schiene tatsächlich eine Klärung erfolgen konnte. Ende der neunziger Jahre erkannte ich ganz klar: Der so genannte „Aufklärungszug“ raste in eine einzige Richtung: Steuergelder zu bekommen für einen Bedarf, den es künstlich aufrechtzuerhalten gilt.

Ich erinnerte mich an den Kobra Effekt in Asien. Als der Staat begann für eingefangene Kobras zu bezahlen, um sie einzudämmen, wurden Kobras gezüchtet um den Geldhahn weiter fliessen zu lassen.

Und seit es flächendeckend Sektenbeauftragte gibt und Staat und Kirche dafür zahlen werden Sekten doch nicht weniger. Im Gegenteil: gerade die Rufmord-Fakten aus den Unternehmen zeigen, das Wort „Sekte“ kann allzeit verwendet werden. Gezüchtet, damit der Geldhahn weiter offen bleibt? So manches Unternehmen oder einzelne Personen wurden bereits zur „Sekte“ oder zum „Sektenanhänger“ deklariert, gerade aus diesen Kreisen der Beauftragten. Ein beflügeltes Wortspiel, aus dem sich schon für so manchen aus dem Steuertrog etwas machen ließ.

Von 1996 bis 1998 wurde im Bundestag eine „Enquete-Kommission des Deutschen Bundestages für Sekten und Psychogruppen“ betrieben in der ganz gezielt eine „intensive Analyse des Phänomens der neuen religiösen und ideologischen Gemeinschaften und Psychogruppen“ durchgeführt werden sollte. An der Terminologie ist zu erkennen, dass nach Kirche und Staat sowie staatlich alimentierten Initiativen nun eine weitere Gruppierung den „Markt von Sekten und

Psychogruppen“ für sich entdeckte: die Psychologen. So ist es nicht verwunderlich, auf Seite 374 des Endberichtes der Enquete-Kommission des Deutschen Bundestages, 13. Wahlperiode, zu lesen:

„Ergebnisse lassen sich sehr komprimiert so formulieren: das zahlenmäßig eher als gesellschaftliche Minderheit einzuschätzende Phänomen der neuen religiösen und ideologischen Gemeinschaften und Psychogruppen zeigt ein die quantitative Dimension beträchtlich übersteigendes Konfliktpotential, dessen Ursache vor allem die Qualität, d.h. zustande kommend Ausmaß, Zielsetzung und Folgen hier stattfindender Bindungen und daraus resultierender Lebensverbindlichkeiten ist ...“

Aha.

Wer waren diese Leute eigentlich, die hier „Analysen“ erstellt haben? Einen guten Hinweis auf die Machtverhältnisse in dieser Enquete-Kommission gibt die Tatsache, dass die echten „Sekten“ in der Bedeutung des Wortes, also direkte Absplitterungen von der katholischen und evangelischen Kirche, in den zwei Jahren der Existenz der Kommission so gut wie überhaupt nicht behandelt wurden. Die Quintessenz der Ergebnisse dieser Enquete-Kommission: „Sekten und Psychogruppen stellen keine Gefahr für die Gesellschaft dar“, muss nun auch in dieser Richtung überdacht werden!

Ein Mann und die Kirche gleich Kirchenmann?

Am 10. Juni 2001 wurde in Leipzig der Menschenrechtspreis des so genannten „Europäisch-Amerikanischen Bürger-Komitees für Menschenrechte und Religionsfreiheit in den USA“ an den Bundesminister a.D. Dr. Norbert Blüm verliehen. Eine Hintergrund-Recherche zeigt nicht nur den Widerspruch einzelner Komitee-Mitglieder hinsichtlich des Begriffes einer demokratischen Auseinandersetzung oder dem Recht auf Meinungsfreiheit, sondern auch, wie mit verschiedenen Messlatten das Recht des Menschen ausgelegt wird. Diese Preisverleihung wird mit Fakten einer dunklen Szene – der Kritiker-Sekte – überschattet!

Er ist nicht nur einer der Unterzeichner des Menschenrechtspreises an Dr. Blüm, sondern auch das nach außen agierende Mitglied dieses Bürger-Komitees: Pastor Thomas Gandow aus Berlin-Brandenburg. In Insiderkreisen kennt man ihn als „den Mann mit der Fliege“.

Auf den ersten Blick freundlich, zuvorkommend, doch nur so lange, wie man seine Spur des Denkens nicht verlässt. Gandow ist Pfarrer und Sektenbeauftragter der evangelischen Kirche. In den so genannten Diskussionsgruppen im Internet verbringt er viel Zeit mit virtuellen „Gesprächen“. Ob das allein der Grund war, weshalb die Evangelische Kirche mit einer Verlängerung des Arbeitsvertrags ihres Sektenbeauftragten zögerte, und er deshalb vor dem Arbeitsgericht klagen musste oder ob die Kirchenleitung auch noch andere Bedenken hatte, ist nicht bekannt. Aus seinen Beiträgen im Internet ist jedenfalls ersichtlich, was er unter „Auseinandersetzung“ versteht, wie er mit unliebsamen Personen umgeht und vor allem blind wird gegenüber Fakten. An drei Personen, die diese Menschenrechtsurkunde unterzeichneten, zeigt sich der latente Widerspruch zu dem, was man tatsächlich unter „Menschenrechten“ versteht und wie dies im Alltag ausgelegt wird.

In einem Fall suchte ein Mann im Internet zum Thema Sekten Informationen. Er wollte etwas wissen, da er in seinem Umfeld eine unangenehme Erfahrung gemacht hat, der er nachgehen wollte. Er landete in einer virtuellen Diskussionsgruppe, an der auch Gandow regelmäßig teilnimmt. Der Mann begann, sich mit dem Thema auseinander zu setzen. Für ihn begann eine Odyssee, die einem Außenstehenden nur noch schwer vermittelbar ist. Das Wort „Diskussionsforum“ bedeutet verschiedene Meinungen, Ansichten werden diskutiert. Dem Mann fiel sehr schnell auf, dass hier Einseitigkeit vorherrscht und Kritik an den dort auftrumpfenden „Experten“ als völlig deplaziert aufgenommen wird, es wie verboten galt. Nachdem sich gerade Pastor Gandow darin auszeichnet, durch subtile Spitzfindigkeit Stimmungen gegen ihm unliebsame Personen zu machen, ärgerte sich der Forumteilnehmer und hielt dagegen. Prompt kam Gandows Antwort: Er unterstellte ihm, die Technologie „Scientology“ im Kopf zu haben. Der wehrte sich, denn er hat weder Psycho-Seminare, noch die Technologie von Scientology gelernt, nichts in dieser Richtung. Er wurde gestempelt, lächerlich gemacht und so zum Außenseiter. Sein Interesse, sich gesellschaftspolitisch mit dem Thema von Sekten und Psychogruppen auseinander zu setzen, ist erloschen! Das Problem – der Auslöser seines Rückzuges – waren die so genannten „Gegner“ von Scientology! Absurd, aber eben auch kein Einzelfall!

Episoden am Rande
Kirchenmann im Internet

Die Beiträge des Sektenbeauftragten Gandow in einem Internetforum habe ich einem evangelischen Pfarrer zur Beurteilung aus „Kollegensicht“ vorgelegt.

Der staunte nicht schlecht und wollte nicht glauben, dass dieser Thomas Gandow tatsächlich ein Pfarrer ist. Der Grund, der ihn zweifeln ließ: Bosheit, die aus diesen Beiträgen spricht.

„Das ist“, so der Pfarrerkollege des Thomas Gandow, „alles, nur nicht die Art, wie ein Pfarrer mit Menschen umgeht, egal mit welchen.“ Und seine Aussage: „So was freut doch nur den Teufel“ erinnerte mich an die großspurigen Expertenaussagen kirchlicher Sektenbeauftragter zu Sekten und wie oft hier immer wieder das Argument „Teufel“ im Spiel ist.

Mein Versuch, diesen Pfarrer Gandow über seine Art der Auseinandersetzung zum Nachdenken zu bringen scheiterte ein weiteres Mal. Ich nahm die Aussage des Pfarrerkollegen als Antwort auf eine weitere subtile Unterstellung des Thomas Gandow gegenüber Andersdenkenden, um ihm aufzuzeigen, dass er sich allein schon wegen seines Berufes mit dieser Art vergaloppiert und seiner Kirche damit sicher mehr schadet als nutzt. Ich hoffte, er näme sich einmal Zeit zum Nachdenken, vielleicht an einem Sonntag, am siebten Tag. Schon deshalb kam ich auf den Sonntag, da er ja immense Zeit in diesem Forum verbringt und ich mich längst fragte, wann der eigentlich seine Arbeit als Sektenbeauftragter macht? Ob er sein ursprüngliches Gelübde als Pfarrer vergessen hat, weiß ich nicht.

Sein Kollege hat vorgeschlagen, sich einmal mit ein paar anderen Pfarrern zu beraten, vielleicht nütze ja das was. Denn alle anderen Versuche der Gandow-Betroffenen, sich bei seinem Dienstherrn zu beschweren, liefen bis jetzt ins Leere. Ein Unternehmer traut sich wegen den öffentlichen Unterstellungen dieses Sektenbeauftragten im Internet nicht mehr mit ganzem Namen aufzutreten. Gandow attackiert ihn laufend öffentlich als „Scientologenhelfer“, um so dessen Kritik an seinem Vorgehen vom Tisch zu fegen. Der Unternehmer befürchtet Rufmordschaden durch den Pfarrer und dessen Umfeld. Er wandte sich deshalb an den Berliner Bischof Huber und fragte ihn, wie man als Opfer mit diesen Ungeheuerlichkeiten seines Untergebenen umgehen soll. Antwort?

Genau – ich weiß, Sie ahnen es schon – tatsächlich keine! Das scheint auch so ein durchgängiges Verhalten zu sein, dass Personen, die man auf Sektenbeauftragtenpositionen setzt, damit automatisch einen Freifahrtsschein im Sinne von „Mach, was du willst, es schadet dir nicht. Hauptsache, du lässt uns mit dem Thema in Ruhe" bekommen. Gandow ist da nur ein Beispiel und eben auch kein Einzelfall. Er attackiert im Rundumschlag alle, die seine Vorgehensweisen hinterfragen, ohne dass er dafür von seinem Brötchengeber zur Rechenschaft gezogen wird. Führungsschwäche auf diesen Ebenen oder einfach nur Versäumnisse der Dienstaufsicht, eine spannende Frage, die es zu beantworten gilt.

Auswüchse von Standardfloskeln

Umso öfter ich die Bewertungen von Sektenbeauftragten über einzelne Personen und Gruppen zu lesen bekam, desto mehr erkannte ich, wie die Formulierungen darauf getrimmt sind, ein Feindbild zu manifestieren und sich selbst als absolut notwendig darzustellen, eben zur Existenzsicherung. Und dabei kommt es sehr oft dazu, dass sich „Sektenexperten" gegenseitig darin unterstützen, eine „Sektenbewertung" in Umlauf zu bringen. So hat sich z.B. ein „Experte", der sich selbst seit 1983 „Kenner einer christlichen Gruppierung" nennt, im Jahr 1997 (!) mit einer Anfrage an einen Sektenbeauftragten gewandt und um seine Einschätzung zu dieser Gruppe gebeten. Der andere „Experte" antwortete dann mit Standardfloskeln und unterstellte der Gruppe, eine „destruktive Sekte" zu sein.

Komisch, dachte ich zuerst, als ich den Antwortbrief im Internet fand. Weshalb braucht gerade der Mann eine Auskunft, der sagt, er sei speziell für diese Gruppe einer der wenigen „Experten"! Bis ich dahinter kam, was da alles nun an diesem Brief hängt. Die Gruppierung wird öffentlich als „Sekte" klassifiziert. Der eine kann jetzt den anderen zitieren. Die „Wichtigkeit" beider Personen wird herausgestellt, beide machen für sich Werbung und die Gruppe kommt als „Sekte" ins Gerede. Es geht allerdings an dieser Stelle nicht mehr primär um die Gruppierung. Diese ganzen Aktionen, die hier unter „Aufklärung" laufen, sind schon aus diesem Grund sehr kritisch zu hinterfragen. Die Floskeln, die da in solchen „Antworten" stehen, sind austauschbar und so allgemein gehalten, damit juristische Schritte der so Stigmatisierten ins Leere laufen.

Ein Beispiel:
„Meiner Meinung nach handelt es sich bei dieser Gruppe um eine Sekte im klassischen Sinne. Wegen fehlender Quantität werden sie in den einschlägigen Sektenhandbüchern nur am Rande behandelt. Die aggressiven Aktivitäten der Organisation werden in Zukunft zu einer intensiven Beschäftigung führen. Insbesondere das Verhalten der Organisation gegenüber Aussteigern und auch Kritikern legt die Einordnung als destruktive Sekte nahe. Ich hoffe Ihnen mit die Auskünften gedient zu haben und verbleibe mit freundlichen Grüßen ..."

Hier liegt auch der Schlüssel für die Gefahr, die gesellschaftspolitisch von dieser Personengruppe „Sektenexperten" ausgeht. Erstens zeigt er hier eine Wichtigkeit auf, die gar nicht vorhanden ist. Der „Experte" verbreitet Angst vor Personen, von denen er zwar selbst zugibt, dass sie noch gar nicht die „Quantität" haben würden, um sich damit zu beschäftigen. Zeitgleich baut er vor, kreiert ein nicht vorhandenes „Problem" und etabliert sich gleichzeitig als „Experten" für dieses „Problem". Aufgrund seiner Position ist der Sektenbeauftragte Multiplikator und Meinungsmacher, man glaubt seiner „Bewertung" bedingungslos, ohne dass seine Aussagen auf Stichhaltigkeit überprüft werden. Damit schwingt er sich aber auf, um zu bestimmen, wer in dieser Gesellschaft geachtet und geächtet wird.

Und genau an dieser Stelle wird nun das Grundgesetz ausgehebelt und das Gleichheitsprinzip missachtet. Die Einschätzung eines solchen „Experten" beinhaltet potenziell Rufmord, Ausgrenzung und Willkür, da er mit einer solchen Antwort allein entscheidet, wer „destruktive Sekte" ist und wer nicht.

Worte und Taten – eine Kluft wird sichtbar

Gewalt fängt mit Worten an. Der hier geschilderte Fall ist ein Skandal und verlangt umgehenden Handlungsbedarf. Ein Sektenbeauftragter der sich einem Jugendlichen gegenüber so benimmt ist in seiner Position untragbar.

Nach diesem Beispiel sollten sich die Kirchensteuerzahler fragen, ob sie es tatsächlich mitfinanzieren wollen, wenn engagierte Jugendliche von Seiten solcher Kirchenvertreter demotiviert und provoziert werden. Dies ist unverantwortlich und die Abkehr von Jugendlichen aus der Gesellschaft wird so in Kauf genommen. Dagegen steht die Aussage des Bundesinnenministers Otto Schily, der erklärte: „Es muss uns gelingen, insbesondere junge Menschen von den Werten der freien und pluralistischen Gesellschaft zu überzeugen. Dort, wo sie schon ins Abseits geraten sind, gebietet es unsere Verantwortung, ihnen die Hand zur Rückkehr entgegenzustrecken. Dazu gehört Mut zu machen, die eigene Überzeugung öffentlich und frei zu vertreten, Zivilcourage zu zeigen, sich gegen Gewalt, Extremismus, Fremdenfeindlichkeit und Antisemitismus zu wenden, Minderheiten zu schützen und schließlich die Bereitschaft zu fördern, sich für Aufgaben des Gemeinwesens zu engagieren." Die Worte des Bundesinnenministers sind nach Lage der Dinge in den Reihen dieser Sektenaufklärer nicht angekommen. Hier nun ein eklatantes Fallbeispiel, wie ein sechzehnjähriger Jugendlicher aus Mecklenburg-Vorpommern verlacht und verhöhnt wird, weil er sich gesellschaftspolitisch engagiert. Seine unzähligen Versuche, über Schreiben an offizielle Sektenstellen sein ehrenamtliches Engagement anzubieten, zeigt anhand der Reaktionen, mit welch bornierter Arroganz der Personenkreis, der mit unseren Steuergeldern für den Auftrag eines Sektenbeauftragten bezahlt wird, gegenüber einem Jugendlichen agiert.

Dutzende von Briefen des Jugendlichen an solche offiziellen Stellen, um Kontakt zu bekommen und zu erfahren „wie Jugendliche sich engagieren können", blieben unbeantwortet. Die Antwort auf seine Fragen erhielt der sechzehnjährige Nico Jost dann im Internet. Er hat nichts anderes gewollt, als den Kontakt zu denen zu suchen, die von Berufs wegen das Thema „Sekten" behandeln. Dass ihm niemand antwortete, verstanden er und seine engagierten Freunde nicht. Zwischen den Jugendlichen kam es aufgrund der erlebten Vorfälle zu Diskussionen und neuen Engagements. Sie wandten sich an mich und baten um Unterstützung.

Über E-Mails, Briefe, Faxe und dann auch telefonisch haben wir Nico Mut gemacht, nicht aufzugeben und sich weiter für die Allgemeinheit einzusetzen. Ich bin mit den Jugendlichen in ständigem Dialog geblieben, habe ihnen gesagt, dass es eben überall schwarze Schafe gibt, denn es ist ja mehr als blamabel, was da von Seiten der Beauftragten passierte. Die Gruppe um Nico Jost baute Kontakte auf zu Schulen, und sie diskutieren mit anderen Jugendlichen über Problemfelder in der Gesellschaft wie z.B. Fanatismus und deren Folgen. Ein löbliches Beispiel, das bei zwei Sektenbeauftragten der

Evangelischen Kirche aber keinen Gefallen fand. Denn es wurde schlichtweg massiv attackiert, das Engagement. Anstatt den Sechzehnjährigen einzubinden und ihn zu unterstützen, wurde er im Internet öffentlich verhöhnt und ausgegrenzt. In einem Fall wurde der Sektenbeauftragte Friedrich von Kymmel von der Pommerschen Evangelischen Kirche aus Usedom tätig.

Nico Jost hat mit seinen Freunden im Alleingang über tausend Jugendverbände, Schulen und Vereine vor einem Sommercamp für Jugendliche gewarnt, das bereits mehrfach in den Medien wegen der Vorstellungen der Veranstalter von „freiem Sex" angegriffen worden war. Nicht die Sektenbeauftragten haben zuerst gewarnt, sondern Nico Jost hat besonders Jugendliche davor gewarnt, an dem Sommercamp teilzunehmen, um nicht zu sexistischen Experimentierzwecken benutzt zu werden. Als die regionale Presse die schriftliche Warnung von Nico Jost aufnahm, trat der evangelische Sektenbeauftragte von Kymmel auf den Plan und wurde, laut Aussage einer Redakteurin, bei der Zeitung vorstellig.

Er mokierte, dass in der Zeitung Nicos Name genannt werden sollte und bestand darauf, dass statt dessen er und sein Kollege Gandow namentlich genannt werden. Jetzt waren sie zur Stelle die Herren Beauftragten, als es darum ging, als Experten zu glänzen. Das ist eines der Beispiele, was für so manche Sektenbeauftragte, bezahlt mit Kirchensteuern, tatsächlich wichtig ist: „in der Zeitung zu stehen."

Und das, ohne möglichst selber tätig zu werden. Die Jugendlichen haben die Arbeit gemacht und haben über tausend Jugendeinrichtungen informiert. Initiator Nico Jost wurde in einer Diskussionsrunde im Internet für seine Aufklärungsarbeit ausgelacht und verhöhnt. Nico Jost wehrte sich gegen die Angriffe auf seine Art:
„... Das einzige, was Sie können, ist, den ganzen Tag vor dem PC hängen und couragierte, im Gegensatz zu Ihnen an der Sache interessierte Personen zu brüskieren und schonungslos zu rufmorden! Ich bin ganze 16 Jahre alt und bin seit 1995 bereits ehrenamtlich aktiv. Und immer wieder das Gleiche: Überall gibt es das Neid-Syndrom! Sie haben sich einer Gruppe angeschlossen, der Kritikersekte, die keine andere Meinung duldet! Von Frau Caberta, Herrn Gandow und Kumpanen habe ich bis heute keine Antwort auf meine zahlreichen Briefe. Ihr lieber und übers Göttliche hinaus verehrte Herr Gandow – hat er Angst vor mir? Oder warum meldet er sich bei mir nicht? Genauso ein Herr von Kymmel aus Usedom: Der Mann hat

viel geleistet, er, wenige Kilometer von mir entfernt, doch auch er antwortete mir nicht! Und das liegt nicht daran, dass ich sein Gutachten über die Bahai-Religion für den Kreistag Ost-Vorpommern als unhaltbar entlarvte; er hat schon vorher nicht auf meine Schreiben geantwortet! Was sind Sie für ein elender Haufen machtgieriger Egoisten? Sollte es einen Gott geben, ist er spätestens 1933 gestorben!

Wagen wir jetzt den Aufstand der Anständigen? Es muss etwas getan werden. Es ist genug. So kann es nicht weitergehen! Im Sinne „demokratischer Aufbruch, jetzt!" Nico Jost

Anstatt spätestens jetzt mit dem Sechzehnjährigen ein Gespräch zu führen, ihm vielleicht auch ein paar Dinge klar zu machen – kam nichts! Die Worte des Bundesinnenministers: „Es muss uns gelingen, insbesondere junge Menschen von den Werten der freienund pluralistischen Gesellschaft zu überzeugen ..." klingen gut und sind auch richtig.

Doch was ist, wenn junge Menschen sich engagieren wollen und an Leute geraten, die sich „Experten" nennen, die sie verhöhnen, verlachen und subtil ausgrenzen? Wen wundert es denn noch, wenn sich Jugendliche abwenden von dieser Gesellschaft, nichts mehr damit zu tun haben wollen und jegliches Engagement erlischt?

SZENENWECHSEL: Propaganda oder Desinformation?

„Präsidiumsmitglied Leutheusser-Schnarrenberger trifft Scientology-Expertin“, so titelte am Dienstag, dem 5. September 2000, die Neu-Ulmer Zeitung.

Grund war ein Treffen zwischen Frau Leutheusser-Schnarrenberger und mir, bei dem sie Hintergrundinformationen zu den Vorwürfen der USA gegenüber der Bundesrepublik Deutschland erfahren wollte.

Mit „Empörung“ reagierte die FDP-Rechtsexpertin und ehemalige Bundesjustizministerin auf den wiederholten Vorwurf aus den USA, der Umgang mit Scientology in Deutschland sei mit dem Beginn der Minderheitenverfolgung im Nazi-Deutschland der 30er Jahre zu vergleichen.

Die Politikerin vertritt die Bundesrepublik in nationalen und internationalen Menschenrechtsgremien und verteidigt dort „das integre Rechtssystem der Bundesrepublik Deutschland, wo immer es in Frage gestellt wird.“

Aus diesem Grunde war Sabine Leutheusser-Schnarrenberger bei uns zu Gast und besprach mit mir das Thema Scientology. Sie reagierte erbost auf die bei der Menschenrechtskommission der Vereinten Nationen vorliegenden Berichte, wie Scientologen in Deutschland angeblich auf Grund der öffentlichen Auseinandersetzung behandelt werden.

Ihre Versuche, bei offiziellen Sektenstellen Material und Informationen zu bekommen, um diesen Vorwürfen etwas entgegenhalten zu können, zogen sich – nach ihrer Aussage – erst einmal viel zu lange hin und dann waren die Antworten zumindest teilweise unbrauchbar.

Die von Frau Leutheusser-Schnarrenberger abgehaltene Pressekonferenz in unserem Haus auf Grund ihrer Rundreise durch das bayerische Schwaben zeigte noch einmal sehr deutlich, dass sie die übliche Meinung über Scientology sehr wohl kannte und diese auch übernahm, andererseits aber keinerlei Hintergrundinformationen hatte, weder zum direkten Themenbereich noch zu der Aufklärungsszene. Das Treffen mit dieser Frau und meine folgenden Recherchen im September 2000 waren für mich so etwas wie ein Schlüsselerlebnis.

Die FDP-Politikerin, die konsequent als Bundesjustizministerin der Bundesrepublik Deutschland zurückgetreten war und einen Appell für das Grundgesetz aussprach, weil sie den Plänen zum „Großen Lauschangriff" nicht zustimmte, hat auf Grund meines Freiheitsgedankens und meinem Demokratieverständnis, zu der eben auch die „Wehrhafte Demokratie" gehört, meinen vollen Respekt.

In diesem Gespräch erkannte ich auch, dass ihre Empörung nicht gespielt war oder sie dieses Thema aus bloßen politischen Überlegungen mit mir diskutieren wollte. Die Vorwürfe der Amerikaner, in denen diese teilweise den Umgang mit Scientologen in Deutschland mit dem damaligen Nazi-Deutschland verglichen, schienen ihr wirklich in die Glieder gefahren zu sein. Auf Grund von früheren Gesprächen mit FDP-Politikern wusste ich um das politische Ringen von Sabine Leutheusser-Schnarrenberger, dem Freiheitsgedanken in einer verantwortlichen Bürgergesellschaft mehr Gewicht zu verleihen. Genau an diesem Punkt haben wir uns auch getroffen.

Und so reflektierte ich nach diesem Besuch mein eigenes Vorgehen der letzten zehn Jahre, was daraus geworden war und ich fing an, nachdenklich zu werden. Natürlich hielt ich die von der amerikanischen Regierung von den Scientologen übernommenen Vorwürfe für völlig überzogen und definierte sie als „typische Propaganda-Maßnahme"!

Nach einem mehr als einstündigen, inoffiziellen Gespräch mit der Politikerin wusste ich auch, dass sie sich nicht einfach mit dem Wort „Propaganda" abspeisen ließ. Sie mokierte, dass die offiziellen mit Steuermitteln bezahlten Sektenstellen ihr auf ihre Anfragen zuerst einmal gar keine und dann sehr vage Gegenargumente geliefert hatten. Ja, das wollte sie, Gegenargumente zu den Vorwürfen aus den USA. Nach meinen Erfahrungen der letzten Jahre war ich erst einmal hin- und hergerissen, denn ich wusste ja, dass das Thema Scientology immer wieder während Wahlkämpfen aus den Schubladen geholt wurde und dann auch wieder darin verschwand.

Nur: Diese Frau hatte mich in diesem persönlichen Gespräch überzeugt, dass sie es ernst meint.

Über meine Kontakte zur FDP habe ich mir dann Unterlagen zu politischen Ansichten von Frau Leutheusser-Schnarrenberger besorgt. So kam ich an ein Schreiben, das mich noch nachdenklicher machte über die Vorgänge in der Sektenaufklärung, als ich zu diesem Zeitpunkt bereits war.

Am 28. September 1995 haben Sabine Leutheusser-Schnarrenberger, Dr. Burkhard Hirsch und Guido Westerwelle, alle Mitglied des Bundestages, zu ihrem Antrag gegen den Großen Lauschangriff Stellung bezogen.

„... In unserem Antrag haben wir ausführlich begründet, warum die FDP den „Großen Lauschangriff" ablehnt und diese Haltung in ihrem Wahlprogramm dem Bürger ausdrücklich versprochen hat. Natürlich muss der Staat den Bürger vor Kriminalität schützen. Wer denn sonst? Das war, ist und bleibt eine elementare Aufgabe. Es ist aber auch der liberale Kern eines modernen Staatsverständnisses, dass sich der Staat bei der Wahl seiner Mittel Grenzen setzt; eben damit er ein Rechtsstaat bleibt.

Die Verfassung hindert ihn daran, seine Machtmittel um jeden Preis einzusetzen, nur weil sie ihm als zweckmäßig oder wirksam erscheinen. Der Rechtsstaat begrenzt sich, um der Freiheit des Einzelnen willen: Niemand muss sich selbst belasten, jeder gilt so lange als unschuldig, bis er von einem Richter verurteilt wurde, die Menschenwürde ist unverletzlich, um nur einiges zu nennen ..."

In den mir vorliegenden Unterlagen, die ich dann durcharbeitete, zitierten die Politiker Leutheusser-Schnarrenberger und Hirsch auch Aussagen des damaligen Bundeskanzlers Kohl in einer Rede vor dem 59. Deutschen Juristentag 1992:

„Wir müssen immer wieder Verständnis dafür wecken, dass dem Rechtsstaat Grenzen gesetzt sind, die dem spontanen Rechtsempfinden vieler nicht immer entsprechen. Wir müssen akzeptieren, dass der Rechtsstaat auch diejenigen schützt, die es moralisch vielleicht gar nicht verdienen. Diese Beschränkung schützt uns alle, und sie schützt den Rechtsstaat selbst: Ohne sie ist Rechtssicherheit und damit Rechtsstaatlichkeit nicht denkbar."

Umso mehr ich diese Politiker-Diskussion von damals um den Großen Lauschangriff nun im Jahr 2000 bearbeitete, umso mehr fielen mir bei diesen Argumenten Gegebenheiten der letzten Jahre in der Auseinandersetzung mit Scientology auch von staatlicher Seite ein. Allein die Fragestellung von Leutheusser-Schnarrenberger und Hirsch:

„... Es geht darum, ob die Polizei heimlich in eine private Wohnung einbrechen und sie mit Mikrofonen bestücken darf in der Hoffnung, durch das heimliche Belauschen der in diesen vier Wänden gesprochenen Worte eine Straftat aufzuklären; und dabei soll es egal sein, ob alle Belauschten selbst verdächtig sind oder nicht. Wollen wir das? Die Befürworter des Großen Lauschangriffes berufen sich auf ein einziges Argument, das gleichzeitig ihr Problem ist: Sie behaupten, durch die Organisierte Kriminalität sei ‚eine neue Dimension' entstanden, durch die Leib und Leben der Bürger, ihre Sicherheit und Freiheit und unsere rechtsstaatliche Ordnung insgesamt massiv bedroht seien. Die wenigen offiziellen Daten über Ausmaß und Entwicklung der Organisierten Kriminalität in Deutschland belegt diese massive Behauptung nicht ..."

Als ich den Satz las, „manchmal lege man die Axt an die Wurzel unserer Gesellschaftsordnung", wusste ich, es bleibt mir nichts anderes übrig, als die letzten Jahre Stück für Stück aufzuarbeiten und zu hinterfragen:

Was ist nun tatsächlich Propaganda von Seiten der Scientology? Was ist gezielte Desinformation von Seiten der Aufklärungsszene?

Nun stand ich einer völlig ungeklärten Situation gegenüber und erkannte, dass ich tatsächlich aus dieser Sichtweise unserer rechtsstaatlichen Gesellschaftsordnung mitgeholfen hatte, dass eine bestimmte Gruppe von „Aufklärern" die „Axt an diese Wurzel anlegen konnte".

Durch eine Einladung zum Empfang des 80. Geburtstages der Grande Dame in der FDP, Hildegard Hamm-Brücher, die ich wegen ihrer Zivilcourage und Standhaftigkeit von jeher bewunderte und achtete, erlebte ich in den Reden von Sabine Leutheusser-Schnarrenberger und im besonderen in der Rede von Hildegard Hamm-Brücher, „dass nicht alles, was man zum Schutz der Freiheit unternimmt, auch tatsächlich dieser Freiheit nutzt. Demokratie ist keine Glücksversicherung, sondern das Ergebnis politischer Bildung und demokratischer Gesinnung."

Ich las das Buch von Hildegard Hamm-Brücher „Freiheit ist mehr als ein Wort", eine Lebensbilanz. Ich las über die Jugend dieser Frau im Schatten der Nazi-Diktatur, über ihr Leben und ihre politischen Kämpfe für mehr Freiheit, damit sich eben das, was sie erlebte, in unserem Land nie mehr wiederholt. Aber waren das nicht auch meine Ansatzpunkte, um mich damals für die öffentliche Auseinandersetzung und Klärung im Fall Scientology einzusetzen? Bin ich nicht genau wegen dieser von mir so als überaus wichtig eingeschätzten Freiheit all diese Risiken in den letzten Jahren eingegangen? War ich auf einem Auge blind und habe nicht die Entwicklung dieser Auseinandersetzung gesehen und mich nicht rechtzeitig dagegen gewehrt?

Bei dieser Hin- und Herüberlegung, gekoppelt mit dem Rückblick auf meine eigenen Aktionen, fiel mir auf, dass ich tatsächlich penetrant um diese Klärung auf rechtsstaatlicher Ebene kämpfte.

Aus diesem Grunde habe ich immer wieder politischen Gremien die mir zugespielten Informationen überlassen. Von Anfang an wusste ich, dass ein einzelner Bürger sich zwar engagieren kann, aber in der letzten Konsequenz staatliche Gremien Entscheidungen treffen müssen. Aber warum wurden sie im Fall Scientology so völlig unklar getroffen? Warum gibt es keine Rechtslage? Oft habe ich diese Fragen gestellt. Warum habe ich keine konkreten Antworten darauf erhalten? Und nun saß ich da!

Auf der einen Seite meine Publikationen und Informationen. Auf der anderen Seite eine Kritikerszene, von der ich zum Ende des Jahres 2000 auf Grund des vorliegenden Beweismaterials sehr wohl wusste, dass sie in ihren Vorgehensweisen und Machenschaften alles andere als Klärung im Sinn hatten.

Zu diesem Zeitpunkt entschied ich, die Vorwürfe der Scientologen, wie sie in diesem Lande auf Grund ihrer Mitgliedschaft bei Scientology behandelt werden, in alle Richtungen zu hinterfragen.

„Aus dem Stand auf Hundert“

Die folgenden Fallbeispiele haben mich „aus dem Stand“ mit meinem Adrenalinspiegel „auf Hundert“ gebracht. Zuerst wollte ich es nicht wahrhaben.

Die Vorgänge lösten in mir zunächst eine Kettenreaktion aus. Ich begann zu recherchieren, um entlastendes Material zu finden, gegen die Vorwürfe, die man gegenüber Deutschland im Umgang mit Scientologen von Seiten der USA erhob. Jedoch umso mehr ich nach Entlastung suchte, umso mehr Belastung fand ich.

Es gibt sie tatsächlich, die Kinder, die geschnitten und ausgegrenzt wurden; die Arbeitgeber, die ihre Arbeitnehmer wegen ihrer Scientology-Mitgliedschaft kündigten; die Auftraggeber, die nach einem Anruf, „es handele sich bei dieser Firma um eine Scientology-Firma“, den jeweiligen Auftrag stornierten; die Lehrerin, die nicht gewillt war, ihre scientologische Kollegin zu schneiden und deshalb selbst in das Rad von Mobbing und Drohungen geriet; die Firma, die sich bei ihrem Mitarbeiter für die Kündigung entschuldigte, da man sich wegen „Gefahr eines Imageschadens“ getrennt hat; der Rektor, der auf offiziellem Schulpapier die Eltern unterrichtete, dass der neue Mitschüler aus einer Scientologen-Familie stammt und vor dem Kontakt mit diesem Jungen warnte.

Wären wir nicht an diesem Freitag-Nachmittag im August 2001 in einer öffentlichen Eisdiele gesessen, ich hätte mich sicherlich nicht so beherrschen können, als mir die Kindergärtnerin voller Überzeugung erzählt, wie sie mit Kindern von Scientologen umgeht: „Wir haben in einer Runde mit Eltern außerhalb des Kindergartens strategische Überlegungen angestellt, wie man durch den Druck der Kinder auf dieses Scientologen-Kind erreichen könnte, dass dieses Kind nicht mehr in den Kindergarten will und damit das Problem für den Kindergarten erledigt sei.“ Dies sei „die einzige Möglichkeit gewesen sei, die Scientologen loszuwerden.“

An diesem Abend, zu Hause angekommen, war ich sehr wortkarg. Diese Geschichte trieb mich um und ich überlegte, wie ich selbst damit umgehen soll. Zuerst lief ich mit unserem Hund über die Felder. Dann setzte ich mich aufs Rad und fuhr mehrere Kilometer völlig planlos durch die Gegend. Wieder und wieder hämmerte es in meinem Kopf: Warum ist das Ganze so eskaliert? War es das, was ich wollte? Ein klares „Nein“! Egal, wie ich nun mit diesen neuerlichen Erkenntnissen umgehen wollte, stand für mich fest: Das Rad konnte ich nicht mehr zurückdrehen. Die Sachlage war eindeutig. Hier ist etwas mehr als nur aus dem Ruder gelaufen.

Von Unruhe getrieben, spät am Abend an unserem Gartenteich sitzend, fasste ich den Entschluss, den „Stier bei den Hörnern zu packen“ und das Ganze anzugehen.

Es bedurfte keinerlei großen Überlegungen und Ahnungen, dass ich mit diesem neuerlichen Versuch, etwas zu klären, weiteren Ärger anziehen würde. Allerdings ahnte ich nicht, dass er bei weitem das übersteigen sollte, was ich bis zum Jahr 2001 im Umgang mit dem Thema Scientology erlebt hatte.

Es bedurfte sehr großer Anstrengungen, um die als „Diskriminierungsfälle“ bei verschiedenen Menschenrechtsorganisationen eingereichten Fälle zu bekommen. Aus den sorgfältig aufgelisteten Berichten über „systematische religiöse Diskriminierung und andere Menschenrechtsverletzungen durch die Bundesrepublik Deutschland“ suchte ich mir verschiedene Fallbeispiele heraus und begann diese nachzurecherchieren.

Zum Singen den falschen Zeitpunkt und den falschen Ort erwischt ...

In den Medien wurde ein für den 6. März 2002 geplanter Auftritt des Sängers Mark Janicello als „Clou der Scientology-Organisation“ behandelt.

In Wirklichkeit beweist dies einmal mehr die tatsächliche völlig verquere Auseinandersetzung mit dem Thema an sich. Der Veranstaltungskalender mit dem Termin 6. März 2002 weist in München das Musical „Charly“ der „Theaterbühne am Oberanger“ aus. Ein Stück von vielen auf den Münchner Bühnen. Aufregung gab es nun aber Monate vor der Premiere hinter den Kulissen der bayerischen SPD.

Grund: Der gebürtige Amerikaner und Opernsänger Mark Janicello ist nicht nur Autor und Hauptdarsteller dieses Stücks, sondern auch Scientologe. Erfolgreich im deutschen Sprachraum als „Elvis“- und Musical-Darsteller hat er schon so manche Schlagzeile bekommen und manchmal auch, weil er Scientologe ist. Die Diskussionen um die Auftritte von Künstlern begleiten das Thema immer aufs Neue. Auch in Oberbayern wurde im Mai 2001 um einen Auftritt des Pianisten Chick Correa gestritten, der seine Scientology-Zugehörigkeit nie verheimlicht hat.

Ein badischer Journalist z.B. hat sich regelrecht fanatisch daran festgefressen, Mark Janicello in halb Europa nachzuspüren. Der gleiche Journalist pflegt Kontakte zu Verfassungsschutzbeamten. Zufall? Oder Interessengemeinschaft? Denn seine Berichte werden zur „öffentlich zugänglichen Quelle". So kann es kommen, dass schnell eine Hand die andere wäscht und niemand mehr schaut, ob sie noch sauber ist. Der selbe Journalist hatte bereits vor zwei Jahren freudig die Nachricht verbreitet, dass es ihm gelungen sei, Janicello eine TV-Sendung zu versieben. Janicello wurde für diesen Mann zu einer Jagdtrophäe.

Weshalb gerade die bayerische SPD aufgeschreckt reagierte, war nur dem Umstand zu verdanken, dass im Haus, in dem sich die Theaterbühne befindet, auch die Zentrale der bayerischen SPD ihren Sitz hat. Und für den 3. März 2002 waren Kommunalwahlen angesagt. Die berühmten Anfragen „der Presse" taten dann ihr Übriges.

Und im Theaterlokal sollte die Wahlparty der Sozialdemokraten stattfinden. So fällt die Musical-Aufführung in enge räumliche und zeitliche Nähe eines politischen Vorganges. Und nun hatte man Angst um Stimmen, eben um Image. Das Thema ist negativ besetzt, nein, sonst nichts, das langt doch schon, um sich zu „wehren".

Wer sollte da noch was erklären müssen? Weshalb? Vor allem, wer hat denn die SPD darauf gestoßen, dass es sich bei dem Künstler um einen Scientologen handelt? Denn erst dadurch kam die Sache ins Rollen. Und wäre nicht gerade Kommunalwahl, hätte man daraus keine Schlagzeilen produzieren können. Makaber, wie die SPD in München auf Wahlplakaten im gleichen Zeitraum Wahlwerbung machte: „SPD – Toleranz – Sozialer Frieden – Sicherheit in München. Wir halten zusammen – deshalb SPD"! Nach diesem Vorfall hätte das Plakat eigentlich umgeändert gehört.

In den Medien wurde die Stellungnahme eines staatlichen Sektenbeauftragten abgedruckt: „Man kann davon ausgehen, dass die Scientology-Organisation Ort und Zeit der Veranstaltungen sehr bewusst ausgesucht hat." Er äußerte sich auch in die Richtung, „dass Scientology einen spürbaren Mitgliederschwund hinnehmen musste und deshalb verstärkt nach Gelegenheiten für publicityträchtige Aktionen hat."

Was der Sektenbeauftragte in seinen Ausführungen aber schuldig bleibt: Wo ist der Beweis, dass die Scientology Organisation die Auftritte des Künstlers Janicello steuert und organisiert? Wo ist der Beweis, dass Ort und Zeit „bewusst gewählt" worden sind? „Man kann dann davon ausgehen" immer wieder dieser Satz! Doch jeder macht „es ist so" daraus. Gerade im Auswerten dieser Fakten habe ich gedacht: Au weia! Der Sektenbeauftragte ist auch noch im Polizeipräsidium München angesiedelt. Wie war das noch in der Justiz? Nicht einmal die alte Regel, im Zweifel für den Angeklagten, hatte bei ihm Gültigkeit. Da kann einen schon die Gänsehaut überziehen. Denn es wurde gar nicht mehr nach Beweisen gefragt, es langte dem Journalisten das Wort „Scientology"! Beide Aussagen des Sektenbeauftragten sind unbewiesen und basieren auf Vermutungen, die zu Tatsachen gemacht worden sind. Janicello widersprach der Auffassung des Sektenbeauftragten und sagte: „Was hat meine private Religionszugehörigkeit mit meinem Musical zu tun?" Außerdem habe nicht er der SPD gesagt: „Hallo, hier bin ich, und ich bin Scientologe, also macht was daraus!"

Auch dafür hat der Sektenbeauftragte eine Antwort: Auch wenn Kulturveranstaltungen keine erkennbaren scientologischen Inhalte hätten, würden die Auftritte der Künstler benutzt, um bei einem breiten Publikum Sympathie für die Organisation zu wecken. Gerade deshalb habe ich nun auch nachrecherchiert und bin auf keinen einzigen Fall gestoßen, in dem Janicello – von sich aus – seine öffentlichen Auftritte für Scientology-Werbung nutzte. Also wie soll er nun die Sympathie für Scientology beim Publikum wecken? Nein, man sieht es ihm nicht an, dass er Scientologe ist, wenn er singt. Und da er auch nicht vom Arbeitsamt vermittelt wird, hat er auch noch kein „S" auf seinem Namensschild, wie es in deutschen Arbeitsämtern Gepflogenheit wurde, ohne das sich jemand darüber ereiferte, geschweige denn aufgeregt hätte.

Das Prozedere ist immer dasselbe. Auch in diesem Fall in München ging es doch nicht um tatsächliche, objektive Auseinandersetzung, sondern um die Angst der bayerischen SPD vor Imageschaden. Hier nochmals zur Erinnerung:

Scientology gibt es seit dreißig Jahren in Deutschland. Immer, wenn es um Imageverlust geht, wird das Thema als unangenehm empfunden. Wenn man politische Kreise thematisch mit einbeziehen kann, sind Redaktionen schnell bereit, eine Schlagzeile zu machen.

„Bedrückend" nennt der SPD-Vorsitzende von München nun den Umstand, dass ein Scientologe gerade jetzt seinen Auftritt da hat, wo 3 Tage später doch die Wahlparty der SPD statt finden soll. Logisch erklären kann er aber seine „Bedrücktheit" nicht. Und weiter: „Natürlich gefällt uns das überhaupt nicht, und es wäre uns lieber, das Musical würde nicht bei uns im Gebäude aufgeführt." „Aber", so relativiert der Münchner SPD-Mann noch, „die Partei habe keinerlei Möglichkeiten einzugreifen, da sie – genau wie die Pächter des Theaterlokals im Erdgeschoss – nur Mieter im Haus sind."

Was er auch nicht erklärt: Was wäre, wenn die Münchner SPD oder der Theaterpächter die Besitzer wären? Falls er damit ausdrücken wollte, dann gäbe es rechtliche Möglichkeiten, das Musical in dem Haus, in dem die SPD ihr Büro hat, zu verhindern, dann hat sich der SPD Politiker aber nicht nur mächtig vertan, sondern bewegt sich auf sehr dünnem rechtlichen und demokratischen Eis.

Denn, das hieße ja: Janicello fliegt raus, weil er Scientologe ist. Und das ist er, durch seine Mitgliedschaft in einem eingetragenen Verein, der nicht verboten ist.

Im Münchener Rathaus verkündete man stolz, dass es immerhin die Stadtwerke einmal geschafft hätten, einen Auftritt von Janicello zu verhindern. Dieser sollte damals bei der Eröffnung des Westbads singen, und man formuliert es nun im Münchner Rathaus gegenüber der Öffentlichkeit mit dem Satz: „Man habe schließlich lieber auf seine Kunst verzichtet!"

Sind das nicht solche Aussagen, die dann – aneinander gereiht – Mitglieder des Menschenrechtskomitees der Vereinten Nationen zum Stirn runzeln bringen? Doch, sie sind es! Und das mit Recht, denn so funktioniert sie nicht – Aufklärung! So ist es eben Hetze, sonst nichts!

Das Münchner Theater äußerte sich auf eine Medienanfrage, „dass es ein Problem habe, denn der Vertrag mit Janicello wäre bereits unterzeichnet, und es gäbe keinen justiziablen Kündigungsgrund für diesen Vertrag."

In diesem Fall wird einmal mehr dokumentiert, dass allein die Ausgrenzung wegen der Mitgliedschaft in einem eingetragenen Verein moralisch verwerflich und juristisch unhaltbar ist. Jemanden wegen der Mitgliedschaft in einem Verein auszugrenzen, das funktioniert nicht.

Das müssen sich all diejenigen auch sagen lassen, die sich mit der Brille des Imageschadens mit diesem Thema beschäftigen. Ja, auch der SPD Pressesprecher, der mir sagte, es ginge um den Imageschaden, und er wusste sehr wohl, dass es verdammt dünn ist, was da an Gegenargumenten aufgetischt wurde. Eine Heerschar von Sektenexperten in dreißig Jahren war unfähig, das Thema so aufzuarbeiten, dass es eben geklärt ist. Dass diese mit unseren Steuermitteln alimentierten Sektenstellen außer Schlagzeilen nichts produzieren, muss nun jeden Demokraten bedenklich stimmen, der diese Fakten liest.

Auch in diesem Fall wird bestätigt: Es geht überhaupt nicht um die Sache. Es geht um ein Wort, das negativ besetzt wurde, ohne dass eine tatsächliche, objektive Auseinandersetzung stattgefunden hat. Nicht nur ein Armutszeugnis für alle, die sich mit Steuermitteln für dieses Thema bezahlen lassen. Diejenigen, die am Steuertrog anstehen und ihren Platz sichern, indem sie seit Jahrzehnten schwarzweiß Malerei betreiben, nach dem Motto – „haltet den Dieb“, ohne dass sie Rechenschaft ablegen müssen, was dieser „Dieb“ eigentlich geklaut haben soll.

Sie werden Monat für Monat dafür bezahlt, dass sie verunsichern anstatt aufzuklären.

Nicht nur aus dem oben geschilderten Fall kann man ein Prinzip erkennen, wie nicht nur Sektenbeauftragte sich beim Versuch existenzieller Schädigung schadlos halten wollen, sondern auch Journalisten die sich im Dunstkreis dieser Szene die eine oder andere Story versprechen und dabei völlig vergessen, wie sie dadurch eben auch in Abhängigkeiten rutschen.

Ausgeschlossen!

Ein Pfarrer hatte von unbekannter Seite über die Mitgliedschaft einer Frau bei Scientology gehört, die sich als Mutter von zwei Kindern in einer kirchlichen Einrichtung engagierte. Sie wurde umgehend aus den Räumlichkeiten ausgeschlossen.

Der Pfarrer bestätigte, dass seine Entscheidung, sogar ein Hausverbot zum Betreten der kirchlichen Einrichtung gegenüber der Frau und ihren beiden Kindern auszusprechen, mit dem Gemeinderat besprochen worden sei. Er habe auch bewusst die schriftliche Erklärung zu seiner Entscheidung verweigert, „damit man nichts Schriftliches nachweisen könne." Verschiedene Frauen aus dieser Kirchengemeinde setzten sich mit der Sachlage auseinander und waren empört.

Sie richteten ein Protestschreiben an den Pfarrer und den Gemeinderat, was auf dieser Seite teilweise zu tumultartigen Auseinandersetzungen führte. Der Verfasserin des Schreibens wurde vom Pfarrer sofort unterstellt, sie sei von Scientology gekauft. Einige Gemeinderatsmitglieder erkannten wohl die Grauzone, in der sich diese Entscheidung bewegte und fürchteten die öffentliche Auseinandersetzung. Man entschied hinter verschlossenen Türen, einen Sektenbeauftragten der Kirche einzuladen, um damit die ganze Angelegenheit als „einzig richtige Maßnahme" hinstellen zu können.

Der Pfarrer sagte auch, die Beobachtung von Scientology durch den Verfassungsschutz sei ja wohl Argument genug. Mein Einwurf, die Beobachtung wäre nicht Verurteilung, ließ er nicht gelten. Er habe sein Ziel, die Scientologin mit ihren Kindern los zu werden, erreicht und alles andere würde ihn nicht interessieren.

Isolation in der Schule

Die Mädchen waren jahrelang befreundet, wechselten von der Grundschule gemeinsam zum Gymnasium und verbrachten oft ihre Freizeit miteinander.

1998 erfuhr die Mutter eines dieser Mädchen, dass der Vater einer Freundin ihrer Tochter Mitglied bei Scientology sei. Trotz der jahrelangen Freundschaft habe sie das nicht bemerkt, erzählte sie dem Rektor der Schule. Ihre Erwartung gegenüber der Schule war nun, so der Lehrer in einem Gespräch: „das totale Schocken der Kinder." Das „ihrige" würden die Eltern dann schon zu Hause erledigen. So kam es in diesem Fall zur Trennung der beiden Mädchen durch ein Kontaktverbot. Die Tochter des Scientologen wurde isoliert.

Die Lehrkräfte waren hin- und hergerissen zwischen „der Aufklärung" und dem Wissen, dass hier eine Art „Sippenhaft" vorgenommen wird. Denn durch die Schule und verschiedene Eltern wurde bestätigt, dass bis zu diesem Zeitpunkt das Mädchen nicht ein einziges Mal versucht habe, mit irgend jemandem über das Thema Scientology zu sprechen.

Nicht nur, dass beide Mädchen unter dieser erzwungenen Trennung gelitten haben, sondern in beiden Familien gab es deshalb Tränen, Verunsicherung und Streit.

Die im Unterricht für Aufklärung eingesetzten „Materialien" dienten auch nicht dazu, sich mit dem Thema altersgerecht im Sinne von Klärung und Wissen auseinandersetzen zu können. Die Lehrer waren auf eigenes Zusammensuchen von Informationen angewiesen und bedienten sich der Schlagzeilen, die sich mit Scientology befassten.

Logischerweise entsteht dann bei Vierzehnjährigen alles andere als eine objektive Betrachtungsweise und die Möglichkeit, sich tatsächlich mit der Thematik auseinandersetzen zu können.

Durch diese Einseitigkeit kam es zu Diskriminierung, denn das Mädchen wurde sehr wohl isoliert, weil ihr Vater – so ihre Mitschüler – „Mitglied in der schlimmen Sekte" sei.

Bereits nach dem Gegenrecherchieren von zehn Fällen war mir klar, dass man dies niemandem mehr als „einseitige Propaganda von Scientology" verkaufen kann.

Das war die Realität mitten unter uns in einer völlig schief gelaufenen Situation, die man auch noch „Aufklärung" nennt! Deshalb bohrte ich auch weiter, ich wollte es oft nicht glauben was sich da alles in Richtung „Sumpf" bewegt, besonders von denen die nach außen so tun als seien sie „reinsten Wassers".

Auftrag entzogen

Der Auftrag war gesichert. Die mündliche Zusage erteilt. Der Architekt arbeitete seit langem mit der Zimmerei zusammen. Die Arbeiten wurden stets pünktlich und korrekt ausgeführt. Es gab keinerlei Beanstandungen; das Preis-/Leistungsverhältnis stimmte. Der Zimmermann machte sich keinerlei Gedanken, bis er im Jahr 2002 diesen Brief erhielt:

„Sehr geehrter Herr ...

Sie haben für die Zimmereiarbeiten an unserem neuen evangelischen Jugendhaus ihr Angebot abgegeben. Wie Sie bereits mündlich erfahren haben, sind wir geneigt, Ihnen den Auftrag zu erteilen. Vom Architekt haben wir am vergangenen Donnerstag telefonisch erfahren, dass er von dem Verdacht hörte, dass Sie von „Scientology" beeinflusst sind bzw. mit dieser Bewegung zusammenarbeiten.

Der Architekt wies Sie bereits darauf hin, dass, wenn sich dieser Verdacht bestätigen sollte, eine Zusammenarbeit zwischen der evangelischen Kirchengemeinde und Ihnen nicht in Frage kommen kann. Dies möchten wir hier ausdrücklich so bestätigen. Um Ihnen nun den Auftrag auch schriftlich erteilen zu können, bitten wir Sie, beiliegende Erklärung uns unterzeichnet zurückzusenden.

Mit freundlichen Grüßen
Dekan ... und ... für den Bauausschuss"

Angeheftet war eine Scientology-"Schutzklausel", in welcher der Unternehmer aufgefordert wurde, detailliert Auskunft über sich und seine Mitarbeiter zu geben. Unterhalb der Erklärung war in der Fußzeile eingedruckt vermerkt:

„Diese Scientology-Schutzklausel ist international gebräuchlich und wird in immer mehr öffentlichen Bereichen und Einrichtungen verwandt."

„So eine Lüge", dachte ich, als ich das las. Das gut florierende mittelständische Unternehmen jedoch wusste sehr genau, was dies bedeutet. Bei Unterzeichnung akzeptiert der Firmenchef gegenüber seinen Mitarbeitern und sich selber eine unrechtmäßige, juristisch nicht haltbare Ausforschung. Er nannte es „Gesinnungsschnüffelei wie in der ehemaligen DDR." Unterschreibt er nicht, wird ihm der Auftrag entzogen und es wird sicher nicht bei dem Entziehen dieses einen Auftrages bleiben.

Dieser Brief einer evangelischen Kirchengemeinde hatte nicht nur etwas Drohendes an sich, sondern es war eine Drohung und die schriftliche Ankündigung, zu schaden, wenn sich nicht so verhalten würde, wie der Auftraggeber – die evangelische Kirche – es erwartet.

Als mir diese „Scientology-Schutzerklärung“ mit dem dubiosen Beisatz: „diese wäre international gebräuchlich“ auf den Schreibtisch flatterte, bin ich zuerst einmal erschrocken. Denn es war eine „Schutzerklärung“, wie ich sie selbst eingesetzt hatte. Nur, von „international gebräuchlich“ wusste ich sofort: Das ist gelogen.

Im Rückblick wollte ich im Jahr 1994 mit dieser Schutzerklärung eine aufgebaute Nebelwand durchdringen. Nun – im Jahr 2002 – war mir klar, weshalb sich niemand getraute, offen auszusprechen, dass er nach den Kriterien von L. Ron Hubbard arbeitet. Es bedeutete schon damals Existenzgefährdung und Stigmatisierung. Und gerade über diese Ausgrenzungsmaßnahmen kam es eben nicht zu einer „klärenden“ Auseinandersetzung, sondern zu einer Verhärtung der Situation. Mir wurde bewusst, dass mein Versuch, mehr Offenheit und dadurch dann auch Klarheit für alle Beteiligten in diese Auseinandersetzung zu bringen, von Anfang an zum Scheitern verurteilt war!

Denn weder die Sektenbeauftragten der evangelischen und katholischen Kirche noch die staatlichen Planstellenbesetzer wollten „Klärung“ und schon gar nicht „Offenheit“!

Umso nebulöser eine Geschichte ist, umso mehr kann man in sie hineininterpretieren und daraus wieder Kapital schlagen. Diesen Schuh brauchte ich mir jedoch nicht anzuziehen!

Denn es gab niemanden, der mit mehr Offenheit und Risikobereitschaft das Brecheisen für „Offene Auseinandersetzung“ mit der Zielsetzung der „Klärung auf rechtsstaatlicher Ebene“ ansetzte als ich. Das ist aus allen meinen Publikationen, die ich zum Thema Scientology verfasste, klar ersichtlich.

Im Grunde brauchte ich mich über den Scherbenhaufen, der nun vor mir lag, gar nicht mehr zu wundern. Ich bohrte aber weiter. Denn ich wollte es verstehen! Und ich forderte auch mir gegenüber die Offenheit ab nachzuprüfen, wo die Falle, in der ich mich befand, zugeschnappt war. Es brauchte nicht viel kriminalistischen Spürsinn, um herauszufinden, welches Problemfeld sich hier aufgetan hatte.

Solange ich „funktionierte“ und die offiziellen Sektenstellen mich als Informationsquelle benutzen konnten, hatte ich keinerlei Schwierigkeiten. Diese begannen erst, als ich mich nicht dieser Gruppendynamik und dem Gruppenzwang beugte und mich dagegen auflehnte. Denn ich wollte ja etwas ganz anderes. Ich wollte weder eine staatliche Planstelle, noch Steuergelder, noch eine Funktion. Sondern ich wollte mit der mir eigenen Offenheit die Situation klären! Das heißt nichts anderes als: Es gab noch nie irgendeinen Berührungspunkt zwischen diesen Sektenkritikern und mir. Denn diese hatten von Anfang an etwas ganz anderes vor.
Ein Feindbild manifestieren, über das man sehr leicht das Goldene Kalb, den Steuersäckel, anzapfen kann. Und da kamen meine Klärungsversuche auf Gedeih und Verderb nicht gut an. Denn: kein Feindbild, keine Planstelle!

Ohne dass es mir bewusst wurde bewegte ich mich innerhalb eines Minenfeldes, das mir bald selbst zum Verhängnis wurde. Dazu gehört auch die Schutzerklärung. Statt „Offenheit zu provozieren“ wurde diese umfunktioniert zum Boykott-Aufruf, zur Existenzvernichtung, Rufmord und Gesinnungsschnüffelei.

Aber noch etwas kristallisierte sich heraus in dieser Szene, die sich teilweise gebärdete, als habe sie eine Richterfunktion, um zu entscheiden, wer als Sektenanhänger stigmatisiert und ausgeschlossen und wer als Opfer in Watte gepackt wird: Feigheit und Inkompetenz! Denn wenn jemand anfing sich zu wehren, zogen sie sich zurück.

Die einen versteckten ihr Nichtwissen hinter solch einer Erklärung z.B. mit den Worten: „Um ganz sicher zu gehen, setzen Sie doch diese Erklärung ein.“ Die oft im Vorfeld getätigte Vorverurteilung sollte so relativiert werden. Argumentativ verteilten sie diese ähnlich einer Postwurfsendung für alles und jeden, der anfragte. So konnten sie gegenüber der Öffentlichkeit dokumentieren: „Wir tun etwas“, ohne dass jemand auf die Idee gekommen wäre nachzufragen, was sie denn nun tatsächlich getan haben.

Um diesen rechtlich ungeklärten Zustand halten zu können, wurde „die Szene“ kreativ. Die staatlichen Stellen wussten sehr genau, dass sie sich mehr als in der Grauzone mit dem Thema Scientology befinden. Genau aus diesem Grund haben sie sich ja immer auf das „Neutralitätsgebot“ zurückgezogen, wenn es eng wurde.
Die Gerichtsverfahren, die das bestätigen, wurden solidarisch ver-

schwiegen. Also, wie hätte denn die Öffentlichkeit von diesen ganzen Machenschaften etwas erfahren sollen?

Und so wurden die Mechanismen dieser Gruppierung, die bereits im Sprachgebrauch „Kritikersekte“ genannt wird, landauf, landab übernommen.

Dass der Störenfried Hartwig mundtot gemacht werden sollte, war übrigens eine der logischen Konsequenzen aus dieser Auseinandersetzung. Umso mehr Druck sie jedoch versuchten auf mich auszuüben, umso sicherer war ich, dass hier etwas gewachsen ist, das ich erstens so nicht wollte und zweitens auf keinen Fall so akzeptierte. Nicht zu vergessen, ich war bereits geübt darin, Angriffe durchzustehen.

Die Widersprüche dieser in sich geschlossenen Gruppierung der Sektenbeauftragten und deren Hausmacht fingen an, mich zu erheitern.

Als ich meine ersten Bestseller schrieb, tobten sie vor Neid und Missgunst und schäumten in der Öffentlichkeit – wie zum Beispiel der Sektenbeauftragte Gandow, indem er meine offensive Auseinandersetzung mit Scientology „Schaumschlägerei“ nannte. Nachdem ich ihnen auf die Schliche gekommen war und diese mafiosen Strukturen innerhalb der Kritikerszene hinterfragte und den Finger in die Wunde legte, fing derselbe Sektenbeauftragte Gandow an mich anzugreifen. Er warf mir vor, mich nicht mehr mit Scientology auseinander zu setzen. Seine Reaktion war ganz logisch! Denn ich war ja Jahre lang hervorragend geeignet, dass einer wie er sich zurücklehnen und zuschauen konnte, wie ich mich auf eigenes Risiko bemühte zu klären. Es war ihm doch recht; durch seine Position profitierte er davon, ohne einen Finger zu rühren. Nur jetzt, da ich eben meinen Kopf drehte und nicht nur in die eine Richtung blickte, in die sie es haben wollten, da passte es nicht nur einem wie Gandow nicht. Es begannen diese Intrigen und hinterhältigen Attacken, nur:

Die kleinkarierten Nebenkriegsschauplätze gingen mir schlichtweg auf den Wecker. Ich ging meinen Weg weiter. Denn ich wollte meine Lebenszeit nicht damit verplempern, Steigbügelhalter für Abzocker von Steuergeldern zu sein. Mein Mann, der mich sehr gut kennt, sah, wie mich diese Ungerechtigkeiten, die Volksverdummung und vor allem auch mein Entsetzen über diese „Schützer“ umgetrieben hat und ich einfach alles hinschmeißen wollte. Er machte mich darauf aufmerksam, dass ein einfaches „Hinschmeißen von allem“ zu mir nicht passen würde und ich sowieso nicht ohne „Klärung“ aufgeben könne. Ich entschied mich für dieses Buch. Denn nur so kann auch die breite Öffentlichkeit von diesen Machenschaften erfahren. Ich finde, sie hat ein Recht darauf. Denn immerhin zahlen die Steuerzahler, eben wir alle, diesen Wahnsinn mit.

Fahrschulen: Pauschalangriffe führen zu Rufmord

Im Juni 2000 häuften sich in unserem Posteingang Anfragen aus dem norddeutschen Raum zu verschiedenen Fahrschulen. Auch versuchten mehrere Fahrschulen von uns eine Erklärung zu erhalten, dass sie nichts mit Scientology zu tun hätten.

Wer hatte diese gesteigerte Angst vor Image-Schaden und Existenzverlust zu verantworten? Diese Frage veranlasste uns zu einer Recherche. Die Antwort war einfach und nicht einmal ernüchternd, sondern der Beweis zu Theorie und Praxis, wenn es um die Oberflächlichkeit einzelner Journalisten gegenüber Aussagen aus Behördenkreisen geht.

Im Frühjahr 2000 äußerte sich die Arbeitsgruppe Scientology in Hamburg in den Medien mit der Aussage: „Scientology verstärkt Aktivitäten – Fahrschulen im Visier.“

Zu dieser Überschrift kam es auf Grund der Aussage von Ursula Caberta von der Arbeitsgruppe Scientology im Innensenat Hamburg: „Nachdem sie aus dem Immobiliengeschäft teilweise hinausgedrängt worden sind, haben die Scientologen in Hamburg derzeit u.a. Fahrschulen ins Visier genommen“. So die Aussage von Behördenseite! Aus dieser Pauschaläußerung wurde eine Schlagzeile in den Medien und für mehrere Fahrschulen eine Rufmord-Odyssee.

Die Pauschalaussage aus einer Behörde an sich ist ein Skandal! Entweder man nennt „Ross und Reiter“ oder man hält den Mund, wenn man nicht kann, darf, oder will! So zeigt man nicht nur Inkompetenz, sondern auch eine von staatlicher Seite in Kauf genommene Irreführung und Verunsicherung der Öffentlichkeit, die für viele Fahrschulen aus dem nördlichen Raum erheblichen Image-Schaden und Ärger mit sich brachte. Der Vorgang zeigt jedoch ebenso die Oberflächlichkeit der Journalisten, wenn es sich um Aussagen aus Behördenkreisen handelt. Es wird nicht hinterfragt, sondern nach Lämmer-Art das verbreitet, was aus Behördenmund kommt. Den betroffenen Fahrschulen haben wir eine juristische Beratung in dieser Angelegenheit ans Herz gelegt. So kann jeder Betroffene mit Zeugen beweisen, wer die Gerüchteküche zu verantworten hat.

Paradox: Der steuerzahlende Unternehmer, der mit Scientology nichts zu tun hat, finanziert so ein Gerücht, das ihm wirtschaftlichen Schaden bringt, sogar noch selbst mit, indem er über sein Steueraufkommen eine solche Stelle mitfinanziert.

Ernüchternde Bilanz

Nachdem ich anfing, angeregt durch die Fragen der Politikerin Leutheusser-Schnarrenberger, meinen Blickwinkel darauf zu richten, welche Resultate eigentlich diese Aufklärung hervorbringt und vor allem, ob es sich bei diesen angegebenen Fällen um so genannte „Propagandafälle“ handelt, blieb mir nicht erspart zu hinterfragen, was meine Versuche der Klärung zu diesem Thema in den letzten Jahren für die eine oder andere Familie oder MitarbeiterIn einer Firma bedeuteten.

Es wäre schlichtweg unehrlich, so zu tun, als hätte ich mit meiner Art der Aufklärung in dem einen oder anderen Fall nicht dazu beigetragen, Problemfelder zu schaffen.

Gerade in der ganzen Auseinandersetzung mit Fällen, in denen es um Kinder ging, fiel mir auch meine frühere Einseitigkeit auf. Ich hatte damals die Informationen, die ich von Dritten – sprich: von Ex-Scientologen oder teilweise anonym – erhielt, ungefiltert weitergegeben.

Im Jahr 2001 waren bereits zehn Jahre auf diese Art vergangen. Und über meinen Wunsch, einer Politikerin handfestes Material als Gegenargument für die amerikanischen Vorwürfe in die Hand zu geben, beförderte ich nun immer mehr Beweismaterial über die Richtigkeit der Vorwürfe der Diskriminierung in Deutschland zu Tage.

Natürlich überlegte ich immer wieder, die Augen zuzumachen und wegzuschauen, zumal mir die Tragweite der ganzen Aufarbeitung von Fall zu Fall bewusster wurde. Nicht nur, dass ich mein eigenes Handeln hinterfragte, sondern auch die Dimension erkannte, wie mit einer Selbstverständlichkeit in unserem Land ein Feindbild gefestigt und ausgelebt wurde, ohne dass sich irgend jemand bemüht, Hintergrundrecherchen anzustellen.

In meinem eigenen sozialen Umfeld fand ich Verständnis für meine Fragen und oft auch ungeahnte Hilfestellungen.

Es gab Tage, an denen ich einfach Distanz brauchte. Den Aktenberg dieser Nachrecherchen ließ ich dann einfach links liegen. Ja, ich brauchte Zeit, um auch mein Handeln innerhalb der letzten Jahre zu hinterfragen.

Als Quintessenz ist auf Grund von unzähligen Publikationen in unserer eigenen Zeitung „Direkt Report“ sowie in meinen Büchern nachzulesen, dass ich seit 1992 nicht nachvollziehen konnte, weshalb es zwar laufend Diskussionen und Opfergeschichten in der Öffentlichkeit gibt, aber keinerlei Rechtsgrundlage.

Dies war zum Beispiel einer der Gründe, warum ich damals massiv auf eigenes Risiko mit den mir zugespielten Unterlagen an die Öffentlichkeit gegangen war.

Irgendwie begann sich damals alles zu automatisieren. Ich reagierte teilweise wie ein Hamster im Rad, der sich immer und immer wieder um dieselbe Ausgangsposition dreht.

Mein Denken, „umso mehr ich an die Öffentlichkeit dringe, umso mehr reagiert der Staat“ kam durch Aussagen von Beamten. Er entpuppte sich als ein Trugschluss meinerseits. Heute sehe ich darin auch eine gewisse Hinhaltetaktik von Behörden, um mich am Laufen zu halten. Was ich damit produzierte, waren Planstellen für Sektenbeauftragte in Staat und Kirche.

Und gerade, weil ich eine der Lokomotiven war, die diese Thematisierung in der Öffentlichkeit voranbrachte, wusste ich eines Tages: Es ist auch meine verdammte Pflicht und Schuldigkeit, jetzt zu klären,
– weshalb ich zur Lokomotive wurde,
– wer die Weichen stellte,
– welche Waggons sich an diese Lokomotive hängten und sich mit-

ziehen ließen, ohne mir zu sagen, welches Gefahrengut sich in diesen Waggons befindet.

Eines wollte ich niemals: zu helfen, einen Denunziantenstaat aufzubauen.

Allein der Gedanke, dass Kinder darunter gelitten haben, weil eine so genannte Aufklärungsszene aus dem Ruder lief, war und ist für mich ein unerträglicher Zustand.

Irgendwie war es dann wie ein Déjà-vu-Erlebnis, als ich wieder einmal auf die Suche nach Klärung ging und zehn Jahre später wissen wollte, weshalb solche fanatisierten, hasserfüllten Situationen überhaupt entstehen konnten.

Ich suchte und fand Kontakt zu Politologen, Soziologen, mehreren Juristen bis hin zu Philosophen, aber auch zu Geistlichen, um das, was sich nun auf meinem Schreibtisch stapelte, erklären zu können.

Die Juristen sagten ganz deutlich: Völlig unmögliche Verhaltensweisen, juristisch jederzeit „im Sinne für die Geschädigten" gerichtlich klärbar, weil es ja überhaupt keine Rechtslage gibt und die ganzen aufgelisteten Fälle als „Willkürmaßnahmen" angesehen werden müssen. So begann ich, Gesetzbücher zu wälzen und Ausführungen zu Gesetzestexten zu lesen.

In der Diskussion mit Personen, die sich auf der philosophisch-geistigen Ebene mit dieser Welt auseinandersetzen, erlebte ich an mir selbst, wie manipuliert ich selbst schon war. Denn allein der Name „Albert Einstein" ließ mich auf Distanz zu einem Gesprächspartner gehen. Und das nur, weil Scientology sich in einer Werbung auf „Albert Einstein" bezieht.

Mein sehr belesener Gesprächspartner, den ich um Hilfestellung in dieser Aufarbeitungsphase bat, zitierte Albert Einstein mit dem Satz: „Die Welt ist nicht bedroht von Menschen, die böse sind, sondern von denen, die Böses zulassen."

Es bedurfte keinerlei weitere Erklärungen, denn bereits zum Zeitpunkt dieser Gespräche war ich nicht mehr abzubringen vom Aufarbeiten dieser ganzen Vorfälle.

Die Gespräche mit den Geistlichen von katholischer und evangelischer Kirche bestärkten mich nur in meinen Erfahrungen des letzten Jahrzehnts.

Im kleinsten Kreis wird sogar zugegeben, dass im Sinne von „Aufklärung durch Sektenbeauftragte“ manches schief läuft, und man dies auch kirchlicherseits weiß. Aber nach außen hin diese Auseinandersetzung im Sinne von „Wehrhafter Demokratie“ zu führen, dazu war keiner dieser Pfarrer bereit. Alle wollten mich aber in ihr Gebet einschließen und wünschten mir viel Kraft für den Versuch, ein weiteres Mal „aufklären“ zu wollen.

Am meisten jedoch lernte ich von den Politologen. Es ging mir um den Vorwurf und den Vergleich seitens Scientology hinsichtlich der dunklen Seite der Vergangenheit Deutschlands. Seit vielen Jahren setze ich mich mit diesem Phänomen auseinander. Wie konnte geschehen, was damals in der nationalsozialistischen Diktatur geschah? Die einzelnen Ausführungen und Diskussionen mit Politologen fand ich höchst interessant. Die Buchregale füllten sich weiter, und ich nutzte jede freie Minute, um die Ausführungen von Politologen in verschiedenen Büchern nachzulesen; z.B. das Buch von Daniel J. Goldhagen „Hitlers willige Vollstrecker“. Goldhagen stellt hier die These auf, dass es ganz gewöhnliche Deutsche waren, die dies alles möglich machten. Er fand darin Zustimmung:

„Die Radikalität, mit der Goldhagen seine Thesen entfaltet, zwingt uns zum Überdenken bisheriger Sichtweisen. Goldhagens Fallstudien über die Täter und ihre Motive sind breiter fundiert und gründlicher reflektiert, als alle bisherigen Untersuchungen.“ (Volker Ullrich, Die Zeit).

„Daniel J. Goldhagen schrieb ein brillantes Buch über den heikelsten und bis heute unverständlichsten Teil neuerer deutscher, aber auch europäischer Vergangenheit. Goldhagens Buch ist neu: in seiner Interpretation und Materialfülle, in der Direktheit seiner Sprache.“ (André S. Markowitz: „Blätter für deutsche und internationale Politik“)

Ich wusste, dass die Frage „Wie konnte es damals so weit kommen?“ die Geschichtswissenschaft seit Jahrzehnten bewegt. Doch: Wer waren die Täter? Wie war es möglich, so viele Deutsche zu mobilisieren? Wie sah sie aus, die Gesellschaft von damals, die diese Menschen hervorbrachte?

Ich begann, mich in das Werk von Daniel J. Goldhagen, einem Professor an der Harvard Universität, einzulesen. Und mein früheres „Alles nur Propaganda!“ zu den Vorwürfen verschiedener Menschenrechtsgremien seit Mitte der neunziger Jahre bis heute verblasste in mir. Ich wusste, dass der Vergleich 30er/90er Jahre generell hinkt, doch blieb ich immer wieder an ihm hängen.

Vielleicht, weil ich diese einzelnen Berichte nachrecherchierte und in den Gesprächen mit verschiedenen Fachleuten erkannte, dass das Unrechtsbewusstsein bei Handlungen gegenüber einzelne Scientologen, sei es vom Kindergarten, über die Schulen bis hin zum Arbeitsplatz, völlig abhanden gekommen ist.

Richtig ist: Der geschichtliche Vergleich hinkt. Jedoch kann man an Hand der vorliegenden Fallbeispiele die Mechanismen erkennen, die damals zu diesem Wahnsinn führten und die heute wieder zu finden sind. Vergangenheitsbewältigung begann!

Ich durchforstete die Ordner der jahrgangsmäßig aufgelisteten Presseartikel zum Thema Scientology. Als erstes fiel mir die Masse auf, wie Anfang der neunziger Jahre das Thema systematisch in den Medien thematisiert wurde und dann wellenartig im Auf und Ab wiederholt wurde.

Im gleichen Zeitraum wurden Planstellen für den Bereich etabliert. Und der Verfassungsschutz begann seine offizielle Beobachtung im Jahr 1997. Ab diesem Zeitpunkt ist eine klare Abnahme der öffentlichen Thematisierung zu erkennen, bis zum Jahr 2000/2001, in dem es sogar teilweise zu einem absoluten Stillstand kam. Über einen gewissen Zeitraum und eine gezielte Propaganda-Maschinerie wurde hier eine Zielsetzung verfolgt. Das Ganze konnte man nach Etablieren dieser Positionen langsam zurückrudern, da die Öffentlichkeit das Feindbild aufgenommen hatte.

Nicht zu vergessen: Es gibt sie bis heute nicht – die klare Rechtslage!

Wer beeinflusst und wer manipuliert hier jetzt wen?

Bei meiner Suche nach Klärung und in meinen Lesegewohnheiten sprang ich immer wieder hin und her: Von „Zeit zu handeln“ von Ulrich Wickert, in dem er darüber nachdachte, welche Maßstäbe in der

Gemeinschaft als Richtlinien zählten, oder wie wir ethische Werte – wie Zivilcourage, Toleranz, Gerechtigkeit, Solidarität – mit Inhalt füllen bis hin zum Kirchenkritiker Drewermann, ich ließ nichts aus.

Mein Aufarbeitungswunsch ging so weit, dass sich bei uns ein fester Diskussionskreis wie von selbst etablierte, bestehend aus Fachleuten im Rechtswesen und der Politologie und Unternehmern. Durch die völlig unorganisierte, freiwillige Zusammenkunft, ein gesellschaftspolitisches Phänomen zu hinterfragen, miteinander um Klärung zu ringen, wurde mir klar, dass es zu viele sind, die schweigen und deshalb solche Situationen, wie ich sie vorfand, stattfinden können.

Wie elektrisiert saß ich an einem dieser Abende in dieser zusammengewürfelten Runde. Wir diskutierten über das Buch „Der Kampf um die Demokratie" von Arno Gruen, in dem er sich mit Extremismus, Gewalt und Terror auseinandersetzt.

Einer der Politologen begann, den Passus auf Seite 175 in Gruens Buch vorzulesen: „... Wie komme es, dass Menschen im Namen einer Idee und im Namen der Zukunft alles zerstören, auch ihr eigenes Leben? Man muss mit eigenen Augen sehen können, darauf kommt es an. Intelligenz allein genügt nicht, wenn man durch das Verhängnis einer früheren Prägung auf eine propagandistische Pose geblendet ist, ... hier geht es um einen Teufelskreis, dem wir nicht entkommen können, ohne uns mit den Realitäten und dem damit verbundenen inneren Terror zu konfrontieren, der uns bedroht, wenn wir Autoritäten den Gehorsam verweigern. Sophie Scholl und Hans Scholl sprachen diese Problematik in einem ihrer Flugblätter an, die sie während des Naziterrors an der Universität in München verteilten ..."

Ich holte zwei dieser Flugblätter und sagte, dass es gerade diese Angst vor der Unfreiheit war, die mich immer mehr in diese Aufklärung gezogen hat. Gemeinsam mit Juristen, Unternehmern, Politologen versuchte ich, meine Beweise von damals mit den nun vorliegenden Beweisen von heute zu reflektieren. Meine Informanten waren Ex-Scientologen gewesen. Und, wie gesagt, ich hatte nicht die Möglichkeit, deren Aussagen nachzuprüfen. Ich hielt mich an die Passagen, die ich eben von Dritten aus den Unterlagen des Scientology-Gründers Hubbard bekam und ungefiltert weitergab. Einer der Juristen erkannte aber in meinen ganzen Publikationen immer wieder die kritische Haltung gegenüber dieser Aufklärungsszene und den Vorfällen, die mich damals bereits beschäftigten.

Lag es nur an meinem Blickwinkel, an der unausgesprochenen Solidarität mit den so genannten Sektengegnern, die mich schlichtweg auch blind machten?

Die Kernaussagen kamen dann von einem der betroffenen Unternehmer:

„Was hätte sie denn machen sollen? Zu Scientology gehen und fragen sollen, stimmt das, was die mir erzählen? Wer kann mir als Unternehmer heute bestätigen, dass ich keine Verbindungen zu Scientology habe? Und warum hatte ich angefangen, Scientology anzugreifen? Weil man mir fälschlicherweise unterstellte, dass ich ‚scientologisch unterwandert' sei! Als bereits die ersten Kunden weggebrochen waren und ich per Zufall dann von irgend jemandem hörte, was man mir in Wirtschaftskreisen vorwirft, war es doch längst zu spät. Bei staatlichen Stellen hat man mir die Türe vor der Nase zugeschmissen und sich auf das so genannte Neutralitätsgebot berufen. In kirchlichen Kreisen zuckte man bei den Sektenbeauftragten die Schultern und tröstete mich mit der Aussage: ‚So ein Gerücht hört dann irgendwann schon wieder auf'!"

An seiner lauten Stimmlage erkannte ich, dass ihn diese ganze Angelegenheit nun nach über drei Jahren immer noch aufregte. Natürlich fragte ich dann auch laut in die Runde, ob ich denn überhaupt eine Chance gehabt hätte, wenn ich mit diesen Informationen, über die mich Ex-Scientologen unterrichteten, zu Scientology gegangen wäre und gefragt hätte: „Stimmt das?" Das Gelächter am Tisch war eigentlich schon die Antwort. Und trotzdem gab ich mich damit nicht zufrieden. Ich warf in die Runde: „Das Problem war doch nicht, dass ich es nicht durfte, denn es hätte mir doch bestimmt niemand verboten. Aber die Folgen, wenn eine solche Gegenrecherche von meiner Seite gegenüber einem „Opfer" – sprich: Ex-Scientologen – irgendeiner dieser Sektenbeauftragten erfahren hätte, dann wäre ich innerhalb von zehn Sekunden von dieser Seite als „Scientologin" abgestempelt worden.

Richtig, das war es: Gestempelt! Dieses Wort hatte mir gefehlt.

War er nicht gestempelt, der Mitarbeiter einer Firma, der in dieser Runde bei uns saß? Was hatte er gemacht? Zwei Seminare besucht, bei einem scientologischen Unternehmensberater. Als er in der Firma davon berichtete, wurde er fristlos entlassen. Damit er nicht zum Arbeitsgericht geht, gab man ihm eine Abfindung als Trostpflaster mit. Aber er wurde nicht rausgeschmissen, weil er zwei Seminare nach Hubbard absolviert hatte, sondern man fürchtete den Image-Schaden(!), als diese Information durchsickerte.

Also, was ist es? Geht es um die Sache? Hat der Unternehmer ihm gekündigt, weil er das Seminar eines Scientologen absolvierte oder weil die Sektenbeauftragtenszene ihn eben „stempelt“, falls das bekannt wird?

Eine heiße Diskussion begann! Denn der Unternehmer, der gerufmordet wurde und dem man unterstellte, er wäre scientologisch unterwandert, verteidigte die Kündigung, weil er selbst in dieser Situation war, die der Arbeitgeber durch die Kündigung des Arbeitnehmers verhindern wollte.

Einer der Juristen hatte zu diesem Zeitpunkt – Dezember 2001 – seit drei Wochen das Rauchen aufgegeben. Auf einmal sah ich, wie er mit einer Zigarette aus dem Zimmer ging. Ich fand ihn in einem Sessel vor dem offenen Kamin sitzend; und er rauchte! Ich sagte nichts. Er schüttelte den Kopf und fragte mich: „Wie wollen Sie diese Situation jemandem erklären?“ Mit den Achseln zuckend, sagte ich: „Indem ich einfach sage, wie es ist!“

Sehr schnell erkannte ich, dass es gar nicht einfach ist, diese durch und durch manifestierte Ansicht und dieses Feindbild so zu zerschlagen, dass sich am Ende eine klärende Auseinandersetzung ergeben kann. Dass die ganze Aufarbeitung natürlich auch mit mir selbst und meinem Gewissen etwas zu tun hat, war mir seit langem klar. In meinem Umfeld wusste man auch, dass ich niemand bin, der das alles totschweigt und unverarbeitet stehen lässt.

Ich sagte die ersten Vorträge zum Thema Scientology ab, weil ich nicht mehr bereit war, die Lokomotive für diese Wahnsinns-Situation zu sein. Ich suchte erst einmal ein paar Wochen Distanz und schrieb an meinen angefangenen Kinderbüchern und an einem weiteren Jugendroman weiter.

Irgendwann im Dezember 2001 schenkte mir ein befreundeter Buchhändler ein schmales Büchlein, eingepackt in rotem Papier. Er überreichte es mit den Worten: „Hör auf zu grübeln, schreib alles auf und mach' das, was du schon lange im Kopf hast. Und weil es wichtig ist, was du vorhast, denke ich, sollst du das lesen." Das kleine rote Paket steckte ich in meine Tasche, ohne es zu öffnen. Sein eindringlicher Ton, aber auch der feste Händedruck zeigten mir, dass auch er nachgedacht hat. Übrigens lernte ich ihn in Verbindung mit einer unglaublichen Rufmord-Geschichte kennen. Seine Frau hat wegen dieser Gerüchte fast ihren Job verloren.

Als ich am nächsten Morgen den um das Päckchen gewickelte Tesafilm löste und das rote Papier von dem kleinen Buch entfernte, lag vor mir ein Kressmann Tylor: „Adressat unbekannt", mit einem Vorwort von Elke Heidenreich. Ich schmunzelte, weil er wohl wusste, dass ich Elke Heidenreich seit vielen Jahren gerade wegen ihrer Unbeugsamkeit und der Klarheit ihrer Aussagen schätzte.

Im Vorwort schreibt Elke Heidenreich: „... Was blieb denn noch anderes übrig, als fügsam in die dunkle Nacht zu gehen ..." Es käme einer Schuldzuweisung an die Opfer gleich, würde man Widerstand von ihnen erwarten wollen. Wir, die Täter, haben fügsam die dunkle Nacht mit allem Grauen erdacht, mitgetragen, gewollt, geduldet, möglich gemacht; so herum ist es richtig. Und doch bleibt der bohrende Gedanke: War denn kein Aufmucken denkbar, keine Gegenwehr möglich, waren nicht wenigstens hinterher brennender Hass und gnadenlose Rache an der Tagesordnung? ... Und dann plötzlich dieses kleine Buch.

1938 datiert diese Geschichte. Ich habe es im Jahr 2001 gelesen und bin hier einem Juden begegnet, der sich gerächt hat, der zurückgeschlagen und einen der Mörder vernichtet hat. Er tut das aus dem freien Land Amerika heraus, in dem er ungefährdet lebt und nun, indem er Briefe an seinen Feind schickt. Briefe, die es in sich haben wie eine Tretmine – einmal geöffnet, gibt es kein Zurück mehr. Die Mine explodiert, der letzte Brief kommt nach vierzehn Tagen an den Absender zurück: „Adressat unbekannt". Treffer ...

Ich lese ein literarisches Meisterwerk von beklemmender Aktualität. Ein Briefwechsel zwischen einem deutschen und einem amerikanischen Juden in den Monaten um Hitlers Machtergreifung. An diesem

Abend lese ich die anderen 60 Seiten, den Briefkontakt von zwei Freunden, der eine in München, der andere in San Francisco.

Als ich das Buch zur Seite legte, war mir klar: „Die Lokomotive Renate Hartwig gibt es ab diesem Tag in dieser Form nicht mehr. Das Thema Scientology muss schonungslos aufgearbeitet werden."

Deshalb langt es eben nicht, abzuschalten im Sinne von „Ich mache nichts mehr", sondern noch einmal: Die Lokomotive zurückfahren, auf dem gleichen Weg, aber alles hell zu erleuchten und sie dann verlassen.

Eben erst dann, wenn niemand mehr sagen kann: „Ich habe es nicht gewusst!"

Und die vor mir liegenden Unterlagen zeigten weder Aufklärung noch Information und schon gar nicht Klärung. Sie sind eine Dokumentation von Ausgrenzung und Diskriminierung ohne die Chance, Stellung zu beziehen oder angehört zu werden. Und hier lag für mich nicht nur die rechtliche Grauzone, sondern lagen auch die menschlichen Dramen, die damit verbunden sind.

Umso mehr Fälle sich vor mir aufstapelten, umso öfter lief es mir eiskalt den Rücken hinunter. Denn das, was ich vermehrt zu Tage förderte, waren ja nicht nur irgendwelche Berichte, sondern Beweismittel, teilweise mit behördlichem Hintergrund.

Ein Beispiel:

Ein Brief, der die Chancenlosigkeit in der eigenen Reflektion dokumentiert:

„Liebe ...,

Die Eltern der Kindergruppe haben nach langer Diskussion sich nun alle dafür ausgesprochen, euch zu bitten, die Kindergruppe zu verlassen. Da unser Entschluss feststeht, erscheint uns ein eigenes Gespräch mit euch nicht mehr notwendig.

Hier unsere Begründung: Wir lehnen Scientology ab und wollen damit nichts zu tun haben. Wir wollen uns auch nicht weiter mit Scientology auseinandersetzen, die Informationen, die wir haben – Internet Bayerisches Staatsministerium des Inneren, Aktion Bildungsinformation e.V. – genügen uns. Wir sehen Scientology nicht als Weltanschauung von vielen in unserem Land, die es einfach zu tolerieren gilt.

Aus diesem Grunde wäre in Zukunft eine entspannte Atmosphäre in der Kindergruppe nicht mehr möglich, da hinter jeder Eurer Aktionen eine irgendwie geartete Absicht im Zusammenhang mit Scientology vermutet würde.

Außerdem wären die privaten Kontakte der Kinder untereinander, die, wenn sie größer werden, ja irgendwann beginnen, wegen des Misstrauens gar nicht mehr möglich. Schließlich noch ein wichtiges Argument: Eltern, die neue Mitglieder der Kindergruppe werden wollten, müssten unbedingt über die Zugehörigkeit von euch zu Scientology informiert werden, das würde sich mit Sicherheit aber abschreckend auf viele auswirken, so dass es schwierig werden würde, neue Kinder für die Kindergruppe zu bekommen, oder die neuen Eltern allesamt nur noch Sympathisanten von Scientology werden.

Es tut uns allen leid, weil Ihr eine sympathische Familie seid, aber gleichzeitig ist es uns nicht möglich, euch von der Organisation Scientology, die wir ablehnen und vor der wir uns schützen müssen, getrennt zu sehen.

Ein formaler Beschluss eures Ausscheidens durch die anderen Mitglieder kann erst auf der nächsten Mitgliederversammlung gefasst werden. Sie könnten den Zeitpunkt nach Belieben wählen – sofort oder nach Ablauf der dreimonatigen Kündigungsfrist –, ohne dass euch daraus ein finanzieller Nachteil entstehen soll.

Mit freundlichen Grüßen
Im Namen aller Eltern ..."

Ein anderes Beispiel:

Das Schreiben einer Gemeinde, kurz und schmerzlos:

„Nutzung des Gymnastikraums"

„Sehr geehrte Frau ...,
Leider müssen wir Ihnen mitteilen, dass die bereits zugesagte Nutzung des Gymnastikraumes in ... zum Zwecke des Ballett-Unterrich-

tes wieder zurückgezogen werden muss. Der Gemeinderat hat in seiner Sitzung den Beschluss Nr. 148 aus der Sitzung vom 16.12.1999 wieder aufgehoben. Der Ihnen bereits ausgehändigte Vertrag ist damit gegenstandslos. Wir bitten Sie, die Ihnen ausgehändigten Schlüssel umgehend zurückzugeben.

Mit freundlichen Grüßen
... Erster Bürgermeister"

Meine Nachrecherchen ergaben, dass man der Betroffenen die spezielle Begründung wegen der Kündigung mündlich mitteilte. Auf meine Frage hin bestätigte man mir, dass die Vertragskündigung ohne Anhörung der Betroffenen auf einer Gemeinderatssitzung beschlossen wurde. Die Kündigung sei ausschließlich wegen der Mitgliedschaft der Ballett-Lehrerin in der Scientology vorgenommen worden, mit der Auflage, dass sie noch am gleichen Tage zur Ausführung kommen sollte. Mit dieser Entscheidung des Gemeinderates, die zwar hinter verschlossenen Türen gefallen ist, aber dann in Flüsterpropaganda durch die Stadt eilte, kam es innerhalb kürzester Zeit zur existentiellen Vernichtung der Ballett-Schule, da 28 von 35 Eltern die Ballettverträge kündigten. Fachliche Vorwürfe wurden in keiner der Kündigungen gemacht.

Auf Anfrage bestätigten aber alle, dass die Entscheidung mit der öffentlich gewordenen Scientology-Mitgliedschaft zusammenhing. Als zwei Wochen später in zwei verschiedenen Zeitungen berichtet wurde, dass in einer Gemeinderatssitzung beschlossen worden war, einer Scientologin die Nutzung eines Gymnastikraumes zum Zwecke des Ballett-Unterrichtes zu entziehen, war auch dem Neuaufbau einer Ballettgruppe z.B. im Nebenort jegliche Grundlage entzogen.

Es ist mit Datumsangabe dokumentiert, wie die betroffene Scientologin versuchte, diese existenzielle Katastrophe zu rekonstruieren und um ebenfalls als Bürgerin dieses Ortes Einblick oder Informationen darüber zu erhalten, was nun in dieser Gemeinderatssitzung über sie gesprochen wurde. Vom Bürgermeister wurde ihr mitgeteilt, dass diese Unterlagen nicht öffentlich seien. Er lehnte Informationen an die Betroffene sogar schriftlich ab.

Gemäß einem Artikel in der regionalen Zeitung ist nachzuvollziehen, dass der Informant ein Gemeinderatsmitglied war. Auf Rückfragen bei der Zeitung berief man sich auf Informantenschutz.

Drittes Beispiel:

Drei Frauen treffen sich regelmäßig zu einer Spielgruppe mit ihren Kindern in der Wohnung einer dieser Frauen. Die Treffen sind geheim. Allen ist klar, dass sie diese Treffen nur so lange aufrecht erhalten können, bis eines der Kinder in den Kindergarten kommt. Der Hintergrund der schon konspirativen „Treffen“, damit die Kinder miteinander spielen können: Eine der Frauen ist Scientologin.

Auf Rückfrage bestätigte die Leiterin einer öffentlichen örtlichen Spielgruppe, dass sie zwar immer gut mit der Scientologin ausgekommen sei, aber ihre Loyalität zur Kirche verbiete den weiteren Kontakt. Nachdem das Hausverbot von Seiten des Pfarrers gegenüber der Scientologin ausgesprochen worden war, kam es zu einem Schreiben, in dem einige Frauen ihre Bestürzung mitteilten.

„... Vorab möchten wir aber klarstellen, dass wir keine Sympathisanten oder Mitglieder bei Scientology sind. Es geht uns um den Menschen ... Deswegen können wir auch den Beschluss nicht nachvollziehen oder gar verstehen und akzeptieren. Außer dem Pfarrer kennt niemand Frau ... aus persönlichen Gesprächen, auch nicht die Mitglieder des Kirchenrates. Frau ... nahm als Mutter an der Kleinkinder-Gruppe teil. Es ist auch nicht richtig, dass sie die Leitung von sich aus übernehmen wollte, sondern sie wurde von uns darum gebeten. Außerdem hatte sie uns alle und auch den Pfarrer über ihre Mitgliedschaft bei Scientology informiert, um von vornherein Klarheit zu schaffen. Jeder hatte nun die Möglichkeit, sich seine eigene persönliche Meinung zu bilden. Übrigens hat Frau ... nie versucht, ihre positive Einstellung zu Scientology an uns weiterzugeben oder uns zu beeinflussen. Wir wurden auch nie manipuliert und sahen bis zu diesem Eklat des Hausverbotes nie ein Problem in dieser Mitgliedschaft. Bei Gemeindefesten, wie z.B. dem Suppen-Sonntag, oder dem Sommerfest hat es ja auch niemanden gestört, dass Frau ... die Kuchenspenden organisierte und die Kinderbetreuung. Frau ... war sofort bereit und akzeptierte, dass sie selbstverständlich keinerlei Funktionen übernehmen werde.

Das erteilte Hausverbot finden wir jedoch skandalös und diskriminierend. Hier wurde weder die geleistete Arbeit anerkannt, sondern es wurde ein Beschluss gefasst, der Frau ... nicht gerecht wird. Wir sind nun alle der Auffassung, dass es keine christliche

Entscheidung im Sinne der Nächstenliebe war, die hier getroffen wurde.

Wir appellieren an den Kirchenrat, die Entscheidung noch einmal zu überprüfen und Frau ... und ihren beiden Kindern den Besuch der Kleinkinder-Gruppe zu ermöglichen.

Eine christliche Gemeinde sollte auch anderen Gesinnungen offen und tolerant gegenüberstehen und sich mit ihnen, wenn nötig, auseinandersetzen. Wir wünschen der Kindergruppe unter der Verantwortung der Kirchengemeinde ebenso viel Spaß, Freude und Harmonie, wie wir es mit unseren Kindern mit Frau ... erleben durften.

Die Mütter der bisherigen Spielgruppe unter der Leitung von
Frau ..."

Die schon fast logische Konsequenz dieser Entscheidung: Das Hausverbot hat einen Riss durch die ganze Gemeinde gezogen.

Immer wieder stellte ich mir die Frage: Wie gehen wir – die Gesellschaft – mit solch einem Thema um? Wer kann denn glauben, dass eine wie oben beschriebene Entscheidung eine Lösung oder Klärung bringt? Das Wort „christliche Nächstenliebe" bekam an Hand der Fülle solcher und ähnlich gelagerter Fälle einen schalen Beigeschmack.

Viertes Beispiel:

Das Mädchen, vier Jahre alt, hat im Kindergarten eine Freundin gefunden. Die Kinder wollten sich spontan besuchen. Mehrere Anfragen der Mutter wurden abgewiesen mit der Begründung: „Wir sind nicht da!" „Heute geht es nicht!" Oder: „Meine Tochter hat schon eine andere Freundin, die kommt!"

Daraufhin wurde das vierjährige Mädchen sehr traurig und bat die Mutter, ihre Freundin zu sich nach Hause einladen zu dürfen. Und wieder kamen Antworten wie: „Das geht nicht!" Das Ganze zog sich einige Wochen hin. Über den Kindergarten wurde dann herausgefunden, dass der Grund für die Isolation des vierjährigen Mädchens die Mitgliedschaft ihrer Mutter bei Scientology ist.

Die Nachrecherche ergab, dass es tatsächlich eine interne Absprache gab, zum Spielen kein Kind zu der Vierjährigen nach Hause zu lassen. Außerdem bestätigten die Erzieherinnen, dass die Vierjährige oft bitterlich geweint habe und einfach nicht verstehen konnte, warum sie niemand besucht und niemand zu ihr nach Hause kommen darf.

Fünftes Beispiel:

Den folgenden Fall konnte ich nur auf Grund detailgetreuer Angaben der Gegend in der er sich abspielte, recherchieren und hatte Glück, dass bei einer geschwärzten Stelle rein zufällig die ersten vier Buchstaben zu lesen waren. So konnte ich die Stadt ermitteln und fand nach vielen Mühen auch die Schule, die tatsächlich einen solchen Brief an die Eltern versandte. Auf Rückfrage bei der Schulleitung wurde mir gesagt, dass man die Eltern, beide Scientologen, immerhin im Vorfeld informiert hatte.

Der diesem Fall beigefügte Schriftverkehr sprengte meine Vorstellungskraft, denn der Brief der Schulleitung an die Eltern war folgendermaßen formuliert:

„Hiermit geben wir den Eltern der Klasse 2c bekannt, dass die Eltern von ... den Scientologen nahe stehen.

Schulleitung ..."

Laut Information der Schulleitung hat es auch ein Gespräch zwischen dieser Schulleiterin und dem Rechtsvertreter des zuständigen Oberschulamtes gegeben.

Die Argumentation beider war, dass sie dieses Schreiben im Interesse der Eltern, die Scientologen sind, herausgegeben hätten, „denn es sei viel besser, eine offene Kommunikation zu haben." Die Scientologen entschieden sich dann zum „Selbst-Outing", um den Faktor „Tratsch", wie ihn die Schulleiterin als Argument „befürchtete", einzudämmen. Die Schulleitung legte nach den vorliegenden Unterlagen dringend Wert auf Geschwindigkeit dieses „Selbst-Outings" und war sogar bereit, das Schreiben der Eltern in der Schule zu kopieren und am Nachmittag über die Schüler den Eltern weiterzuleiten.

Die Folge davon war, dass das Scientologen-Kind ab diesem Tag sofort isoliert wurde und Eltern ihren Kinder verboten haben, mit ihr zu sprechen oder zusammen zu sein.

Bei mehrfachem Nachhaken meinerseits wurde auch bestätigt, dass Häme und Spott gegenüber dem Kind häufiger in Erscheinung traten. Zum Beispiel ließ das Mädchen ein Stück Papier auf dem Schulhof fallen, worauf eine Mitschülerin gehässig meinte: „Das lernen die euch wohl in eurer komischen Religion, dass man Umweltverschmutzung macht."

Zum Schluss hatte die Kleine nur noch eine Freundin, die mit ihr Kontakt hielt. Eine kleine Türkin, deren Eltern den Inhalt des Briefes gar nicht lesen konnten und deshalb auch nicht verstanden.

Als ich den Fall nachrecherchierte, waren bereits fast vier Jahre vergangen, aber jeder in dieser Schule erinnerte sich an das „Scientologen-Kind". Und in manchen Gesprächen war durchaus herauszuhören, dass man diese „Solidarität des Ausschlusses" als „Sieg" registrierte. Umso mehr ich mich mit diesen Fällen beschäftigte, umso entsetzter wurde ich!

Sechstes Beispiel:

In diesem Fall wurde ein Junge aus einer Schule über das Outing der Eltern, die Scientologen sind, „entfernt"!

Beim Schulwechsel in die neue Schule war der Junge elf Jahre alt! Anfangs wurde er von seinen Mitschülern begeistert als männliche Verstärkung in der mädchenlastigen Klasse aufgenommen und integrierte sich sehr schnell in der Klasse.

Er schloss Freundschaft mit einem Mitschüler. Die beiden Jungs unternahmen auch viel gemeinsame Aktivitäten in ihrer Freizeit. Weshalb das Wort „Scientology" zwischen den Buben fiel, ist nicht mehr zu rekonstruieren.

Ab diesem Zeitpunkt jedoch dauerte es nur wenige Tage, bis der Freund dem Scientologen-Jungen erzählte, dass seine Eltern ihm verboten hätten, fortan mit ihm zu spielen oder auch nur ein Wort mit ihm zu wechseln. In der Folge führte das zu einer Zerstörung dieser so tiefen Freundschaft.

Durch die abrupte Kontaktsperre wurde auch dieser Junge innerhalb der Klasse sehr schnell isoliert.

Dass daraus Konfliktsituationen auch innerhalb der Klasse entstanden, bestätigt die damalige Lehrkraft. Einzelne Schüler lachten ihn aus und sagten ihm, „dass Scientologen im Grab liegen sollen und doof seien."

Da sich die Lehrkraft in diesem Augenblick klar auf die Seite des Scientologen-Jungen stellte, bekam sie anschließend nicht nur Vorwürfe von den Eltern, sondern sah sich sogar einem Disput mit ihrem Lehrerkollegium ausgesetzt.

Zuerst dachte ich tatsächlich bei jedem einzelnen Vorgang: Das ist ein Einzelfall.

Ich überlegte, ob es denn tatsächlich möglich ist, dass solche gravierenden Vorfälle in unserem Land kein Mensch bemerkt. Ich musste feststellen, dass in den meisten Schulgemeinschaften – es gehen ja teilweise mehrere hundert Schüler in eine Schule – über solche Vorfälle nur hinter „vorgehaltener Hand" kurzfristig diskutiert wurde und man dann zum Alltag überging.

Mit diesem Wissen versuchte ich in einer Lehrerkonferenz, zu der ich eingeladen worden war, einen Vorstoß zu wagen.

Ich kopierte eines dieser Beweismittel und las ohne eine Einleitung folgendes Schreiben der Schulleitung einer öffentlichen Grund- und Hauptschule vor:

„Liebe Eltern,
aus gegebenem Anlass möchte ich Ihnen mitteilen, dass Familie ... den Scientologen nahe steht.

Mit freundlichen Grüßen
... Schulleitung"

Völlige Verblüffung bei den anwesenden Lehrern, dass es so etwas gibt!

Auf meine Frage: „Wie hätten Sie denn jetzt reagiert, wenn Ihre Schulleitung ein solches Schreiben an die Eltern versendet hätte?", brauchte es verhältnismäßig lange, bis von Seiten der Lehrkräfte argumentiert wurde. Von „die Schulleitung hatte bestimmt einen Grund, ein solches Schreiben zu versenden ..." bis hin zu „... eventuell hoffte die Schulleitung, mit so einem Schreiben die Scientologen zu einem Umzug zu veranlassen, damit der Konfliktherd innerhalb der Schule beendet wird ..." und „... damit hat die Schulleitung sich abgesichert und deshalb alle informiert, dass man hinterher der Schule nicht den Vorwurf machen kann, wenn es mal zu einem Kontakt von Schülern zu Scientologen kommt" ... war alles vorhanden.

Auf meinen Einwurf: „Ich vermisse in Ihrer Runde den Anwalt des Kindes!" wurde es sehr ruhig. Ich weiß nicht, ob es mein Gesichtsausdruck war oder die aufkommende Schärfe in meinem Ton. Aber erst jetzt fingen die „Lehrer" an nachzudenken, weshalb ich diesen Brief überhaupt vorgelesen hatte.

Aber, wie bereits gesagt: Umso mehr ich Einzelfällen hinterher recherchierte – immer getragen von der Hoffnung, Entlastungsmaterial zu finden – umso weiter geriet ich in den Sumpf von Oberflächlichkeit, „Diskriminierung als Normalität", Ausgrenzung von Kindern usw. Die Palette der Aussagen, die ich in der Nachrecherche erlebte, reichte von „Entsetzen" bis „Stolz" über diese Ausgrenzungen in den für mich mehr als seltsamen Auseinandersetzungen.

Schutz oder Boykott

Es war einer dieser Vorträge im Bundesministerium für Wirtschaft vor Sicherheitsbeauftragten aus der Wirtschaft und Industrie. Und es ging wieder einmal die Frage „Wie gehe ich mit dem Thema Scientology in Unternehmen um?"

Während meiner mehrjährigen Dozententätigkeit fiel mir immer wieder auf, wie schwer sich Firmen mit dem Thema Scientology tun, vor allem auf Grund einer fehlenden Rechtsgrundlage.

Wie sage ich meinem amerikanischen Geschäftspartner, dass wir in Deutschland Gefahr laufen, verschiedentlich Aufträge nicht zu erhalten, wenn ein Mitglied von Scientology im Unternehmen „geoutet" wird? Auf einen Nenner gebracht: Es ist einem amerikanischen Geschäftspartner schlichtweg nicht zu erklären, so die übereinstimmende Auskunft aus Wirtschaftskreisen.

Aus diesem Problemfeld heraus ergab sich dann auch diese Grauzone, mit der man sich arrangierte. Die einen sagen: „Augen zu und durch“; die anderen tun nur so, als ob sie sich mit diesem Thema auseinandersetzen würden und wären heilfroh, wenn es endlich einmal vom Tisch wäre.

Dass hier nicht nur einiges, sondern alles schief gelaufen ist, zeigen doch die tatsächlichen Vorgänge und Probleme, die Unternehmen in Deutschland immer wieder bekommen.

Da geht ein Aufschrei von kirchlichen Sektenbeauftragten durch die Republik wegen eines Computerprogramms der Firma Microsoft, das in Zusammenarbeit mit einem Scientologen entstanden ist. Die Angst, dass durch dieses Programm Informationen an Scientology fließen könnten, stand nicht nur im Raum, sondern – dank den Sektenbeauftragten – auch in den Zeitungen. Es liegt in der Natur der Sache, dass jeder Amerikaner solche Schlagzeilen als „Boykott-Aufruf“ versteht.

Es kommt sogar hier wieder zu einer Gegenbewegung: So gibt es einen Mitarbeiter aus der Führungsriege eines Konzerns, der vom amerikanischen Mutterkonzern die Anweisung erhalten hat, dass jeder, der in der Firma von einem anderen eine so genannte „Schutzerklärung“ abfordert, fristlos gekündigt werden soll.

Übrigens, damit hier keine Missverständnisse entstehen, es handelt sich hierbei nicht um eine Kleinfirma mit einem Scientologen als Inhaber, sondern um einen internationalen Konzern, dessen amerikanische Mutterfirma Gesinnungsschnüffelei nicht duldet und dies den deutschen Führungskräften auch mitteilen ließ.

Allein an diesen beiden Beispielen ist der Spagat zu erkennen, zu dem die Industrie auf Grund der völlig aus dem Ruder gelaufenen Aufklärung gezwungen wird.

Episoden am Rande
„Kommen's mal nach München“

Dass ich die Einladung nach München annahm, hat eine Vorgeschichte.

„Wir wollen halt g'scheit was machen!“

Die Frau am anderen Ende der Leitung wurde am 15. März 2002 in der Münchener Abendzeitung als „pink, kreischend und auf allen Hochzeiten tanzend“ bezeichnet. Dieses Bild haben viele Menschen von Petra Perle: Sie ist überall, steckt ihre Nase in „Schlager“ wie die „schwule Szene“, kümmert sich um Politik, Antisekten-Demos und steht gerne lautstark im Mittelpunkt. Als „eine Münchenerin mit viel Ideen“ wird sie mit ihrem kreativen Tagebuch im Internet vorgestellt. Das ist die Karin Kümpfel alias Petra Perle, gelernte Goldschmiedin, die nun „unbedingt“ mit mir reden möchte.

Das Telefonat hatte der Sektenbeauftragte Bräuer des Polizeipräsidiums München organisiert. Sein vorheriger Anruf beinhaltete die Information, dass Petra Perle seit Tagen versuchen würde, mich telefonisch zu erreichen. Sie wolle einen Verein gründen und gegen Scientology vorgehen. Petra Perle war mir persönlich völlig unbekannt. Irgendwann im Frühsommer 2001 hatte sie eine Veranstaltung in München gegen Scientology organisiert. Irgendwo in „ihrem Revier“, wie sie es nennt, fand in einem Auktionshaus eine Ausstellung von und über Scientology statt. Petra Perle informierte mich damals telefonisch, „dass Anwohner eine Demo planten“ und bat mich um Unterstützung.

Zum damaligen Zeitpunkt befand ich mich bereits mitten in der Recherche über die vielen Widersprüche, die es zum Thema Scientology gab.

Mir fiel auch auf, dass sich gerade zum Zeitpunkt der Ausstellung die Leute in dieser Gegend für das Thema zu interessieren begannen und sogar per Anzeige eine Demo gegen Scientology veranstalten wollten. Wo waren diese Anwohner eigentlich in den letzten dreißig Jahren? Scientology hat in dieser Gegend bis zum Zeitpunkt der Ausstellung niemanden gestört.

Im Jahr 2001 hatte ich bereits zehn Jahre lang versucht, ein gesellschaftspolitisches Thema rechtsstaatlich klären zu lassen. Eine Demo, weil es nun gerade „den eigenen Gartenzaun betrifft", war nicht mein Ding. Die Ungereimtheiten in der Scientology-Debatte versuchte ich weiter zu hinterfragen und vergaß die ganze Angelegenheit.

Als ich nun im Jahr 2002 den Anruf des Sektenbeauftragten des Polizeipräsidiums München erhielt, war ich zunächst überrascht. Seine Vermittlungstätigkeit klang so, als wäre es wirklich ganz wichtig, mich mit Petra Perle in Verbindung zu setzen. Was noch an demselben Tag geschah. Sie erzählte mir von der Demo 2001. Von Journalisten wusste ich, dass ca. 35 Personen dem Aufruf gefolgt waren.

Nun, knapp zehn Monate später, erklärte mir Petra Perle am Telefon, „dass es so nicht mehr weitergehe." Sie gehöre zur „Ausgeh-Club-Szene" und selbst in Promi Lokalen würde man jetzt bereits Scientologen treffen. Außerdem würde eine Band am Marienplatz – einem großen Platz in Münchens Fußgängerzone – spielen und auch versuchen, in verschiedene „Clubs hineinzukommen".

Und sie, Petra Perle, sei der Überzeugung, dass diese damit einen Schritt zu weit gegangen seien. Erst jetzt bemerkte ich, dass sie mir gesagt hatte, dass auch sie in Clubs auftreten würde. Umso mehr sie sich ereiferte, umso klarer wurde mir, dass hier ja auch ein gewisses Konkurrenzdenken vorherrscht.

„Überall watschen sie sich rein", sagte sie, „Und wenn man dann erwähnt, das sind Scientologen, die musst du sofort rausschmeißen, wird man angeschaut, als sei man von einem anderen Stern." Spätestens hier war klar: Hinter dieser Aktion steckt ein anderes Motiv als sich mit dem Thema Scientology auseinander zu setzen.

So kam ich auf die Frage, weshalb sich der Sektenbeauftragte des Polizeipräsidiums München extra bemühte, diesen Kontakt zwischen ihr und mir schnellstmöglich herzustellen. Petra Perle meinte dazu mir gegenüber, dass sie mit zwei anderen Personen zum Sektenbeauftragten des Polizeipräsidiums München Kontakt aufgenommen hatten, um zu erfahren, „was man denn nun gegen Scientology tun könnte." Laut ihrer Aussage soll der Beamte erklärt haben, dass „die Regierung sich zurück hält, weil es ja nur 8.000 registrierte Scientologen in Deutschland gibt."

„Wir wollten aber, dass endlich was vorwärts geht gegen Scientology!", so Perle. Es klang nach überschüssiger Energie. Nachdem sie mich über den Gesprächsverlauf mit dem Beamten informiert hatte, fragte ich mich, wie wohl diese Energie gezielt eingesetzt werden soll. War sie nicht auf Grund ihrer Öffentlichkeitsarbeit ein „Zugpferd", um das Thema wieder in die Schlagzeilen hochzuziehen?

Wie sonst könnte man den „Ratschlag" des Sektenbeauftragten verstehen? Er bezog wohl einerseits die Position, dass Scientology von Seiten der Regierung zur Zeit uninteressant sei. Zeitgleich nennt er aber einen Anwalt und einen Paragraphen, mit dem man eventuell über einen Verein einen Verbotsantrag gegen Scientology lancieren könnte.

„Wenn das alles so ist, wie der Beamte es Ihnen erläutert hat, stellt sich mir doch die Frage, weshalb er einen solchen Antrag nicht selber stellt? Wieso nennt er gerade einen Anwalt, der eng mit dem Innenministerium in München zusammen arbeitet?" Diese Frage konnte sie auch nicht beantworten. Und wieder hatte ich es, dieses Déjà-vu-Erlebnis.

War es nicht Anfang der neunziger Jahre genauso bei mir? Von Behörde zu Behörde wurde mir laufend geraten, wie ich das Thema in die Öffentlichkeit ziehen könnte. Denn nur durch öffentlichen Druck könne man „auch dann von staatlicher Seite etwas unternehmen." Nur: was wurde unternommen? Planstellen wurden geschaffen, Sektenbeauftragten-Stellen gefestigt. Der Verfassungsschutz bekam ein neues Beobachtungs-Objekt. Aber: Sie wissen jetzt, was kommt, lieber Leser: Geklärt ist nichts!

Es ärgerte mich maßlos, dass hier ein Beamter im Polizeipräsidium München auf einer gesicherten Position sitzt, juristisch von der Behörde gedeckt und Ratschläge gibt, die von Anfang an zum Scheitern verurteilt sind. Das volle Risiko würde an Petra Perle und ihren Mitstreitern hängen bleiben. Und wenn es nach Bräuer ginge, auch an mir. Er könnte sich dann aus seiner gesicherten Position heraus zurücklehnen. Und wenn der von ihm in Gang gesetzte Karren dann an der Wand landen würde, wäre ich zu jeder Wette bereit, „dass er seine Hände in Unschuld waschen würde." Was wäre nach außen gewonnen? Wer wäre jetzt der Gewinner?

Die einfache Variante: Der Anwalt kann sich nach außen profilieren. Die ganze Angelegenheit bekommt wieder eine öffentliche Brisanz. Die Planstellen sind damit gesichert. Der Verfassungsschutz kann seine Position der Beobachtung rechtfertigen. Hunderte von Leuten sehen hinter jedem Baum einen Scientologen, rennen zu Beratungsstellen, diese verweisen wiederum an den Anwalt, der damit sein Klientel aufstocken kann. Scientology als Produkt?

Petra Perle's „Jetzt muss man doch mal was unternehmen!" klang in meinen Ohren nach. Ich versuchte, sie mit Fallbeispielen zum Nachdenken zu bewegen.

„Frau Perle, stellen Sie sich einmal vor, irgend jemand kommt auf die Idee, dass ihm die Farbe Rosa nicht gefällt (Rosa ist die Lieblingsfarbe von Petra Perle). Lassen Sie uns einmal ein ganz verrücktes Szenario durchspielen: Also, jemand mag die Farbe Rosa nicht. Er sucht jemanden, der das Ganze in der Öffentlichkeit thematisiert. Und auf einmal wird Jagd gemacht auf alles, das rosa ist." Ich erinnerte sie an die Szene, in der sie verkehrt: „Schwule und Lesben." Sollte nicht gerade sie verstehen, was hier passiert? Ich wollte ihr klarmachen, was es mit dem Ansinnen eines Beamten auf sich hat, aus seiner sicheren Position eine Bürgerin dazu zu bewegen, auf eigenes Risiko eine Verbotsklage in Gang zu setzen, die von vornherein zum Scheitern verurteilt ist. Denn wenn sie es nicht wäre, hätte es ja wohl der Beamte selber in Gang bringen können. Dass wir uns so mit „Sieben-Meilen-Stiefeln in Richtung Polizeistaat" entwickeln. Und danach ist es eben zum Willkürstaat nicht mehr weit.

Um ganz sicher zu sein, wollte ich noch mit den Personen reden, die an diesem „Beratungsgespräch" beim Sektenbeauftragten des Polizeipräsidiums München anwesend waren. Ich hoffte immer noch auf einen Irrtum. So fuhr ich eines Nachmittags nach München und traf mich dort mit mehreren Leuten, um diese Situation zu diskutieren.

Übrigens: Die beiden anderen, die beim Gespräch dabei waren, bestätigten den „Ratschlag" des Sektenbeauftragten.

Wir saßen in einem Gastraum eines Restaurants mit Hotelbetrieb. Die Inhaber des Hotels hatten sich auch an der Demo gegen die Scientology-Ausstellung beteiligt. Mir wurde gesagt, dass der Chef dieses Hotels auch gerne mit mir gesprochen hätte, er befinde sich jedoch gerade mit seinem Partner auf Hochzeitsreise. Als mir einer der Angestellten erzählte, dass die angereisten Scientologen aus dem Ausland bei ihnen im Hotel übernachteten, musste ich einfach nur noch lachen. Mein Hinweis, „ob der Chef und die Angestellten, die gegen die Vermietung der Räume an Scientology demonstriert haben, nun auch gegen sich selber eine Demo veranstalten“ würden, traf ins Schwarze. Das war auch der Moment, an dem ich den Eindruck hatte, dass sie erkannten, in welcher Lage sich diese „Aufklärung“ in unserem Land befindet. Übrigens habe ich selbst den Sektenbeauftragten des Polizeipräsidiums München angerufen, er ruderte zurück als ich ihn auf sein Ansinnen gegenüber Frau Perle ansprach. Er wollte ja nur „das sie sich mal juristisch erkundigen“!

Zur Zeit meines Anrufs wurde im Polizeipräsidium auch noch darüber debattiert, ob der Beamte Bräuer im Haushalt 2003/2004 von der Besoldungsstufe A9/11 auf A11/12 hoch gestuft werden soll. Ja, Leistung kostet, auch in Bayern!

Laut einem Artikel im Magazin „Kriminalistik“ (11/99) bezieht Harry Bräuer die meisten seiner „Informationen“ übrigens von „Weltanschauungsbeauftragten der Kirchen“! Diese sind aufgrund ihrer Position in einer der beiden Großkirchen von vorne herein aber sicher nicht neutral. Damit macht sich Harry Bräuer zum Sprachrohr und Multiplikator der kirchlichen „Sektenpolitik“. Angesichts einer solchen Arbeitsweise ist auch das ein Skandal, den man einfach akzeptiert.

SZENENWECHSEL: Hamburg und seine Beauftragte

Staatliche Sektenbeauftragte

Das Bühnenbild zeigte im Jahr 1992 emsige Geschäftigkeit weit über die Landesgrenzen von Baden-Württemberg hinaus, um das Thema Scientology in staatlichen Organen zu etablieren. Landläufig nennt man das: „gesicherte Planstellen"!

Am Fallbeispiel Hamburg sieht man deutlich die „Feigenblatt-Politik", die sich von politischer Seite dahinter verbirgt. Ansonsten wäre die Leiterin der „Arbeitsgruppe Scientology" längst nicht mehr im Amt und schon gar nicht in Würden! Das Ganze klingt mehr nach einem staatlichen Patentrezept, mit dem man mehrere Fliegen mit einer Klappe schlagen kann. Über eine solche Planstelle wird ein Feindbild etabliert, ohne dass der Staat sich mit juristischen Erklärungen auseinandersetzen muss. Der Bevölkerung wird suggeriert: Hier gibt es etwas Schlimmes, aber wir haben das ja alles im Griff, „siehe Planstelle"!

Der Fall Hamburg zeigt die Situation in der Realität. Eine damalige SPD-Abgeordnete Ursula Caberta y Diaz bringt sich über eine Anzeige gegen Scientology – ohne ein einziges Beweismittel – in die Öffentlichkeit. Auf der Grundlage der die Strafanzeige begleitenden Medienkampagne wird vom damaligen Innensenator Hackmann eine fest integrierte Planstelle – die „Arbeitsgruppe Scientology" – eingerichtet. Caberta wird zur Leiterin der Arbeitsgruppe ernannt. Die Anzeige wird nach mehreren Jahren, erfüllt von kostenintensiver Recherche, von der Staatsanwaltschaft eingestellt.

Diese „Arbeitsgruppe Scientology in Hamburg" bewegt sich auch weiterhin am Rande der Legalität und die Leiterin hat diese Grenze bereits überschritten.

Wie kam es dazu? 1992 gab es in der schleswig-holsteinischen Kleinstadt Hoisdorf und im Hamburger Stadtteil Eppendorf Bedenken einzelner Bürger, nachdem ein Scientologe eine Immobilie erworben hatte. Die kirchlichen Sektenbeauftragten agierten in diesem Konflikt hinter den Kulissen mit, so dass aus Unsicherheit eine regelrechte „Anti-Scientology-Initiative" gemacht wurde, anstatt einen Dialog zu fördern. Die damalige Bürgerschafts-Abgeordnete der SPD, Ursula Caberta, nahm diese Auseinandersetzung zum Anlass, sich politisch zu profilieren. So entstand eine Strafanzeige gegen Scientology von Seiten Ursula Cabertas wegen des Verdachts der „Bildung einer kriminellen Vereinigung". Dieser Vorgang wurde im „Spiegel" publiziert. Der ermittelnde Staatsanwalt hielt sich an rechtsstaatliche Gepflogenheiten und forderte Beweismittel zu der Anzeige von Caberta ein.

Über diese Bedrängnis kam es zum Kontakt zu mir. Caberta berief sich damals auf die von mir dem Justizministerium in Stuttgart zugeleiteten Einzelfälle, die ich dort zur juristischen Prüfung abgegeben hatte. Es waren exakt die Beweismittel, die zur Thematisierung in der besagten ersten und einzigen Justizminister-Konferenz zum Thema „Scientology" wurden. Nur: Meine Einwände gegenüber Caberta, dass meine zusammengetragenen Fakten ausschließlich die Aussagen von einzelnen Personen und deren Sichtweisen im Kontakt mit Scientology aufzeigen und man daraus keine Anzeige wegen „Organisierter Kriminalität" ableiten kann, hörte sie nicht. Caberta organisierte dennoch eine Pressekampagne nach der anderen und ließ einzelne Personen in Hamburg vor der Presse jeweils „ihre Geschichte" erzählen. So entstand ein enormer öffentlicher Druck, dem der damalige Innensenator Hackmann mit dem Etablieren der Planstelle „Arbeitsgruppe Scientology im Innensenat Hamburg" nachgab.

Meine Rolle hinsichtlich des Personenkreises, der sich damals bei mir meldete, ist schnell erzählt. In dieser Inszenierung waren wir als „willige Aktivisten" von der Politikerin Caberta schlichtweg für ihre eigene Existenzsicherung missbraucht worden. Das Ganze wurde von der Bürgerschaft Hamburg damals auch zu Wahlkampfzwecken ausgenutzt. Dass Caberta in ihrer damaligen propagandistischen Anzeige gegen Scientology wegen „Bildung einer kriminellen Vereinigung" keinerlei Beweismittel vorlegte, wurde in politischen Kreisen gar nicht wahrgenommen, denn das Thema war 1992 nicht nur in Baden-Württemberg, sondern auch in Hamburg als „öffentlichkeitswirksame Public Relation" registriert.

Meine Unterstützung der Politikerin Caberta bis hin zu ihrem Ziel, eine Expertenstelle im Innensenat Hamburg einzurichten, war, wie in Baden-Württemberg, getragen von dem Wunsch auf Klärung im rechtsstaatlichen Sinn.

Cabertas Wunsch nach Klärung war sehr einseitig. Er galt ausschließlich ihrer sicheren Positionierung im Innensenat Hamburg. Als der damalige Innensenator Hackmann auf einer Senatssitzung am 11. August 1992 die Bereitschaft zu einer solchen Planstelle bekundete und die „Arbeitsgruppe Scientology" mit vier Mitarbeitern ausstattete, war Cabertas Ziel erreicht. Caberta legte ihr Mandat als Bürgerschafts-Abgeordnete nieder und übernahm die Leitung der Arbeitsgruppe.

Die Gründe, weshalb innerhalb der SPD begrüßt wurde, dass Caberta ihr Bürgerschaftsmandat niederlegte, wurden nie hinterfragt. Dass diese Planstelle im Innensenat Hamburg ein geschickter politischer Schachzug war, um einerseits ein „SPD-Problem" in der Person „Caberta" in den Griff zu bekommen und andererseits in der Außenwirkung einen geschickten wahltechnischen Schachzug zu machen, steht für mich heute fest. Denn die Erwartungen von Senator Hackmann, die als Pressemitteilung am 8. September 1992 an die Medien gingen, wurden bis heute nicht erfüllt.

Senator Hackmann forderte unter anderem: „Es wird jetzt darauf ankommen, dass sich die vom Senat bereitgestellte Arbeitsgruppe etabliert und Informationen über Praktiken, Einflüsse und Ausbreitung der Scientology-Church in Erfahrung bringt und bewertet. Nur dann wird sie konkrete Handlungslinien aufzuzeigen haben."

Die konkreten Handlungslinien sind seit zehn Jahren nicht erfolgt. Stattdessen wurde 2001 die Position der „Arbeitsgruppe Scientology" ausgeweitet und Caberta zur staatlichen Sektenbeauftragten gemacht. Wer an der Oberfläche dieser Arbeitsgruppe kratzt, wird die Luftnummer, die dahinter steckt, sehr schnell erkennen. Warum eben niemand kratzt und diejenigen, die kratzen, Probleme bekommen, zeigt ein weiterer Akt in dem Schauspiel „Inszenierter Rechtsstaat".

Offener Brief von Renate Hartwig an den Hamburger Innensenator Wrocklage und die Arbeitsgruppe Scientology

Offener Brief an die
Behörde für Inneres
Innensenator Wrocklage
c/o Arbeitsgruppe Scientology
Johanneswall 4
D-20095 Hamburg

12.02.2001

Sehr geehrter Herr Innensenator Wrocklage,
sehr geehrte Damen und Herren Mitarbeiterinnen der Arbeitsgruppe,

in der Anlage die Urteile mit Aktenzeichen, die auf Ihrer zur Zeit in Arbeit befindlichen Internetseite der Vollständigkeit wegen auf keinen Fall fehlen dürfen.

Ich denke, es ist Ihrer Behörde evtl. angenehmer, diese rechtskräftigen Urteile gegen die Amtsleiterin Caberta selbst zu veröffentlichen. Wie ich aus Ihrer Aussage – nach Carlo Schmid von 1949 – auf der Homepage-Frontseite erkennen kann, teilen Sie mit mir die Auffassung der „wehrhaften Demokratie“. Daraus schließe ich, dass auch Ihrem Amt bewusst ist, dass die Öffentlichkeit ein Recht darauf hat, von diesen rechtskräftigen Urteilen gegen die Amtsleiterin Caberta zu erfahren. Da Frau Caberta sehr medienfreundlich ist, würde ich es begrüßen und hätte vollstes Verständnis dafür, wenn sie als Amtsleiterin die Veröffentlichung der gegen sie ergangenen Urteile auch selbst per Pressemitteilung bekannt machen würde. Ihre engen Beziehungen zu einzelnen Journalisten sind ihr dabei sicherlich hilfreich.

Wie Sie sicher wissen, werde ich aufgrund meiner Publikationen von Behörden, Ämtern sowie von Ministerien als Anlaufstelle für Informationen genannt. Um die Öffentlichkeit umgehend, schnell und umfassend über die von mir beigefügten Gerichtsunterlagen zu informieren, haben Sie die Möglichkeit – zur Entlastung Ihrer Dienststelle – folgendes als PDF- oder Text-Datei bei mir abzurufen.
1) In vollem Umfang das rechtskräftige Urteil, das gegen Ihre Amtsleiterin im Verfahren Caberta gegen das ZDF beim LG Hamburg ergangen ist,

2) Rechtskräftige Urteile vom LG und OLG Düsseldorf, ergangen gegen Rechtsanwalt Dr. F. wegen der von ihm übernommenen Aussagen von Frau Caberta,
3) Ebenfalls in vollem Umfang, die rechtskräftigen LG- und OLG-Urteile, aus dem einstweiligen Verfügungs- und Hauptsacheverfahren Hartwig gegen Caberta,
4) Eine Unterlassungserklärung vom Januar 2001, in deren Zusammenhang der Name Caberta als Quelle der beanstandeten Aussagen genannt wurde,
5) Sowie eine am 31. Januar 2001 ergangene einstweilige Verfügung, die im Zusammenhang mit den bereits verbotenen Aussagen der Amtsleiterin Ursula Caberta stehen.

Abschließend möchte ich Ihnen, meine Damen und Herren, dafür Respekt zollen, falls es Ihnen gelingen sollte, die hier aufgeführten Urteile mit den entsprechenden Begründungen des Gerichtes auf Ihrer Webseite zu veröffentlichen. Das wäre tatsächlich ein gemeinsamer Erfolg in der offensiven Aufklärung – schon um der Sache wegen. Denn immerhin spiegelt sich in den aufgeführten Urteilen, vor allem in den Begründungen, eine Betriebsamkeit der Amtsleiterin Ihrer Arbeitsgruppe wider, von der die Öffentlichkeit viel zu wenig weiß! Denn nur dem Engagement der Amtsleiterin Caberta ist es zu verdanken, dass die Problematik Ihrer Dienststelle öffentlich wird. Da die Öffentlichkeit ein Recht auf Information hat und diese Urteile mit Ihrer Dienststelle durch Frau Caberta verschweißt sind, bietet sich nichts Besseres als Ihre Internetseite als Informationsquelle an – Aufklärung, wie dies der/die BürgerIn von einem engagierten Senat für Inneres erwarten kann. Sicher wird auch eine genaue und detaillierte Urteils-Veröffentlichung von den Lesern Ihrer Webseite dementsprechend registriert.

In Erwartung Ihrer Antwort bzw. Entscheidung verbleibe ich

mit freundlichen Grüßen
gez. Renate Hartwig

In der Anlage informierte ich Innensenator Wrocklage über die damals mehrfach ergangenen Urteile gegen Ursula Caberta, die inzwischen allesamt rechtskräftig wurden (Landgericht Hamburg, Az. 324-510/99, Landgericht Düsseldorf, Az. 12 0 301/1997, Oberlandesgericht Düsseldorf, Az.15 U 193/ 97).

Aufgrund von Verleumdungen durch Caberta kam es noch zu weiteren Prozessen, über die Innensenator Wrocklage ebenfalls in Kenntnis gesetzt wurde, z.B. gegen Rechtsanwalt Dr. Reiner F. Der Anwalt, der selbst seine enge Zusammenarbeit mit Frau Caberta unterstreicht, wurde verurteilt, da er nach der Verurteilung von Frau Caberta deren bereits verbotene Behauptungen gegen mich weiter verbreitete (Landgericht Az. 12 0 410/ 98). Rechtsanwalt F. legte beim OLG Düsseldorf Berufung gegen das Urteil ein. Es kam zur mündlichen Verhandlung. Frau Ursula Caberta trat als Zeugin des RA F. beim OLG auf.

Das Landgerichtsurteil wurde am 19. Januar 2000 in vollem Umfang beim OLG Düsseldorf unter Aktenzeichen 15 U 82/ 99 bestätigt. Sämtliche Kosten wurden dem Beklagten RA F. auferlegt. Um die Kosten vom Beklagten Dr. F. erstattet zu bekommen, mussten meine Anwälte weitere juristische Schritte einleiten.

Vor dem Landgericht Düsseldorf wurde unter Aktenzeichen 12 0 547/00 noch eine weitere Person wegen Verletzung des allgemeinen Persönlichkeitsrechtes verurteilt. Zum Verfahren kam es, da der Angeklagte die verbotenen Caberta-Äußerungen im Dezember 2000 in das Internet setzte.

Eine weitere Klage vor dem Landgericht Düsseldorf wurde im Januar 2001 notwendig, als ein mir völlig unbekannter Dr. N.-B. aus Bayern Lügen über mich verbreitete. Als Quelle gab er „die Sektenbeauftragte der Stadt Hamburg“ Ursula Caberta an. Dr. N.-B. unterzeichnete kurz vor dem Prozess eine Unterlassungserklärung.

Die Welle der Verfahren, deren eigentlicher Ursprung immer wieder Caberta war, ging weiter. Gegen den besagten Rechtsanwalt Dr. F. musste ich ein weiteres Mal juristisch vorgehen, da er laut OLG Düsseldorf Az. 15 W 22/02 mein Persönlichkeitsrecht schwerwiegend beeinträchtigt hatte. Auch das in dieser Sache vorangegangene LG Urteil 12 0 389/ 01 ist rechtskräftig.

Alles, was ich in dieser Szene erlebt habe, sprengt jegliches Vorstellungsvermögen eines Außenstehenden. Vielleicht auch deshalb, da man sich immer nur mit diesen Schlagzeilen beschäftigt und die Position eines Sektenbeauftragten und Beamten eben doch ein Schutzschild bedeutet.

Ein Parteiaustritt, der viel offenbart

Das Hamburger Abendblatt titelte 4 Tage vor der Hamburger Bürgerschaftswahl 2001: „ZORN – Ursula Caberta aus der SPD ausgetreten. Leiterin der Scientology-Arbeitsgruppe wirft der SPD vor, frühe Warnungen vor radikalen Islamisten ignoriert zu haben."

Kalt und ohne Ankündigung erwischte es nun auch die Hamburger SPD-Genossen, die Caberta trotz ihrer Eskapaden und Machenschaften viele Jahre lang im Schoss der Partei schützten. Aber irgendwann klappte es nicht mehr, wie sie sich das vorgestellt hatte. Denn nachdem „ihr Hartmuth", wie sie den zurückgetretenen Innensenator Wrocklage nannte, politisch nicht mehr zu halten war und durch den SPD-Vorsitzenden Olaf Scholz abgelöst wurde, pfiff Caberta ein neuer Wind ins Gesicht. Es war nicht mehr so leicht, ihr Amt als Schutzschild zu missbrauchen. Die Presse erfuhr von den von ihr und ihrem Hilfstrupp zwar geschickt vertuschten jedoch bereits rechtskräftigen Urteilen gegen sie.

Und der Obergerichtsvollzieher klopfte wieder einmal bei der Behörde an, um bei Caberta offene Anwalts- und Gerichtskosten einzutreiben. Das Gericht stellte der zuständigen Behörde eine Gehaltspfändung für Cabertas Endlohn zu. Jetzt musste sie Farbe bekennen. Es langte nicht mehr, nur zu bezahlen. Und sie konnte auch diesmal nicht die Scientologen verantwortlich machen. Denn sie wurde wegen falscher Tatsachenbehauptungen und ihrem Handeln rechtskräftig verurteilt. Das alles hat nichts mit Scientology oder Scientologen zu tun gehabt, sondern einzig und allein mit ihren Vorgehensweisen. So wurde es immer enger. In der Behörde des Inneren in Hamburg fingen selbst die treuen Genossen an, lauter über die Vorgänge und Zustände im Büro der Amtsleiterin Caberta zu reden.

Auch wenn ihr Mitarbeiter H. sich bemühte, z.B. für sie telefonisch abzuklären, weshalb der Obergerichtsvollzieher wieder einmal zum Pfänden erschien und man ihre Abwesenheiten vom Dienst noch leise murrend ertrug: Es klappte nicht mehr so richtig, den Teppich, unter den man so vieles kehrte, unten zu halten. Und immer, wenn es für sie eng wird, macht Caberta eine Flucht nach vorn. Wie 1992, als sie in der Partei durch ihre Herrschsucht umstritten war und sie ihre Dienststelle als Existenzgrundlage anvisierte. Bereits da tuschelten die Genossen: „Sie geht über Leichen und kennt nur sich."

Publicity als Waffe einzusetzen, das verstand sie schon immer. Die Planstelle im Innensenat, der sie bei Drucklegung 1.7.2002 noch vorsteht, organisierte sie genauso generalstabsmäßig wie ihren theatralischen Austritt aus der SPD. Die Widersprüche dieser neuerlichen Caberta-Show sind mit Händen zu greifen.

In einer von mir im Frühjahr 2001 bei der Hamburger Bürgerschaft eingereichten Dokumentation über Caberta stand bereits auf Seite 38, dass Caberta einen Coup gegen die SPD plant, indem sie ihren Austritt auf einer Pressekonferenz im Juli 2001 bekannt geben wollte. Caberta plante eine Pressekonferenz in Hamburg. Die Pressekonferenz platzte, weil sich ein Unternehmer zurückzog, als er hörte, was da alles im Argen liegt. Zornig reagierte Caberta auf die Absage des Unternehmers und sagte ihm, dass sie ihren Austritt aus der SPD an genau dieser Pressekonferenz mit ihm als „PR-Bombe" platzen lassen wollte und er dies durch seine Absage vereiteln würde. Nun musste ein neuer Grund gefunden werden, um die von ihr angestrebte Täuschungs- und Vernebelungsmaschine neu anzuwerfen. Denn die Zeit drängte, ihre jahrelang vertuschten Vorgänge und Verstrickungen sickerten Stück für Stück in die Öffentlichkeit durch. Und sie fand einen Grund, um ihren SPD Austritt zu vermarkten: Das Attentat vom 11. September und die von den US-Behörden gefundenen Spuren nach Hamburg. Dies nutzte Caberta schamlos als Aufhänger für ihre PR-Show aus. Und einmal mehr ließ sie die Öffentlichkeit über die Medien desinformieren, indem sie eiskalt suggerierte, dass gerade der Anschlag in USA mit ein Auslöser für ihre Austrittsentscheidung war.

In einem zweiseitigen Brief an den SPD-Landesvorstand nannte die 52 Jahre alte ehemalige Bürgerschafts-Abgeordnete (1986–1992) vor allem drei Gründe für ihren Austritt: „Die Tendenz der Hamburger SPD zu einer Kaderorganisation, die Unfähigkeit der SPD, eine Schill-Partei zu verhindern und die Gleichgültigkeit, mit der die SPD-Führung auf frühzeitige Warnungen vor radikalfundamentalistischen Personen und Gruppen reagiert hat. Dass ausgerechnet in Hamburg Drahtzieher der Terroranschläge in den USA völlig ungestört leben und möglicherweise ihre Taten vorbereiten konnten, ist für mich ein unerträglicher Gedanke."

Bei ihrem ersten geplanten und dann geplatzten PR-Gag im Juli 2001 musste es ja dann wohl andere Gründe gegeben haben. Wenn ihr „unerträglicher Gedanke" die Aufdeckung ihrer über Jahre praktizierten Vorgehensweisen war, dann kommt das der Wahrheit näher.

Vielleicht hat sie sich unbewusst auch selbst gefragt, warum der Verfassungsschutz nach eigenem Bekunden personell und finanziell nicht in der Lage war, radikale Islamisten ins Visier zu nehmen. Trug sie doch selbst die Mitverantwortung dafür, dass die Schlapphüte in Kompaniestärke bundesweit und über Jahre einer Fata Morgana mit Namen „Scientology“ nachliefen und terroristische Planungen in Hamburg nicht wahrgenommen haben. Ein wahrlich unerträglicher Gedanke.

Don Quichotte Scholz jedenfalls hatte wenig Zeit zur Wahrheitsfindung. Er und seine Partei wurden im Herbst 2001 von den Hamburger Bürgern aus der Regierung gewählt. Nach der Übernahme des Hamburger Innenressorts durch Richter Schill Ende 2001 wird es noch spannend werden um die Zukunft der Ursula Caberta.

Feuchtfröhliche Runde und der verschwiegene Vorgang

Ob Innensenator Schill überhaupt von dem Vorfall weiß, den die Spatzen von den Dächern pfeifen?

Wie er wohl als Richter geurteilt hätte, wenn ein Mitarbeiter der Arbeitsgruppe Scientology vom Innensenat Hamburg wegen gefährlicher Körperverletzung vor ihm gestanden hätte? Wir werden es nie erfahren. Denn heute ist er Innensenator und der oberste Dienstherr dieses Mitarbeiters.

Aber weshalb die Spatzen aktiv wurden, das wissen wir. Anlass waren ein paar Möwen, die sich in Hamburg verflogen hatten. Sie machten Rast in einem spanischen Lokal und wurden Zeugen eines Gespräches, das in einer feuchtfröhlichen Runde statt fand. Es ging um ein Vorkommnis, das die Arbeitsgruppe Scientology in Hamburg betrifft. Gegen einen Mitarbeiter dieser Dienststelle wurde wegen schwerer Körperverletzung ermittelt. Er hatte einen Scientologen tätlich angegriffen. Das Verfahren wurde am 10. April 2002 vom Amtsgericht Leipzig nach § 153 a mit einer Zahlung von 460 Euro an eine gemeinnützige Einrichtung eingestellt. Juristisch heißt das: Der Senatsmitarbeiter wurde zwar bestraft, ist damit aber nicht aktenkundig vorbestraft.

Nun ging es in der Runde im Hamburger Lokal um die Geheimhaltung dieser Situation. Nur die Möwen haben sich nicht damit abfinden wollen, dass man Gewalt, wenn sie ein Senatsangestellter anwendet, vertuschen soll. Die Möwen flogen weiter nach Berlin und fragten dort bei dem Vogel nach, der das Vertuschen und Verdrängen am besten kennt, dem Dompfaff. Den fragten sie, „ob es tatsächlich stimmt, was sie in Hamburg hörten?" Der bestätigte den Vorgang, fügte aber mit strenger Stimme gleich hinzu: „Es soll aber öffentlich nicht bekannt werden!"

Für den Fall, dass es doch passiert, hätte man bereits vorgesorgt: Alle müssten dann dasselbe kreischen: „Sekten – Propaganda, Sekten – Propaganda!"

Auf Rückfrage der Möwen, „was das denn bedeuten würde", lachte der Dompfaff und erzählte von seinen eigenen guten Erfahrungen, die er mit dieser Vorgehensweise schon oft gemacht habe. Einfach alles abstreiten und anderen in die Schuhe schieben. Behaupten, das wäre alles eine typische Schmutzkampagne. Damit würde sich dann keiner mehr darum kümmern. Die Möwen sollten versprechen, ebenfalls über den Fall zu schweigen. „Warum denn das", wollten die Möwen wissen: „Weil es ein Befehl der Gruppe ist, den es auszuführen gilt." Über diese Antwort des Dompfaffs sind die Möwen so erschrocken, dass sie ohne Unterbrechung bis nach Baden-Württemberg durchgeflogen sind. Da trafen sie den Kiebitz. Der war erst bereit mit ihnen überhaupt zu sprechen, nachdem sie seinen üblichen Preis für eine Information auf den Tisch legen würden. Sie haben leider trotz dieser Bezahlung nur das erfahren, was alle schon wussten: öffentlich soll niemand von dieser Tat erfahren. Auch der Kiebitz bestätigte: das sei zwar ein ungeschriebenes, aber ein anerkanntes Gesetz der Gruppe. Die Möwen wollten es nicht glauben. Da wird der Öffentlichkeit verschwiegen, dass es zur Gewaltanwendung gekommen ist? Wohin soll das führen? Und so sind die Möwen völlig außer sich vor Entsetzen weiter geflogen.

Und wunderten sich, als ihnen der Bussard den Weg versperrte und sie ansprach. Sie wussten nicht, dass er den Auftrag hatte, Störenfriede entweder einzuschüchtern oder von ihrem Vorhaben abzubringen. Er erklärte ihnen, was da vor sich geht. „Die Vögel", so der Bussard zu den Möwen, „die von euch kontaktiert wurden, sind die Sprecher einer Gruppe, die sich eigene Gesetze gegeben hat. Eines davon lautet, dass man alles vertuschen muss, was in dieser Gruppe an Unrecht geschieht. Denn würde das alles an die Öffentlichkeit dringen, würde es Probleme an der immer gut gefüllten Futterstelle geben und die Allgemeinheit könnte aufhören, sie zu füllen“ Das müssten nun die Möwen doch einsehen und auch schweigen, wie es eben alle machen. Dieses Füllen der Futterstelle sei einer der allerwichtigsten Gründe, weshalb man unbedingt zusammenhalten müsse. Denn da gehe es um die Sache, um die wichtigste Sache, um Existenzsicherung! Der Bussard vertrat auch die Auffassung, dass es ja nicht so schlimm ist, wenn man einen Scientologen schlägt. Natürlich wäre man an die Öffentlichkeit gegangen, auch groß und laut, wenn es umgekehrt gewesen wäre. Wenn der Scientologe dem Mitarbeiter des Innensenats Hamburg eine Platzwunde unter dem Auge verpasst hätte.

Da staunten die Möwen, weshalb es einen Unterschied gibt, wer wen schlägt. Der Bussard wurde daraufhin ärgerlich und drohte den Möwen viel Ärger an, wenn sie nicht aufhören würden, sich einzumischen. Seine Wut steigerte sich, als die Möwen nicht verstehen wollten, weshalb man eine groß angelegte Pressekampagne mit Fernsehen und Zeitungen machen würde, wenn der Scientologe zugeschlagen hätte. Und nun, da der Täter ein Hamburger Senatsmitarbeiter ist, muss es verschwiegen werden? Das soll sogar so etwas wie ein Gesetz sein? „Ja“, sagte der Bussard, „es ist so, es war so und wird immer so bleiben.“

Die Möwen hielten dagegen: „Gewalt ist aber doch immer ein Problem, egal wer sie anwendet“, und flogen weiter, ohne sich weiter um die Drohungen des Bussards zu kümmern.

Der Bussard machte sich daraufhin sofort auf, um alle Vögel aus der Gruppe vor den Möwen zu warnen. Denn er wusste, jeder wurde zur Gefahr für den reibungslosen Fluss der Futtermittel, wer sich den Gesetzen der Gruppe widersetzte. Und da er zuständig war, um den reibungslosen Ablauf der Zahlungen an den Futtertrog zu garantieren, wusste er: Nun musste man etwas unternehmen, bevor der Vorfall durchsickert. Schnell fand man ein paar Vögel, die sich freiwillig bereit erklärten, die Möwen zu denunzieren, damit man ihnen nicht glauben würde, wenn sie darüber berichten.

Die Möwen hat das alles nicht gestört. Sie sprachen mit den Spatzen darüber, was sie bei ihrem Flug durch das Land alles erlebt und erfahren haben. Die Spatzen teilten die Ansicht der Möwen, dass Wegschauen eben Mitmachen gleich kommt. Und deshalb pfeifen es nun die Spatzen von allen Dächern:

Ein Mitarbeiter des Innensenats Hamburg wurde gewalttätig – das ist schlimm – aber es ist genauso schlimm, dies allgemein zu vertuschen. Denn Gewalt darf NIE verschwiegen werden. Solche Entwicklungen müssen an die Öffentlichkeit, damit man sich nicht an Gewalt gewöhnt.

Die Spirale dreht sich – Unrechtsbewusstsein greift

Wohin führt die Spirale, die sich in der Szene derjenigen dreht, die als „Sekten-Aufklärer“ fungieren? Wer stoppt sie? Wer macht mit und warum?

Der im Anhang abgedruckte Beitrag aus dem Internet, zeigt folgende Merkmale auf:
Fanatismus ist die Grundlage der Konflikte, die in Hass und Gewalt enden können. Auch fehlendes Unrechtsbewusstsein ist eine der Folgen von Fanatismus. In dem hier geschilderten Fall wird Recht auf den Kopf gestellt.

Bei aller Wichtigkeit, die man der Sekten-Aufklärung beimisst, darf nicht passieren, dass diese zum Freibrief für rechtlich bedenkliche Machenschaften wird. Strafrechtliche Ermittlungen und eine eventuell daraus erfolgende Anklage gegen Ursula Caberta, der Leiterin der Arbeitsgruppe Scientology, brachten einen Herrn Tilman Hausherr so in Rage, dass er beleidigend wurde. Hausherr schreibt unter anderem als Hobbyjournalist für ein Anti-Sekten-Magazin des kirchlichen Sektenbeauftragten Gandow.

Über die Medien war im Mai 2002 bekannt geworden, dass die Leiterin der Arbeitsgruppe Scientology in Hamburg, Ursula Caberta, möglicherweise mit einer Anklage wegen „Bestechung“ zu rechnen hat. Ihr Dienstvorgesetzter, der Innenstaatssekretär Wellinghausen, äußerte gegenüber der Presse, dass Caberta – sollten sich die Vorwürfe bewahrheiten – mit einer Suspendierung vom Dienst zu rechnen habe. In anderen vergleichbaren Fällen war hier schon härter reagiert worden, aber auch hier scheint sich der Innensenat Hamburg vor Angriffen auf „Sektenbeauftragte“ schützen zu wollen. Denn sicher hätte Scientology eine Freude gehabt, wenn Caberta suspendiert worden wäre.

Der Brötchengeber von Tilman Hausherr ist ein Firmenzweig der Firma Siemens. Die hat diesmal Glück gehabt, denn es gab auch schon Zeiten, da hat er in seinem Beitrag als Fußzeile auf die Firma Siemens hingewiesen, oder sie tauchte auch schon als Quellennachweis zu einem seiner Beiträge auf. Peinlich für den Konzern ist es allemal, wenn man den einen oder anderen Text dieses Mannes liest. Und zwar deshalb, weil gerade Konzerne wie Siemens sich aus geschäftspolitischen Überlegungen in diesen Themen wie Sekten und Scientology nicht aus dem Fenster lehnen können.

(Zitate eines früheren Beitrags im Internetforum in Kursivschrift)

From: Tilman Hausherr
Newsgroups: de.soc.weltanschauung.scientology
Subject: Re: Presseschau / Caberta

Date: Mon, 22 Apr 2002 18:07:55 +0200

Nach Informationen des Hamburger Abendblatts verdichten sich die Hinweise, wonach die Staatsanwaltschaft in Kürze mit einem Strafbefehl oder einer Anklage wegen Bestechlichkeit gegen sie vorgehen wird.

Na das nenn' ich ein „faires" Verfahren. Vielleicht wird ja nur noch darum gewürfelt, was die „Strafe" wird. Vielleicht rächt sich einer der Leute, die gegen Scientology nicht genug getan hat und von Caberta kritisiert wurde, nun an ihr auf diese Weise.

Tatsächlich dürfte es aber zu juristischen Schritten nicht kommen. Grund: Die Behördenleitung hat derzeit keine Absicht, Caberta auf diese Weise zu schützen. Solange das Verfahren wegen des Verdachts auf Bestechlichkeit laufe, werde man nichts unternehmen, sagte Innenstaatsrat Walter Wellinghausen dem Abendblatt. Es stünde Frau Caberta allerdings frei, als Privatperson die Gerichte anzurufen. Wellinghausen ließ durchblicken, dass Caberta für den Fall eines für sie negativen Ausgangs der Affäre ihren Posten räumen müsse. Die Arbeitsgruppe Scientology selbst sei unumstritten. Caberta, die zurzeit Urlaub in Spanien macht, zeigte sich überrascht, dass die Behörde ihr keine juristische Rückendeckung gegen die Scientology-Behauptungen geben will.

Ja, es ist für UC sicher ein besonderes Gefühl, wenn ihr Vorgesetzter ihr im Urlaub ein paar Messer in den Rücken rammt. Wer solche Vorgesetzte hat, der braucht keine Feinde mehr.

Walter Wellinghausen – ein Name den man sich merken sollte.

Tilman Hausherr
tilman@berlin.snafu.de

Die wundersame Geldvermehrung

Von der Scientology Organisation wurde im März 2002 die Kopie eines Schecks über 75.000,– Dollar, ausgestellt von dem amerikanischen Millionär Minton an: „Mrs. Ursula Caberta", veröffentlicht. Beide waren zum Zeitpunkt der Scheck-Übergabe mit dem Thema Scientology befasst. Caberta hatte Minton zu einer Pressekonferenz genutzt und umgekehrt. Nur: Caberta vertritt eine staatliche Stelle, und so wurde diese Zahlung seitens Scientology als „Bestechung" gewertet und Strafanzeige eingereicht.

Die Reaktion auf diese Veröffentlichung zeigt ein weiteres Mal die Schieflage, in der wir uns generell mit dem Thema Scientology befinden. Da gibt es einerseits Sektenstellen und deren Umfeld, die realisieren gar nicht mehr, wie einseitig sich alles nicht nur in der Sichtweise entwickelt. Man nimmt in diesen Kreisen gar keine Fakten mehr wahr. Fertige Antworten, die wie einstudiert klingen und sich seit Jahrzehnten wiederholen, machen jegliche Klärung unmöglich. Geht es nun darum, wer was veröffentlicht oder geht es um das Hinterfragen von Tatsachen?

Da gibt es die Leiterin der Arbeitsgruppe Scientology im Innensenat Hamburg Ursula Caberta, die (noch) mit öffentlichen Mitteln bezahlt wird. Genau dieselbe Öffentlichkeit bezahlt seit Jahren aber auch die Schnitzer, die sich diese Frau leistet. Und da gibt es die Scientology Organisation. Seit Jahrzehnten in der öffentlichen Diskussion, was dazu führte, dass zwar nichts geklärt wurde, aber die Zahl der Planstellen für Sektenbeauftragte auf unserer aller Kosten sprunghaft erhöht wurde. Es gibt zwar bis heute – trotz – dieser Planstellen keine tatsächlichen Informationen. Was aber blüht und gedeiht, das ist Rufmord. „Scientology" kann als Wort wie ein Keule wirken und innerhalb von Tagen zur existenziellen Vernichtung führen. Verboten ist nichts. Weder Scientology noch ein Scientologe zu sein. Das sind sie, die Fakten. An die muss sich jeder halten, der Demokratie und Rechtsstaat ernst nimmt. Die Diskussion um den veröffentlichten Scheck führt aber gerade in jenen Kreise, in denen man für „Aufklärung“ mit Steuergeldern bezahlt wird, weg von rechtsstaatlicher Diskussion. Man spricht nicht über die Fakten, was die Hamburger Dienststelle betrifft.

Man braucht hier nicht um Schuld oder Unschuld zu diskutieren, ob dieser Scheck veröffentlicht werden dürfte oder nicht. Daran reiben sich nun die Geister. Hätte Scientology das nun veröffentlichen dürfen, ja oder nein? So entsteht ein Nebenkriegsschauplatz, der ablenkt, mehr nicht.

Amerikanische Journalisten haben uns auch bestätigt, dass dieser Scheck im Internet abrufbar sei, und der Aufschrei in der deutschen Sektenberaterszene, man bezweifle, dass der Scheck echt ist, völlig unverständlich ist. Im Internet könne man doch sogar nachlesen, wie Gelder von und an Minton geflossen sind, da es sich um ein Verfahren gegen Minton handelt, in dem der Scheck auftauchte: www.geocities.com/alonzopage/cab3.jpg.

Offene Fragen, die trotz aller Beweise gar nicht gestellt werden: Hat eine Behördenleiterin 75.000 Dollar für eine Leistung bekommen, die mit ihrer Position im Zusammenhang steht? Ja oder nein? Und die Frage ist aufgrund der Sachlage mehr als berechtigt. Caberta bestätigt den Geldempfang, deklariert ihn als „privates Darlehen“ von Minton, sagt aber auf Nachfrage, dass es zu dem besagten „Darlehen“ es kein schriftliches Abkommen gebe. Minton wiederum bezeichnet Caberta ein Jahr nach dem Geldempfang öffentlich als Lügnerin, der er nicht einmal soweit trauen würde, „wie er spucken“ kann! Bewiesen ist, dass diese Amtsleiterin in einer von Steuergeldern bezahlten Behörde ihren Dienstauftrag mit viel, sehr viel Privatem vermischt; das ist schon aktenkundig. Dass bis heute ihr Handeln den Steuerzahler tatsächlich Unsummen gekostet hat steht auch fest, denn Beweise ihres rechtswidrigen Handelns gibt es nicht nur anhand von mehreren rechtskräftigen Urteilen. Und zwar nicht mit Scientology, sondern u.a. mit dem ZDF.

Auch für diese von Caberta zu verantwortende Auseinandersetzung sind wir Steuerzahler zur Kasse gebeten worden. Und niemand versteht, wie nach allem, was da auf dem Tisch liegt, bis heute keine übergeordnete Dienststelle reagiert hat. Das Argument, das als

Rechtfertigung für Handlungslosigkeit gebracht wird, ist mehr als interessant: „Man wolle Scientology keine Freude bereiten!“

Eine Version, die den Schluss zulässt, alles ist und wird erlaubt, vertuscht, wenn es sein muss, nicht wahr genommen, weil sich sonst „Scientology freuen könnte.“

Irgendetwas läuft schief, ist jetzt das Gesetz oder der Rechtsstaat auf den Kopf gestellt? Es geht also, dass eine Behördenleiterin sich schlichtweg alles erlauben darf, und wir das alles noch bezahlen. Nur weil man Angst hat, Scientology könnte das propagandistisch ausschlachten? Klar, es kann sein, dass es so kommt. Und das ist der Grund, dass alles erlaubt wird? Dass nichts Konsequenzen hat, was in dieser Arbeitsgruppe passiert?

Von wegen Erholung

Am 15. August 2001 habe ich bei der Hamburger Bürgerschaft eine Petition zur Klärung der dubiosen Machenschaften der Leiterin der Arbeitsgruppe Scientology im Hamburger Innensenat, Ursula Caberta y Diaz, eingereicht. Der Hintergrund: Trotz mehrerer rechtskräftiger Urteilen gegen Caberta wurden keinerlei Konsequenzen bekannt. Unter anderem wollte ich prüfen lassen, ob die in der Petition aufgelisteten Vorgänge und Beweisunterlagen von 535 Seiten nicht längst rückhaltlos aufgeklärt werden müssen. Geprüft werden sollte unter anderem:

– inwieweit der Steuerzahler unberechtigt für die privaten Prozess- und Anwaltskosten von Caberta aufkommen musste.

– ob die Amtsleiterin Caberta trotz entsprechendem Urteil weiterhin Datenmissbrauch betreiben kann.

– wem sie private Daten über mich und meine Familie gegeben hat.

Es wäre weiterhin zu prüfen gewesen, wann genau und in welchem Umfang Caberta die teilweise sehr persönlichen, illegal erworbenen Unterlagen über mich und meine Familie (z.B. bis hin zu Kontoauszügen auch meiner Kinder, Finanzamtsunterlagen) erhalten hat, und wann sie welche an wen weitergab.

Außerdem sollte geklärt werden, ob Cabertas Vorgehen rechtlich und mit ihrem Dienstauftrag abgedeckt ist, dass sie sich in ihrer Funktion im Innensenat Hamburg bei einer gezielten bundesweiten Rufmordkampagne aktiv beteiligt, dass sie mehrfach die ihr auf dem Dienstweg zugänglichen Informationen an unberechtigte Dritte weitergab, dass sie ihre Dienstadresse benutzt, um dadurch für sich Vorteile zu erwirken, dass sie in Folge über Jahre hinweg gegen das ihr in ihrer Position im Innensenat auferlegte Neutralitätsgebot verstößt und ob die jeweiligen Innensenatoren von der ihnen ebenfalls unterstellten Behörde des Verfassungsschutzes über die dort bekannten Machenschaften der Amtsleiterin Caberta informiert wurden.

Am 25. Februar 2002 wurde mir lapidar mitgeteilt, dass der Petition „nicht abgeholfen" werden kann. Der Eingabeausschuss hatte sich eines Tricks bedient, um die Vorwürfe nicht überprüfen zu müssen: Es wurden die aufgezählten Machenschaften Cabertas einschließlich ihrer Gerichtsverfahren als „privat" klassifiziert und wären „damit einer parlamentarischen Kontrolle nicht zugänglich." Jeder Anwalt, dem die Beweismittel und Urteile zur Bewertung vorgelegt wurde, schüttelte den Kopf und sagte „typisch Hamburger Politik."

Der Stil der Antwort bestätigt Informationen aus politischen Kreisen, dass ein Mitarbeiter aus Cabertas Büro mit der Angelegenheit „beschäftigt" war, um die unbequeme Angelegenheit schadlos vom Tisch zu bekommen.

Einzelne Versuche, Cabertas Aktivitäten zu decken, zeigen, mit welch heißer Nadel hier gestrickt wurde. Einerseits bestätigt der Ausschuss, dass eine Klage Cabertas am Landgericht Hamburg (Caberta gegen ZDF, Az. 324 O 510/99) mit Steuermitteln finanziert wurde, weil sie „in ihrer dienstlichen Eigenschaft" tätig wurde. Andererseits hat der Ausschuss das der Petition beigefügte rechtskräftige Urteil aus diesem Verfahren wohl nicht beachtet. In diesem Urteil wird nämlich breit beschrieben, wie Caberta ihr Amt durch illegale Datenweitergabe nicht nur missbraucht, sondern auch ihre Neutralitätspflicht missachtet hat. Nicht nur auf diesem Auge ist der Ausschuss blind gewesen.

Unter anderem wurde der Göttinger Rechtsanwalt Dr. F., der die „enge Zusammenarbeit" mit Caberta immer wieder betonte und sie vor Gericht auch als Informantin nannte, mehrfach rechtskräftig verurteilt, weil er Aussagen und Unterlagen, die er von Caberta über mich und meine Familie erhielt, verbreitet hatte. Das Oberlandesgericht Düsseldorf hat zum Beispiel eine Beschwerde des Anwalts Dr. F. gegen ein inzwischen rechtskräftiges Verfahren (Az. 12 0 389/01) mit folgender Begründung zurückgewiesen: „... die zu unterlassenden Handlungen haben das allgemeine Persönlichkeitsrecht der Antragsteller schwerwiegend beeinträchtigt ...“ Die eigentliche Verursacherin dieser schwerwiegenden Verletzung des Persönlichkeitsrechts war durch die Weitergabe privatester Unterlagen die Senatsangestellte Caberta.

Diese Aktivitäten wurde nun zur „privaten Sache“ der Caberta erklärt, um sich nicht damit auseinanderzusetzen.

Aber das ist noch nicht alles: Cabertas Annahme von 75.000 Dollar in Form eines Schecks im Juni 2000 stand in engem zeitlichen Zusammenhang mit einer USA-Reise, während der sie als Behördenvertreterin an einer Pressekonferenz und Demonstration auftrat, die vom Scheckgeber organisiert worden war. Die Aktion, bei der Caberta wieder einmal Inhalte ihrer Arbeit weitergab, hatte zum Ziel, die potenziellen Geschworenen in der Stadt Tampa/USA zu beeinflussen, so dass sie in einer vom Scheckgeber finanzierten Schadensersatzklage im Sinne der Kläger „entscheiden“ würden. Dieser Hintergrund wurde der Öffentlichkeit im April 2002 durch eine eidliche Aussage bei Gericht bekannt.

Der Ausschuss in Hamburg hat wohl ungeprüft die Aussagen aus dem Caberta-Büro übernommen, denn dieser machte aus der Reise einen „Erholungsurlaub nach USA“! Wie der aussah, hätte der Ausschuss sehr leicht selbst sehen können, da der Geldgeber in einer Pressemitteilung vom 17. Juli 2000 und ab 24. Juli 2000 mit Bildern, Videos, Tonbandabschriften und Texten im Internet dokumentiert hat, was Caberta in den USA gemacht und gesagt hat. Laut den auch im Juni 2002 noch öffentlich erhältlichen Dokumenten berichtete Caberta der US-Presse und anderen Personen – natürlich auch dem Scheckgeber und Sponsor der Reise – detailliert über Gerichtsfälle in Deutschland sowie von ihren dienstlichen Aktivitäten zum Thema Scientology.

Im Juni 2002 wurde in Journalisten-Kreisen bekannt, dass gegen Caberta und ihren Scheckgeber ein Strafbefehl der Staatsanwaltschaft wegen Vorteilsannahme im Amt ausgeschrieben wurde. Hintergrund für die Ermittlungen war u.a. der 75.000 Dollar Scheck.

Ich bin gespannt auf die Reaktion des Senats und der Bürgerschaft zu diesen Fakten! So wie ich Ursula Caberta Anfang der 90er Jahre und die Szene in den letzten Jahren kennen gelernt habe, werden sie auch hier versuchen, „die Schuld“ für diese Maßnahme auf irgend jemanden zu schieben. Einer aus dem Umfeld Cabertas sagte ja bereits, der Staatsanwalt übe Rache. Wenn das nicht klappt, um abzulenken, tritt wieder die oberste Regel in Kraft: „Das waren die Scientologen.“

Diese Regel gibt es nicht nur in Hamburg!

Und nun Herr Schill?
Bußgelddeal in Hamburg!

Einem im Juni 2002 öffentlich gewordenen Bußgeldbescheid gegen Caberta, ist, laut „Hamburger Abendblatt“ vom 27.6.2002, offenbar eine Vereinbarung zwischen der Hamburger Staatsanwaltschaft und dem Anwalt der Caberta vorausgegangen. Deshalb ist nun nicht zu klären, ob es tatsächlich nur üm den Scheck über 75.000 Dollar ging, den die Senatsangestellte im Jahr 2000 angenommen hatte, oder ob es weitere „Vorteilsnahmen“ gab, gegen die ermittelt wurde. Fest steht, es wurde seit September 2000 ermittelt – und es erging ein Strafbefehl von Seiten der Staatsanwaltschaft gegen Caberta. Juristisch gesehen, wurde mit der Zustimmung des Gerichtes Einstellung nach § 153 a durch Zahlung eines Bußgeldes das Strafverfahren „vorläufig eingestellt“!

Man kann, wie so manche Steuerzahler in Hamburg, die sich seit diesem Tag bei uns meldeten, es als Deal sehen, was im Hamburger Abendblatt zu lesen war: „Bußgeld gegen Caberta“! Ja, irgendwie schon. Sie zahlt das Bußgeld und ist dann nicht vorbestraft. So gesehen war es dann ein Deal. Mit 7.500 Euro Geldbuße entging die mit Steuergeldern bezahlte Senatsangestellte Caberta nun zwar dem Strafbefehl, mit dem sie vorbestraft wäre. Nur, jeder Jurist bestätigt die Brisanz, die in der Höhe der Geldbuße zu erkennen ist.

Darin steckt aber nun auch politischer Sprengstoff, denn Caberta hat den Steuerzahler belastet, erst einmal mit ihrer Position und hat diese dazu benutzt, persönliche finanzielle Vorteile zu erlangen. Das Ganze hat mehr als nur ein „Gschmäckle“, wie es in Bayern genannt wird. Denn jetzt kommen doch berechtigte Fragen bei jedem Bürger auf wie z.B.: Was sagen wir denn unseren Jugendlichen?

Denn immerhin wurde die Arbeitsgruppe Scientology (AGS), der Caberta noch immer vorsteht, zur obersten Landesjugendbehörde zum Thema weltanschauliche Gemeinschaften und Psychogruppen noch am 1.4.2001 erweitert. Also nachdem bereits rechtskräftige zivilrechtliche Urteile gegen sie vorlagen. Auch, nachdem sie den Scheck von 75.000 Dollar angenommen hatte. Muss das nicht wie eine Belobigung beim Bürger ankommen? Was sagen die Hamburger Beamten, deren Etat wegen dieser Erweiterungsmaßnahme der Caberta Dienststelle gekürzt wurde, obwohl sie doch ihre Arbeit machten?

Es geht aber auch um die Frage: Was kann und muss man von der Leiterin einer solchen Dienststelle im Innensenat Hamburg erwarten können? Nicht auch eine Vorbildfunktion in ihrem eigenen Handeln?

Auch die Frage: „Wäre das Gericht mit jedem anderen Bürger so umgegangen?“ – steht mit großen Lettern über diesem Skandal! Der Größenwahnsinn scheint zu grassieren unter den „Göttern der Aufklärung“, wenn sie denken sollten, dass wir Steuerzahler uns das weiter bieten lassen, was da unter unseren Augen passiert! Etwa 10% der Summe, die Caberta entgegen genommen und als „privates Darlehen“ deklariert hatte (zu dem, es wie gesagt, eigenartigerweise keine Rückzahlungsregelung zwischen dem amerikanischen Geldgeber und ihr zu geben scheint) war nun die Geldbuße. Und die darf sie auch noch in Raten zahlen.

Es ist nun abzuwarten, wie das Gericht über kommende Klagen gegen die Hamburger Regierung entscheidet. Denn nicht wenige Steuerzahler fühlen sich regelrecht verschaukelt und haben angekündigt, weitere Fakten nun gerichtlich aufdecken zu lassen.

Denn gewusst, was diese Dienststellenleiterin treibt, haben es: der Verfassungsschutz genauso wie viele Sektenbeauftragte und Beamte, bis hin zu Innen- und Justizminister, dutzende Politiker. Sie alle wussten von den Machenschaften. Geschwiegen und Antworten auf Fragen vermieden, das Thema schnell an andere abgegeben. Zu heiß, hörte man immer wieder! Außen- wie innenpolitisch zu heiss! Die neuste Variante des nicht Beantworten von Fragen: Wir haben Wahl im September 2002! Genau!

Deshalb ist es auch gut, dass gerade jetzt wenigstens einmal auch strafrechtlich klar wurde, es gibt sie „die Vorteilsnahme“ auf Kosten aller – von der viele wissen, aber genauso viele schweigen! Bis heute ist jedoch immer noch ungeklärt: Wohin ging eigentlich das Honorar, das Caberta wie auch andere Sektenbeauftragte von den Medien für ihre angeforderten Stellungnahmen wegen ihrer Position erhielt, z.B. bei Caberta in einem Fall von einem öffentlich rechtlichen Sender 1.000 Euro (damals 2.000 DM) für wenige Minuten? Wohin gingen die Honorare für Vorträge, die sie in ihrer Funktion hielt? Sie weiß es und schweigt! Und wir sehen als Steuerzahler, wie das Steueraufkommen so manchen Familienvater als Alleinverdiener in die Knie zwingt – wie soll er es verstehen, was hier passiert, und alle Verantwortlichen schauen zu und schweigen weiter? Gibt es tatsächlich wieder keinerlei Konsequenzen für dieses Handeln?

Unabhängig von den sonstigen Machenschaften, die den Weg von Caberta pflastern – wie aus Bergen von Unterlagen ersichtlich ist, der versuchte Prozessbetrug, Datenmissbrauch, Verleumdung, Verbreitung von Lügen, Verstoß gegen das Neutralitätsgebot und Verbreitung von Desinformationen – ist nun klar, dass hier ein eklatanter Betrug am Steuerzahler vorliegt. Die Unterlagen und Beweise werden von der IGA (Initiative Steuerzahler gegen Abzocke) an den Bund der Steuerzahler sowie den Hamburger Rechnungshof zusätzlich zu der juristischen auch zu einer weiteren Klärung innerhalb der Behörde gesendet.

Außerdem muss geklärt werden: Wer hat eigentlich Cabertas Treiben solange zugelassen? Hat ihr nächster Vorgesetzter seinen obersten Dienstherrn, den Senator über die Vorwürfe informiert, die seit Jahren gegen Caberta vorliegen – ja oder nein?

Wie gesagt: Wenn diese Vertuschungstour nicht klappt, um von den realen Fakten abzulenken, tritt wieder die oberste Regel in Kraft: „Schuld haben die Scientologen". Und wer wagt, etwas gegen diese Machenschaften zu sagen, wird übelst angegangen. Ihr Hilfstrupp setzt sich gleich in Bewegung, wenn Caberta sich in Gefahr von Aufdeckung befindet. Wo fängt hier Nötigung an? Ab hier sollten wir uns über unseren Rechtsstaat und vor allem über unsere Politiker und ihren Umgang mit Regierungsmacht Gedanken machen.

Wie glaubhaft ist denn eine Politik, die gepflastert ist mit Skandalen und selbstgerechten „politischen" Entscheidungen? Weshalb hört man immer öfter „ich gehe gar nicht zur Wahl"? Frust macht sich bei den Bürgern breit und Entsetzen über die Handlungsunfähigkeit der

Personen, die wir als Volksvertreter beauftragt haben, uns zu vertreten. Der oberste Dienstherr von Caberta, Innensenator Schill, hat noch ein ganz anderes Problem mit dem Fall Caberta: Seinem Ruf „ich mache es besser“ haben immerhin 19,5% der Hamburger Bürger bei der letzten Bürgerschaftswahl vertraut.

Seine Worte im Zusammenhang mit Justizskandalen, die er früher noch anprangerte („Ich habe in ein Nest voller selbstzufriedener Rechtsverletzer gestoßen ...“) werden auf ihn zurückfallen, wenn er nicht Führungsstärke beweist und den eigenen Stall endlich da ausmistet, wo es nun tatsächlich mit Händen zu greifen ist – dass er gemistet werden muss!!

Dunkle Fakten hinter einem Wort

„Europäisch-amerikanisches Bürger-Komitee für Menschenrechte und Religionsfreiheit in den USA“ – eine der ungewöhnlichsten Umschreibungen für Machenschaften in der Grauzone, denen bis hin zum Deutschen Bundespräsidenten gehuldigt wird.

Und nicht nur Bundespräsident Rau ist dieser Desinformation zum Opfer gefallen; auch andere Politiker haben sich dem Gratulationskorps angeschlossen.

Auf Grund von Gesprächen, die ich mit dem einen oder anderen Politiker geführt habe, weiß ich, dass es zu den Gepflogenheiten gehört, einen solchen „Preis“ per Gratulation zu würdigen. Doch keiner der Unterzeichner, sei es nun der Bundespräsident Rau, Justizministerin Däubler-Gmelin, die CDU-Vorsitzende Dr. Merkel, und schon gar nicht Sabine Leutheusser-Schnarrenberger ahnten wohl bei ihrer Unterzeichnung, dass dieser Preis mit der Idee gekoppelt ist, die alles andere hervorbringen sollte als „Menschenrechte“ und „Religionsfreiheit für jeden“. Wer tatsächlich anhand der Namensgebung nachdenkt, kommt sehr schnell allein auf den darin befindlichen Widerspruch. Wo bitte gibt es in USA keine Religionsfreiheit?

Aber, es klingt ja gut, dieses Entree: „Europäisch-amerikanisches Bürger-Komitee“. Nicht nur, dass in dem Wort „Bürger“ eben auch das Wort „Wähler“ integriert ist. Wer kann schon etwas gegen Menschenrechte und Religionsfreiheit haben? Also schickt man eine Gratulations-Depesche, denn sie kann ja nicht schaden, da es um „einen guten Zweck“ geht.

Nur haben die Damen und Herren Politiker selbst bis zum Jahr 2002 nicht begriffen, „dass nicht jeder Zweck das Mittel heiligt.“ Im Gegenteil! Mit diesem Mittel, des „Menschenrechtspreises“, wurde ein Zweck verfolgt, der für alles steht, aber auf keinen Fall für das Wort „Freiheit“.

Mit diesem Preis wurden Abhängigkeiten zementiert. Über das Ziel, organisierte Schadensersatzklagen zu lancieren, wurden nicht nur Grauzonen akzeptiert.

Über „das Winken mit Dollarscheinen“ wird eine Länder übergreifende Organisation umschrieben, die sich als eine Sektenkritikerszene tarnt, deren Ziel nicht Aufklärung oder Schutz, sondern schlichtweg auch „koordinierte Abzocke“ beinhaltet. Man verfolgte koordiniert und organisiert eine neue Geschäftsidee. Dass diese gerade in den USA lukrativ sein kann, liegt an den immensen Schadenssummen, die in Amerika üblich sind.

Der Aufbau und die äußere PR-Schiene des ominösen Menschenrechtspreises entlarven diese offizielle Kritikerszene. Zum Schluss bleibt nur noch übrig zu sagen: Noch mehr Peinlichkeit geht nicht mehr!

Leipziger Preis 2000

„Sehr geehrte Damen und Herren!

Herzlichen Dank an alle Mitglieder des Komitees und an all diejenigen, die dieses Ereignis ermöglicht haben.

Herzlichen Dank an Frau Caberta für ihre Rede!

Ich fühle mich sehr geehrt, an diesem Morgen den alternativen Karlspreis von meinen geschätzten Kollegen des „Europäisch-amerikanischen Komitees für Menschenrechte und Religionsfreiheit in den USA“ zu empfangen.

Es ist sehr bewegend, diesen Preis in Leipzig zu erhalten, wo die Freiheit im früheren Ostdeutschland wieder geboren wurde ...“

Er lässt nichts aus, der US-Millionär Robert Minton. Um sein Ziel, weltweite Aufmerksamkeit und Propaganda für die von ihm damals noch finanzierte Schadensersatzklage zu erreichen, taugt dieser Preis auf jeden Fall. Sogar das Gelöbnis zur Berliner Freiheitsglocke wurde als Makulatur dieser PR-Aktion genutzt.

„Ich glaube an die Unantastbarkeit und an die Würde jedes einzelnen Menschen. Ich glaube, dass jedem Menschen von Gott das gleiche Recht der Freiheit gegeben wurde. Ich verspreche, jedem Eingriff auf die Freiheit und der Tyrannei Widerstand zu leisten, wo auch immer auf Erden sie auftreten werden.“

Wer sich – wie Minton – ein solches Leitwort gibt, muss damit rechnen, dass man die Hintergründe dieser Aktion recherchiert und durchschaut. Dramatisch, wie hier die Unantastbarkeit und die Würde eines jeden einzelnen Menschen hervorgehoben werden, aber zeitgleich die Vermarktung einer Verstorbenen derart entwürdigend vorangetrieben wurde, dass mir keiner von diesen Personen irgendetwas über Moral über die Würde des Menschen erzählen soll. Minton war im Jahr seines Preisempfangs der Hauptsponsor eines Schadenersatzfalles gegen Scientology in den USA. Es wurde behauptet, die Scientologin Lisa McPherson sei aufgrund mangelhafter ärztlicher Behandlung in den Räumen von Scientology gestorben. Keiner der aktiven Prozessbeteiligten kannte die Tote persönlich, weder die Zeugen noch die Anwälte und schon gar nicht Prozess-Sponsor Robert „Bob“ Minton.

An dieser Stelle möchte ich das ganz klar herausstellen, weil ich selbst den Manipulationen dieser Szene zum Opfer fiel! Als 1999 das Thema Lisa McPherson aus den USA, begleitet von Minton, herüberschwappte, wurde es besonders von Ex-Scientologen gefördert, um auch in die deutsche Presse zu gelangen. Detaillierte Bilder der Toten mit dem Namen Lisa McPherson wurden ins Internet gestellt und wie Beweismittel behandelt.

Erst in der Aufarbeitung und in der Nachrecherche in USA wurde mir bewusst, dass ich zwar selbst immer vor Manipulationen warnte, die von Sekten ausgehen, nun aber im Fall Lisa McPherson selbst einer Manipulation – und zwar der Sektenkritiker – zum Opfer fiel. Es wäre mir 1999 gar nicht eingefallen nachzurecherchieren, ob die von Seiten der amerikanischen Scientology-Kritiker ins Netz gestellten Bilder der toten Lisa McPherson und ihre Obduktion tatsächlich das zeigten, was die Bildunterschriften im Internet beschrieben.

Aber noch viel tragischer finde ich den Umstand, dass niemand die Würde dieser Frau berücksichtigte. Erst als ein junger Mediziner mich darauf aufmerksam machte, wo denn die Beweise für die im Internet verbreiteten Obduktionsbilder – die Herkunft zum Beispiel der Flecken auf der Leiche der Lisa McPherson – seien, wurde ich stutzig. Als ich schließlich im Jahr 2002 verschiedene Gerichtsunterlagen aus den USA sichtete, offenbarte sich, dass die zitierte Pathologin das Gutachten zwar unterzeichnet, die Obduktion aber gar nicht selbst vorgenommen hatte. Nicht nur das! Die entlastenden Elemente der Obduktion, die ein Assistent durchführte, wurden im Gutachten überhaupt nicht berücksichtigt. Hier in Old Germany hat das aber niemanden interessiert. Auch als die Pathologin ihre Aussagen korrigierte und wegen diesem und anderen ähnlichen Fehlbefunden ihren Dienst quittierte und verschwand, war die Desinformationsmaschine noch so laut, dass kaum einer die Hintergründe wahrnahm.

Das ganze Kartenhaus – inklusive Menschenrechtspreis – wäre viel früher zusammengebrochen, wenn die amerikanische Seite der organisierten Kritikerszene einen einzigen Zeitungsartikel über diese Pathologin ebenso wie deren getürkten Obduktionsbericht ins Internet gestellt hätte. Denn diese Frau hat mit einem falschen Gutachten einen Mann ins Gefängnis gebracht, dem angelastet wurde, sein Kind umgebracht zu haben. Seit dieser Obduktionsfehler bekannt wurde und die Behörden ermitteln ist die Pathologin untergetaucht. Doch diese Information würde der Propagandaschiene der Vermarktung von Lisa McPhersons Tod entgegenwirken und wurde deshalb einfach nicht erwähnt.

Aus der Sicht eines Finanzjongleurs wie Robert Minton könnte man dann sagen: Das wäre „kontraproduktiv"! Fatal sind auch Formulierungen zu diesem eigenartigen Menschenrechtspreis, die noch nicht einmal Politikern aufgefallen sind, die eventuell zu diplomatischen Verwicklungen führen könnten. Wie kommt ein europäisch-amerikanisches Bürgerkomitee dazu, die Religionsfreiheit in den USA anzuzweifeln?

Welche hehren Worte doch eine erwartete Schadensersatzsumme von ca. 80 Millionen Dollar hervorbringen kann, zeigt sich auch an den Worten, die sich um diesen Menschenrechtspreis, den Minton erhielt, rankten.

„Mit unserer Auszeichnung möchten wir unsere Unterstützung für das amerikanische Volk zum Ausdruck bringen dafür, den Verletzungen der Menschenrechte, die von der Scientology-Organisation gegen US-Bürger und andere begangen werden, ein Ende zu setzen ..."

Dass die ganze Angelegenheit eine reine Propagandaschiene war, zeigt sich im Jahr 2000 mit der völlig überzogenen Aussage, es handele sich bei diesem Preis an Minton auch um einen „alternativen Karlspreis". Geziert wurde dieses Szenario durch die Worte: „Lieber Minton statt Clinton!"

Wer vor Größenwahnsinn der Sekten warnt, sollte sich vor dem eigenen zurückhalten. In der Begründung für den „Alternativen Karlspreis“ ist zu lesen:

„Bob Minton oder Bill Clinton. Der ‚Aachener Karlspreis‘ war dazu bestimmt Menschen auszuzeichnen, die Demokratie und Menschenrechte sowie die gemeinsamen Werte Europas fördern ... Die Preisträger, so wollten es die Initiatoren des Aachener Karlspreises, sollten ‚Vorbilder, die zur Nachahmung auffordern‘, sein. Im Jahr 2000 wurde der Aachener Karlspreis dem US-Präsidenten Bill Clinton zuerkannt. Vorbild? ... Wir sind der Meinung, dass es andere Leute gibt, die besser als Bill Clinton dazu geeignet sind, öffentlich gefeiert zu werden für ihren Einsatz, Meinungsfreiheit und demokratischen Lebensstil zu fördern. Denn Präsident Clinton hat in verschiedener Hinsicht eher Kontroversen hervorgerufen und sich nicht so sehr als Vorbild hervorgetan. Aus unserer Sicht ist besonders seine ‚liberale‘ Haltung gegenüber Scientology umstritten ...“

Über viele Seiten wird dann über den Aachener Karlspreisträger Bill Clinton hergezogen. Und dann kommt der große Schwenk, in dem der Größenwahnsinn und die Verblendung im Angesicht der geforderten ca. 80 Millionen Dollar Schadensersatz sichtbar wird.

„... Es gibt einen Amerikaner, der Präsident Clintons seltsame Vorliebe für Scientology nicht teilt ... hat sich ... ein Mann hervorgetan durch seine Unterstützung für die Freiheit der Rede, durch seine akkuraten Berichte über die Aktivität der Scientology, durch seine Hilfe für die Opfer der Scientology – unter anderem die Angehörigen von Lisa McPherson in ihrem Prozess gegen die Scientology –, durch die Gründung des Lisa-McPherson-Trusts; dieser Mann heißt Robert S. Minton.“

Anmaßung ist wohl untertrieben!

Ob die Politiker, die im Laufe der letzten drei Preisverleihungen in Erscheinung traten, diese Hintergründe kennen und die Veröffentlichungen im Internet zu diesem Menschenrechtspreis nachgelesen haben, ist offen. Nur wird sich niemand aus dieser Affäre herausziehen können mit dem Satz: „Ich habe es nicht gewusst!“ Bevor ich eine Unterschrift für solch eine Preisverleihung zum Zwecke der öffentlichen „Gratulation“ leiste, sollte ich mich zumindest mit den Texten zu diesem Preis auseinandersetzen.

Auch wenn Bill Clinton heute nicht mehr Präsident der USA ist, so wird hier von Seiten dieses dubiosen Komitees die tatsächliche Karlspreis-Verleihung in Aachen diffamiert. Ob das im Sinne einer gewollten Außenpolitik ist oder im Sinne nur von Wirtschaft und Industrie, die mit Amerika in laufenden Geschäftsverbindungen stehen, möchte ich an dieser Stelle bezweifeln.

Durch diese oben genannten Aussagen werden Dummheit und Fanatismus gleichermaßen dokumentiert. Wenn diese mit einem Gratulationskorps von Politikern bis hin zum Bundespräsidenten propagandistisch unterlegt werden kann, dann braucht sich absolut niemand mehr zu wundern, weshalb es seitens amerikanischer Kongreß-Abgeordneter harsche Kritik an dem Umgang der Bundesrepublik Deutschland mit dem Thema „Sekten“ gibt. Vielleicht dokumentiert das aber auch uns Wählern, mit welcher Oberflächlichkeit Politiker bemüht sind, in der Öffentlichkeit als Vertreter für Recht und Freiheit dazustehen, wenn sie als Unterstützer von Aktionen auftreten, über deren Hintergrund sie offensichtlich nicht informiert sein wollen. Denn hätten sie „gewollt“, dann hätten sie die oben zitierten Passagen im Internet nachlesen können, bevor sie unterzeichneten.

Ein Pfarrer und ein Gebet

Im September 2000 gab Pfarrer Thomas Gandow als Pfarrer für Sekten- und Weltanschauungsfragen der Evangelischen Kirche Berlin-Brandenburg eine Pressemitteilung heraus, die er mit „Gebet für Lisa McPherson“ betitelte.

Der unvoreingenommene Leser wurde jedoch mit dieser Pressemitteilung völlig einseitig informiert. Wenn man die verschiedenen Hintergründe zum Verfahren um die verstorbene Lisa McPherson (Gerichtsakten, eidesstattliche Erklärungen, Zeugenaussagen vor Gericht) kennt, verursacht diese offensichtliche Heuchelei vom September 2000 eine Gänsehaut. Ein evangelischer Pfarrer ruft zu einem Gedenkgottesdienst für eine verstorbene Scientologin auf. So weit, so gut.

In einem Gebet für Lisa McPherson zum fünften Jahrestag ihres Todes hieß es: „Herr, in dieser Welt der Gewalt, der Ratlosigkeit und der Irrwege sprichst Du nicht schuldig, die sich verlaufen und verirren auf der Suche nach dem Weg in die Freiheit, sondern die, die die Menschen ausnutzen und missbrauchen, verführen und verderben.“

Außerdem wird in dieser Pressemitteilung auf Polizeiprotokolle und Ermittlungsakten verwiesen. Zum damaligen Zeitpunkt war bereits der strategische Aktionsplan in Kraft getreten, um über eine ausgeklügelte Schadensersatz-Forderung gegenüber Scientology Kapital zu schlagen.

Dass dies nicht nur theoretisch diskutiert wurde, sondern auch in der Praxis ihren Niederschlag fand, beweisen im Jahr 2002 die Gerichtsprotokolle und Zeugenaussagen derjenigen, die jetzt nicht mehr mitspielen. Der Multimillionär Minton hatte bis Ende 2001 für alle seinen Geldsack geöffnet, die ihn bei der Propaganda-Maßnahme zum Fall Lisa McPherson unterstützen. Im Mai 2002 hat er die verschiedenen Zusammenhänge bis hin zur gezielten PR-Strategie vor dem US-Gericht in Tampa unter Eid ausgesagt. Seine Aussagen wurden von der Ex-Scientologin Stacy Brooks, früher Young, bestätigt. Das Ziel war von Anfang an, den Tod von Lisa McPherson in klingende Münze umzuwandeln.

In der Pressemitteilung vom September 2000, die Pfarrer Thomas Gandow verbreitete, war außerdem zu lesen: „Die Kollekte wurde für die Opferhilfe der Lisa McPherson-Stiftung in den USA gesammelt."

Jeder, der bei dieser Heiligen Messe den Klingelbeutel füllte, unterstützte die Vermarktung des Todes der Lisa McPherson. Unabhängig davon verschwieg Gandow, dass die in der Kirche versammelten Gläubigen ihr Geld nicht zugunsten einer sozialen Einrichtung, sondern für eine profitorientierte Firma mit dem Namen LMT in den Klingelbeutel warfen.

Wer die Pressemitteilung unter diesem Aspekt liest, begreift vielleicht zum ersten Mal die Geschichte in der Bibel über die „Pharisäer".

Aber noch zwei wesentliche Punkte dieser Mitteilung haben mich beschäftigt und weitere Hintergrund-Informationen sammeln lassen. Ich wunderte mich, dass nach dreißig Jahren Scientology in Deutschland und nahezu 50 Jahren weltweit keine Informationen darüber zu finden waren, aufgrund derer man – wie von Pfarrer Gandow gleichzeitig verbreitet – „wissen" kann, „dass Menschen dort umkommen."

Bedenkt man, dass während dieses Gedenkgottesdienstes 150 Teilnehmer anwesend waren – u.a. auch Abgeordnete des Deutschen Bundestages und des Berliner Abgeordnetenhauses –, dann muss sich jeder vernünftige Mensch fragen, „weshalb hat eigentlich niemand diesen Passus ernsthaft hinterfragt."

Aus welchem Grunde hat ein bayerischer Innenminister diese Aussage ungeprüft so stehen lassen, obwohl er von seinem eigenen Verfassungsschutz weiß, dass es keinen einzigen Beweis für die Aussage gibt?

Noch dazu, dass niemand die Formulierung dieser Pressemitteilung aufgefallen ist. Nicht einmal den vielen Journalisten, die blind die Terminologie des Gandow übernommen haben. Denn auch Gandow verbreitet hier eine Aussage von Dritten und er weiß, dass es auch in diesem Zusammenhang weltweit keine einzige Verurteilung von Verantwortlichen der Organisation gibt.

Genau das sind die Fakten, die mich immer weiter in die Verstrickungen der Kritikerszene hineinschauen ließen. Ein langer Blick in die dunkle Ecke, in der sich ein Pulk von so genannten „Sektenexperten" versammelt hat, hat in mir die Entscheidung reifen lassen, dass das so nicht stehen bleiben kann. Irgendwann musste ich mich entscheiden herauszufinden, inwieweit ich selber noch in einem Rechtsstaat lebe.

Von wegen „Wir haben nichts gewusst!“

Der Verfassungsschutz in Bayern hat Kenntnis von den verschiedenen Machenschaften der „Kritikersekte“. Aus dieser Ecke kann mir keiner sagen: „Wir haben es nicht gewusst!“

Ob Schriftsätze im Vorfeld von Verhandlungen oder Kopien von rechtskräftigen Urteilen gegen Mitglieder der „Szene“: Alles war für die Herren aus München interessant.

So ist seit spätestens April 2002 dem Bayerischen Innenministerium, den bayerischen und hamburgischen Verfassungsschutzbehörden sowie verschiedenen höheren Beamten im Hamburger Innensenat bekannt, dass die staatsanwaltlichen Ermittlungen gegen die dortige Sektenbeauftragte – wegen Vorteilsnahme im Amt – nicht mehr nur im Stadium von „Vorermittlungen“ stehen. Nur: nach außen muss „das Gesicht gewahrt werden“!

Und so hat die Szene ihre PR-Aktion „Menschenrechtspreis“ auch im Jahr 2002 – diesmal mit dem Schutzschild des bayerischen Innenministers Beckstein – abgezogen. Bei einem Telefonat mit einem Beamten des Innenministeriums wurde mir schon vor der Preisverleihung schlagartig klar, dass es einfach wohl niemand wissen will, was tatsächlich in dieser Szene passiert. Nur: Die Wähler sollte interessieren, was die Politiker eben nicht interessiert!

Aussagen, wie: „Sie haben doch auch etwas gegen Scientology“ sind für mich nur der schlagende Beweis, dass in diesem Land alles erlaubt wird, wenn es nur Scientologen schadet. Und genau da spiele ich nicht mit!

Ob es sich hierbei um Beamte des Verfassungsschutzes handelt oder um Sektenbeauftragte, ist mir völlig egal. Wenn ich das Recht habe, elf Jahre lang das Thema Scientology gären zu lassen, dann nehme ich mir nun auch das Recht, die Gründe aufzuzeigen, warum es bis heute nicht geklärt ist. Dazu gehört einfach die öffentliche Diskussion von Fakten!

Episoden am Rande
Herbst 2000 – Viel Spaß mit dem Geld

Im Restaurant eines Fünf-Sterne-Hotel sitzen sich zwei wohlbeleibte Herren im angeregten Gespräch gegenüber. Ihr Thema: die weiteren Vorgehensweisen der Aktion „Wundersame Geldvermehrung".

Der eine kann sich auf Grund seiner Einkommensmöglichkeiten das Speisen in diesem exklusiven Hotel nicht leisten. Der andere ist Multimillionär und freut sich, dass er innerhalb kürzester Zeit einen weltweiten „Freundeskreis" für seine „business deals" aufbauen konnte.

Im Herbst 2000 wusste er noch nicht, dass ihn diese Freundschaft noch manche schlaflose Nacht kosten würde. „Geld spielt keine Rolle", war auch die Devise im Jahr 2000. Und so benahm sich auch der Besuch des Geldgebers.

„Nehmen die Herrschaften zum Dessert noch eine Flasche von dem Rothschild?" Ein kurzer Blick signalisierte dem Geldgeber, dass es ja noch etwas zu feiern gibt. Also bestellte er eine Flasche Champagner der Marke „Grande Dame". Wer die Runde beobachtete, wäre nie auf die Idee gekommen, dass sich hier Menschen treffen, die von sich behaupten, sie würden aus reinem sozialen Engagement anderen helfen und vor einer großen Gefahr warnen. Denn es ging mehr darum, wie man über diese Gefahr eine „Pipeline für die wundersame Geldvermehrung" legen konnte.

Bei der Verabschiedung tauschte ein Kuvert den Besitzer. Derjenige, der es gab, äußerte sich: „Viel Spaß mit dem Geld!" Derjenige, der es erhielt, verschwand mit einem süffisanten, zufriedenen Lächeln in den Straßen von Berlin. Es waren nicht die kulinarischen Genüsse des Abends, die ihn so zufrieden von dannen schreiten ließen, sondern die Gewissheit, dass sich in dem Kuvert Geld befindet, von dem niemand etwas weiß.

SZENENWECHSEL: Über dem grossen Teich

„Dallas“ in der Kritikerszene

Ende April 2002 stürzt das Kartenhaus der eingeschworenen Kritikerszene durch eine Aussage des Robert Minton zusammen. Er hat vor Gericht in Tampa/Florida im wahrsten Sinne des Wortes auf den Tisch gehauen und gesagt, dass er nicht mehr länger lügen will. Minton, der im Jahr 2000 den früher beschriebenen, ominösen „Menschenrechtspreis“, den er selbst mit erfand, mit finanzierte und letztlich dann auch bekam, hat nun aus eigener Erfahrung erlebt, dass er Teil einer kriminogenen, geldmotivierten Gruppierung mit mafiosen Strukturen geworden ist. Wie kam der Millionär Robert Minton als Financier in diese Szene? War er tatsächlich nur die angezapfte Geldquelle der Kritikerszene, wie er sich am 24. April 2002 in einer eidesstattlichen Versicherung vor einem US-Gericht darstellen will? Wer diesen weltweiten Skandal der Kritikerszene, die sich selbst zur Kritikersekte entwickelte, verstehen will, dem bleibt nichts anderes übrig, als zurück bis in die Mitte der 90er Jahre zu recherchieren.

Florida, April 2001

Aufgrund der deutschen Vorgänge in der so genannten „Szene“ um die staatliche Beauftragte Caberta und den kirchlichen Sektenbeauftragten Gandow kam ich in Kontakt mit einem Informanten, der mir bereits damals sagte, dass der Schlüssel zu all diesen Ungereimtheiten in der Scientology-Diskussion in einer amerikanischen Stiftung mit dem Namen LMT liegen würde.

Während einer Urlaubsreise im April 2001 machten wir, mein Mann und ich, einen zweitägigen Zwischenstopp in Florida, um vor Ort zu recherchieren. Hätte mir vor April 2001 jemand erzählt, es gäbe von Seiten der amerikanischen Kritiker von Scientology bezahlte Zeugen, Organisationsstrukturen und Hierarchien, Geldflüsse, die verschleiert werden, einen Geldgeber mit guten Kontakten zu Militärdiktaturen, Querverbindungen zu Geheimdiensten und einer Zielsetzung, sich über Schadensersatzklagen zu bereichern – ich hätte es wie selbstverständlich als „schwarze Propaganda“ von Seiten der Scientology Organisation gegenüber Kritikern gewertet. Aber nun lagen vor mir Dokumente, die auf Verbindungen und Zahlungen hinwiesen, dass die nach außen dargestellte „Aufklärung“ zur ausgemachten Geldmaschine für einen gewissen Personenkreis ins Leben gerufen wurde.

Wer ist Robert Minton?

Ein Mann, der in den 80er und 90er Jahren als knallharter Finanzmakler für nigerianische Militärdiktaturen zum Multimillionär wurde. Als Nigeria Anfang der 90er Jahre anfing, sich zur Demokratie zu entwickeln, zog sich Minton von den Geschäften zurück. Natürlich stellt sich die Frage, wie ein solcher Mann auf das Thema Scientology kommt. Seine Aussagen in der Öffentlichkeit darüber widersprechen sich. Fakt ist: Spätestens seit 1996 bezahlt Minton Leute, die als Zeugen gegen Scientology bei Gerichtsfällen auftreten. In den meisten Fällen hatten die „Zeugen“ keinen Bezug und schon gar keine persönliche Erfahrung zu dem bei Gericht verhandelten Fall. Die Frage, die hier aufkommt: Aus welchem Grund finanziert ein knallharter Geschäftsmann Gerichtsfälle?

Als Europäer kann man sich das vielleicht nur sehr schwer vorstellen. Doch wer in den USA erfolgreich eine Schadensersatzklage durchzieht, rechnet in anderen Dimensionen als in Europa. Allein ein umgeschütteter Kaffee, auf dessen Pappbecher kein Warnhinweis „Vorsicht – heiß“ gedruckt ist, kann, wie geschehen, $ 200.000,– Schadensersatz bringen. Oberflächlich betrachtet sieht man einen Multimillionär, der sich „sozial“ engagiert. So wurde er in der Öffentlichkeit geführt, so ist er in der Öffentlichkeit in Erinnerung. In Insider-Kreisen war bekannt, dass Minton die ganze Angelegenheit als „Investment“ sah. 2002 bestätigte er dies sogar in einer eidesstattlichen Erklärung bei Gericht. Er nannte dort seine Finanzierung eines Gerichtsfalls „business deal“. Doch was gibt es für einen Deal, wenn ich Zeugen für ein gerichtliches Verfahren finanziell unterstütze? Es ist nur ein Deal, wenn ich mir von dem Verfahren einen finanziellen Zugewinn erhoffe. Soviel kann man von einem Finanzjongleur erwarten. Selbst in Amerika ist es schwierig, eine hohe Schadensersatzklage zu gewinnen, da man eine Jury zu überzeugen hat. Was ist, wenn man einen Fall hat, der faktisch auf wackligen Beinen steht? Man sucht ein Transportmittel, mit dem man die wacklige Seite stützen kann. Und genau aus diesen Überlegungen heraus entstand nicht nur eine breit angelegte Kampagne gegen Scientology, die ihren Höhepunkt in einer Propagandamaschine namens LMT fand.

Was ist LMT?

LMT – Lisa McPherson Trust. Nach außen wurde diese „Stiftung" als eine soziale Einrichtung beworben. In Wirklichkeit zeigen die Unterlagen, dass es sich um ein kommerzielles, auf Gewinn orientiertes Unternehmen handelt. Am 21. Oktober 1999 um 8.26 Uhr morgens wird das Unternehmen LMT in Clearwater/Florida registriert. Den Eintragungsunterlagen ist zu entnehmen, dass ein Präsident, ein Vizepräsident und ein Schatzmeister vorgesehen sind. Alle drei Funktionen nimmt Robert Minton wahr. Als Repräsentantin wird eine der bezahlten Zeuginnen, Stacy Brooks, ehemals Young, eingesetzt. Wie sich die Sachlage im Jahr 2002 darstellt, muss zum Zeitpunkt der Gründung eine Geldmaschine in Gang gesetzt worden sein, aus der man sich nicht nur weltweit bediente, sondern die trotz der moralischen Verwerflichkeit auch weltweit von so genannten „Sektenexperten" akzeptiert und unterstützt wurde.

Eine Tote wird vermarktet

Am 5. Dezember 1995 verstirbt Lisa McPherson im Beisein befreundeter Scientologen. Zu diesem Zeitpunkt war sie 18 Jahre Mitglied bei der Scientology. Aus den Gerichtsunterlagen geht hervor, dass sie an einer Embolie verstorben ist. Kritiker der Scientologen sehen in dem Fall die Möglichkeit, die Scientology Organisation für den Tod dieser Frau verantwortlich zu machen. Als erstes werden Verwandte der Verstorbenen kontaktiert. Ihre Mutter liegt zu diesem Zeitpunkt bereits schwer krank im Krankenhaus, als man sie um eine Vollmacht für eine zivilrechtliche Schadensersatzforderung angeht. Die Mutter verstirbt und an ihre Stelle tritt die nächste Verwandte, eine Tante von Lisa McPherson, die mit ihr lediglich entfernt Kontakt hatte. Ein Rechtsanwalt Dandar wird als Nachlaßverwalter eingesetzt. Es kommt zu einem Kontakt zwischen dem Anwalt und Robert Minton, den ein Ex-Scientologe vermittelt. Aus diesem Kontakt entsteht ein vorläufiges Darlehen von 100.000,– Dollar im März 1997, 18 Monate nach dem Tod von Lisa McPherson. Im Dezember 1997 stimmen die Verwandten der Lisa McPherson gegenüber dem Anwalt Dandar und Robert Minton überein, dass der Großteil des erwarteten Schadensersatzes einer Anti-Kult-Gruppe zufließen soll. Im Jahre 1998 wird die Anti-Kult-Gruppe FactNet namentlich genannt. Dieser hatte Robert Minton bereits früher 1,2 Millionen Dollar als Darlehen gewährt. In den Unterlagen von FactNet erscheint Robert Minton als Präsident. Allerdings hat er bei FactNet weder die alleinige Kontrolle noch selbständigen Zugriff auf finanzielle Mittel, da es sich bei FactNet um eine gemeinnützige Organisation handelt. Im Mai 1999 bestätigt die Tante der Lisa McPherson gegenüber Robert Minton und dem Nachlaßverwalter Dandar schriftlich, dass der Großteil der anvisierten Schadensersatzsumme derjenigen Organisation zugute kommt, die im Namen von Lisa McPherson auftritt. Im November 1999 kauft Minton für 225.000,– Dollar im „Mekka" der Scientology, in Clearwater, ein Gebäude. Dieser Standort eignet sich hervorragend für PR-trächtige Konfrontation mit Scientology, zumal sich dort auch der Gerichtsstand der eingereichten Schadensersatzklage befindet. Die beim Gericht ansässige Jury setzt sich aus Bewohnern dieses Umfeldes zusammen.

Robert Minton bestätigt später vor Gericht, dass der Nachlassverwalter von Lisa McPherson, Dandar, ihn ermutigt habe, so viel negative Presse wie nur möglich gegen Scientology zu lancieren. Minton organisiert, nach eigener Aussage, regelmäßige Demonstrationen vor Scientology Gebäuden, an denen Dandar und die von Minton finanzierten Zeugen beteiligt sind. Von der LMT Zentrale aus werden Mitarbeiter und weitere Begünstigte von Mintons Finanzen weltweit für PR-Zwecke eingesetzt.

Zeitgleich mit der Ansiedlung von LMT in Clearwater reist der Ex-Scientologe und Minton Begünstigte Jesse Prince auf Einladung des Bundesamtes für Verfassungsschutz Köln nach Deutschland. In Mannheim finden Gespräche zwischen Jesse Prince und Beamten des Bundesverfassungsschutzes statt. Jesse Prince gehört zum Vorstand des LMT, genauso wie mehrere Ex-Scientologen, die dort als „Berater" finanziert werden. Rasch spricht es sich weltweit in der so genannten Kritikerszene herum, dass sich hier eine Geldquelle geöffnet hat. Innerhalb kürzester Zeit wird Minton aufgrund seiner finanziellen Großzügigkeit zur Leitfigur in dieser Szene. Die anvisierte Publicity für die laufende Schadensersatzklage wird damit zum Selbstläufer.

Der rote Teppich wird ausgerollt

Der Koordinator zwischen dem Kölner Bundesverfassungsschutz und Jesse Prince war ein „freier“ Journalist aus Mannheim. Aus diesem Grund fanden die Gespräche zwischen den Beamten und dem Amerikaner auch in Mannheim statt. Peter Reichelt besucht das LMT bereits kurze Zeit später, am 1. Februar 2000. Im April desselben Jahres wird Robert Minton mit seiner Lebensgefährtin Stacy Brooks offiziell vom Innensenat Hamburg, Arbeitsgruppe Scientology unter Leitung von Ursula Caberta, eingeladen. In einer groß angelegten Pressekonferenz kann Minton der deutschen Öffentlichkeit seine Firma im Innensenat Hamburg präsentieren. Hier wird der amerikanische Millionär heldenhaft gefeiert und kann in den USA deutsche Presseberichte vorlegen.

Der rote Teppich wird von Hamburg Richtung Berlin-Brandenburg gerollt, wo der Sektenbeauftragte der evangelischen Kirche, Thomas Gandow, mit seinem Brötchengeber wegen einer Verlängerung seines Arbeitsvertrags vor das Arbeitsgericht zieht. Der Ausgang des Verfahrens ist zu dieser Zeit ungewiss. Ob daher das Engagement des Thomas Gandow für das amerikanische LMT herrührt, ist im Nachhinein durch die Verschmelzung Gandow/Minton/Caberta nicht mehr klar zu erkennen. Gandow jedenfalls wird zur Galionsfigur für einen ominösen „Menschenrechtspreis“, der bereits am 3. Juni 2000 als so genannter „alternativer Karlspreis“ an Robert Minton gehen wird. Gandow selbst rollt den roten Teppich von Brandenburg nach Leipzig. Mit der populistischen Aussage „Minton statt Clinton“ wird der US-Millionär dort der breiten Öffentlichkeit präsentiert. Die Außenwirkung wird dadurch forciert, dass einen Tag vorher der damalige amerikanische Präsident Clinton den eigentlichen Karlspreis in Aachen überreicht bekam. Die Laudatio für Robert Minton hielt in Leipzig Ursula Caberta, die durch ihre Funktion als staatliche Sektenbeauftragte dem absurden Theater die höheren Weihen verleihen sollte.

Fast zeitgleich wird in der Genf/Schweiz vom nigerianischen Hauptkommissar gegen den „Menschenrechtspreisträger“ Minton Strafanzeige eingereicht. Während der Präsident, Vizepräsident und Schatzmeister des LMT, Robert Minton, in Leipzig über eine Erweiterung des LMT in Europa diskutiert, wird in Clearwater eine Strafanzeige gegen Scientology wegen fahrlässiger Tötung an Lisa McPherson eingestellt. Damit bleibt den Schadenersatzjägern nur noch das zivilrechtliche Verfahren. Der aufregende Monat Juni endet für den Millionär Minton mit der Tätigkeit, die er am besten beherrscht. Am 26. Juni 2000 stellt er einen Scheck über 75.000,– Dollar an Ursula Caberta aus.

Er könnte schon zufrieden sein, der Robert Minton. In knapp einem halben Jahr erreichte er die Propaganda, die man für eine gut organisierte zivilrechtliche Schadensersatzklage benötigt. Vielleicht hat er aus diesem Grund den roten Teppich gleich bis über den großen Teich gerollt. Bereits am 22. Juli 2000 reist Ursula Caberta auf Einladung von Minton nach Clearwater und, wie es sich für eine Einladung gehört, finanzierte natürlich der Millionär auch Reise- und Hotelkosten für Ursula Caberta in den USA. Das LMT präsentierte die Leiterin der Arbeitsgruppe Scientology vom Innensenat Hamburg in einer groß angelegten Pressekonferenz in der Caberta über ihre Tätigkeit in Deutschland berichtete. Anlässlich des deutschen Besuches wird gleich noch eine Demonstration in Clearwater organisiert. Als es eng wird, – deklariert man die Reise kurzerhand zur „Erholungsreise“ um!

Der Millionär weiß, was er der deutschen Touristin aus Behördenkreisen in Clearwater zu bieten hat. Und Ursula Caberta war im Gegenzug bereit, die Erwartungen zu erfüllen. Die Drahtzieher der Schadensersatzklage brauchten Publicity, um das Thema – erst Recht nach der Einstellung der Strafanzeige – für die Öffentlichkeit weiter zu thematisieren um damit eine subtile Vorverurteilung zu erreichen. Am 29. April 2002 formulierte Stacy Brooks, Ex-Scientologin und mittlerweile Lebensgefährtin von Robert Minton, unter Punkt 21 einer eidesstattlichen Zeugenaussage:

„21. Herr Dandar sagte, dass er dachte, dass die Existenz des LMT großartig sein würde, weil es negative Publicity über Scientology und deren Verwicklung in diesen Fall von fahrlässiger Tötung hervorrufen würde. Herr Dandar ermutigte uns, negative Schlagzeilen gegen Scientology zu verursachen und stellte sich bei Gelegenheit auch als Vorbote zur Verfügung. Herr Dandar ermutigte uns ebenfalls zur Beteiligung an dem Film ‚The Profit‘ einem Anti-Scientology-Film, den Herr Minton finanzierte. Dandar und einige andere, einschließlich Herrn Minton und meiner Person, waren zu kleinen Teilen in diesem Film zu sehen ...“

Dass hinter dieser Propagandamaschinerie, ausgerichtet auf die Schadensersatzklage, ganz gezielte strategische Überlegungen die Hauptrolle spielten, bestätigt Robert Minton am 24. April 2002 in einer eidesstattlichen Erklärung bei Gericht:

„13. Herr Dandar ermutigte mich, so viel negative Presse wie möglich gegen Scientology zu bekommen und ich gab der Presse Interviews, wo ich konnte. Ich nahm an Protestkundgebungen vor Einrichtungen der Scientology teil und organisierte sie – Herr Dandar und andere im Prozess nahmen gelegentlich auch teil."

„14. Ich finanzierte auch die Produktion eines Filmes über Scientology (‚The Profit'). Ich investierte 2,5 Millionen Dollar in die Herstellung des Films durch zwei Scientology-Kritiker. Herr Dandar übernahm zusammen mit mir, Jesse Prince, Stacy Brooks und anderen LMT-Mitarbeitern eine Rolle in dem Film. Herr Dandar spielte einen FBI-Agenten. Herr Dandar hatte das Gefühl, der Film wäre hilfreich dabei, bei potentiellen Geschworenen in der Gegend eine negative Sichtweise der Scientology zu erzeugen. Clearwater und Tampa waren die einzigen Orte in den Vereinigten Staaten, in denen der Film je gezeigt wurde. Die Qualität des Films war so schlecht, dass ein Verleih unmöglich war ..."

Aus der Aktenlage des Gerichts ist ersichtlich, dass es sich bei der Operation „Lisa" um eine konzertierte Aktion handelt, in der weltweit ein bestimmtes Potential an Kritikern eingebunden wurde. Der von Minton finanzierte Propagandafilm kommt jetzt aufgrund seines Titels wie ein Bumerang auf die Verursacher zurück: „Der Profit"! Trotz der laut Minton schlechten Qualität des Films wurde er von Seiten der Kritikerszene in Deutschland als ein Medienereignis hochgejubelt.

So kam er bei einer weiteren ominösen „Menschenrechtspreisverleihung" am 10. Juni 2001 in Leipzig zur Uraufführung. Die Unterstützer dieser Kritikerszene brachten Werbung für den Film sogar in einem öffentlich-rechtlichen Sender unter. Durch diesen Hintergrund konnte der Menschenrechtspreisträger 2000, Robert Minton, wie geplant weitere Schlagzeilen erzeugen. Dass keiner der Politiker, die sich für die PR-Schiene rund um den „Preis" einspannen ließen, diesen ganzen Hokuspokus hinterfragten, lässt bei jedem steuerzahlenden Bürger den Adrenalinspiegel steigen! Die Uraufführung des Films 2001 wurde – als ein Teil des Leipziger Programms – automatisch mit dem

„Menschenrechtspreisträger“ Dr. Norbert Blüm ausgeschmückt. Robert Minton hielt für ihn die Laudatio.

Sand im Getriebe

Nach außen wurde der Öffentlichkeit eine homogene Gemeinschaft mit sozialem Engagement vorgespielt. Dass der Kitt der nicht ganz so homogenen Szene die Dollarscheine von Robert Minton waren, sickert nun mehr und mehr in die Öffentlichkeit. Da helfen eben auch die Freiheitslieder nichts, die sie anlässlich der Preisverleihung 2001 anstimmten. Das Theater wurde nur noch absurder. Nach seiner Rückkehr in die USA bezeichnete Robert Minton jene Frau Caberta, die er ein Jahr vorher mit einem Scheck über 75.000,– Dollar beglückte, als Intrigantin, der er nicht so weit trauen würde, wie er spucken könne!

Daran erkennt man, dass bereits im Sommer 2001 der Putz von der mühsam aufgebauten Fassade LMT zu bröckeln begann. Macht und Geldgier als Triebfedern forderten ihren Preis. Wie aus den gerichtlichen Unterlagen hervorgeht, hatte der ganze Aufbau des Lisa McPherson Trust eine einzige Zielsetzung, die leicht zu beschreiben ist: viele, viele Millionen Dollar! Dafür wurden hypothetische Szenarien entwickelt und von den „angestellten“ Zeugen gleich die passenden eidesstattlichen Versicherungen dafür geschrieben. So sagt Stacy Brooks in ihrer eidesstattlichen Erklärung im April 2002:

„13. Nach diesen Treffen begann Herr Dandar mit meiner Hilfe und der von Herr Prince, weitere Parteien in den Fall einzubringen, einschließlich David Miscavige [der oberste Chef der Scientology, Anm.d.A.]. Herr Dandar brauchte etwas, worauf er dies fundieren konnte und Herr Prince und ich diskutierten verschiedene hypothetische Szenarien mit Herrn Dandar. Herr Prince unterschrieb eine eidesstattliche Versicherung, die auf Spekulation beruhte. Er behauptete darin, dass Herr Miscavige und andere über Lisa McPherson ‚gewusst hätten‘ und dass ‚ihr Tod kein Unfall war‘. Dies war das gleiche Muster der Schaffung eines Szenarios, das ich in früheren Fällen benutzt hatte und das ich und Herr Prince diskutiert hatten. Herr Dandar wusste, dass es keine Beweise gab, um dies zu stützen, und sein Prozessberater Michael Garko war aufgrund dem völligen Fehlen irgendwelcher Beweise völlig dagegen. Aber Herr Dandar brachte den Antrag trotzdem ein. Darin wurde behauptet, Scientology hätte Lisa McPherson absichtlich getötet und Herr Miscavige ‚hätte darüber gewusst' und entschieden, ‚sie sollte getötet werden', um Scientology vor schlechter Public Relation zu schützen ..."

An dieser Aussage ist klar zu erkennen, dass die „Kapitalanlage Lisa McPherson" hier moralische Grenzen durchbrochen hat. Allein, dass Robert Minton für diese Aktion in Deutschland einen „Menschenrechtspreis" erhielt, ist ein Skandal, der seinesgleichen sucht. Über diese Vorkommnisse wusste nicht nur der deutsche Verfassungsschutz Bescheid.

Auch Politiker wie ein Dr. Blüm und so genannte Seelsorger wie Pfarrer Gandow müssen sich zusammen mit der Bundesjustizministerin Däubler-Gmelin, Bundespräsident Rau und der CDU-Vorsitzenden Dr. Angela Merkel vorwerfen lassen, als Aushängeschilder einer gruseligen Abzocknummer gewirkt zu haben. Der Geldgeber Minton scheint als Erster gemerkt zu haben, dass sie den Bogen weit überspannt hatten. Und bereits im August 2001 fing er an, rückwärts zu rudern und stellte seine diversen Zahlungen ein. Vor Gericht erläuterte er später die wahren Gründe für sein „großzügiges Engagement zur Rettung der Menschheit" und den Kampf für die „Freiheit für Religion und Menschenrechte" mit folgenden Worten:

„39. Ab August 2001 wurde ich sehr zurückhaltend, Herrn Dandar weitere Gelder für die Schadensersatzklage zu geben und ich sagte ihm dies. Ich glaubte nicht mehr, dass Herr Dandar und Frau Liebreich [die Tante der Lisa McPherson, Anm.d.A.] ihre Verpflichtung mir gegenüber bezüglich der Einnahmen aus dem Verfahren erfüllen würden. Wir wurden gezwungen, den Lisa McPherson Trust aufzulösen, da er in die Schadenersatzklage verstrickt war.

40. Ich hatte über Herrn Dandar als Anwalt schon etwa 1,8 Millionen Dollar in den Nachlass gegeben und er bat mich ab Dezember 2001 um mehr Geld. Ab Februar 2002 war eine gewisse Verzweiflung in seinen Bitten um mehr Geld festzustellen. Ich wollte keine weiteren Gelder geben und weigerte mich, ihn im Januar 2002 in Nashville/Tennessee zu treffen."

Minton gibt auch ganz klar in seinen Aussagen zu, dass es eindeutige Absprachen zur Verschleierung von Geldflüssen gegeben hat. Zum Beispiel, dass der Klägervertreter Dandar ihm sagte, er solle einen seiner Schecks über 500.000,– Dollar gegenüber dem Gericht nicht erwähnen und dass er, Minton, sich nur auf die anderen Schecks konzentrieren sollte. Minton hielt sich an diese Abmachung. Als er in der Vernehmung gefragt wurde, wie viel Geld er bereitgestellt hatte, erwähnte er den Scheck über 500.000,– Dollar nicht und belog damit das Gericht. Die Falschaussagen vor Gericht, Verschleierung von Geldern, aber auch Dokumentenvernichtung seitens Stacy Brooks und das Verschweigen von Zahlungen an eine Regierungsangestellte Caberta hatten den Zweck, die wahren Aktivitäten der Geld- und Propagandamaschine LMT gegenüber dem Gericht zu tarnen.

Die Propaganda, es handele sich beim LMT um eine soziale Einrichtung, konnte nur mit diesen Lügen aufrechterhalten werden. Minton erkannte im Verlauf des Verfahrens immer mehr die auf ihn zukommenden rechtlichen Schwierigkeiten. Die Anwälte versicherten ihm, dass der Prozess niemals besser stand und dass genügend Geld alles sei, was man brauche, um den Prozess durchzukriegen.

Einem Finanzjongleur wie Robert Minton ist Ende 2001 bestimmt bewusst geworden, dass seine Rechnung nicht so aufgegangen war, wie er sich das gedacht hatte. In diesem Zusammenhang sollte man auch wieder einmal erwähnen, dass sich die Helfer von Robert Minton in der Öffentlichkeit als biedere Warner der Allgemeinheit vor den Gefahren von Sekten darstellen und viele von ihnen mit unseren Steuergeldern bezahlt werden. Genau diese Herrschaften waren sich teilweise nicht zu schade, hier als Helfer zu fungieren. Denn die Verschleierungstaktiken hinsichtlich des Geldflusses gingen so weit, dass der Anschein erweckt wurde, als käme das Geld nicht von Minton, sondern von „europäischen Freunden"! Dass eine Verschleierung von Summen in dieser Größenordnung nur mit Helfern und Helfershelfern möglich ist, liegt in der Natur der Sache. Die Ex-Scientologin Stacy Brooks erklärte hierzu im Frühjahr 2002 eidesstattlich vor Gericht:

„34. Ich habe diese Erklärung aus keinem anderen Grund geschrieben, als die Wahrheit zu erzählen und damit die Konsequenzen zu vermeiden, denen ich mich unweigerlich ausgesetzt sehen würde, wenn ich mich der Wahrheit weiterhin entziehen und in den Erklärungen lügen würde. Herr Minton sah sich schon einer Strafe wegen Missachtung des Gerichts ausgesetzt. Es war offensichtlich für mich, dass mir die gleiche Zukunft blühte, insbesondere hinsichtlich meiner

Behinderung der gegenüber dem LMT gerichtlich angeordneten Offenlegung und Auskunftserteilung."

Stacy Brooks gibt zu, dass sie Beweismaterial, das zur Entlastung der Scientology Organisation geführt haben könnte, verschwinden ließ. Brooks hatte Angst vor der Aufdeckung ihres wahrheitswidrigen Verhaltens vor Gericht. Über einen Anwalt versuchte sie zusammen mit Minton Scientology zu kontaktieren, um über eine gütliche Einigung aus dieser Klemme herauszukommen. Brooks sagt vor Gericht im April 2002 selbst aus, dass sie die „Taten, die ich im Zusammenhang mit dem Fall der fahrlässigen Tötung begangen habe, als Schande" empfinde. „Ich würde mich nun eher den Konsequenzen meiner Handlungen aussetzen, als das Unausweichliche noch weiter hinauszuzögern. Ich stehe bereit, mich vor dem Gericht zu erklären und Fragen zu beantworten, falls das gebraucht wird.

Mit dieser Erklärung widerrufe ich alle falschen Aussagen, die ich unter Eid gemacht habe und die meinen Aussagen, die ich in dieser eidesstattlichen Erklärung gemacht habe, widersprechen würden. Stacy Brooks."

Auch nach diesen Aussagen hielt die europäische, besonders die deutsche Kritikerszene weiter die Fahne hoch und versuchte mit verschiedenen Schuldzuweisungen im Sinne von „Minton würde von Scientology unter Druck gesetzt und erpresst" zu retten, was zu retten ist. Dass die Absprachen über die gemeinsamen Vorgehensweisen nicht wie bisher koordiniert zu sein schienen, erkennt man daran, dass Minton und Brooks drei Monate vor einer weiteren Menschenrechtspreisübergabe im Mai 2002 das Handtuch warfen. Minton hierzu eidesstattlich:

„Ich machte mir über meinen Meineid Sorgen und dass ich deswegen belangt werden könnte. Ich gestattete meinen Anwälten Anfang Februar 2002, die Anwälte der Scientology zu kontaktieren, um Verhandlungsgespräche zu erwirken. Meine anfängliche Absicht war es, mich selbst aus diesem Rechtsstreit zu befreien und einfach wegzugehen, ohne den Lauf des Verfahrens dadurch zu beeinflussen. Mit meinem Anwalt Stefan Jonas und Frau Brooks traf ich mich mit Vertretern der Scientology, um aus den mir bevorstehenden Anhörungen wegen Missachtung des Gerichts herauszukommen ..."

Nach der Devise, das Hemd ist mir näher als die Hose, hatte der „Menschenrechtspreisträger“ Robert Minton die Flucht nach vorne angetreten. Wie gesagt, zeitlich schlecht koordiniert mit seinen deutschen Helfershelfern, die kurz vor ihrer Propagandaaktion „Leipziger Menschenrechtspreis“ über die Aussagen von Stacy Brooks und Robert Minton in Erklärungsnot kamen. Nur, die Aussicht auf Geld macht erfinderisch, und Jesse Prince benutzte den ersten Buchstaben seines Vornamens J für den Judaskuss. Er verfasste ebenfalls eine Erklärung und suggerierte, dass der Präsident, Vizepräsident und Schatzmeister des Lisa McPherson Trust „von Scientology erpresst“ würde.

In Europa haben mehrere Personen und vor allem Behörden diese Legende schnell aufgegriffen. Ich glaube einfach nicht, dass sie es nicht besser wussten, sondern vor der Entdeckung der Hintergründe dieses Skandals versuchten abzulenken. So war ich doch ziemlich verblüfft, als ich Anfang Mai 2002 eine Beamtin des Verfassungsschutzes und einen Sektenbeauftragten auf diese Ungeheuerlichkeiten ansprach und bei beiden nicht einmal ein klein wenig Unrechtbewusstsein entdecken konnte. Der Sektenbeauftragte bezeichnete die Angelegenheit als eine „neue Geschäftsidee, die nicht funktioniert hat.“ Die Beamtin des Verfassungsschutzes versuchte mir über mehrere Minuten klarzumachen, dass die Scientology sicher Robert Minton in irgendeiner Angelegenheit erpressen würde. Auf mein Kontern, dass man nur jemanden erpressen kann, wenn es etwas zum Erpressen gibt, ging sie gar nicht ein. Das zeigte mir einmal mehr, dass bei solchen „Fachleuten“ das Urteil über Scientology feststeht, und man überhaupt nicht mehr an einer Klärung interessiert ist, sondern nur noch an einer Stigmatisierung und an der Erhaltung eigener Positionen.

Im Juni 2002 musste sich nun dieser Rechtsanwalt Dandar vor dem US-Gericht in Tampa dazu äußern, wie er zu den negativen Aussagen gegen Scientology kommt. Die Verhöre dauern noch an, doch schon nach Durchsicht der bisher angefallenen Gerichtsprotokolle wird deutlich, dass Dandar große Schwierigkeiten hat, die im Fall McPherson erhobenen schwerwiegenden Vorwürfe faktisch oder gar mit Augenzeugen zu beweisen. Auch an vorderster Front löst sich nun die „Geschäftsidee Opfervermarktung“ in Wohlgefallen auf.

Wenn sich Kritiker der Scientology derart versteigen und eine Tote als Ware und als Geschäftsidee vermarkten, halb Europa sich daran beteiligt, Fakten, Zeugen, Geständnisse einfach nicht wahrgenommen werden, alles vertuscht wird und man sich dann noch hinstellt und einen Menschenrechtspreis in Leipzig vergibt, dann wird es Zeit, nachzuprüfen, vor wem man jetzt eigentlich warnen muss.

Schützt der Verfassungsschutz die Politiker vor der eigenen Verfassung? Agieren kirchliche Sektenbeauftragte als Schadensbegrenzer, um den eigenen Machterhalt zu sichern? Verlieren Kritiker beim Anblick von Dollarscheinen automatisch ihr Unrechtbewusstsein? Und was, wenn der Fall Lisa McPherson funktioniert hätte? War der Plan des Lisa McPherson Trust der Beginn einer organisierten Globalisierung der weltweiten Kritikerszene mit mafiosen Strukturen? Und nun? Wer zieht jetzt hier eigentlich die ganzen Mithelfer zur Verantwortung?

Der Mann ohne Koffer

Er kam aus Los Angeles angeflogen und wurde in Frankfurt abgeholt. Seine Ankunft hatte unter anderem den Zweck, die in Schieflage befindliche Legende der Kritikerszene, ihr langjähriger Financier, der Millionär Robert Minton, wäre „umgefallen", zu festigen. Nebel werfen war sein Auftrag!

Er heißt nicht Richard Kimble und befindet sich auch nicht auf der Flucht, der Mann ohne Koffer. Es ist Graham Berry, ein Amerikaner. Er wurde eingekleidet. Anzug, Krawatte, Hemd und Gürtel, weil er seinen Koffer auf dem Weg über den Atlantik verloren hatte. Und er kam, um Propaganda zu machen.

Zurück in den USA sinnierte er öffentlich darüber, wie schön sein „Germany-Trip" war. Wie die Sektenbeauftragte Caberta ihn eingekleidet hatte. Wie der Etat, den der Innensenat dem Hamburger Arbeitskreis zubilligt, auch auslangte, seinen innerdeutschen Aufenthalt zu Teilen zu finanzieren.

Er erzählte, wie er am Tag seiner Ankunft, am 10. Mai 2002, in Frankfurt von Ursula Caberta in Empfang genommen wurde, und wie sie in einem kleines Hotel gegenüber dem Frankfurter Bahnhof eincheckten. Caberta hatte ihn geladen und kümmerte sich natürlich entsprechend um ihn. Am nächsten Tag reisten sie mit dem ICE um 9 Uhr 30 Richtung Leipzig. Dort wohnte er als „Amerikaner im Hollywood Outfit“ (Anzug und Turnschuhe) einer der seltsamsten Preisverleihungen von Leipzig bei. Einst gedacht als PR Aktion und als Ehrung für „besondere Verdienste“, wurde sie nun zum Stolperstein der Kritikerszene – auch Kritikersekte genannt!

Die Erwartung an ihn war wohl „Legendenfestigung“, und sie trägt Früchte. Nach Lage der Dinge wird es wohl eine der letzten Einladungen sein, die Caberta in ihrer Funktion über den großen Teich ausgesprochen hat. Die Zugfahrt von Frankfurt nach Leipzig mit Caberta diente scheinbar zu Gesprächen, wie man mit der Situation „Financier Minton weg“ umgeht. Die Legendenfestigung: „Minton ist übergelaufen“ war eines der Hauptthemen, die ihn beschäftigten.

Die europäische Szene erwartete ihn deshalb sehnsüchtig, den Mann ohne Koffer. Und er war fleißig, wie man erkennen kann. Aus dem Umfeld der Szene fand sich jemand, der das Thema wie gewünscht aufgriff und publizierte. Ja, der nannte nun diesen Millionär Minton genau das, was man brauchte, um Nebelwände aufzubauen: „Der Mann, der umfiel.“

Starker Tobak für einen Mann, der die Szene mit seinem Geld unterstützte, und den sie anhimmelten wie einen Geldguru. Er wurde fallen gelassen, denunziert als „erpresst“ und eben „übergelaufen“, als er anfing, sich gegen diese Szene zu wehren und vor Gericht darüber aussagte, was hinter den Kulissen passiert.

„Eine Katastrophe“ nannte es der Mann ohne Koffer, als ein Szene-Journalist ihm die „Möglichkeit“ bot, öffentlich die Nebelwand hoch zu ziehen, und er zu den Aussagen des Bob Minton seine „Ansicht“ sagen durfte.

Und da war es, das erlösende Wort, über das man inzwischen alles abwickeln kann: „Scientology“! Dass Minton ausgesagt hat vor Gericht, nennt der Anwalt ohne Lizenz nun „einen unglaublichen Coup der Scientologen“!

Als ich das las und dagegen die Aktenberge anschaute, in denen der geplante Coup der Kritiker, über eine Schadensersatzklage in gigantischer Millionenhöhe an Geld zu kommen, beschrieben ist, dachte ich: „Was sie sich wohl einfallen lassen, wenn dieses Buch auf den Markt kommt? Das Buch, dass den Deckel vom Szenen-Topf hebt?“

Ich las weiter Graham Berrys Bericht über seinen Trip nach Good Old Germany. Er erzählt dort von einem Treffen mit einem „Q", einem „Hauser" und dessen Freundin Ilse, vom „Fremdenführer" Gandow und seiner Zeit, die er in dem Büro bei Caberta in Hamburg verbrachte, um dort ihr Archiv zu sehen. „Komisch", dachte ich da, „im Innensenat Hamburg hat man anscheinend längst aufgehört, sich über den Datenschutz Gedanken zu machen. Warum auch? Man ist ja unter sich."

Ja, hier ist noch alles im Lot, da kann ein Amerikaner in einer deutschen Innenbehörde Unterlagen einsehen und auf Kosten der Steuerzahler durchs Land reisen. Und möglicherweise Strategiebesprechungen machen, wie man denn so einen Coup, wie er nun in den USA platze, auf europäischer Ebene anleiern könnte.

Er bedauert die Sparflamme, auf der die deutschen „Freunde" der schnellen Dollars nun „kochen" müssen, da der Mann mit dem Geldkoffer, Bob Minton, diesen Irrsinn nicht mehr weiter zahlen will.

Wer ist Graham Berry?

Das große Schweigen machte sich im Juni 2002 in der Szene breit. Der Mann ohne Koffer hat zu viel geplaudert und nun im Internet auf Machenschaften aufmerksam gemacht, die eigentlich unter dem Teppich bleiben sollten. Das leichtfertig gebaute Kartenhaus gewisser Personen aus dieser Szene der „Sektenexperten" hat enorme Risse bekommen.

Man sieht inzwischen in das Haus und eben darin die Teppiche, unter denen man krampfhaft versucht, weiter alles, was nicht hoch kochen soll, darunter zu kehren. Heben wir also den Teppich hoch und schauen uns einmal als Steuerzahler diesen Mann an, der ohne Koffer aus USA am Flughafen Frankfurt ankam und auf unser aller Kosten seinen Aufenthalt finanziert bekam. Laut Gerichtsunterlagen ist er für 18 Monate von der Ausübung der Anwaltstätigkeit ausgeschlossen. Davon neun Monate auf Bewährung, die im Januar 2003 beginnt! Der Oberste Gerichtshof von Kalifornien entschied außerdem im April 2002, dass dieser besagte Mann ohne Koffer – Graham Berry – innerhalb eines Jahres seine „Prüfung für verantwortliches Berufsverhalten" wiederholen muss. Und was waren die Gründe für diese Verurteilung? Es fällt schwer, die lange Liste von Gründen hier zu wiederholen. Die Wichtigsten davon waren „moralisch verwerfliches Verhalten, Unredlichkeit und Verdorbenheit", „Einreichen einer falschen eidesstattlichen Versicherung" und „böswilliger Missbrauch der Justiz".

Man braucht nicht lange zu recherchieren, um in den USA die Hintergründe zu dem Mann ohne Koffer zu finden, die einem den Atem zum Stocken bringen. So wie ich an diese Unterlagen gekommen bin, hätte es jeder machen können, wenn er oder sie es gewollt hätte. Ich weiß auch, dass sie in der Szene bekannt sind, diese Ungeheuerlichkeiten, genau deshalb eben unter dem Teppich verschwinden sollten!

Aber was ist denn mit den Behörden, die doch alles für die Politiker „beobachten"? Wurden diese informiert? Ich habe die Erfahrung gemacht, da haben doch sehr viele einen recht „einseitigen" Blickwinkel wenn es um „Szenemachenschaften" geht. Ich vertrete den folgenden Standpunkt nicht allein, wie mir hunderte von Bürgern bestätigen:

Wer zulässt, dass die Ungeheuerlichkeiten dieser Szene unter dem besagten Teppich verschwinden, der hat sich vom Rechtsstaat verabschiedet. Das bedeutet aber auch, die ganze Sektendiskussion in diesem Land hat andere Hintergründe, als es dem Steuerzahler weis gemacht wird. Und die gilt es aufzudecken – für den Erhalt des Rechtsstaates und seiner Glaubwürdigkeit.

Wer weiß denn z.B. in Hamburg, dass mit Steuergeldern die Kosten eines Mannes bei seinem Deutschlandtrip finanziert wurden, der in USA von den Gerichten mit Geldstrafen in einer Gesamthöhe von 108.285,41 Euro belegt wurde? Unter anderem wegen Rechtsbruchs in mehreren Fällen! Genau, eben niemand!

Und das, weil die Szene derer, die offiziell als „Sektenexperten" gehandelt werden, sich zwar von unserem sauer verdienten Geld bedienen lassen, aber einige davon sich zeitgleich aufführen, als wären Steuerzahler rechtlos und enteignet! Nur, Steuerzahler haben ein Recht darauf zu erfahren, was da abgeht, und wie und weshalb Leute finanziert werden – vor allem wer sich davon einen Nutzen verspricht und auch versprochen hat!

Klar, wenn man die Personen aus der Szene hört, die das alles verschweigen, gezielt die Öffentlichkeit desinformieren, dann sind immer nur die Scientologen schuld. Ich kann diesen Stuss nicht mehr hören und auch nicht mehr glauben: Denn die kalifornische Landesanwaltskammer hat Graham Berry angewiesen, sich mindestens einmal im Monat einer psychiatrischen oder psychologischen Behandlung zu unterziehen. Man kann ja den Scientologen alles Mögliche unterstellen, aber eins habe ich noch nie gehört, dass sie dafür gesorgt haben, dass einer eine Auflage bekommt, zum Psychiater zu gehen! Ich habe mich bei dem Berg von Beweisunterlagen im Fall des „kofferlosen Mannes". Natürlich gefragt, weshalb lässt eigentlich Innensenator Schill zu, dass aus dem Etat des Arbeitskreises der Caberta für diesen Graham Berry Steuergelder verpulvert werden?

Noch dazu, nachdem es ja jetzt im Juni 2002 schon die Journalistenspatzen von den Dächern pfeifen, dass der Strafbefehl gegen Caberta wegen „Vorteilsnahme im Amt" bereits von der Staatsanwaltschaft ausgestellt und dem zuständigen Gericht übermittelt wurde. Ja und da ist doch wohl öffentliches Interesse nicht mehr abzustreiten. Staatsrat Wellinghausen hat gegenüber der Presse bereits vor Wochen die beruflichen Folgen für Caberta dargelegt, wenn es zur Verurteilung kommt. Wir werden sehen, was das Wort des Staatsrates wert ist!

Also, wie lange soll denn nun das spezielle Sektentheater auf Steuerkosten noch weitergehen? Wer denkt, dass wir Steuerzahler weiterhin für eine Truppe bezahlen, die uns allen ein mieses Theaterstück vorspielt, der muss wissen, das Fass ist bei den Steuerzahlern übergelaufen, es langt jetzt!

Was heißt denn die Information aus dem Innensenat Hamburg, man hätte aus politischen Überlegungen noch nicht reagiert, um den „Scientologen keine Freude zu bereiten"?

Das muss man sich mal überlegen: Da bekommt eine Dienststelle Narrenfreiheit, nur „damit sich jemand nicht freut"? Also da wird es aber nun eng für Argumente aus der Politik wie: „Wir machen alles besser"! Für mich ist das Aushalten dieses Mannes aus einer mehr als dubiosen Sektenexpertenszene anlässlich seiner Deutschlandtour auf Kosten von uns Steuerzahlern nicht nur ein Skandal, sondern auch ein Vertrauensmissbrauch, und vor allem sehe ich darin auch einen Betrug am Steuerzahler. Bedenkt man dann noch, dass dieser Graham Berry im Büro der Caberta in der Innenbehörde Hamburg „Unterlagen studierte" und diesen Umstand auch noch übers

Internet verbreitet, dann zeigt das doch, mit welcher Selbstverständlichkeit hier gegen alle möglichen Regeln des Rechtsstaates verstoßen wird. Und wir Steuerzahler von diesen selbsternannten Göttern der Aufklärung nicht nur belogen, sondern auch noch betrogen werden. Was erzählen die Politiker eigentlich den Wählern von wegen „Wir machen's besser"? Und wie fühlt sich aufgrund der hier stattfindenden Steuerverschwendung wohl ein Familienvater, der morgens beim Bäcker steht und überlegt, wie lange wohl das tägliche Brot bei seinem Nettoeinkommen reicht? Oder die Mutter, die das Geld für den Sportverein und den Kindergarten nicht mehr hat, weil ihr Mann mit einem so hohen Steueraufkommen belastet wird? Der Handwerker, der sich krumm legt und auch einen 16 Stunden Tag akzeptieren muss und vom Staat mit hohen Steuerabgaben dafür bestraft wird? Der Unternehmer, der wegen immenser Lohnnebenkosten keinen neuen Mitarbeiter einstellen kann, da die Auftragslage im Standort Deutschland unsicher ist? Genau von diesen Bürgern müssen sich die Politiker, die diese Machenschaften aus dieser Sektenexpertenszene verdrängen, decken und wegschauen, nun fragen lassen – was ist hier eigentlich los? Es sind nicht einzelne, das täuscht, inzwischen sind es tausende Bürger, die bereits per Unterschrift die „Interessengemeinschaft Steuerzahler gegen Abzocke" (I.G.A.) unterstützen.

LOS ANGELES
Daily Journal
— SINCE 1888 —
915 EAST FIRST STREET, LOS ANGELES, CA 90012

PAGE 10 • MONDAY, JUNE 17, 2002

Disciplinary Actions

Here are summaries of lawyer disciplinary actions taken recently by the state Supreme Court or the Bar Court, listing attorney by name, age, city of residence and date of the court's action.

SUSPENSIONS

Graham Edward Berry, 51, Los Angeles (April 11) — Berry was suspended for nine months and placed on 18 months' probation for failing to comply with court orders.

In 1998, Berry represented a plaintiff in a federal civil case against a religious organization. In April 1999, the court issued an order that one of the individual defendants was entitled to costs, expenses and attorney fees because Berry had made claims in bad faith which resulted in an unnecessary increase in court proceedings. The court found that Berry's three amended complaints failed to state sufficient facts to support a basis for liability and that Berry had acted in bad faith. The court further cited Berry's violation of 28 U.S.C. Section 1927, prohibiting the unreasonable and vexatious multiplication of proceedings and said he violated the Federal Rules of Civil Procedure, Rule 11, requiring attorneys to certify that the paper filed had a legal basis. In July 1999, the court imposed a sanction of $28,484 against Berry. He has not paid the sanction.

In a second matter, in 1999, Berry was hired by a U.S. bankruptcy trustee to represent the bankruptcy estate in an adversary action filed in U.S. District Court. In June 1999, defendants filed a motion against Berry for sanctions alleging that a conflict of interest existed between Berry and other members of the debtor's family whom he represented in a state court action and that he failed to disclose the conflict. In June 1999, the court found there was clear and substantial conflicts of interest. The court ordered Berry to pay $8,000 in sanctions. He has not paid the sanction.

In a third matter, in 1999, Berry represented a client in a state court action against a religious organization. Berry and the client were already involved in a federal case. Defendants filed a motion to strike the suit as strategic litigation against public participation (SLAPP). In September 1999, the court ruled that Berry's complaint lacked merit and ordered that he pay opposing counsel $3,000 in attorney fees and $25 in costs. To date, Berry has not paid the attorney fees and costs.

In a fourth matter, Berry represented another client in a lawsuit against a religious organization. Defendants filed an anti-SLAPP motion to strike and later filed a motion for fees and costs. In November 1998, Berry filed an opposition to defendants' motion. Thereafter, the court imposed a sanction against Berry for $12,500. Barry has not paid the sanction.

In a fourth matter, in April 1999, another attorney attempted to collect a $27,470 judgment against Berry by placing a levy on his business bank account. In May 1999, Berry filed a claim of exemption with the sheriff's department stating that the account was exempt because it contained client trust account funds. He submitted documents with the exemption demonstrating that in April 1999, he had deposited $5,000 from a client and that the money was to be held in trust. He also submitted evidence of two other but smaller deposits, from two other clients, which were also deposited into the business account. The State Bar Court concluded that the business account into which the funds were deposited was never identified as a client trust account. Berry told the State Bar Court that the $5,000 was an advanced fee from a client and was not subject to mandatory deposit into a client trust account.

In aggravation, the misconduct involved multiple acts of wrongdoing.

In mitigation, Berry had no record of prior discipline since being admitted to the bar in 1987. He cooperated with the State Bar during its investigation and proceedings, he demonstrated remorse and acted in good faith. At the time of the misconduct, Berry suffered extreme emotional difficulties and severe financial stress. He is admitted to practice in New York, New Zealand, London and New South Wales, Australia. In his mitigation statement, Berry states that no clients were harmed by his misconduct. In 1998, he began treatment for depression and began attending Alcoholics Anonymous meetings and has remained sober since that time. As a result of his medical condition, he closed his law practice in late 1999 and filed a Chapter 7 bankruptcy. The religious organization placed a lien on his condominium, thereby depriving him of funds to pay the $27,470 judgment. In 2001, the religious organization seized his Jeep, and thus he contends he is without assets to pay the imposed and unpaid sanctions.

The order took effect May 11.

Die Hamburger Steuerzahler finanzierten über die Senatsangestellte Caberta schon einiges. Die Grosszügigkeit, wie hier mit dem Geld der Allgemeinheit umgegangen wird, ist sprichwörtlich. Mit ihrem Etat hat sie schon 1993 geprahlt und so mit einer Hausmacht in der Sektenkritikerszene spekuliert. Sie wusste, dass man in diesen Kreisen an der Pipeline "Steuergelder" Interesse hat.

Das Szenemitglied Berry aus L.A./USA kam in den Genuss, seinen Aufenthalt in Deutschland von Cabertas Dienststelle mitfinanziert zu bekommen.

Was der Steuerzahler für einen Nutzen hatte? Gute Frage - nur stellt die in Hamburg niemand. Genauso wenig, warum man einen Scheck von 75 000 Dollar so einfach als "Darlehen", über das es keine Rückzahlungsmodalitäten und Zinsvereinbarungen gibt, deklarieren kann. Die Staatsanwaltschaft ermittelte ganz klar "Vorteilsnahme im Amt" ! Nur mit einem Deal ca. 10 % (7 500 Euro) als Bußgeld zu zahlen, entging Caberta dem geforderten Strafbefehl . Nein, vorbestraft ist sie nun nicht, meine Meinung dazu: Sie hat aufgezeigt wie man Vorteilsnahme legalisiert und durch das Wort "Darlehen" ca. 65 000 Dollar steuerfrei behalten kann .
Clever oder schamlos?

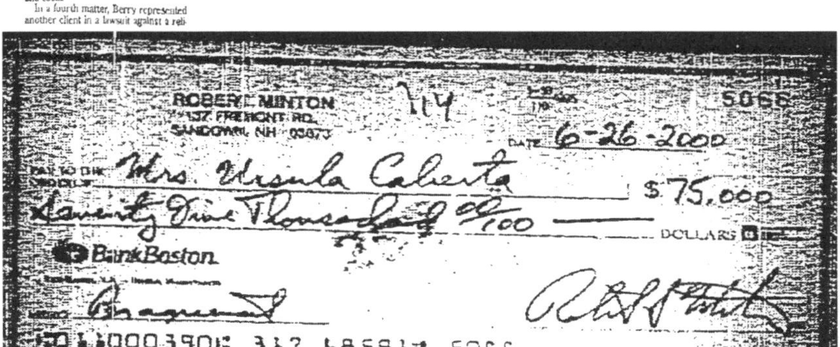

SZENENWECHSEL: Ex-Scientologen – eine kritische Betrachtung

Man redet nicht darüber. Man packt sie in Watte. Lässt sie ihre „Opfergeschichte“ erzählen, ohne dass jemand mal auf die Idee käme nachzurecherchieren, aus welchem Grunde es eigentlich immer dieselben Ex-Scientologen sind, die öffentlich auftreten.

Gerade die regelmäßig auftretenden Rufmordfälle, in denen das Wort „Scientology“ nicht nur als Keule, sondern auch als existentieller Totschläger benutzt wird, haben uns bewegt, einmal ein paar dieser Geschichten zu hinterfragen.

Im Laufe der Jahre meiner Auseinandersetzung mit Scientology habe ich Dutzende Personen kennen gelernt, die bei Scientology waren, aus verschiedenen Gründen nicht weiter machten und heute ein ganz normales Leben führen. Genauso gab es welche, die ausgetreten sind und sich nicht als „Opfer“ sehen. Sie wollten nicht mehr dabei sein, und damit war es auch für sie erledigt. Bei Rückfragen, Unklarheiten standen und stehen sie uns aber als Gesprächspartner jederzeit zur Verfügung. Auffallend ist, dass dieser Personenkreis nicht von Rachegefühlen, Wut, Hass oder Angst zersetzt ist. Auffallend deshalb, weil genau auf diese Symptome einige wenige Ex-Scientologen so etwas wie ein Urheberrecht zu haben scheinen. Genau die sind es aber auch, die ihre Version „Opfer“ als einzig wahre Darstellung sehen.

Und nun die Kernfrage: Woraus resultiert in diesem Sinne das Wort „Opfer“?!

In vielen Gesprächen mit ehemaligen Scientologen erkannte ich den Unterschied zwischen jemandem, der sich aufgrund seiner Erlebnisse als Opfer begreift und einer Person, die sich als ein solches verkauft. Das gehört zu den einschneidenden Erlebnissen und Veränderungen auch in der Auseinandersetzung mit dem Themenkreis „Sekten und Psychogruppen“. Es ist schlichtweg zu einfach, den Schwarzen Peter nur den jeweiligen Organisationen zuzuschieben, ohne sich damit auseinanderzusetzen, weshalb jemand diesen Weg überhaupt gegangen ist. Hinein und hinaus. Fatal sind die Ex-Scientologen und Aussteiger, die den Anspruch erheben, dass die Gesellschaft sich jetzt gefälligst darum kümmern soll, sie als „Opfer“ zu entschädigen. Und viel zu viele Sekten-“Experten“ geben diesem Wunsch nach und fördern damit, dass die Person ihre Eigenverantwortung aufgibt.

Durch die nach außen theatralisch aufgebaute „Opferrolle“ entsteht zwischen dem Aussteiger und dem Sektenexperten eine Art Zweckgemeinschaft, die in unserer Gesellschaft seltsame Blüten treibt.

Das typische öffentliche „Opfer“ kommt enttäuscht aus einer Organisation, in der es über die Gruppe seine ganz eigenen egoistischen Wunschziele verfolgen wollte. Nun wird es in einer neuen Gruppendynamik aufgefangen, die sich als Gegner dieser Organisation in der Gesellschaft platziert hat. Als Ausstieg verkauft wird der Umstieg verschwiegen! Eingebettet und endlich einen „höheren Status“ erreicht, den sie in der Organisation vermissten, der sie sich lange Zeit zugehörig gefühlt haben, wird dieses „Opfersein“ auch verteidigt. Das geht so weit, dass sich eine Ex-Scientologin mit ihrer Geschichte per Agentur an die Medien vermitteln ließ, um „ihre Erfahrung“ höchstbietend verkaufen zu können. Immer wieder die gleiche Szene!

Wenn man einfach sieht und erkennt, dass das, was da passiert ist, für die einzelne Person kein Ausstieg, sondern lediglich ein Umstieg in eine andere Gruppierung darstellt und wenn man versucht, dieses Verhalten – nur im Ansatz – zu hinterfragen, wird man sofort als Feind angegriffen.

Beim Sammeln von Hintergrundinformationen war ich teilweise geschockt, nicht nur über die falschen Angaben der „Opfer“, sondern auch darüber, wie Abläufe verdreht und tatsächliche Fakten verschwiegen wurden. Nein, nicht aus Angst. Sondern um eben diesen „Opferstatus“ so lange wie möglich aufrechterhalten zu können. Der Versuch, die eingeschworene Gemeinde der so genannten „Sektenberatungsstellen“ auf diesen Umstand hinzuweisen und ein Gespräch über dieses Phänomen zu führen, scheiterten. Nicht erst jetzt wurde klar, weshalb die Öffentlichkeit immer die gleichen Geschichten präsentiert bekommt und immer die gleichen Gesichter als „Opfer“ in den Medien auftauchen. Immer mit verschiedenen Varianten des Erlebten. Um es ganz krass zu sagen: Es findet eine „Opfer-Vermarktung“ statt!

Wer ernsthaft an einer konstruktiven Kritik und Auseinandersetzung interessiert ist, muss einen Blick hinter die Kulissen wagen, um auch dem Fanatismus, der in der Szene der so genannten „Gegner" zur Tagesordnung gehört, Einhalt zu gebieten.

Die Aussteiger-Problematik

In regelmäßigen Abständen verkaufen sich „Opfergeschichten" von Einzelpersonen immer wieder gut. Allein aus diesem Blickwinkel betrachtet, lässt sich nachvollziehen, weshalb über mehrere Jahrzehnte Einzelschicksale vor breitem Publikum ausgewalzt und die Hintergründe im Dunkeln gelassen wurden.

Anfang der neunziger Jahre haben wir in der Bürgerinitiative „Robin Direkt" wiederholt – entsprechend dem Ansturm der Betroffenen – geglaubt, dass etwas bewirkt werden könne, wenn die Einzelschicksale öffentlich diskutiert würden. Sehr schnell wurde dann erkannt, dass diese Gesellschaft getreu dem Motto „Nichts ist so alt wie eine Zeitung von gestern" diese Fälle wieder vergisst. Durch die jahrelange Arbeit mit Aussteigern zeigt sich aus der Erfahrung ein vielschichtiges Bild dieser Aussteiger-Geschichten.

Die Frage, die wir als Gesellschaft bis zum heutigen Tage nie wirklich diskutiert haben, ist, aus welchem Grund jemand überhaupt bei Scientology ist. Sie beschäftigt einige seit langem, die sich ernsthaft mit Scientology als Gesellschafts-Problem auseinandersetzen. Auffallend ist, dass es seit Jahren stets die gleichen Aussteiger sind, die in den Medien auftauchen – mal mehr, mal weniger. Dagegen steht die Zahl derer, die nach der Abgabe des Mitglieds-Ausweises bei der Organisation gar nicht öffentlich in Erscheinung treten. Und natürlich auch die bisher nicht zuverlässig bestimmte Zahl derer, die dort Mitglied werden und bleiben. Man muss sich hin und wieder einmal vergegenwärtigen, dass auch in Deutschland inzwischen die dritte Generation von Scientologen lebt und arbeitet!

Das Insel-Phänomen

Umso mehr ich in die dunkle Szene dieser Kritikersekte hineinleuchtete, desto mulmiger wurde mir bei so manchem Erlebnis, auf das ich zurückblickte.

Nach den ersten vollständig dokumentierten Fällen und Aussagen verschiedener Personen, die auch bereit sind, vor Gericht auszusagen, wurde klar, dass es Dutzende von ungeklärten Fällen gibt.

Einmal die Aussagen von Ex-Scientologen, deren Wahrheitsgehalt nie tatsächlich überprüft wurde, die aber in den Archiven von Sektenberatern bis hin zum Verfassungsschutz archiviert wurden. Da ist die Geschichte einer Aussteigerin, die sich als „Kronzeugin“ gegenüber Verfassungsschutz-Beamten, Medien und Sektenbeauftragten anbot. Eingebettet in diesen Schutzwall wurde ihre Geschichte weiter verbreitet.

Als ein Redaktionsteam eines Fernsehsenders bei mir auftauchte und mich um eine Stellungnahme zu den Aussagen dieser Ex-Scientologin vor der Kamera befragen wollte, wurde ich stutzig. Die leitende Redakteurin erklärte ihr Ansinnen folgendermaßen: „Unser Hausjurist lässt es nur durch, wenn Sie es bestätigen!“

Ich wehrte mich vehement, denn ich konnte die Aussagen dieser Ex-Scientologin doch gar nicht bestätigen. Ich wusste nur, dass sie tatsächlich Horrorgeschichten mit strafrechtlich relevantem Hintergrund jedem erzählt hatte, der es hören wollte oder auch nicht. Ich erinnere mich noch sehr genau an den Nachmittag, an dem das Fernsehteam bei uns war. Die Redakteurin schätzte die Persönlichkeit der Ex-Scientologin sehr genau ein: „Mir ist klar, dass sie sich wichtig machen will. Aber es ist halt eine supergute Geschichte, die garantiert Einschaltquoten bringen würde, zumal wir ja schon Vorkosten hatten.“

Ich staunte, denn in all den Jahren waren es nur Kleinigkeiten, die ich ab und zu von irgendwelchen Redaktionen als Aufwandsentschädigung für Informationen oder Interviews bekam. Aber es war auch nicht mein Ziel, über diese Schiene Geld zu verdienen. Nun saß mir eine erfahrene Redakteurin gegenüber und erzählte mir, dass die Ex-Scientologin sich sogar per Agentur in die verschiedenen Medien vermarkten ließe.

Ich blockte ab und weigerte mich, die Aussagen der Aussteigerin zu bestätigen. Der Hausjurist kippte daraufhin die Aussagen der Ex-Scientologin, dass sie vergewaltigt worden wäre und die Organisation dies gedeckelt habe. Nach diesem Vorfall hielt ich eine noch größere Distanz zu dieser Art von „Zeugen“.

Meinem Hinterfragen, ob sie denn diese strafrechtlich relevanten Vorwürfe zur Anzeige gebracht hatte, wich sie aus. Ihr Argument: „Der Verfassungsschutz weiß es, und die werden schon was unternehmen."

Als ich landauf, landab aus verschiedenen Kritiker- und Behördenkreisen immer wieder die Vorwürfe dieser Frau vernahm, bohrte ich weiter und fragte einen Beamten des Verfassungsschutzes, weshalb man gegen diese Vorwürfe eigentlich nicht strafrechtlich vorgehe. Auch er entzog sich einer klaren Antwort, indem er äußerte: „Ich darf darüber nicht reden!"

Da war es wieder, dieses geheimnisvolle Schlapphut-Getue, das mir wirklich während all der Jahre völlig gegen den Strich ging. Denn ich wollte nicht wissen, was die Behörde darüber in ihren Archiven aufgeschrieben hat, sondern ich wollte wissen, ob solch ein Vorwurf endlich einmal in ein Ermittlungsverfahren eingebracht wird.

Die absolute Ernüchterung, was Aussagen von Ex-Scientologen angeht, brachte mir das Gespräch mit einem Leitenden Oberstaatsanwalt, der mir erklärte: „Wo kein Kläger, da kein Richter!" Auf meine Frage, aus welchem Grunde denn nicht von staatlichen Behörden ein Ermittlungsverfahren in Gang gesetzt wird, begann auch er sich zu winden. „Frau Hartwig, Sie haben in Ihrem ersten Buch bereits bemängelt, dass in den achtziger Jahren von Seiten staatlicher Behörden kein Ermittlungsverfahren gegenüber Scientology in Gang gesetzt wurde. Sie brauchen für so ein Ermittlungsverfahren handfeste Zeugen und keine Wischiwaschi-Aussagen, wie ich sie damals bei meinen ersten Gesprächen mit den so genannten „Zeugen" – sprich: Ex-Scientologen – hatte."

Und wieder war es da, dieses Gefühl, dass irgendwas an dieser ganzen Geschichte nicht stimmen kann. Aus welchem Grund werden dann die Aussagen dieser Personen in Verfassungsschutzberichten dokumentiert? Weshalb tauchen immer wieder dieselben Ex-Scientologen als so genannte „Vorzeigeopfer" in den Medien auf, wenn es doch zu deren Aussagen keinerlei rechtliche Klärung gibt?

Ich war und bin immer noch der Auffassung, dass immer gelten muss: „Im Zweifel für den Angeklagten." Nur, was Scientology angeht, kann und muss ich nach elf Jahren feststellen, dass es keinem dieser staatlichen und kirchlichen Experten möglich war, auch nur eine einzige Anzeige gegenüber Verantwortlichen der Scientology in Gang zu bringen, in der dokumentiert werden könnte, was all diese Ex-Scientologen erzählten.

Umso tiefer ich in diesen Sumpf bohrte, umso schwärzer wurde es in den Ecken. Teilweise nur noch schemenhaft konnte man nachvollziehen, wer der Auslöser für irgendwelche Aussagen war. Umso mehr ich Beamte und Juristen mit meinen offenen Fragen löcherte, desto mehr merkte ich, wie unangenehm es diesen Kreisen war, sich mit diesen Fragen überhaupt beschäftigen zu müssen.

Als ich im Innenministerium in München eingeladen wurde, um vor Staatsanwälten, Staatsschützern und Beamten des Höheren Dienstes im Auftrag des Innenministers Dr. Beckstein ein Referat zu halten, war mir klar, dass dies nie und nimmer der Weg ist, den ich unter „Aufklärung“ verstehe. Da saß ein Leitender Oberstaatsanwalt, der sich mit diesem Themenkreis scheinbar beschäftigte und mich dann fragt, ob ich die hier von Dritten übermittelten Informationen den Ermittlungsbehörden weitergegeben hätte.

Ich sagte ihm: „Wenn Sie die mir übermittelten Informationen mit strafrechtlichem Hintergrund nicht haben, dann ist das nicht meine Schuld. Denn ich bin nicht zuständig für die Kommunikationsprobleme innerhalb der Behörden. Der Verfassungsschutz hat sich alle Informationen bei mir geholt. Wenn die nicht in einem Ermittlungsverfahren enden, das über Ihren Schreibtisch geht, dann muss ich als Bürgerin davon ausgehen, dass es keine Straftatbestände waren, die mir Dritte erzählten – wie zum Beispiel Ex-Scientologen.“ An seinen Äußerungen merkte ich, dass ihm das ganze Thema völlig gegen den Strich ging. Damals habe ich ihn nicht verstanden. Heute mehr denn je. Denn die Öffentlichkeit fragt sich natürlich, aus welchem Grunde es nach dreißig Jahren Scientology in Deutschland keinerlei rechtliche Grundlagen für den andersartigen Umgang mit Scientologen und keinerlei strafrechtlichen Verurteilungen gegen Verantwortliche der Organisation gibt.

Also, was ist nun tatsächlich übrig geblieben?

Nein, einem Phantom bin ich nicht nachgelaufen. Ich habe Aussagen von so genannten „Opfern“ geglaubt. Ich habe an diesen Rechtsstaat geglaubt und dass die zuständigen Behörden den Wahrheitsgehalt dieser Aussagen überprüfen. Und ich hatte als Bürgerin dieses Landes nur eine einzige Chance: Die Öffentlichkeit über das, was ich weiß und gehört hatte, zu informieren und dann damit die Hoffnung zu verbinden, dass eine „Klärung“ vorgenommen wird.

All das ist nicht passiert!

Genau aus diesem Grunde fordere ich den Staat auf, die Hintergründe dieser so genannten Sektenbeauftragten und deren Machenschaften nicht nur zu stoppen, sondern über ein Ermittlungsverfahren zu klären.

Das fordere ich erstens als Steuerzahlerin und zweitens als jemand, den staatliche Organe als Lockvogel benutzt haben, um ihre eigenen Planstellen zu sichern.

Ich fordere nun aber auch eine lückenlose Klärung im Namen derer, die aus purer Angst vor Imageschaden ihre Existenz verloren haben, die in diesem Lande ausgegrenzt wurden und die man teilweise tatsächlich gejagt hat.

Als ich versuchte, im Februar 1999 in einer Sonderausgabe des „Direkt-Reports“ mit dem Titel „Das Kartell der Experten“ Missstände in der Kritikerszene aufzuzeigen, um damit staatliche Stellen und Politiker zum Nachdenken zu bewegen, hoffte ich noch, dass es sich hier um einzelne Ausrutscher der so genannten Experten handelt. Ich erkannte an diesem Kartell der Experten, wie Gesetzmäßigkeiten greifen, wie Feindbilder aufgebaut werden und weder Kritik, noch Auseinandersetzung stattfindet. Und ich erkannte das „Inselphänomen“.

Mitten in dieser Gesellschaft gibt es Gruppierungen, die man als Sekten und Psychogruppen bezeichnet und die auf Grund ihrer Zielsetzungen und Vorgehensweisen in die öffentliche Auseinandersetzung gerückt sind. Zeitgleich hat sich, ohne dass es darüber eine Auseinandersetzung gibt, ein Teil der Gruppe der Gegner dieser Sekten und Kultgruppen verselbständigt. Sie agieren innerhalb unserer Gesellschaft, als seien sie auf einer Insel. Diese wird nach außen hin abgeschottet. Fernab der Öffentlichkeit wachsen eigene Strukturen, von denen niemand etwas weiß, da diese hermetisch abgeriegelte „Insel“ auf ihre Fahnen „staatliche und kirchliche Sektenbeauftragte“ schreibt.

Allein wegen dieser Bezeichnung haben die „Betreiber“ dieser Insel freie Fahrt. Sie können ohne Konsequenz seit Jahren verleumden, bestrafen, ausgrenzen, Boykotte aussprechen. Sie agieren – wie es sich an Hand der Fakten darstellt – in einem scheinbar rechtsfreien Raum. Mit Hilfe von Abhängigen aus Journalisten-Kreisen bekommen sie die nötige Öffentlichkeitsarbeit, um ihre „Insel“ ausbauen zu können.

Helfer jeglicher Couleur unterstützen das „Insel-Kartell“ in seinem Vorgehen. Seilschaften aus Politik und Behörden decken die Kosten für den Inselausbau. Finanziert wird dieses System über die Steuergelder der Allgemeinheit. Den Bürgern wird suggeriert, dass ein Heer von Sektenbeauftragten aus Staat und Kirche sie vor dem Einfluss der Kultgefahren schützt. In Wirklichkeit ist bereits auf der Insel ein neuer Kult entstanden. Der „Kult der Götter der Aufklärung“!

Abrechnung als Aufklärung

Im Juni 2001 berichtete die Presse über einen Vortrag eines amerikanischen Ex-Scientologen mit der Überschrift: „Eine Abrechnung mit Scientology“!

„... Der Kanadier Gerald Armstrong ist einer dieser Ex-Scientologen, die weltweit über ihre ‚Erfahrungen‘ bei Scientology berichten ... Vor allem aber war sein Vortrag eine Abrechung mit der Sekte, der er über Jahre hinweg zutiefst verbunden war: Scientologen könne man nicht vertrauen ...“

Von mehreren Unternehmern hatte ich damals erfahren, dass Gerald Armstrong in Deutschland eine Rundreise veranstaltet, um überwiegend in Baden-Württemberg seine Geschichte zu erzählen. In diesem Juni 2001 hatte ich bereits eine innere Distanz und wusste, wie diese Art von „Abrechnung“ in der Außenwirkung greift.

Und ein weiteres Mal fragte ich mich, ob ich eigentlich diese Art von Aufklärung wollte. Über Jahre habe ich diese Aussteiger-Geschichten selbst ohne Wenn und Aber geglaubt und auch publiziert. Weshalb ich diese Distanz erreichte, lag eben auch an Hintergrundinformationen, die mir Anfang der 90er Jahre fehlten.

Die Aussagen von Gerald Armstrong, dass er in die USA wegen eines Haftbefehls nicht mehr einreisen darf, hätte ich bis ins Jahr 2000 ohne mit der Wimper zu zucken als Propaganda-Aktion von Scientology abgetan. Richtig ist: Es gibt eine juristische Auseinandersetzung zwischen der Organisation und Gerald Armstrong.

Und es gibt tatsächlich diesen Haftbefehl, ausgestellt von einem amerikanischen Gericht. Aber eine ganz andere Frage stellt sich doch in diesem Zusammenhang.

Auf der einen Seite gibt es die umstrittene Organisation Scientology seit 1954, gegründet in den USA und in Deutschland seit über 30 Jahren. Über neun Millionen Mitglieder gehören dieser Organisation an. Und es gibt keine Rechtsgrundlage, dass Scientology verboten ist. Und demzufolge gibt es auch kein Verbot, Scientologe zu sein.

Gegenüber der Organisation stehen nun die Kritiker, unter anderem diese Ex-Scientologen. Vielleicht ist es mir auch erst aufgefallen, als ich nach vielen Jahren erkannte, dass die einseitige negative Sichtweise über Scientology etwas ganz anderes produzierte; so etwas wie eine Symbiose, eine Gegenbewegung, die aber in ihrer Vorgehensweise und Glaubwürdigkeit nicht nur sehr zu wünschen übrig lässt, sondern – und hier liegt der Knackpunkt – dass gerade diese Ex-Scientologen von staatlichen Organen – wie zum Beispiel dem Verfassungsschutz in Deutschland – als Kronzeugen für ihren Beobachtungsauftrag genommen werden.

Jetzt drehen wir das Rad der Zeit zurück auf Anfang der neunziger Jahre, als ich vom Kölner Verfassungsschutz kontaktiert wurde, obwohl es ja damals überhaupt keinen Beobachtungsauftrag gab. Wer die Verfassungsschutzberichte liest, erkennt auch an Hand der Terminologie, welche Informationsquellen, welche Ex-Scientologen dafür angezapft wurden.

Weshalb fällt dies eigentlich niemandem auf: Nach mathematischer Berechnung gibt es weltweit etwa neun Millionen Scientologen. Gerade zehn ehemalige Scientology-Mitglieder haben in Deutschland ihre Negativ-Geschichte öffentlich erzählt und je nach Zuhörer verschärft und verändert.

Bereits 1993 habe ich gegen diese Art der „Opfer-Vermarktung“ beim damaligen Sektenbeauftragten im Stuttgarter Kultusministerium rebelliert. Damals dachte ich noch, dass Klärung tatsächlich erreicht werden kann. Weit gefehlt! Meine Kritik führte nicht zu einer konstruktiven Auseinandersetzung mit einer Lösung, sondern zu einer Angriffshaltung genau derjenigen Personen, die sich öffentlich als die „humanistischen, sozialen und christlichen Berater" verkaufen. Nur, als solche habe ich sie nie erlebt! Weder ich selbst noch viele der Personen, die einfach nur ein Gespräch wollten, ohne dass man ihre Geschichte gleich öffentlichkeitswirksam vermarktet. Und genau an diesem Punkt ist es mir dann auch aufgefallen: Es gibt sie, die Leute, die sich irgendwann einmal für Scientology entschieden haben, später wieder davon trennten und jetzt ihr eigenes Leben weiterleben.

Gibt es vielleicht zwei verschiedene Arten von Aussteigern? Es gibt sogar mehr als zwei. Es gibt diejenigen, die aus Neugier, ohne große Erwartungshaltung, eingetreten und dann auch wieder ausgetreten sind. Das geht erfahrungsgemäß völlig problemlos. Ich habe einige solche „Aussteiger" kennen gelernt.

Dann gibt es die Enttäuschten, die eine unrealistische Erwartungshaltung hatten, von der sie leider nach ihrem enttäuschten Ausstieg, jetzt als so genanntes „Opfer", nicht mehr reden. Und dann gibt es diejenigen, die verbittert sind und „abrechnen". Das ist die Minderheit. Aber es sind auch jene, die von besagten Kritikerkreisen bis hin zu behördlichen Stellen darin auch noch unterstützt werden. Man sieht diese Personen dann über Jahre bei öffentlichen und inoffiziellen „Anti-Sekten"-Veranstaltungen, deren „Opfer-Rhetorik" von Auftritt zu Auftritt professioneller wird.

Deshalb ist es gar nicht verwunderlich, dass eben dieser Gerald Armstrong als „Vorzeige-Aussteiger" prädestiniert ist. Im Umfeld des Millionärs Minton hat er nun in der „Gegenbewegung" das gefunden, was er bei Scientology vielleicht gesucht hat: Jemand Besonderer zu sein! Und so wird er nun, sogar laut Medienberichten, auch „gehandelt": „... Er nutzt nun seine Reisen um den Erdball, um die Menschen über die von Scientology ausgehenden Gefahren aufzuklären, sie vor vermeintlichen Verlockungen zu warnen ..."

Das mag für den Aussteiger Armstrong nun zu dessen Lebenswerk werden. Und dagegen ist auch so lange nichts einzuwenden, so lange sich nicht staatliche Organe über diese Aussagen Planstellen auf Steuerzahlerkosten sichern oder Volksverdummung auf Kosten der Steuerzahler betreiben.

Denn ein Armstrong, der zwölfeinhalb Jahre die Lehren von L. Ron Hubbard verinnerlichte, relativiert am Ende seiner Rede im Wirtschaftsrat der CDU in Lörrach, dass Scientology längst nicht so gewaltig ist, wie sich die Organisation selbst darstellen würde.

Und welche Schlüsse soll man daraus nun ziehen? Von dieser Frage weiche ich nicht ab: Weshalb gibt es nach über 30 Jahren keine Rechtsgrundlage zum Thema Scientology?

Meiner Meinung nach langt es eben nicht, dass man sich inzwischen Aussteiger von Amerika einfliegen lässt, um die Vorgehensweisen gegen Scientology zu rechtfertigen. Das sage ich aus diesem Grunde, weil ich 11 Jahre lang Informationen über das Thema sammelte und publizistisch der Öffentlichkeit zugänglich machte. Nur war es für mich nie als „Lebenswerk" gedacht, sondern, wie gesagt: Ich wollte die Klärung und nicht der Steigbügelhalter für staatliche oder kirchliche Planstellen werden.

Aussteiger, die ihre „Aufklärung" als „Abrechnung" mit der Organisation sehen, können auf Grund ihrer eigenen Biografie nicht objektiv sein. Und gerade deshalb ist es bedenklich, wenn sich hinter den Kulissen der deutsche Verfassungsschutz einerseits solcher Quellen aus dem Ausland bedient, aber andererseits das Auswärtige Amt gegenüber Amerika wegen der völlig ungeklärten Aufklärungssituation in Deutschland in Erklärungsnot kommt.

Ein Prozess als Vertuschungsinstrument

Mit welchen Maßstäben Recht und Unrecht gerade in der Kritikerszene gemessen wird und mit welchen Bandagen gegen andere Kritiker vorgegangen wird, lässt sicher so manchen Außenstehenden mit dem Kopf schütteln. Hier klafft die große Schere zwischen dem nach außen getragenen barmherzigen Helfer-Image und der tatsächlichen Umgangsform gegenüber Kritikern oder Andersdenken auseinander.

Intrigen, Boshaftigkeiten, subtile Unterstellungen, Desinformationen, schreckliches Getratsche bis hin zu dem Versuch, als „Opfer" eine neue Liebesbeziehung zu finden: in diesen Kreisen ist alles vertreten! Nur, nach außen sickern darf nichts!

Aber ist das nicht gerade der Vorwurf, den man „Sekten“ macht?! Eben! Genau deshalb muss diese Diskussion in der breiten Öffentlichkeit ebenso geführt werden wie die Diskussion um „Sekten“. Für mich sind Sektenbeauftragte alles andere als allwissende „Götter“. Sondern der eine oder andere ist bereits zum eigenen Guru mutiert. Um sich herum sammeln sie eine Art Hausmacht, die zu funktionieren hat und die dann in letzter Konsequenz auch tatsächlich funktioniert. Dieses „nach außen Abschotten“ und die damit verbundene Gruppendynamik stärkt natürlich weder Offenheit, noch die wichtige Auseinandersetzung und schon gar nicht den Willen zur Klärung!

Gerade der von mir selbst erlebte Fall hat mir nun aber auch bewiesen, dass es in diesen Kreisen tatsächlich Leute gibt, die von sich behaupten, „Aufklärung“ – und das noch „um der Sache wegen“ – zu betreiben, die sich aber in ihren eigenen Köpfen ein eigenes Rechtssystem aufgebaut haben und auch danach handeln, ohne dass ihnen bewusst wird, dass sie damit massiv gegen das Grundgesetz – „Die Würde des Menschen ist unantastbar“ – verstoßen.

Um welche Sache geht es hier?

Eine verlassene Ehefrau verkauft der Öffentlichkeit die Geschichte ihrer gescheiterten Ehe und macht einseitige und eindeutige Schuldzuweisungen gegenüber der Organisation Scientology. Bis hierher kann und muss man es einfach so stehen lassen. Sie bietet sich in verschiedenen Kritiker-Organisationen, bei Sektenbeauftragten und Sektenstellen als Informantin an.

Zwischen ihr und mir gab es keinerlei Probleme, bis ich sie eines Tages auf Grund verschiedener Vorkommnisse nach ihrer Haltung generell zum Persönlichkeitsrecht befragte. Der Hintergrund war ihre großzügige Verbreitung intimster Aufzeichnungen von ihrem Ex-Ehemann bis hin zu seinen Geschäftsunterlagen. Besonders die handschriftlichen Aufzeichnungen über seine sexuellen Erlebnisse waren der Dreh- und Angelpunkt der Frage, wie weit man eigentlich solch eine Intimsphäre gegenüber Dritten verbreiten darf. Ihr Argument „es dient ja der Sache“ ließ ich so nicht gelten. Immer mehr erkannte ich in ihren Aussagen und Handlungen enorme Widersprüche. Wenn man einen Mann so geliebt hat, wie sie es darzustellen versuchte, dann gibt man ihn nach der Trennung nicht der absoluten Lächerlichkeit preis und verbreitet nicht seine intimsten handschriftlichen Aufzeichnungen wie eine Postwurfsendung.

Darin sah ich eher einen Racheakt einer verlassenen Frau. Und im Vier-Augen-Gespräch versuchte ich immer wieder, diesen Punkt bei ihr anzusprechen, ob es ihr jetzt eigentlich mehr um diese verschmähte Liebe oder um die Mitgliedschaft des Ex-Mannes bei Scientology geht. Irgendwie schien es sich zu vermischen. Denn immerhin war sie ja am Anfang dieser Beziehung mit seiner Scientology-Mitgliedschaft einverstanden, und sie ließ sich sogar scientologisch trauen.

Die Ehe dauerte immerhin mehrere Jahre, bis es dann endgültig zum Bruch kam. Einen ganz entscheidenden Punkt ließ sie in meiner Argumentation nicht gelten.

Sie argumentierte als „Opfer" von Scientology, dass die Organisation Schuld am Zerbrechen dieser Ehe hatte. Sie betonte ebenfalls, dass sie über mehrere Jahre versucht habe, diesen von ihr über alles geliebten Mann von Scientology loszueisen.

Es folgte mein Einwurf, dass ihr Verhalten das Persönlichkeitsrecht und die Intimsphäre ihres Ex-Mannes derartig zu verletzen, ihm doch jetzt erst recht den Eindruck vermitteln muss, richtig gehandelt zu haben, in dem er sich von ihr trennte. Mein Versuch, auch die Sichtweise ihres Ex-Mannes zu reflektieren, stieß bei ihr nicht nur auf vehementen Widerstand, sondern sogar auf Aggression, die sich dann mit eigenartigen Intrigen-Spielchen hinter meinem Rücken bemerkbar machten.

Sie begann mir leid zu tun. Zumal ich doch dann sehr verwundert war, als in einem Internetforum über eine Freundin von ihr in Anzeigenform ein Text zu lesen war, in dem sie sich namentlich mit einem Ex-Ehemann einer Scientologin als „Liebespaar" präsentierte. Als ich das las, dachte ich zuerst, geteiltes Leid ist halbes Leid. Und freute mich, dass sich zwei gefunden haben, die dann miteinander ihre Erlebnisse vielleicht auch besser aufarbeiten können. Aber schon einige Wochen später erklärte sie mir, weshalb das nun doch nicht die richtige Entscheidung war. Denn dieses öffentliche Präsentieren sollte eigentlich nur die Scientologen, sprich: die jeweiligen Ex-Eheleute, ärgern.

Selbst das habe ich noch geschluckt und mir eben meinen Teil dabei gedacht. Bei der nächsten Affäre begann es dann schon „aus mit lustig zu sein." Dem Mann, dem sie sich dann näherte, zeigte sie sehr schnell ihr anderes Gesicht, als er ihren Forderungen nicht nachgab und sich ein wenig mehr Zeit zum Kennenlernen geben wollte. Genau in diesem Moment fiel mir auf, dass sie auch diesen Mann, der übrigens überhaupt nichts mit Scientology zu tun hat, sondern sich lediglich ab und zu in einer dieser Internetforen zum Thema äußerte, öffentlich und sehr persönlich angriff.

Ab diesem Zeitpunkt beobachtete ich auch, dass sie in den gleichen Internetforen ihre Beiträge immer mit verschiedenen Namen absetzte und sich so selbst anonymisierte. Ihre Angriffe auch gegenüber diesem Mann fand ich ungerecht und versuchte, mit ihr auch darüber zu sprechen. Vergeblich! Sie änderte nun nicht nur ihr Verhalten, sondern auch ihren Charakter, nachdem sie eine Liaison mit einem Mann einging, der mich seit Jahren attackiert, und zu dem ich schon längst „Agent provocateur" sage. Wie es hinter den Kulissen dieser Szene zugeht, ist genau an diesem Fall deutlich zu machen.

Wie ich damals gedacht habe, denken nun auch Sie, lieber Leser: Was hat das nun um alles in der Welt mit Aufklärung zu tun? Genau! Nur: Leider kommt es noch schlimmer! Mit einer durchtriebenen Boshaftigkeit hat dieses nach außen dargestellte „Opfer" sich massiv zum „Täter" entwickelt.

Einer selbständigen Internet-Trainerin, deren Können sie über viele Monate benutzte, fiel sie massiv in den Rücken, provozierte sie. Und als diese anfing, sich zu wehren, zog sie vor Gericht und klagte auf ihr Persönlichkeitsrecht.

Ja, Sie lesen schon richtig. Es handelt sich hier um dieselbe Frau, die das Persönlichkeitsrecht ihres Mannes alles andere als achtete. Nun eingebettet in der engmaschigen Kritikerzunft hatte sie erreicht, was sie wollte. Sie wurde als „Opfer der Scientology" präsentiert und all ihre Machenschaften, ihre Vorgehensweisen wurden von dieser Seite nicht mehr kritisiert. Die Angriffe ihres derzeitigen Lebensabschnitts-Gefährten in einem Internetforum mir gegenüber wurden mir einfach irgendwann zu bunt. Nach langjährigen vergeblichen Bemühungen versuchte ich, die Provokationen dieses Mannes mit einer pädagogischen Variante zu hinterfragen. Auf einen seiner Beiträge antwortete ich und erinnerte ihn, dass man sehr wohl vielleicht mal durch ein persönliches Gespräch seine Meinung über jemanden ändern könne. Als Fallbeispiel nahm ich verschiedene Äußerungen, die genau dieses „Opfer“, die verlassene Ehefrau, vor der Liaison mit ihm über ihn äußerte. Ich machte mir ihre Ansichten über ihn nicht zu eigen, sondern ich dokumentierte ganz genau – ohne Namensnennung –, dass immerhin so mal irgend jemand über ihn gedacht hat und nun offensichtlich die Meinung geändert habe. Ich habe darauf hingewiesen, dass er sich doch einmal über seine jahrelangen, völlig verqueren Sticheleien mir gegenüber Gedanken machen soll, ob dies denn der so genannten „Sache“ dienlich sei, wie er sich verhält.

Danach erhielt ich eine neuerliche Lektion dieser Kritikerszene. Denn anstatt sich darüber Gedanken zu machen, haben beide Klage erhoben und zwar wegen „Verstoß gegen das Persönlichkeitsrecht“! Immer wieder bekomme ich in solchen Situationen so etwas wie ein „Déjà-vu-Erlebnis“, und überlege für kurze Zeit, ob es in dieser ganzen Auseinandersetzung denn nun um Aufklärung geht, oder wo der Unterschied ist zwischen meinen Vorwürfen gegenüber der Scientology-Organisation und dem, was ich nun in dieser Kritikerszene erlebe.

Die zivilrechtliche Klage auf Unterlassung führte im Grunde in ein Kabarett. Wäre mir das alles in der Auseinandersetzung mit Scientology passiert, dann hätte man bestimmt dieses Fallbeispiel irgendwie in einem Verfassungsschutz-Bericht als „Beweismittel für den Umgang mit Kritikern“ nachlesen können. Nun haben wir aber im Umkehrschluss die Situation, dass es mir ja mit Kritikern der Scientology weitaus schlimmer ergangen ist. Und über diesen Umstand macht sich in dieser Republik überhaupt niemand mehr Gedanken.

Um das auch gleich hier mal klarzustellen: Es geht überhaupt nicht um mich als Person. Es geht um die Sachlage, die Vorgehensweisen und um den Umgang in ein- und derselben Angelegenheit. Ob ich nun Scientology kritisiert habe oder eben die eigenartigen Methoden innerhalb dieser Kritikerszene mit ihren eigenen Gesetzmäßigkeiten, mit ihrer Gruppendynamik, den Intrigen, den Boshaftigkeiten und den mehr als seltsamen Bestrafungsmethoden, bleibt im Endeffekt gleich.

Denn ich kann nicht auf der einen Seite Scientology wegen ihres Umgangs mit Kritik undemokratisches Verhalten vorwerfen, solches

– und noch Schlimmeres – aber den Kritikern von Scientology durchgehen lassen, „der Sache wegen."

Darum ist die Klage dieser beiden Personen gegen mich auch nicht im Sinne von Recht zu verstehen, sondern für mich ganz einfach ein billiger Racheakt, um ein „Aktenzeichen und einen Gerichtsvorgang" bei Bedarf herumwedeln zu können, wenn ich mich über die Machenschaften in dieser Szene äußere. Es ist ja schon fast lächerlich, weil ich doch alles seit Jahren kannte. Meine Anwälte sagten mir, ich bräuchte nicht unbedingt bei der Verhandlung in Berlin anwesend zu sein.

Trotzdem hatte der Optimismus in mir gesiegt, und ich dachte mir, dass man vielleicht auf diesem Weg – vor Gericht – ein paar Dinge gerade rücken und klären könnte. Aber, wie gesagt, Mut scheint ein Fremdwort in diesen Kreisen zu sein. Denn obwohl der Kläger ja in Berlin lebt und seine „Liaison" mit derselben Adresse ebenfalls Klage erhob, ging ich davon aus, dass wenigstens einer von beiden zu dem Verfahren erscheint. Ein nervöser Klägervertreter, der sich nur nach Rückversicherung getraute, einen Vergleich in der mehr als lächerlichen Angelegenheit einzugehen. Doch auch er hatte die Rechnung ohne den Wirt gemacht, denn die Kläger widerriefen seine Entscheidung. Die Richterin des Amtsgerichts Charlottenburg entschied:

Dass ich die Aussagen, die ich dem Kläger im Internet als Fallbeispiel für die Meinungsäußerung seiner Liaison präsentierte, nicht mehr wiederholen darf, weil sie auf Grund der Formulierungen das Persönlichkeitsrecht des Klägers verletzen. Die Klage von ihr, dass ich mit der Preisgabe ihrer Ansicht gegen ihr Persönlichkeitsrecht verstoßen habe, wurde vom Gericht in vollem Umfang abgelehnt.

Es ging den beiden überhaupt nicht um Recht oder Unrecht, sondern es ging ganz einfach darum, bei Bedarf ein „Aktenzeichen vorweisen zu können." Die Hintergründe interessieren ja dann sowieso niemand mehr. So machte ich Anfang 2002 eine neuerliche Erfahrung mit den so genannten Scientology-Kritikern. Vielleicht versteht ja jetzt der eine oder andere Leser, weshalb ich diese Aufklärungsszene in Deutschland als generell gescheitert betrachte.

Als i-Tüpfelchen in dieser Angelegenheit sollte die Aussage des Sektenbeauftragten Gandow, zu dessen sehr engem Umfeld diese beiden Kläger gehören, mit seinen Ausführungen gegenüber einem Anfragenden über die Einordnung einer Sekte nicht fehlen: „... Insbesondere das Verhalten dieser Organisation gegenüber Aussteigern und auch Kritikern, legt die Einordnung als destruktive Sekte nahe ...“ Gandow bewertet hier eine Organisation, die sich „Norweger“ nennt, und die er auf Grund von deren Verhalten gegenüber Kritikern eben als „destruktive Sekte“ bezeichnet. Er hat sicher auch nicht mehr wahrgenommen, dass er sich selbst und seine Hausmacht nach seiner eigenen Einschätzung eben auch wie eine „destruktive Sekte“ benimmt.

SZENENWECHSEL: Verfassungsschutz

Benutzt und abgeschaltet

Es ist ein schmaler Pfad, den Verfassungsschutzbeamte mit ihren Informanten zwischen „benutzt“ und „abgeschaltet“ begehen.

Lange habe ich überlegt, ob ich diesen, für mich sehr einschneidenden Vorfall der Aufarbeitung beifüge. Doch er gehört dazu, weil er mich hautnah erleben ließ, dass es im Geheimdienst-Metier nichts gibt, was es nicht gibt.

Das einzige, was sie verbindet, die Verfassungsschutzbeamten und ihre Informanten, scheint der Umstand zu sein, dass alle Menschen sind. Verdirbt nun der Job den Charakter? Wird Loyalität nur unter beamteten Schlapphüten großgeschrieben oder ist es die Angst vor der öffentlichen Diskussion, die mir gerade in diesem Fall gezeigt hat, wie schmal der Pfad der Klärung ist?

Die Umstände, die zu dem folgenden tragischen Vorkommnis führten, beweisen nicht nur, wie emotionalisiert das ganze Themenfeld ist, sondern dass Misstrauen und eben dann ein „notwendiges Über-die-Klinge-Springen“ zu diesem Geschäft immer dazugehört.

Ein Szenario der besonderen Art lieferten sich eine Ex-Scientologin und eine Verfassungsschutzbeamtin an einem Wochenende, das sie eigentlich gemütlich und privat miteinander verbringen wollten. Vielleicht liegt bereits hier das Problemfeld.

Auf der einen Seite eine Beamtin, die sich berufsmäßig mit dem Thema Scientology auseinandersetzen muss und auf der anderen Seite eine Ex-Scientologin, die sich als treue, aber teure Informantin für verschiedene Verfassungsschutzbehörden zur Verfügung stellt. Die Ex-Scientologin: enttäuscht, gefrustet, durchläuft mehrere offizielle Anlaufstellen, wobei sie dann jeder – völlig genervt – den Rücken kehrt. Das ist ein Paradebeispiel dafür, welch tragische Situationen dieses Wetteifern nach Informationen hervorbringen kann. Sie war ohne die Chance, darüber nachzudenken, aus welchen Gründen sie Scientologin wurde, was ihr tatsächlich dort an Positivem und Negativem widerfahren ist und aus welchen tatsächlichen

Gründen sie die Organisation verlassen hat. Ihre Psyche, ihr angeknackstes Selbstbewusstsein, ihre seelischen Verletzungen, in dem Fall aber auch ihr Frust, der teils in Rachegefühle ausartete, interessierte niemanden.

Akten, Informationen, Negatives, das man der Organisation vorhalten kann, steht auf dem Tagesplan der Dienste. Der Mensch ist Nebensache. In der Betrachtung als Außenstehende muss man ganz einfach sehen, dass Informantin Beate F. (Name geändert) den Boden unter den Füßen verloren hat. Zuerst war sie eingebettet in eine Organisation mit einer straffen Zielsetzung, die bei jedem Einzelnen andere Auswirkungen hat. In diesem Fall war es so, dass sie Anschluss und Zuspruch suchte für ihr eigenes privates Fiasko und es bei Scientology für kurze Zeit fand. Als dies nicht mehr genügte und es auch zum Streit mit einzelnen Mitgliedern kam, stieg sie bei Scientology aus und in die Kritikerszene ein.

Der Weg von der offiziellen Aufklärungsszene zum Verfassungsschutz war sehr kurz. In einem dieser Treffen, in denen so genannte „Exis“ ihre Geschichten erzählen, traf sie auf die Verfassungsschutzbeamtin. Sie blieben nach der Veranstaltung eine Weile zusammen sitzen und blieben danach in Verbindung.

Die Frage, ob man das darf oder nicht darf, stellte sich mir tatsächlich nie, zumal ich mir auch eine solche Eskalation wie die nun kommende nicht vorstellen konnte.

Der Oberbegriff ihres Kontaktes war eben die Informationsgeberin und die Auswerterin. Das Ganze ergab eine Zweckgemeinschaft. Nach einem zusammen durchgeführten Seminar standen an diesem Wochenende noch ein Einkaufsbummel, Besuch bei Freunden der Beamtin und eine Weinprobe auf dem Programm. Die Beamtin wollte, dass Beate F. „mal unter andere Leute kam.“ Die Aussteigerin hat dieses Angebot dankend angenommen.

Weshalb es dann in den Wohnräumen der Beamtin zur Eskalation kam, wird immer mit dem Aspekt „Aussage gegen Aussage“ zu betrachten sein. Objektiv feststellbar ist wohl eines: „Beate F. hat sich im Keller der Beamtin, der von der Wohnung aus begehbar ist, eingeschlossen und von dort einen Notruf, einen Hilferuf an die Polizei gesendet. Sie sagte, sie würde festgehalten, wäre in nötigender, intimer Form angegangen worden und fühle sich bedroht.“ Dass kurze Zeit später ein Überfallkommando die Wohnung der Beamtin stürmte und Beate F. aus dem Keller befreite, zeigt die Dramatik dieser Situation.

Was tatsächlich zwischen diesen beiden Frauen vorgefallen ist, wird wohl deren Geheimnis bleiben. Ob es die vorangegangene Weinprobe, der letzte Schluck vor dem Schlafen gehen in den Wohnräumen der Beamtin oder eine Diskussion war, die das Ganze zum Eskalieren brachte, ist in der letzten Konsequenz nicht wichtig.

Die Frage muss doch sein: Wie kann es überhaupt zu einer solch aufgeheizten Situation kommen, in der ein Überfallkommando der Polizei in die Wohnung einer Verfassungsschutzbeamtin eindringen muss, in deren Räumen sich eine Scientology-Informantin im Keller verbarrikadiert und dann per Notruf Hilfe gesucht hat? Beate F. wurde nach ihren Angaben wegen ihres Zustandes in die Notaufnahme eines Krankenhauses gebracht. Dort wurde ihr körperlicher und seelischer Zustand dokumentiert; ebenso bei der Polizei.

Stunden später verließ die Aussteigerin das Klinikum und ließ sich in einem Taxi zurück zu ihrem Fahrzeug auf dem Parkplatz vor dem Haus der Verfassungsschutzbeamtin bringen. Der Taxifahrer musste warten, bis sie weggefahren war. Ab hier verlor sich zunächst ihre Spur.

Die Beamtin war sich sicher der Tragweite dieser Situation bewusst und versuchte natürlich jetzt ihrerseits diese Geschichte „zu bereinigen“. Sie zog einen anderen Beamten hinzu, der laut Aussage der Aussteigerin die Familie telefonisch abklapperte. Beate F. wiederum hat diese Telefonate auf ihre eigene Art gewertet. An einem Sonntagmorgen, wohl am Morgen nach dem Vorfall, klingelte bei mir das Telefon. Ich wurde informiert, dass man eine Suchaktion gestartet habe. Es gab wohl einen Fahndungsaufruf, indem man der Aussteigerin jetzt „Suizidgefahr“ unterstellte. Erst jetzt war die Eskalation perfekt. Die Familie der Ex-Scientologin, im besonderen der Ehemann war entsetzt, dass man seiner Frau eine Selbstmord-Gefährdung unterjubelte, um sich eben dann selbst aus der Affäre zu ziehen. Das ist seine Version. Es wäre unfair, nun nicht zu betonen, dass dieser Mann denkbar schlechte Erfahrungen mit Verfassungsschutzbeamten gemacht hat.

Beate F. tauchte übrigens in einem Hotel in Norddeutschland unter und ging von dort direkt zu ihrer Anwältin, um sich juristisch beraten zu lassen. Nach meinen Informationen nahm die Kanzlei direkten Kontakt mit dem zuständigen Präsidenten des Verfassungsschutzes auf und versuchte, eine außergerichtliche Einigung für Schmerzensgeld auszuhandeln. Über den Ausgang dieser Verhandlungen gibt es verschiedene Versionen. Fakt ist, dass es wohl von der Seite der Ex-Scientologin keine Anzeige gab und auf der anderen Seite der Beamtin keine dienstlichen Folgen. Die Beamtin ist auch heute – etwa zwei Jahre später – noch im Dienst.

Was beiden Frauen aber sicher niemand absprechen kann, ist die beiderseitige menschliche Enttäuschung, die dort passierte. Und genau hier ist für mich auch glasklar geworden, dass „Menschlichkeit" wohl das unpassenste Wort ist, das man im Zusammenhang mit Geheimdiensten aussprechen kann.

Die Folge des Konflikts war für Beate F. das sofortige Abschalten sämtlicher Kontakte – auch zu anderen Verfassungsschutzbeamten, die teilweise sehr engen Kontakt mit dieser Informantin gepflegt hatten. So gefragt sie vor dieser Auseinandersetzung als „Opfer von Scientology" war, so radikal wurde sie nach dieser Auseinandersetzung „abgeschaltet".

Selbst die Verfassungsschutzbeamten, die mit ihr – ohne Wissen der anderen Kollegen – Kontakt hielten, meldeten sich ab diesem Zeitpunkt nicht mehr bei ihr. Sicher ist auf jeden Fall, dass jede der beiden Beteiligten sich von der anderen hereingelegt fühlt. Genauso sicher ist aber auch, dass hier mehr als nur Vertrauen zerstört wurde. Für mich, die ich es hautnah von beiden Seiten hörte und erlebte war es eine dieser Situationen, von der ich wusste, das ist nicht der Boden, auf dem man etwas klären kann. Da steht an erster Stelle: deckeln, was das Zeug hält, um ja keinen Imageschaden zu riskieren.

Wer diese Geschichte aus der Sicht der menschlichen Tragödie betrachtet, erkennt, mit welcher „Glaubwürdigkeit" diese ganze Aufklärungsmaschinerie in Deutschland zu betrachten ist.

In den Gesprächen mit Juristen kam die Frage auf, aus welchem Grund dieser Vorfall nie öffentlich wurde. Ob es dem hinzugezogenen Beamten gelungen ist, die zuständige Polizeidienststelle davon abzuhalten, diesen Vorfall in den Polizeibericht aufzunehmen, ist nicht bekannt.

Fakt ist: Er wurde nie veröffentlicht und auch nicht geklärt! Genauso ist aber auch Fakt, dass mir jede Zeitungsredaktion bestätigte, dass das Ausrücken eines Überfallkommandos, egal mit welchem Hintergrund und tatsächlichen Vorgängen es sich dann beschäftigen muss, im Polizeibericht genannt wird.

Und für diejenigen Leser, die nun glauben, man hätte bei der Schilderung dieses Falls auch die Namen der Beteiligten nennen müssen, ein kleiner Tipp am Rande: Es geht auch hier um die Sache! Es geht mir ausschließlich darum, das Problemfeld in dieser nie stattgefundenen Klärung über „Scientology" auch in seinen ganzen Auswirkungen darzulegen.

Dieser Vorfall ist eben auch ein Puzzlestein, der mich dazu führte, mich von diesem Thema zu verabschieden! Denn wenn Klärung nicht möglich ist, und Rechtsgrundlagen nicht vorhanden sind und diese menschlichen Niederungen um sich greifen, dann weiß ich nicht mehr, über was hier eigentlich noch aufgeklärt werden soll. Und wieder stellt sich die nie beantwortete Frage „Wer schützt hier eigentlich wen und vor was?"

Bumerang für Schlapphüte

Unrechtbewusstsein scheint ein Wort zu sein, dass man beim Verfassungsschutz gestrichen hat. Es ist skandalös, wenn das Thema Scientology bis in diese Kreise als funktionierende Waffe, um jemanden auszugrenzen, benutzt wird.

Die ganzen Hintergründe erreichen das Licht der Öffentlichkeit durch ein Verfahren vor dem Landgericht Berlin, in dem die Scientology Organisation am 13. Dezember 2001 einen Rechtsstreit gegen den Verfassungsschutz Berlin gewann, der mit dieser Entscheidung des Gerichts die Quittung für eine Vorgehensweise erhielt, die tatsächlich als Bumerang auf die Behörde zu bewerten ist.

Die Mitteilung des Gerichts zum Urteil im Fall VG 27 a 260/98:

„Klage der Berliner Scientology-Kirche gegen ihre Beobachtung durch den Verfassungsschutz mittels Vertrauensleuten hat Erfolg. Die 27. Kammer des Verwaltungsgerichts Berlin hat entschieden, dass der Berliner Verfassungsschutz die Anwerbung und den Einsatz von Mitgliedern oder Mitarbeitern der Scientology-Kirche Berlin als bezahlte so genannte „Vertrauensleute“ für ihre Beobachtung zu unterlassen hat ...“

Was für Konsequenzen sollten aus dem Urteil des Verwaltungsgerichts Berlin gezogen werden? Das Gericht entschied am 13. Dezember 2001 gegen den Einsatz von V-Leuten gegen Scientology. Darüber hinaus führt das Gericht aus:

„Die für die Beobachtung durch die Verfassungsschutzbehörde vorausgesetzten Anhaltspunkte für politische Bestrebungen können sich weder aus der Binnenstruktur des Klägers bzw. der Vereinigungen, als deren Teil sich der Kläger versteht, noch aus deren Verhältnis zu den einzelnen Mitgliedern ergeben ...“

„Der Verfassungsschutz hat nicht die Aufgabe, einzelne Bürger vor einer Benachteiligung oder Übervorteilung durch andere Bürger zu schützen; ebenso wenig hat er eine freiheitlich demokratische Selbstorganisation gesellschaftlicher Gruppen zu überwachen ... Der Beklagte kann deshalb die Beobachtung des Klägers durch den Verfassungsschutz nicht allein damit begründen, dass dieser über eine hierarchische Struktur (‚Kommandostruktur‘) verfüge, von außen undurchsichtig aufgebaut sei oder seine Mitglieder in eine psychische Abhängigkeit bringe, um sie finanziell zu benachteiligen, bzw. kritische Mitglieder zu ‚Feinden‘ erkläre und ausschließe, ohne ihnen zuvor ein Verfahren nach rechtsstaatlichen Grundsätzen zu gewähren.“

„... Der Schutz der Meinungsfreiheit nach Art. 5 Abs. 1 Satz Grundgesetz ist von der freiheitlich demokratischen Grundordnung mit umfasst. Die klassische Schutzrichtung der Meinungsfreiheit besteht gerade darin, Kritik gegenüber den staatlichen Organen zu äußern, ohne sogleich eine Benachteiligung durch diese fürchten zu müssen. Die Meinungsfreiheit nach Art. 5. Abs. 1 Satz 1 Grundgesetz, ... deckt auch Äußerungen in einem öffentlichen Meinungskampf, der nicht zuletzt auch von staatlicher Seite gegenüber dem Kläger mit erheblicher Schärfe geführt wird ...“

Zu den Ausführungen des Verfassungsschutzes über die Ziele von Scientology sagt das Gericht: „Es ist nicht einmal ersichtlich, gegen welche verfassungsmäßigen Grundsätze sich die Ziele Scientologys im einzelnen richten sollen. Es werden auch keine konkreten Umstände genannt, auf welche Art und Weise Scientology diese Ziele praktisch umsetzen würde. Erst recht ergeben sich derartige Bestrebungen nicht allein aus Bezeichnungen von einzelnen Organisationseinheiten."

Da sich der Verfassungsschutz mit seinem Verdacht der „Verfassungswidrigkeit" von Scientology normalerweise auf Zitate aus den Schriften von Hubbard beruft, hat das Gericht auch dieses Thema behandelt. Die Richter sagen dazu, dass den Zitaten „... nicht einmal eine tragfähige (= plausible) Bedeutung für einen weiter bestehenden Verdacht verfassungsfeindlicher Bestrebungen" zukäme, weil:

„Zunächst ist der Vorwurf des Klägers hinreichend belegt und daher nicht zu widerlegen, dass diese Textstellen – soweit sie überhaupt aus der Primärliteratur stammen und nicht ohnehin aus Sekundärliteratur wie Sachverständigen-Gutachten entnommen sind – weitgehend aus dem Zusammenhang gerissen worden sind oder im Kontext mit anderen Ideen stehen, die der Beklagte nicht in Betracht gezogen hat, teilweise falsch übersetzt worden seien ... ungeachtet der Frage, ob die einschlägigen Textstellen, deren Bedeutung vom Kläger auf Grund des von ihm aufgezeigten konkreten Kontextes oder geistiger Verbindungen zu anderen Aussagen völlig anders als vom Beklagten verstanden wird, tatsächlich nur religiös oder scientology-intern zu verstehen sind ..."

Die Richter empfehlen daher eine Einstellung der Beobachtung, wenn die vorgetragenen Erkenntnisse über Scientology denn alles sind, was der Verfassungsschutz hat: „... es wäre mit dem Grundsatz der Verhältnismäßigkeit unvereinbar, wenn einmal gegebene Verdachtsmomente zu einer ‚Dauerbeobachtung' mit nachrichtendienstlichen Mitteln führten, obwohl sich nach umfassender Aufklärung durch eine mehrjährige Beobachtung der Verdacht der verfassungsfeindlichen Bestrebungen nicht bestätigt hat."

Wer anhand solcher richterlicher Erkenntnisse fragt und hinterfragt, ist bereits in der Rufmordfalle gelandet. Der wird kurzerhand diffamiert und als „Sektenunterstützer" betitelt. Und da sind sie dann wieder – die Gefolgschaften innerhalb der abgeschotteten Antisekten-Szene. Einer aus der Zunft macht den Anfang und diffamiert Personen, die Kritik an dieser „Expertenszene" üben. Im Diffamieren von Kritikern ist Solidarität angesagt. Der Verursacher der Diffamierungen wird von seinen Kollegen zitiert. Da steht dann einer für alle, alle für einen, wenn es um das Verschweigen der Wahrheit geht.

Das alles ist kein Szenario, es ist bereits vorgekommen. Aktenkundig auch in den verschiedenen übergeordneten Behörden. Oft sogar bestätigt durch rechtskräftige Urteile. In diesem Verfahren wurde auch weiteres Beweismaterial ans Tageslicht befördert.

Die Richter beanstandeten nicht nur den Einsatz von Spitzeln gegen Scientology, sondern gingen auch am Rande auf die Hintergründe einer mehr als peinlichen Situation ein, die ein mehr als seltsames Licht auf den Berliner Verfassungsschutz wirft:

Ehemaliger Stasi-Spitzel als V-Mann bei Scientology eingeschleust

Journalistisch habe ich die Angelegenheit in einem Artikel „Realsatire zum Nachdenken“ behandelt. Nach all den Jahren kommt es mir so vor, als ob die Welt gerade wegen Geheimdiensten und Spitzeln durcheinander gerät. Die Auffassung der Scientology, die Beobachtung durch den Verfassungsschutz bewege sich in einer „rechtlichen Grauzone“, wie es der Scientology-Sprecher aus München formulierte, kann aufgrund der Vorgänge und Fakten eben nicht mehr so einfach vom Tisch gefegt werden.

Auch wenn der Anwalt der Berliner Innenverwaltung die ganze Beobachtung als „rechtlich unbedenklich“ bezeichnete und so weit ging, dass es ja schließlich „um den Schutz der Grundordnung“ gehe. Wenn ich diesen Schutz der Grundordnung zur Grundlage nehme, dann wirft allein das Verfahren in Berlin mehr als ein schiefes Licht auf die Vorgehensweisen, wie diese Grundordnung geschützt wird.

Einer der Hintergründe der Klage war, dass ein früherer Stasi-Spitzel als V-Mann des Verfassungsschutzes bei Scientology eingeschleust worden war. Der wurde kontaktiert und lieferte Informationen, auf deren Grundlage ein Berliner Polizeidirektor fälschlicherweise als Scientologe bestätigt und umgehend vom Dienst suspendiert worden war. Dieser Fall führte zusammen mit ähnlichen Vorfällen zur Auflösung des eigenständigen Landesamtes für Verfassungsschutz und zur Eingliederung der Behörde in die Innenverwaltung.

Weiterhin ist bewiesen, dass ein Mitarbeiter der Scientology mit Geld als Spitzel für den Verfassungsschutz angeworben werden sollte, mit einem mehr als fragwürdigen Auftrag. Und genau um diesen ging es im Verfahren Scientology-Kirche Berlin e.V. gegen den Berliner Verfassungsschutz:

Im Sommer 1998 war er auf dem Weg nach Hause. Ein überzeugter Scientologe der Berliner Organisation. An der S-Bahn, Haltestelle Ostkreuz, wurde er auf der Straße von zwei Männern angesprochen. Sie zeigten ihm einen Ausweis vom Verfassungsschutz. Sie stellten sich namentlich vor. Dass es sich hier um keine echten Namen handelte, war dem Scientologen bewusst. Auf den Satz „Sie wissen ja sicherlich, um was es geht", war ihm allerdings nicht klar, was sie meinten. Sie wollten mit ihm ein „privates" Gespräch.

Aus Neugier willigte er ein. Sie gingen in ein Cafe am Bahnhof und unterhielten sich. Sie wollten ihn für eine Tätigkeit für den Verfassungsschutz gewinnen. Grund: Er sei ja Mitglied der Scientology und würde sich dort auskennen. Die Forderung wurde nicht lang umschrieben. Er sollte Scientology-Mitglieder und Scientology-Interna ausspähen und regelmäßig darüber berichten. Ihm wurde gesagt, dass er als Spitzel für den Verfassungsschutz wesentlich mehr verdienen könne wie als Mitarbeiter bei Scientology. Ausgefragt über seine Zukunftspläne, gaben sie ihm subtil zu verstehen, dass sich seine weitere Mitgliedschaft ohne die Zusammenarbeit mit ihnen negativ auf seine Pläne auswirken könnte. Auf die Frage, wie sie ausgerechnet auf ihn gekommen sind, verweigerten sie die Antwort. Sie gaben ihm eine Handynummer, weil er sich Bedenkzeit ausgebeten hat.

Es ließ ihm keine Ruhe, wie der Verfassungsschutz gerade auf ihn kam. Deshalb kontaktierte er die Beamten telefonisch und vereinbarte einen Termin in einem chinesischen Restaurant in Berlin-Mitte beim Rosa Luxemburg-Platz. Bei diesem Treffen fragte er konkret, was ihr Auftrag sei. Sie antworteten ihm, dass sie nach verfassungswidrigen Inhalten der Scientology suchen. Mehrmals wurde ihm Geld angeboten. Immer wieder betonten sie, dass es „wesentlich mehr sein würde als sein gegenwärtiger Verdienst." Am Ende des Gesprächs legte einer der Verfassungsschutzbeamten DM 300,– unter seine Zigarettenschachtel. Er solle das als Entschädigung für sein Kommen betrachten.

Da saß er nun in einem Lokal und überlegte, ob er vielleicht hier im falschen Film sei. Er ging und nahm das Geld mit. Danach kontaktierte er die beiden telefonisch und gab ihnen unmissverständlich zu verstehen, dass er auf keinen Fall für den Verfassungsschutz in dieser Sache arbeiten würde. Er halte es für sittenwidrig, was man hier von ihm verlange. Seine Freunde bei Scientology hätten nichts Widerrechtliches getan, und er wolle sie nicht hintergehen.

Nach etwa einer Woche warteten die beiden Beamten wieder auf den Scientologen am Bahnhof Ostkreuz. Und wieder forderten sie ihn auf, für sie tätig zu werden. Er wollte endlich der Sache ein Ende setzen und antwortete: „Also, unter DM 10.000,– mache ich sowieso nichts." Das wollten die beiden nun mit ihrem Vorgesetzten abklären. Der junge Mann war ziemlich überrascht, denn er hatte nicht damit gerechnet, dass die Beamten seine Forderung ernst nahmen.

Und wieder passten sie ihn am Bahnhof ab. Er lief vorbei und ignorierte sie einfach. Er wollte nichts mit ihnen zu tun haben. Aber einer der beiden lief einfach neben ihm her. Er zeigte ihm Scheine im Wert von DM 5.000,– und wedelte ihm förmlich damit vor der Nase herum. Er ging mit ihnen in einen Park und fragte sie, was sie denn nun für dieses Geld wissen wollten. Da wurde ihm mitgeteilt, dass er nachsehen solle, ob es ein Mitgliedsformular des Polizeidirektors Otto D. gäbe oder er andere, ähnliche Unterlagen besorgen könne. Die restlichen DM 5.000,– würde er danach bekommen.

Der Polizeidirektor Otto D. war damals grade vom Dienst suspendiert worden, nachdem in anonymen Schreiben gezielt gestreut worden war, dass er Scientologe sei. Er stritt das ab, was ihn wohl „besonders verdächtig" gemacht hat.

Obwohl der Scientologe ihnen frei heraus sagte, dass Otto D. kein Scientologe sei, bohrten sie weiter. Er solle trotzdem einmal nachschauen, und immerhin würde er dann noch die restlichen DM 5.000,– bekommen. Er wisse, so der Beamte, dass er sicherlich was finden könnte. Der Scientologe gab auf, nahm das Geld und ging. Ihm wurde noch gesagt, dass er am nächsten Tag wieder kontaktiert würde. Um das ganze auch beweisbar zu machen, zahlte er die DM 5.000,– auf sein Konto ein.

Tatsächlich, am nächsten Tag warteten sie wieder auf ihn. Er sagte ihnen, dass es nichts zum Thema Otto D. gäbe und er auch kein

Wissen über andere von ihnen gewünschten Themen habe. Da wurden die Beamten wütend. Inzwischen hatte der Scientologe seine Freundin informiert und sie gebeten, Fotos zu machen, weil er diese Ungeheuerlichkeit einfach dokumentieren wollte. Einer der Verfassungsschutzmitarbeiter entdeckte die Freundin, und sie flüchteten.

Als er am nächsten Tag mit der Straßenbahn nach Hause fuhr, standen die beiden Beamten plötzlich wieder da. Sie drängten ihn mit einer unmissverständlichen Aufforderung in die Bahn. Sie wollten unbedingt, dass er mit ihnen in ihr Büro komme. Allein durch die mittlerweile massiven Kontaktgespräche und die letzte Aufforderung, aus der Bahn zu steigen, fühlte er sich bedroht.

Dieser Vorfall ist nicht aus einem schlechten Krimi entliehen, obwohl ich ihn wirklich als solches eingestuft hatte, als ich verschiedene Vorgänge, die beim Menschenrechtskomitee der Vereinten Nationen liegen, nachrecherchierte.

Der Scientologe wandte sich damals an die Presse, Scientology reichte Klage ein. Dieses Verfahren wurde wie oben beschrieben am 13. Dezember 2001 von Scientology gewonnen.

Das Feindbild, der Übereifer und der Ehrgeiz

Betrachtet man das Dilemma der Berliner Schlapphüte um den Rufmord zum Schaden des Berliner Polizeidirektors Otto D., dann wundert man sich, wie weit sich die Politik in die Grauzone bewegen kann – ohne Schaden zu nehmen. Im Gegenteil, der eine oder andere stolpert sogar noch die Treppe hinauf. Der Verantwortliche im Fall Otto D., der damalige Innenstaatssekretär Kuno Böse, musste zwar „Abschied nehmen, weil ihm die politische Verantwortung für die Pleiten-, Pech- und Pannen-Serie der Berliner Sicherheitsbehörden zugeschrieben" wurde (Berliner Morgenpost). Der Übereifer hat dem Politiker Kuno Böse nicht geschadet.

Auch, wenn im November 1999 die Berliner Morgenpost noch schrieb:

„... ob dem in der Altmark geborenen Politiker ausgerechnet in einer Affäre um einen Berliner Polizeidirektor das Fingerspitzengefühl abhanden gekommen war. Mit aller Macht wollte er den Leiter des Berliner Lagezentrums, Otto Dreksler, als führenden Scientologen überführen. Ein Wegbegleiter vermutet, dass sich Kuno Böse damit auch als Sicherheitsexperte einen Namen machen wollte. Deshalb auch soll er sich dem Kampf gegen die Psycho-Sekte verschrieben und persönlich die Arbeit des Berliner Verfassungsschutzes gegen Scientology kontrolliert haben. Mitarbeiter des Geheimdienstes berichteten, dass Böse ungewöhnlich starken Druck auf die Führung des Verfassungsschutzes ausgeübt habe. Als dann im März 1998 ein anonymer Brief den Innensenat erreichte, indem Polizeidirektor Dreksler als Scientologe bezeichnet wurde, war der Innenstaatssekretär obenauf ..."

Wie bekannt ist, wurde der Polizeidirektor wegen des Gerüchtes auf einen anderen Posten versetzt und sogar in einem „Behördenzeugnis" des Verfassungsschutzes als „Mitglied von Scientology" genannt.

Die Medien führten dazu später aus: „Doch die Anschuldigungen erwiesen sich als haltlos. Der V-Mann konnte Dreksler nicht als Sektenmitglied identifizieren. In Sicherheitskreisen heißt es, Böse habe sich mit diesem Ergebnis nicht zufrieden geben wollen. Sogar auf die Justiz habe er Einfluss nehmen wollen, wie ein der Redaktion vorliegendes Schreiben beweist. Darin bat Böse den Generalstaatsanwalt um weitere Ermittlungen im Fall Dreksler ..."

Die Größe, seine Fehler einzugestehen, hatte der Fünfzigjährige bisher nicht. Denn Otto Dreksler forderte vergeblich gegenüber den Medien: „Ich warte noch immer auf eine Entschuldigung!"

Aber wie gesagt: Für Kuno Böse hat es nicht zu einem Karriereknick geführt. Denn er ist heute Innensenator von Bremen!

Makel über den Tod hinaus

Von ihrer schweren Krankheit gezeichnet, wollte sie immer nur noch eins: Die Rehabilitation. Nur, gibt es sie, diese Rehabilitation, wenn man vom Gericht wegen Auslandsspionage verurteilt wurde? Nein, das, was das Wort aussagt, gibt es nicht. Aber es gibt die Klärung, die habe ich ihr versprochen, und die wird es geben und zwar jetzt und hier.

Denn Odette Jaccard wurde vom deutschen Verfassungsschutz als Datenlieferantin in der Schweiz missbraucht, von einer Politikerin benutzt, und in letzter Konsequenz musste sie ihren Kopf allein dafür hinhalten. Der Baden-Württembergische Verfassungsschutz nahm mit ihr Kontakt auf und zwar nicht irgendwie verschlüsselt, sondern ganz offiziell mit Briefkopf des Verfassungsschutzes. Schon aus diesem Grund war ihr die Brisanz dieses Kontaktes gar nicht klar. Wer denkt denn bei einer offiziellen Anfrage mit Briefkopf, dass man sich strafrechtlich ganz schnell auf Glatteis bewegt. Eine Behörde in ihren Klärungsversuchen zu unterstützen, das muss doch erlaubt sein, so dachte sie. Es kam zum telefonischem Kontakt, und man wollte von Seiten des Verfassungsschutzes auch ein persönliches Treffen. Durch den viele Jahre währenden engen Kontakt zwischen Odette Jaccard und mir entwickelte sich eine Freundschaft. Aus diesem Grund weiß ich, dass Odette nicht nur ein großes Herz hatte für ihre Mitmenschen, sondern dass sie nichts tat, was sie als verboten ansah. Zudem das Amt ja mit ihr in Kontakt trat, und sie diesen Beamten blind vertraute. Deshalb dachte sie sich auch nichts dabei, als die Basler Kantonspolitikerin Susanne Haller sich auf einmal des Themas Scientology annahm und ihre leeren Ordner im Politikerbüro mit den Recherchen von Odette füllte. Das Thema Scientology wurde für Haller zum politischen Trittbrett.

Odette wollte wie ich Klärung in diesem „Fall Scientology". Was war dran an den Vorwürfen? Wenn sie stimmen, weshalb wird dann nichts unternommen? Und deshalb informierte sie die Politikerin von dem geplanten Treffen mit dem Verfassungsschützer „Peter Goller". Dieses war in Deutschland geplant. Wie sich später herausstellte, passte dies aber nicht in den strategischen Plan der Politikerin Susanne Haller. Sie stimmte zu, bei diesem Treffen dabei zu sein. Aus diesem Grund fuhr Odette Jaccard mit dem Zug von Zürich nach Basel. Der Verfassungsschutzbeamte Goller sollte sie vom Bahnhof abholen. So war es ausgemacht. Man verabredete sich telefonisch bei dem Bankschalter im Bahnhof in Basel. Der Verfassungsschutzbeamte kam mit dem Auto und wollte anschließend mit den beiden Damen für ein Gespräch über die deutsche Grenze nach Weil am Rhein fahren.

Die nun folgende Situation hatten die Schweizer Bürgerin Jaccard und der Verfassungsschützer aus Deutschland wohl so nicht geplant. Beim Eintreffen des Beamten in Basel begrüßte Haller ihn mit ausgestreckter Hand fast überschwänglich und sagte ihm, dass sie nur ca. 1 Stunde Zeit habe und sich eine Fahrt nach Weil am Rhein nicht lohne. Aus diesem Grund schlug sie – die Politikerin Susanne Haller – ein Gespräch im Hotel Viktoria unmittelbar in Bahnhofsnähe vor. Damit gelang es Haller, den Verfassungsschützer zu einem Gespräch in der Schweiz mit zwei Schweizerinnen zu bewegen.

Zugegeben, rechtlich ist auch der Schritt des Verfassungsschützers nicht einwandfrei, der dann dieses Gespräch ohne vorherige Absprache mit den zuständigen Dienststellen in der Schweiz führte. Nur ohne diesen Trick mit der knappen Zeit hätte die Politikerin ihren Coup nicht einfädeln können. Haller sprach beim gemeinsamen Essen im Hotel Viktoria von einem illegalen Treffen. Der Beamte verteidigte sich, indem er betonte, dass sie doch selbst dieses Hotel vorgeschlagen habe. Es kam zum Gespräch zwischen dem Verfassungsschützer und Odette Jaccard im Beisein der Politikerin Susanne Haller. Dann verschwand Haller und sagte zu Jaccard, sie müsse zur Toilette. Sie blieb etwa 15 Minuten weg.

Später stellte sich heraus, dass sie mit dem Observierungsbeamten, der an der Rezeption des Hotels stand, gesprochen hatte. Der Verfassungsschutzbeamte wurde nach dem Verlassen des Hotels verhaftet.

Odette Jaccard bekam von dem überhaupt nichts mit. Sie fragte immer noch voll Vertrauen Haller, was sie denn nun mit ihr – wie angekündigt – allein besprechen wolle. Haller winkte ab und sagte, sie wolle ihr nur einen befreundeten Polizisten vorstellen, der in der Polizeidienststelle in Basel auf sie warte. Er würde sich seit langem mit dem Thema Scientology beschäftigen. Jaccard hatte vorher noch einen Termin in Basel, bei dem Haller so drängte, dass sie unbedingt um 13.30 Uhr bei dem Beamten in Basel auf der Polizeidienststelle sein müsse. Dort angekommen, wartete aber nicht der Polizist, wie von der Politikerin angekündigt, sondern vier Beamte der Bundespolizei Bern, die Jaccard alle ihre Unterlagen abnahmen und sie per Auto nach Bern zur Vernehmung bei der Bundesanwältin Carla del Ponte fuhren.

Dort wurde sie über viele Stunden vernommen. Am Abend, um ca. 22.00 Uhr, wurde sie in Bern zum Zug gebracht und durfte auf eigene Kosten von Bern nach Zürich zurückfahren. Odette Jaccard war nach diesem Vorfall mehrere Stunden wie gelähmt und konnte sich überhaupt nicht erklären, was eigentlich vorgefallen war. Am nächsten Tag – 7. April 1998 – kamen sechs Beamte mit einem Hausdurchsuchungsbefehl der Bundesanwaltschaft von Bern und nahmen ihren Computer und 25 Disketten mit.

Bei einem Telefonat mit Susanne Haller fragte Jaccard, ob sie denn wisse, was das bedeuten würde. Haller stellte sich gegenüber Jaccard völlig ahnungslos und spielte die überaus Überraschte. Erst als Jaccard fragte, warum sie denn von den Beamten ohne Haller nach Bern gebracht wurde, reagierte diese höchst ungehalten. Nach der Hausdurchsuchung telefonierte ein Freund von Odette Jaccard ebenfalls mit Susanne Haller und fragte sie, ob sie von der ganzen Aktion gewusst habe.

Sie verneinte. Am Mittwoch, dem 08. April 1998, erklärte Susanne Haller gegenüber der Presse, dass sie von Anfang an die Sache eingefädelt habe, sie selbst habe die Anzeige gegen den Verfassungsschützer gestellt und sie wollte auch, dass er verhaftet wird. Damit war bewiesen, dass dabei Odette Jaccard als Bauernopfer auf der Strecke blieb und von Susanne Haller in übelster Form benutzt wurde. Die Politikerin nahm dies billigend in Kauf, so wie der Verfassungsschutz in Deutschland auch.

Denn selbst ein Treffen auf deutscher Seite, wie vom Verfassungsschutzbeamten „Peter Goller“ geplant war, wäre für Odette Jaccard strafrechtlich als Spionagetätigkeit für einen ausländischen Geheimdienst gewertet worden.

Der einzige, der in dieser Angelegenheit ganz schadlos geblieben wäre, das wäre der deutsche Verfassungsschutzbeamte. Wie sagte einst Wallenstein „Vertrauen und Loyalität können nur auf der Basis der Gegenseitigkeit gedeihen.“ Und in diesem Fall wurde das Vertrauen einer unbescholtenen, engagierten Bürgerin nicht nur von Seiten des deutschen Verfassungsschutzes, sondern auch von einer Schweizer Politikerin aufs Übelste missbraucht und benutzt. Von Loyalität brauchen wir in diesem Fall überhaupt nicht zu reden.

Das Verfahren gegen meine Freundin Odette Jaccard wurde aufgrund ihrer schweren Erkrankung verschoben. Als sie wieder gesundheitlich in der Lage war, wurde sie wegen Auslandsspionage verurteilt.

Nach diesem Vorfall habe ich die Vorgehensweisen des Verfassungsschutzes erstmals kritischer und distanzierter als sonst betrachtet. Nicht nur, weil Odette Jaccard vom Verfassungsschutz mit vollem Bewusstsein der strafrechtlichen Relevanz benutzt wurde und eine Politikerin nicht vor dem Treffen die Illegalität dieses Vorgangs, trotz besseren Wissens, bedachte, sondern es war genau auf dieser Ebene, wo das immer angeforderte Bürgerengagement mit Füßen getreten wurde.

Dazu kommt, dass der Verfassungsschutzbeamte zwar auch verurteilt wurde, die Kosten jedoch der deutsche Steuerzahler bezahlte, und er durch seine Verurteilung keinerlei berufliche Schwierigkeiten bekam. Odette musste ihre immensen Kosten selbst aufbringen und niemand hat sie gefragt, wie sie mit dieser Situation fertig wird. Mag sein, dass der eine oder andere jetzt glaubt, dass dies eben der Preis sei, wenn man sich mit Geheimdiensten einlässt. Nur, ob man zu solchen Diensten dann tatsächlich Vertrauen haben kann, dass sie „die Verfassung schützen“, wage ich nicht nur nach diesen Erfahrungen ernsthaft zu bezweifeln.

Odette Jaccard-Fuchs starb im Herbst 2000 nach schwerer Krankheit. Sie war ein Sonnenstrahl im Dschungel des Alltag, sie warf Rettungsringe ins Meer der Anonymität und zündete kleine Hoffnungslichter an im Nebel der Gleichgültigkeit. Mein Versprechen ihr gegenüber, diese an ihr begangene Ungerechtigkeit nicht zu vergessen, werde ich einlösen.

Informationsgewinnung oder Anstiftung zum Diebstahl?

Beim Surfen im Internet stieß er auf Informationen, dass die Scientology Organisation in Deutschland durch den Verfassungsschutz überwacht werde. Er beschloss, Material über diese Organisation zu sammeln und im Internet bereit zu stellen. Damals dachte er noch, er könnte durch seine Sammlung dazu beitragen, die öffentliche Diskussion über Scientology anzuheizen.

Nach seinen Angaben Ende 2001 stellte er damals auch fest, dass wenig primäre Informationen über Scientology zur Verfügung standen, auch von Seiten des Verfassungsschutzes. Er kontaktierte daher Scientology direkt und auch das Landesamt für Verfassungsschutz. Nach einem kurzen Kontakt ließ er sich bei Scientology als Mitarbeiter anwerben, im Hinterkopf die Möglichkeit, interessante Informationen sammeln zu können.

Er setzte sich daraufhin direkt mit dem Landesamt für Verfassungsschutz in Verbindung und wollte in Erfahrung bringen, ob die Beamten an seinen Informationen interessiert sei. Sie waren es:

Eine halbe Stunde nach seinem Anruf kamen zwei Personen in seine Wohnung. Sie boten ihm Geld an und teilten ihm auch mit, dass er auf jeden Fall als Mitarbeiter bei Scientology bleiben solle. In Zukunft sollte er interne Informationen über Scientology beschaffen. Zuerst fühlte er sich nicht wohl bei der Idee. Aber die in Aussicht gestellte Möglichkeit, mit wenig Arbeit viel Geld zu verdienen, traf sein Interesse.

Schon am nächsten Tag besuchte ihn wieder ein Beamter des Landesamtes zu Hause. Ihm wurde mitgeteilt, dass er für den Verfassungsschutz eingestellt werde. Man gab ihm mehrere Hundert Mark für seine bisherigen Informationen. Außerdem wurde ihm in Aussicht gestellt, dass der Verfassungsschutz für die Ausgaben während seiner Mitgliedschaft bei Scientology aufkommen werde.

Danach traf er sich immer freitags an wechselnden Plätzen – um 12.00 mittags – mit seinem „Führungsoffizier“ vom Verfassungsschutz. Über ein Jahr kopierte er regelmäßig interne Informationen von Computern und Disketten innerhalb der Organisation und übergab sie dem Landesamt für Verfassungsschutz. Oft handelte es sich dabei um elektronische Informationen (Telexe) von ausländischen

Organisationen in Kopenhagen/Dänemark und Los Angeles/USA oder Daten aus dem Leitungsbereich des Vereins.

Etwa alle vier Wochen überbrachte ihm sein „Führungsoffizier“ ein Paket mit 10 leeren Disketten. Insgesamt hat er im Auftrag des Landesamtes für Verfassungsschutz etwa 50 Disketten mit Daten der Scientology gefüllt und den Mitarbeitern des Landesamtes übergeben. Für diese Lieferung wurde er regelmäßig mit einem besonderen Bonus bezahlt. Nach vier Monaten Tätigkeit bekam er einen Vertrag des Landesamtes für Verfassungsschutz, den er nicht mit seinem richtigen Namen unterschreiben sollte, wobei der Beamte die einzige Kopie einbehielt.

Spätestens bei diesen Eröffnungen wurde mir klar, dass dieser junge Mann keinerlei Rechtsschutz für seinen Auftrag genoss, geschweige denn es eine rechtliche Grundlage für dieses Handeln gab. Bei den wöchentlichen Treffen merkte er einmal so nebenbei an, dass er Zugang zu den Finanzdaten der Scientology der letzten 13 Jahre hätte. Sein „Führungsoffizier“ fiel ihm sofort ins Wort und sagte ihm, dass er diese Informationen dringend benötigen würde. Er ermahnte ihn aber dabei, dass er sich auf keinen Fall bei diesem Diebstahl erwischen lassen sollte. Es wäre doch wirklich schade, wenn ihn „die Scientologen rauswerfen würden.“ Und so fertigte er im Auftrag des Landesamtes für Verfassungsschutz Kopien von in der Organisation befindlichen Sicherheitskopien mit den besagten Finanzdaten an und überbrachte sie beim nächsten Treffen seinem „Führungsoffizier“. Dafür bekam er einen speziellen Bonus in Höhe von mehreren hundert Mark.

Ob es Listen von Mitgliedern waren oder spezielle, auch sehr persönliche Details aus dem Leben der anderen Mitarbeiter oder aber persönliche Informationen über die einfachen Mitglieder des Vereins – z.B. womit sie ihren Lebensunterhalt finanzierten, wo sie arbeiteten, aber auch, wer mit wem befreundet und wer was in seiner Freizeit unternimmt bis hin zu sehr persönlichen, intimen Informationen: alles wurde vom Beamten gebraucht und je nach Gutdünken extra honoriert.

Einige Bonuszahlungen fielen allerdings aus, da der junge Mann allmählich Zweifel an den Absichten der Beamten bekam. „Was gehen euch intime Informationen an? Verfassungsfeindlicher Sex oder was?“ Allzu Privates verweigerte er den Verfassungsschützern, auch wenn sie meinten, „es brauchen“ zu können.

In einem Jahr bezog der junge Mann zusätzlich zu seinem Arbeitslosengeld einen monatlichen Betrag von DM 1.350,– vom Landesamt für Verfassungsschutz. Der gleichzeitige Bezug des Arbeitslosengeldes war mit dem Amt abgesprochen. Diesen Betrag bekam er für seine beinahe tägliche Anwesenheit in der Scientology und die Informationen, die er von dort stahl und an das Landesamt weiterleitete.

„Ein besonderer Nebenverdienst" wurde ihm unterbreitet, als es darum ging, ausländische Organisationen von Scientology auszuspionieren. Geplant war zuerst Kopenhagen, da dies sehr wichtig für das Landesamt sei. Bei dieser Information wurde ich stutzig, denn hat man mir nicht gesagt, Landesgrenzen seien tabu? Nun galt nicht mal die Grenze nach Dänemark oder England?

Ich fing an innerlich zu kochen, als ich hörte, der besondere Auftrag galt Namen und Funktionen dortiger Mitarbeiter auszuforschen und an dortige Unterlagen zu kommen. War das nicht im Umkehrschluss genau die Situation, mit der man auch meine verstorbene Freundin Odette reingelegt hatte?

Wenn man ihn erwischt hätte, dann wäre er auch wegen Spionage für einen ausländischen Geheimdienst in Dänemark und England dran gewesen. Nur nicht selbst die Finger schmutzig machen. Wenn es auffliegt, einfach alles abstreiten. Das sollen Schützer sein?

Er hatte den Auftrag, genau zu dokumentieren, was sich in welchen Räumlichkeiten abspielt. Für diese Informationen wurde ihm ebenfalls ein besonderer Bonus in Aussicht gestellt. Und so fuhr er dann vier Tage nach Kopenhagen. Dort inspizierte er die öffentlichen Bereiche, aber auch die Räumlichkeiten, die normalerweise nur den dort arbeitenden Mitgliedern vorbehalten sind, und er notierte jede interne Information, die er finden konnte. Wieder zurück, erstattete er genauen Bericht und wurde dafür mit einen besonderen zusätzlichen Bonus von DM 900,– belohnt.

Da haben sie wieder einen Dummen gefunden und hätten sogar die Möglichkeit gehabt, Pharisäer zu spielen. Denn sicher hätten sie ihre Hände in Unschuld gewaschen, was sonst. Auch als der junge Mann berichtete, dass in England eine Veranstaltung der Internationalen Vereinigung von Scientologen stattfinden würde, und er die Möglichkeit hätte, dort hinzureisen, war das Landesamt bereit, ihm einen besonderen Bonus zu bezahlen. Außerdem erhielt er vor einem Handy-Laden in Deutschland Bargeld, um sich dort umgehend ein Mobiltelefon auf seinen Namen zu besorgen, damit er von England aus umgehend nach Deutschland Bericht erstatten konnte.

Nach mehreren Monaten im Spitzeldienst war der junge Mann gefrustet und teilte seinem Kontaktmann mit, dass er keinen Sinn mehr darin sehen würde, als Mitarbeiter für das Amt zu arbeiten, weil man in den recherchierten Informationen überhaupt nicht erkennen könne, warum der Verfassungsschutz sich überhaupt für Scientology interessiere. Er habe vor allem durch diese Arbeit auch jeglichen Kontakt zu früheren Freunden und Bekannten verloren. Seine Lebensqualität hatte sich auf nahezu Null reduziert. Hinzu kam, dass er feststellen musste, dass das Amt die Mitgliedsangaben der Scientologen gefälscht hatte. So wurde ihm freimütig erklärt, dass bald eine „Steigerung" der Mitgliedszahlen „herausgefunden" werden würde, um eine „Gefahr" durch Scientology zu untermauern. Und er bemerkte, wie tatsächlich im nächsten Verfassungsschutz-Bericht die angeblichen Mitgliedszahlen der Scientologen geändert waren. Ihm wurde es „mulmig", wie er es ausdrückte.

Er machte den Vorschlag, die Sache auslaufen zu lassen, sich in den kommenden Monaten zu distanzieren, um dann endgültig als Spitzel für den Verfassungsschutz auszusteigen. Über eine Stunde lang versuchten zwei Beamte, ihn zu überzeugen, seine Entscheidung zu ändern. Unter anderem führten sie an, dass er demnächst keine Arbeitslosenunterstützung mehr bekommen würde und auf ihr Geld angewiesen sei. In einem weiteren Gespräch wurde ihm dann mitgeteilt, dass er nun kein Geld mehr bekommen würde, da er ja aussteigen wolle. Er wusste, dass dies als Druckmittel benutzt wurde, war er doch ein, zwei Wochen später auf diese einzige Einnahme angewiesen.

Er wurde vor die Wahl gestellt: Entweder sofort auszusteigen oder wie bisher weiterzumachen. Damit brachen die Beamten des Landesamtes für Verfassungsschutz das gegebene Versprechen auf einen allmählichen Ausstieg. Er sah dies als Provokation, da er auch Angst hatte, dass die Scientology auf seine Agententätigkeit aufmerksam würde, und er dann strafrechtlich zur Verantwortung gezogen würde.

Genau diese Frage war spannend für die Juristen, mit denen ich diesen Fall besprochen habe, allein wegen der Auftragslage im Ausland.

Weiter teilte ihm der Beamte mit, dass sie ihm weiterhin Geld zahlen würden, wenn er über kriminelle Aktivitäten der Scientology gegenüber ihm, nach einem unangekündigten Fernbleiben, berichten könnte. Ziel des Beamten war es, im Falle eines abrupten Fernbleibens Angriffe von Scientologen dokumentieren zu können.

Aus diesem Grund forderte man von ihm ein radikales, auffälliges Fernbleiben, da man die Aktivitäten von Scientology direkt verfolgen wollte. Nachdem er seine Mitgliedschaft bei Scientology gekündigt hatte und fernblieb, wurde er einige Tage lang vom Landesamt für Verfassungsschutz unter Observierung gestellt.

Die Beamten zeigten sich sehr enttäuscht, als keine Tätigkeiten der Scientologen gegenüber ihm feststellbar waren. Aus diesem Grund teilte man ihm mit, dass der versprochene Endbonus ausfiele.

Dieser junge Mann war zum damaligen Zeitpunkt gerade mal 19 Jahre alt. Beim Durcharbeiten der Unterlagen kam im Radio, dass Bundesinnenminister Schily aufgrund der Erfurter Tragödie fordert, das Zulassungsalter für das Tragen von Waffen von 18 auf 21 anzuheben. Vielleicht sollte man in diese Diskussion noch einbringen, ab wann man von Beamten des Verfassungsschutzes als Waffe benutzt werden darf.

„Verbrauchsmaterial"

Die Frage, die ich einem ehemaligen Geheimdienstmitarbeiter stellte, ob Personen, die als Quellen oder speziell angesetzte kurzzeitige „Mitarbeiter" als „Verbrauchsmaterial" von Seiten der Geheimdienste – wie Verfassungsschutz – gesehen werden, wurde mit einem klaren „Ja" beantwortet.

Meine Frage kam nicht von ungefähr. Am 22. Dezember 2000 erreichte mich ein kleines Paket. In Weihnachtspapier eingepackt, ein Buch von Andreas von Bülow mit dem Titel „Im Namen des Staates", Thema: „Kriminelle Machenschaften der Geheimdienste". Immerhin ist es ein ehemaliger Bundesminister, Verteidigungs-Staatssekretär und Bundestagsabgeordneter, der hier die westlichen Geheimdienste beschuldigt, kräftig mitgemischt zu haben bei Drogenhandel, Terrorismus und in der Organisierten Kriminalität.

Im Klappentext ist zu lesen, dass von Bülow die Idee zu diesem Buch im deutschen Bundestag hatte, genau gesagt im Untersuchungsausschuss zur KoKo-Affäre. Es ging dabei um die krummen Geschäfte von DDR-Wirtschaftsbehörden, die der Gewinnung von Sondereinnahmen für die Staatssicherheit und SED dienen sollten. In den Vorgängen fanden sich West- und Ost-Agenten im Zwielicht ihrer Doppelagentenrollen mitten in der Illegalität von Wirtschaftsstaaten wieder. „Nur", so von Bülow, „eine rückhaltlose Aufklärung hätte peinlich werden können."

Ich wunderte mich, weshalb ein renommierter Anwalt, den ich nur am Rande einer Firmenberatung kennen lernte, bei der es um Rufmord ging, mir so ein Buch schenkt. Verschiedene Passagen in diesem Buch waren mit Markierungen gekennzeichnet. Unter anderem im Klappentext der unterstrichene Satz: „Sobald die Rede auf westliche Geheimdienste in ihrer Rolle in dem schmutzigen Spiel um Waffen, Geld und Drogen kam, wurde gnadenlos abgeblockt." Besonders das Wort „abgeblockt" war doppelt unterstrichen.

Ich erinnerte mich, dass ich dem Firmeninhaber im Beisein dieses Anwalts geraten hatte, das Problemfeld „gezielter Rufmord mit dem Wort Scientology" dem zuständigen Verfassungsschutzamt mitzuteilen. Mir war damals aufgefallen, wie sich die Blicke zwischen dem Anwalt und dem Inhaber für Sekunden kreuzten, als ich diesen Vorschlag unterbreitete. Wochen später kontaktierte mich der Anwalt telefonisch und fragte mich, ob ich den Verfassungsschutzämtern vertrauen würde.

Meine damals noch vorherrschende Ansicht: „wem soll man denn in diesem Land dann noch vertrauen, wenn man denen auch nicht mehr vertrauen kann", löste bei ihm einen kurzen Lacher aus, der aber dann in dem ernsten Satz mündete: „Wenn Sie nur nicht als Verbrauchsmaterial verheizt werden. Es wäre echt schade um Sie!"

Und nun lag im Dezember 2000 dieses Buch vor mir und eine Weihnachtskarte, auf der stand: „Sehr geehrte Frau Hartwig, Ihr Optimismus und Ihre Offenheit, selbst mit schwierigen Themen umzugehen, hat mich bei unserem kurzen Zusammentreffen sofort fasziniert. Weshalb wir Ihren Ratschlag, sich mit dem Problem meines Mandanten doch an den zuständigen Verfassungsschutz zu wenden, nicht annahmen, hatte natürlich einen Grund. Und genau deshalb möchte ich Ihren Blick auf die Sichtweise des Andreas von Bülow zum Thema ‚Geheimdienste' lenken. Es würde mir sehr leid tun, wenn Sie eines Tages erkennen müssen, dass Sie mit Ihrem Engagement nur ‚Verbrauchsmaterial' in einem mehr als eigenartigen Spiel waren.

Frohe Weihnachten und vor allem ein Neues Jahr, in dem Sie Ihren Blick weiter schärfen sollten. Ihr Dr. ..."

Ich las das Buch zunächst nur quer. Aber gleich nach den Weihnachtsfeiertagen fragte ich im Buchhandel nach, ob das Buch zurückgezogen wurde oder immer noch erhältlich sei. Denn immerhin kam es im Piper-Verlag 1998 bereits auf den Markt. Das Buch gibt es bis heute. Zuerst verdrängte ich das alles und beruhigte mich, dass es ja in diesem Buch um den Auslandsgeheimdienst, BND, CIA und andere Dienste ginge. Ich wusste, dass sich der BND nur am Rande für Scientology interessiert. Soweit ich aus Gesprächen erfahren konnte, mehr sogar aus Eigenschutz, damit die verschiedenen Tarnfirmen des BND nicht auf einmal öffentlich genannt werden im Zusammenhang mit Scientology. Selbst in BND-Kreisen ging es immer wieder um diese Befürchtung, um Image-Schaden in der Öffentlichkeit.

Am 3. Januar 2001 hatte ich die 621 Seiten durchgelesen. Ich war schlichtweg entsetzt, dachte an die Kontakte mit Verfassungsschutzbeamten und die eine oder andere Diskussion. Aber ich erinnerte mich auch, wie man mir teilweise unverhohlen nahe brachte, Spionage-Aktionen „zu unterstützen". Dazu gehörte auch das Angebot, mich mit speziellen Tonbandgeräten auszurüsten, wenn ich mich mit jemandem zu einem Erstgespräch traf. Ein einziges Mal war ich dazu bereit. Ich denke heute: es war bereits einmal zuviel.

Nicht nur, dass mir von einem anderen Landesamt „durch die Blume" gesteckt wurde, dass man mich angelogen hatte und ich eigentlich als Lockvogel für das Anwerben eines Scientologen für eine Agententätigkeit des Verfassungsschutzes ausersehen war, sondern dass ich ganz einfach im nachhinein ein verdammt schlechtes Gewissen gegenüber dieser Person bekam, mit der ich mich damals traf.

Es nützt auch nichts mehr, dass ich nichts anderes wollte als eine Klärung. Was ist denn nun eigentlich mit all diesen Unterlagen passiert, die sich in meinem Archiv Ordner an Ordner reihten? Ist Scientology eine Organisation, die auf Grund der Rechtslage eine Gefahr für die Demokratie bedeutet, oder ist es ganz einfach eine Organisation, mit der wir uns als Gesellschaft fair und offen zusammensetzen müssen, um wie in einer Demokratie Vorwürfe auszudiskutieren?

Wie Sie immer wieder in diesem Buch lesen werden, geklärt ist tatsächlich bis heute – Juni 2002 – nichts! Auch nicht, was meine persönlichen Erfahrungen mit dieser Behörde, die sich Verfassungsschutz nennt, anbelangt. Ich habe zu sehr an das geglaubt, was man unter „Schutz" versteht. Ja, nun habe ich wieder einmal ein Examen mehr abgelegt in der Universität des Lebens.

Immerhin habe ich für mich selber geklärt, dass ich nie mehr mit einem solchen Amt in irgendeiner Weise etwas zu tun haben möchte. Nicht nur, weil es meinem Naturell zuwiderläuft, bei jedem persönlichen Kontakt und jedem Anruf paranoide Gedanken zu entwickeln, es könnte in irgendeiner Form jemand sein, der einem Böses will. Sondern, weil ich tatsächlich selbst erlebt habe, wie hier gelogen, hintergangen, integriert, aber auch gezielt desinformiert wird.

Mein Nachdenken hat tatsächlich mit diesem Weihnachtsgeschenk im Dezember 2000 begonnen.

Ich kann nicht sagen, dass mir die Personen, die ich als so genannte „Hüter der Verfassung" kennenlernte, unsympathisch waren. Nein, aber sie waren auch nicht ehrlich, nicht offen, und sie haben mich schlichtweg benutzt. Für sie war ich genau das „Verbrauchsmaterial", über das man sich, nach deren Auffassung, überhaupt keine Gedanken machen muss, weil es eben dazugehört zu diesen Agentenspielchen, die für mich weit weg von jeglichem Rechtsstaat und Demokratieverständnis liegen. Und was mir eben dabei immer wieder auffiel: Genau einen solchen Umgang mit Menschen habe ich doch Scientology vorgeworfen, habe es angeprangert, dieses „Menschen benutzen". Habe es als unwürdig bezeichnet. Und nun? Die Vorwürfe gegen Scientology sind nicht geklärt worden. Aber ich habe alles live erlebt was ich anprangerte, nur von der Seite, von der ich dachte, sie schützt das, was ich als schützenswert betrachte: dass wir alle miteinander frei leben können. Da lag dann auch für mich der Widerspruch im ganzen Umgang mit diesem Thema.

Der Hickhack unter den verschiedenen Landesämtern, wer hier die besseren Informationen oder Quellen hat, wer mit wem reden darf und wie hinter den Kulissen teilweise auch mit Informationen angegeben wird, die in äußerster Vertraulichkeit einem solchen Beamten mitgeteilt wurden. Es zeigt mir, dass es eben nicht um die Sache, sondern um billige Profilneurose und Sicherung der Existenz geht. Noch dazu bin ich heute der festen Überzeugung, dass jemand, der über Jahre in solchen Diensten arbeitet, den Unterschied zwischen Recht und Unrecht gar nicht mehr erkennt.

Es waren vor allem meine Erkenntnisse im Fall Anita, die am Anfang dieses Buches beschrieben werden, die mich immer wieder dazu bewogen haben, meine bis dahin oberflächliche Sichtweise zu überdenken. Die war, dass der Verfassungsschutz eben dazu da ist, die Verfassung zu schützen. Ich hatte mich nicht genug dafür interessiert, wie denn eine solche „Schutzmaßnahme" vonstatten geht. Und so brachte mich das Buch von Andreas von Bülow dazu, zu diesem Thema über meine Kontakte mit ehemaligen V-Leuten, Verfassungsschutzbeamten, aber auch Juristen bis hin zu einem Staatsanwalt und Richter Recherchen anzustellen.

Während der Suche nach den Hintergründen, warum welche Vorgänge weder veröffentlicht noch geahndet werden, stieß ich auch auf das Buch von Klaus Lüderssen mit dem Titel „V-Leute, die Falle im Rechtsstaat." Lüderssen beschäftigt sich unter rechtlicher Sicht mit V-Leuten. Es gibt sie schon lange, in vergangenen Zeiten nannte man sie Flagellanten, später hießen sie Lockspitzel.

„Es sind im wesentlichen rechtliche Fragen, die bei der Tätigkeit von V-Leuten entstehen. Diese Rechtsfragen haben aber längst das Interesse der Allgemeinheit gefunden, weil die ethischen und politischen Aspekte in ihnen nahezu aufgehen."

Und wieder lagen ca. 650 Seiten aneinander gereihte Buchstaben vor mir über Vorgehensweisen und Grauzonen des Verfassungsschutzes. Bereits im Vorwort erkannte ich ein Problemfeld, in dem ich mich durch dieses Vertrauen in diesen Rechtsstaat selber verstrickte. Denn mein Wunsch nach Klärung endete ja im Fall Scientology in der Veröffentlichung von Informationen, die ich erhielt.

Wie gesagt, es gab von meiner Seite aus nie die Möglichkeit, all diese Informationen zu überprüfen. Es waren, unabhängig von den schriftlichen Unterlagen, meist Aussagen von Dritten, die ich übernahm. Nichts anderes macht aber auch der Verfassungsschutz. Nur, durch meine Veröffentlichungen, die ich eben, meinem Naturell angepasst, offen, ohne Schnörkel, ohne „Vielleicht" veröffentlichte, wurde ich zum „Agent provocateur" ganz im Sinne des Verfassungsschutzes. Natürlich, ohne es zu wissen. Selbstverständlich ohne jeglichen Vertrag und schon gar nicht abgesichert mit Netz. Es war, wie gesagt, ein Trapezakt, bei dem der freie Fall von Seiten des Verfassungsschutzes mit einkalkuliert wurde. Was man im Fall Anita auch jederzeit jetzt beweisen kann.

Lüderssen beginnt seine Ausführungen mit den Worten:

„Das Bundeskriminalamt, Landeskriminalämter und die zentralen Abteilungen der örtlichen Polizeibehörden stecken voller Computer. Sie machen vielerlei Menschenwerk überflüssig. Was sie jedoch kaum ersetzen, das sind Beziehungen unter Menschen, und ganz sicher scheiden sie aus für Beziehungen, die von gegenseitigem Vertrauen geprägt und getragen sind. Nun gut, wird man sagen, umso besser; dergleichen belastet die kriminalistische Arbeit ja nur. Wie vorteilhaft, dass jetzt alles objektiver, sachlicher geworden ist. Ist es das? Geht es im polizeilichen Alltag ohne Kommunikation? Natürlich nicht! Und das ist zunächst eine beruhigende Nachricht. Erleichtert sieht man die Grenzen des technischen Zeitalters. Aber die Sache ist bei näherem Hinsehen eben auch zweischneidig. Computer können zwar irren, sie können auch absichtlich falsch programmiert und insofern missbraucht werden; doch auch dafür gibt es technische Kontrollen. Viel schwerer ist es zu verhindern, dass die Menschen einander täuschen ... Dennoch: Bezogen auf die großen, spektakulären Fälle sind es die Lockspitzel, die für ‚Vertrauen' stehen. Daher nennt man sie auch ‚Vertrauens'-Personen, abgekürzt: ‚V-Leute' ..."

Umso mehr ich in dieses Buch eintauchte, desto mehr fiel mir auf, was ich selbst mit Verfassungsschutzbeamten erlebt hatte. Und ich stellte mir die Gewissensfrage: Wie weit geht eigentlich meine eigene Loyalität mit diesem Rechtsstaat, wenn ich das Handeln dieser „Verfassungsschützer" zulasse? Erst, als ich noch tiefer hineintauchte und erkannte, wie hier auch im Fall des gezielten Rufmordes am Berliner Polizeidirektor D. im Jahre 1999 der Verfassungsschutz seine Finger mit im Spiel hatte oder wie ein Zwanzigjähriger in Gewissenskonflikte über die Anwerbung des Verfassungsschutzes und dessen Aufträge kam, versuchte ich zu rekonstruieren, was mir persönlich passiert war.

Und immer wieder kam sie mir in den Sinn – die Schattenfrau Anita. Hatte nicht gerade sie die Biografie, mit der man solch eine V-Frau einerseits gut aufbauen, andererseits aber gut vernebeln und vertuschen konnte? Inzwischen haben wir Mitte 2002, und der Fall Anita ist auch nach neun Jahren nicht geklärt. Nicht zu vergessen: Die Frau verschwand während eines Freiganges aus der Strafhaft und konnte im März 2002 sehr genau einen bayerischen Verfassungsschutzbeamten beschreiben, der sie in Holland besucht haben soll.

Immerhin wusste sie den Decknamen des Beamten. Richtig ist, dass der bayerische Verfassungsschutz das Thema auch im Jahr 2000/2001 noch nicht vergessen hatte. Eigenartig, wenn man aus der Kritikerszene hört, dass diese Frau doch eine notorische Lügnerin sei. Kann es denn nicht ganz anders sein? Dass man beispielsweise 1993 sehr genau einschätzen konnte, wie ich auf Grund meines früheren Engagements in der Bewährungshilfe auf den Hilferuf einer Inhaftierten reagieren würde? Dass man genau dies einkalkulierte, und ich ja wohl tatsächlich entsprechend reagierte. War ich nicht der beste „Agent provocateur“, den sich ein Verfassungsschutz ohne jegliches Risiko an Land ziehen konnte?

Es war ja wohl so, wenn man das Szenario einmal durchspielt, dass im Fall Anita mehrere Fliegen mit einer Klappe geschlagen wurden. Einerseits habe ich auf Grund der Aussagen dieser Frau, die immerhin vor mir in Kontakt mit dem Kölner Bundesverfassungsschutz stand, Scientology in die Nähe der Organisierten Kriminalität gerückt und ihnen sogar einen geplanten Mordanschlag unterstellt. Waren das nicht genauestens die Punkte, die man beim Verfassungsschutz damals für ein so genanntes „Beobachtungsziel“ gesucht hatte?

Das Fatale ist, dass gerade das Kapitel um Anita und ihre Mordvorwürfe von einem Beamten der Abteilung Organisierte Kriminalität vor Drucklegung gelesen und für gut befunden worden war. Der Anwalt des Verlages setzte der ganzen Formulierung noch eins drauf, obwohl ich als Autorin bei der Überschrift „Bei Auftrag

Mord“ bis zur letzten Sekunde meinen Einwand geltend gemacht hatte.

Während meiner Recherchen habe ich nicht viel darüber erfahren, was eigentlich mit diesen Bürgern ist, die von Behörden wie dem Verfassungsschutz als „Agent provocateurs“ – ohne ihr Wissen – eingesetzt werden, denen eine Legende als „wahr“ verkauft wird und die im Falle des Fehlschlags mit ihrem Ruf und ihrem Geld dafür gerade stehen müssen? An wem ist denn der Schmutz, den diese Anita erzählte, hängen geblieben? Eben: an mir! Das Drumherum, ihre Kontakte zu Behörden, Verfassungsschutzbeamten, Sektenbeauftragten bis hin zu ihren dubiosen Inhaftierungen, Freigängen und Vorgängen, hat doch tatsächlich niemanden interessiert.

Was war denn von Interesse? Das Kapitel in der Erstauflage meines Buches „Scientology – Ich klage an“, in dem die Aussagen der Anita verbreitet wurden! Eine Geschichte wurde verbreitet, deren Thema den Verfassungsschutz „zum Einsatz“ rief. Die Geschichte war von dieser Frau erlogen. Was tatsächlich vor meinem gezielten Kontakt zu ihr geschah, habe ich selbst Jahre später herausfinden müssen. Sie verschwand nach ihrem Auftritt im Nebel – der Verfassungsschutz blieb.

Muss man dann aber nicht im Jahr 2002 fairerweise nun fragen: Was ist eigentlich aus diesen ganzen Vorwürfen geworden? Wenn ich 1999 im Bericht des nordrhein-westfälischen Verfassungsschutzes lese, dass nach dreijähriger Beobachtung die Verfassungsschutzbehörden von Bund und Ländern sich weiterhin bemühen aufzuklären, ob es bei Scientology Bestrebungen gegen die freiheitlich-demokratische Grundordnung gäbe.

Nun, wir haben inzwischen das Jahr 2002! Wir sind im fünften Jahr der Beobachtung und des damit einhergehenden Stigmas! Und schauen wir uns heute die Berichte an, insbesondere nach dem 11. September 2001, dann zeigt sich doch ganz eindeutig – was mir übrigens persönlich Verfassungsschutzbeamte im „Vier-Augen-Gespräch“ bestätigten –, dass das Thema Scientology einfach in die untere Schublade kam. Denn nun hatte man einen ganz anderen Auftrag, eine ganz andere Priorität. Und die heißt: Islam!

Wer stellt sich denn nun eigentlich die Frage, wieso eine Gruppe, die man fast sechs Jahre lang als „Gefahr für die demokratische Grundordnung“ bezeichnet hat, jetzt flugs in einer Schublade verschwindet, weil ein „besseres“ Beobachtungsobjekt ins Visier gerät?

Für mich als steuerzahlende Bürgerin ist doch nun relevant zu fragen: Ist Scientology gefährlich oder nicht? Hat die Beobachtung der Verfassungsschutzämter seit erstmaliger „Beobachtung“ im Jahr 1991 dazu geführt, dass der Beobachtungsrahmen, so wie er angesetzt wurde, auf Grund von Informationen bestätigt wurde – „ja“ oder „nein“?!

Liest man die Berichte, so sind sie allgemein schwammig und zeigen keinerlei fundiertes Wissen, geschweige denn Beweise, die diese Art von Beobachtung rechtfertigen.

Und wieder komme ich zu Anita, die heute noch in Holland sitzt und frisch-fröhlich versuchte, mit mir im Mai 2001 wieder Kontakt zu knüpfen; ohne dass sie in irgendeiner Form über ein Amtshilfeersuchen in ihrem holländischen Domizil für die Straftaten, für die sie verurteilt wurde, zur Verantwortung gezogen wird.

Nicht zu vergessen: Die Frau ist eine geflüchtete Strafgefangene, und da muss es ja diesen offenen Haftbefehl noch geben. Verjährt? Um diese juristische Rechtslage sollen sich gefälligst Juristen kümmern.

Aber ich wurde durch Behördenvertreter geradewegs mit der Nase auf diese Frau gestoßen. Heute sage ich: Sie wurde mir zugeführt!

Alles, was sich daraus entwickelte, kam nur einer einzigen Behörde zugute: dem Verfassungsschutz! Als Anita aus der Frankfurter Justizvollzugsanstalt durch wundersame Kräfte in Holland bei der Scientology auftauchte und dort ihre Legende dokumentierte, haben sich die Herren Verfassungsschutzbeamten zurückgelehnt und sind hinter der Nebelwand und unter ihren Schlapphüten verschwunden. Niemand von denen hat sich gemeldet, als ich in der zivilrechtlichen Auseinandersetzung mit Scientology wegen dieser Frau stand. Keiner hat sich darum gekümmert, wie ich selber sowie meine ganze Familie mit diesem Fall umgehen.

Dank meiner eigenen Kraft, meiner Familie und meinem Durchstehvermögen habe ich diese Sache zwar überstanden, aber nicht vergessen! Wenn ich heute die Aktenberge durcharbeite, wird mir ganz zweierlei bei dem Gedanken, dass ich noch bis zum Jahre 2001 selbst daran geglaubt habe, dass diese Frau in irgendeinem Zusammenhang mit Scientology steht. Gut gemacht die Legende, allerdings! Nur wenn ich dies glaubte – was dachte dann erst die Öffentlichkeit?

Genau ab diesem Zeitpunkt, als ich mich in diese hochtheoretischen Auseinandersetzungen verschiedener Juristen mit der Problematik, die automatisch mit dem Verfassungsschutz einhergeht, hineingelesen hatte, wurde mir klar, dass das, was ich hier lese – z.B. über die Zulässigkeit staatlich gesteuerter Deliktbeteiligung – nur theoretisch abgehandelt werden konnte, da es im Vorfeld praktische Vorgänge dazu gab.

So schreibt der frühere Generalbundesanwalt Kurt Rebmann zur „Materiell-rechtlichen Problematik des V-Mannes", dass die Rechtslage die so genannten „Zeugen" immer schützt, auch, wenn sie völlig falsche Informationen verbreitet haben. Umso mehr ich in die Ausführungen des Kurt Rebmann eintauchte, desto mehr fielen mir die rechtlichen Widersprüche im Fall Anita ein und auf.

Mir über staatliche Organe als so genannte „Top-Informantin" zugeführt, bestätigt durch eine zehntägige Vernehmung auf Staatskosten, muss hier zumindest der Vergleich gestattet sein. Immerhin beschäftige sich nicht nur der Bundesverfassungsschutz Köln, sondern auch die Landesämter und speziell Abteilungen der Landespolizeidirektion Tübingen monatelang mit ihr.

Die ganzen Widersprüche zu dieser Frau zeigen nicht nur an Hand von Indizien, dass hinter den Kulissen ein gewisses Zusammenspiel verschiedener Behörden stattgefunden haben muss.

Und immer ist den juristischen Ausführungen zu entnehmen, dass die Aktivitäten des Staates dem Gebot einer rechtsstaatlichen, insbesondere auch einer fairen Verfahrensgestaltung unterliegen. Bei dem Wort „fair" bekam ich gleich eine Gänsehaut. In dem Zusammenhang fiel mir die zivilrechtliche Auseinandersetzung zwischen Scientology und mir ein, was den Fall betrifft. Immerhin war es juristisch korrekt von Seiten des Scientology-Anwalts, die eigentliche

Verursacherin der Aussagen Anita mich als Autorin, die die Begegnung mit dieser Frau schilderte, und die Verlage zivilrechtlich auf Unterlassung zu verklagen. Für ein faires Verfahren wäre es doch die logischste Entscheidung gewesen, dass man die Verursacherin, Anita, zu all diesen von ihr vorgebrachten Aussagen hätte befragen müssen.

Nur: Anita wurde von dem Verfahren ganz einfach abgetrennt, weil sie „nicht auffindbar sei“! Und so stand ich allein mit dem Verlag und hatte den Schwarzen Peter in der Hand. Und immer wieder, wenn es darauf ankam, entzog sich diese Frau durch plötzliches Verschwinden von der Bildfläche.

Vielleicht fiel mir gerade durch das genaue Studium der Rechtslektüre über V-Leute der eine oder andere Punkt im Fall Anita erst richtig auf. Als ich dann im Laufe der Zeit endlich am Puzzlespiel die einzelnen Gerichtsakten, Anzeigen und die unzähligen helfenden Hände, die dieser Frau das Auf- und Abtauchen ermöglicht haben müssen, erkannte, war mir auch klar, weshalb gerade durch die Anzeige der Scientology-Organisation gegen Anita z.B. niemand aus Verfassungsschutzkreisen froh sein konnte, wenn diese Frau aussagen würde.

Selbstverständlich könnte man sich darauf zurückziehen und das Wort „unglaubwürdig auf Grund der biografischen Verhältnisse“ ins Feld führen. Aber gerade diese biografische Unglaubwürdigkeit machte sie mir nach der Lektüre der juristischen Aufarbeitung auch über das Buch „V-Leute, die Falle im Rechtsstaat“ noch verdächtiger. Denn es hat, nach Aktenlage, tatsächlich keiner nach ihr gesucht! Es langte ihre Aussage: „Wegen Klärung von Erbangelegenheiten zur Zeit in Australien“ um die Ermittlungen im Sande verlaufen zu lassen.

War ich in eine dieser Fallen des Rechtsstaates getappt mit dem Hintergrund, dem Verfassungsschutz ein ins Visier genommenes Beobachtungsobjekt in der Öffentlichkeit zu thematisieren, und kam so in sämtliche Mühlsteine dieser schon fast an Abartigkeit nicht mehr zu überbietenden Sektenkritikerszene?

Aber sicher wäre das viel zu einfach. Mich beschäftigte das ganze Jahr 2001, wohin sich dieser Rechtsstaat entwickelt hat, wenn das alles möglich ist, was ich in dieser Zeit erlebt habe. Allein der Gedanke, von Leuten, die von sich behaupten, die Verfassung „zu schützen“, für mehr als üble Agentenspielchen benutzt worden zu sein, brachte mein Demokratieverständnis ganz schön ins Wanken.

> Die Zeit ist ein kostbares Geschenk, uns gegeben, damit
> wir in ihr klüger, besser, reifer, vollkommener werden.
> Sie ist der Friede selbst. Krieg ist nichts als wildes
> verschmähen der Zeit, der Ausbruch aus ihr
> sinnlose Ungeduld.
> (Thomas Mann)

Hü oder Hott?

Dass das Thema Scientology weltweit in unterschiedlichster Form behandelt wird, zeigte mir in der Analyse der letzten elf Jahre, dass die Widersprüche mit Händen zu greifen sind.

Die Organisation hat ihren Hauptsitz in den USA. Weltweit sind die Richtlinien gleich. Und doch gibt es in der „Behandlung" völlig verschiedene Vorgehensweisen. Die gleiche Organisation, die bei uns vom Verfassungsschutz beobachtet wird, wurde in den letzten beiden Jahren in Italien anerkannt, genauso wie in Holland, Schweden, Südafrika und anderen Ländern. Ein 1995 getroffener Beschluß des Bundesarbeitsgerichts über den Wirtschaftscharakter von Scientology wurde Ende 1997 vom Bundesverwaltungsgericht ausgehebelt. Das Gericht legte die Grundlagen fest, wann eine Scientology Organisation ein Wirtschaftsunternehmen ist oder nicht. Das Stuttgarter Verwaltungsgericht entschied daraufhin 1999 unter Berufung auf das Bundesverwaltungsgericht, dass die Stuttgarter Organisation ideelle Ziele habe und nicht wirtschaftich tätig sei. Das Urteil ist 2002 noch nicht rechtskräftig. Der Umgang mit ein- und derselben Organisation ist also widersprüchlich. Gerade auf der wirtschaftlichen Ebene befinden wir uns zu diesem Themenkreis „wie auf einer Insel", isoliert. Es ist bewiesen, dass viele Großkonzerne die Diskussion um Scientology so weit wie möglich wegschieben. Wer im geschäftlichen Kontakt mit Firmen außerhalb Deutschlands steht, riskiert den Abbruch von Geschäftsbeziehungen, wenn er sich dagegen ausspricht, mit Scientologen in Geschäftsbeziehungen zu treten.

Umso mehr ich aus Unternehmerkreisen von diesem Problemfeld hörte, desto mehr recherchierte ich, wie denn andere Länder mit dem Thema umgehen. Aber allein das Hinterfragen der verschiedenen Vorgehensweisen birgt das Risiko, von den mit Steuermitteln alimentierten Experten angegriffen zu werden. Ich riskierte es trotzdem und holte mir die notwendigen Informationen. Die Aussagen waren sehr widersprüchlich. Aber soweit brauchte nicht schauen. Auch in Deutschland gab es Widersprüche. So fiel mir auch ein Artikel vom „Stern" 36/99 mit der Überschrift „Sekten – kein Fall für die Schlapphüte" wieder ein. Das dortige Interview mit dem nordrhein-westfälischen Verfassungsschutzpräsidenten Dr. Fritz Achim Baumann zeigt, wie selbst innerhalb der Verfassungsschutzämter völlig unterschiedlich argumentiert wird. So berichtet Baumann, dass die Beobachtung von Scientology eines der größten Projekte der Schlapphüte in den Jahren 1997 bis 1999 war und vermerkt, dass das Ganze nicht ganz billig war. Dr. Baumann geht auch soweit, dem Bayerischen Innenminister Dr. Beckstein eine übertriebene Haltung zum Thema Scientology nachzusagen. („Herr Beckstein sieht überall den Teufel, ...“) Auf den Einwand des „Stern“-Journalisten, dass „Aussteiger in den letzten Jahren auch über die Medien immer wieder Schreckensszenarien verbreitet“ hätten, kontert Baumann: „viele von ihnen waren wohl tatsächlich sehr betroffen. Ich habe Verständnis dafür, dass einige aus dieser Betroffenheit heraus dann ihre Erfahrungen dramatisiert haben.“

Im Jahr 1999 war ich noch der Auffassung, dass alle diese Geschichten von Ex-Scientologen stimmen würden. Zwei Jahre später jedoch musste auch ich die bittere Pille schlucken und Dr. Baumann nachträglich Recht geben. Nur: was bedeutet diese ganze Palette der Meinungen für den einzelnen Bürger, vor allem für Unternehmen? Wie ein roter Faden zieht sich das Wort „Imageschaden“ durch das Thema „Scientology“. 1999 plädierte Baumann für die Einstellung der Verfassungsschutz-Beobachtung und führt auch aus, dass die Scientology Organisation überschätzt worden sei. Laut dem Verfassungsschutz Nordrhein-Westfalen soll Scientology bundesweit nur etwa 5.000 Mitglieder zählen. Davon könnten 2.000 sogar Karteileichen sein, so Dr. Baumann.

Demgegenüber steht eine Zahl der Hamburger Sektenbeauftragten von Anfang Jahr 2002. Sie spricht von früher 300.000 Mitgliedern und jetzt 30.000. Die Mitgliederzahl soll auf Grund der „hervorragenden“ Aufklärung gesunken sein. Rein mathematisch müsste es nun aber 270.000 Aussteiger geben. Da es diese nicht gibt, bleibt unter dem Strich eindeutig: „gezielte Desinformation“. Und genau damit sollten wir Bürger uns nicht zufrieden geben.

Wenn nun die verschiedensten Gremien aus Gründen der Planstellen-Sicherung das Thema Scientology nicht objektiv betrachten und eine generelle Auseinandersetzung mit Scientologen auch gar nicht möglich ist, weil man sofort von Seiten der Kritiker diffamiert wird, dann sind wir nicht nur am Ende unseres Rechtsstaates angelangt, sondern wir haben diese Grenze bereits überschritten. Ich wehre mich vehement dagegen, dass man aus Gründen der Planstellen-Sicherung ein Wort als Feindbild zementiert und unfähig ist, in einem Rechtsstaat die Fakten gerade zu rücken. Es ist bewiesen, dass mehrere Ex-Scientologen gezielt die Unwahrheit gegenüber Kritikern und Behörden sagten, um sich selbst zu profilieren und zu bereichern. Diese Aussagen wurden in verschiedensten Berichten des Verfassungsschutzes übernommen. Ich bin der Meinung, dass man die notwendigen Korrekturen in den Folgeberichten des Verfassungsschutzes dringendst darstellen muss, um sich nicht dem Vorwurf der Volksverdummung ausgesetzt zu sehen.

Weil immer wieder versucht wurde, solche unglaublichen Fehler zu vertuschen, zu verharmlosen, sogar abzustreiten, wurde ich immer hellhöriger und recherchierte über drei Jahrzehnte zurück in die Zeit, als die Evangelische Kirche ihren ersten „Sektenbeauftragten" platzierte.

Die Bilanz dieser Aufarbeitung hat mir ein Bild unseres Rechtsstaates gezeigt, das ich so weder akzeptieren noch tolerieren will.

Ich kann mich noch gut an die Gespräche erinnern, in denen mir Verfassungsschutzbeamte auf Grund meiner Kritik an der so genannten „Aufklärung" immer wieder sagten: „Das, was die Scientologen in Amerika über Diskriminierung in Deutschland erzählen, ist alles pure Propaganda." Das glaubte ich tatsächlich.

Erst, als ich die vielen Einzelfälle nachrecherchierte, fiel es mir wie Schuppen von den Augen, wie ich genau von diesen Beamten belogen wurde. Denn es kann nicht sein, dass „ich" an mehr Informationen komme als eine Behörde. Also bleibt nur: Entweder hat man bewusst nicht geschaut, um dieses Feindbild weiterhin aufrecht zu erhalten oder man hat mich bewusst angelogen, um mich weiterhin als Lokomotive zur Thematisierung benutzen zu können. Beides ist übrigens schäbig und entspricht nicht meinen Vorstellungen eines Rechtsstaates.

Grundrechte

Im Januar 2002 erschien „Grundrechte – Report 2001 zur Lage der Bürger- und Menschenrechte in Deutschland." Prof. Jürgen Seifert berichtet darin vom „Verfassungsschutz auf Abwegen". Umso mehr ich darüber in den völlig nüchternen Zeilen eines Experten las, umso mehr zog sich mein Magen zusammen. Was ist aus dem Ruder gelaufen, dass solch ein Buch überhaupt notwendig ist?!

Seifert schreibt: „Die britischen Auswanderer nach Nordamerika lockte nicht nur die Weite dieses Kontinents. Sie waren Flüchtlinge, die in der Neuen Welt gegenüber den Kämpfen und Kriegen, wegen Fragen der Religion, des Glaubens und der Gesinnung in ihrer Heimat jetzt ein Land suchten, in dem keine staatliche oder religiöse Instanz das Recht haben sollte, religiöses Verhalten oder auch nur das Äußern einer Meinung zu unterbinden oder zu bestrafen. Die in der Verfassung der Vereinigten Staaten garantierte Religions- und Meinungsfreiheit, die jede Gesinnung toleriert, wurde zu einem Beispiel für die Bundesrepublik Deutschland:

Neben der Garantie der Freiheit des Glaubens, des Gewissens und neben der Freiheit des religiösen oder weltanschaulichen Bekenntnisses (Artikel 4) und der Meinungsfreiheit (Artikel 5) wurde in das Grundgesetz das Verbot der Benachteiligung der religiösen und politischen Anschauung (Artikel 3, Absatz 3) aufgenommen. Auch im Rahmen der verfassungsrechtlichen (Artikel 87 GG) und gesetzlichen Grundlagen des Verfassungsschutzes gibt es keine Bestimmung, wodurch die Verfassungsschutzbehörden ermächtigt werden, diese Freiheitsgarantie einzuschränken. Die Aufgabe der Verfassungsschutzbehörden ist eindeutig auf die Sammlung von Unterlagen für Zwecke des Verfassungsschutzes beschränkt. Gegenüber den frühen Warnungen, man könne Menschen auch in einen ‚Stacheldrahtverhau des Verdachtes' sperren, erklärte der Staatssekretär im Bundesinnenministerium 1950 bei der Verabschiedung des Verfassungsschutzgesetzes: Der Verfassungsschutz ‚hat Nachrichten zu sammeln. Wenn bei diesem Sammeln von Unterlagen sich ergibt, dass irgendwo strafbare Tatbestände vorliegen', dann habe er diese Erkenntnisse weiterzugeben. Zugleich war klar, dass die Verfassungsschutzbehörden dem jeweils zuständigen Innenminister des Bundes die Unterlagen liefern sollten, um Vereinigungen, ‚die sich gegen die verfassungsmäßige Ordnung oder gegen den Gedanken der Völkerverständigung richten' nach Artikel 9, Absatz 1

GG zu verbieten, oder die zuständigen Bundesorgane mit Material versehen sollten, das ausreicht, beim Bundesverfassungsgericht den Antrag zu stellen, eine politische Partei für verfassungswidrig zu erklären (Artikel 21, Absatz 2, Satz 2 GG)."

Mir wurde während des Studiums der einzelnen Beiträge in diesem Buch klar, wohin diese Art der Aufklärung auch zum Thema Scientology in Deutschland geführt hat. Seifert schrieb: „Im Klima des Kalten Krieges wurde aus den USA die übelste Praxis der McCarthy-Ära übernommen. Die Verfassungsschutzbehörden etablierten sich (ohne Rechtsgrundlage) zu einer Instanz, die sich für berechtigt hält, Gesinnungen zu überprüfen und Verrufserklärungen abzugeben."

Genau an diesem Punkt wurde ich sehr aktiv und habe wiederum verschiedene Juristen und Unternehmer zu einem Gespräch eingeladen.

Ein Verfassungsrechtler führte aus, das Entscheidende an der ganzen Angelegenheit sei, ob eine Gruppe einer „verfassungsfeindlichen Betätigung" nachgehe. Aber eine solche Betätigung müsse nachgewiesen werden als eine „aktive Haltung gegenüber der bestehenden Ordnung." Bei allem müsse dieses Verhalten grundsätzlich und dauernd tendenziell auf die Bekämpfung der freiheitlich-demokratischen Grundordnung gerichtet sein.

Seifert äußert sich auch dazu: „Diese Grundsätze wurden jedoch für die Arbeit der Verfassungsschutzbehörden nie relevant. Nach dem Verbot von Parteien „rechts" und „links" genügt für das Beobachten und Registrieren einer Person allein die frühere Zugehörigkeit zu einer verbotenen politischen Partei und eine neue politische Betätigung, die automatisch den Verdacht begründete, für eine verbotene „Nachfolge-Organisation" tätig zu sein. Aus dieser Frage stammen die Dateien der Verfassungsschutzbehörden über die bloße Mitgliedschaft in Organisationen. Jeder Kommunist oder Neo-Nazi, der sich nicht ins Privatleben zurückzog, konnte damit individuell und ohne die Notwendigkeit einer Begründung zum Objekt der Observation und Registrierung werden ..." Zum laufenden NPD-Verbotsverfahren führt Seifert aus: „Das Versagen der Ämter für Verfassungsschutz in einer Situation, in der sie wirklich gefragt waren, bestätigt das, was Kritiker der Verfassungsschutz-Berichte seit Jahrzehnten gesagt haben: Die Behörden haben sich – außerhalb ihres gesetzlichen Auftrags – in ideologischen Bekämpfungsstrategien verloren."

Um ein solches Brandmal „Der Verfassungsschutz beobachtet" nicht noch tiefer einzudrücken, sollte eben der Mut gefasst werden, auch öffentlich zu erklären, wenn nach über fünfjähriger Beobachtung nichts übrig bleibt, was eine weitere Beobachtung im Sinne des Grundgesetzes rechtfertigt.

Aufmischen um jeden Preis?

Nach all dem, was von verschiedenen Juristen geäußert und aufgeschrieben wurde, dachte ich an die eine oder andere Episode mit diesen Personen, die von sich sagen, sie würden „unsere Verfassung schützen."

Da gab es welche, die machten sich einen Spaß daraus, in Internetforen unter verschiedenen Namen aufzutreten und die Diskussionsteilnehmer aufzumischen.

Vielleicht ist mein Anspruch gegenüber Beamten, die einen so genannten „Amtseid" schwören, zu hoch, oder ich verstehe diese Art von „Spaß" einfach nicht. So beschimpfte zum Beispiel ein junger Verfassungsschutzbeamter die in einem Internetforum mitdiskutierenden Scientologen, natürlich unter einem Pseudonym. In einem Telefonat mit ihm erklärte er mir, „dass die das eben brauchen" würden.

Natürlich geht es in einem solchen Diskussionskreis oftmals rau zu. Das alles hätte mich überhaupt nicht gestört, wenn da nicht auf einmal ein Beitrag erschienen wäre, in dem sich dieser Verfassungsschutzbeamte als „Ex-Scientologe" darstellte, der im Auftrag von Scientology Straftaten begangen hätte. Das war nicht nur gelogen, sondern eine gezielte Desinformation, die dann nicht nur in diesem Internetforum zu Diskussionen führte, sondern durch Leser dieses Beitrags auch weiter verbreitetet wurde. Und da begann ich mich natürlich zu fragen: Wie soll eigentlich ein „normaler" Bürger noch herausfiltern, was stimmt und was nicht stimmt? Unabhängig davon, dass es für mich eine bedenkliche Art des Spaßes darstellt, wenn sich Verfassungsschutzbeamte auf diese Art amüsieren.

Operation: Rückholaktion

Im Mai 2001 bekam ich Besuch von einem Verfassungsschutzbeamten mit besonderem Auftrag. Der Hintergrund war einmal mein Hinterfragen zu bestimmten Vorgängen, die ich einfach nicht tolerieren wollte, aber auch mein völliges Unverständnis, warum gerade der Verfassungsschutz die skandalösen Vorgänge innerhalb der Kritikerszene gegenüber seinen Dienstvorgesetzten und zuständigem Innenministern nicht zur Kenntnis brachte.

Auch ihre penetrante Art, nicht zu akzeptieren, dass ich einen Informanten über die mehr als bedenklichen Vorgehensweisen in der Beobachtung von Scientology nicht preisgeben wollte. Mir wurde spätestens in diesem Zusammenhang klar, wie groß die Trickkiste eines Geheimdienstes ist.

Meine moralischen Bedenken wurden mit Argumenten wie „es ist alles erlaubt, wenn es der Sache dient“ weggewischt. Der Gewissenskonflikt, in den ich unweigerlich geraten wäre, hätte ich das Versprechen gegenüber meinem Informanten – ihn namentlich nicht preiszugeben – gebrochen, würde aufgehoben mit dieser Maßnahme: „Wir wollen gar nicht wissen, wie er heißt oder wo er wohnt. Es langt uns, wenn wir erfahren, wann ein Treffen stattfindet, wo und um wie viel Uhr. Den Rest erledigen wir dann, und so wird es keinen Gewissenskonflikt geben.“

Dieser Fall zeigte mir, dass man in diesem Metier Gewissen generell ausschaltet. Aber wer jetzt denkt, der mit dem Schlapphut gäbe bei einem klaren Nein auf, der täuscht sich. Die Trickkiste hat sogar noch Nebenfächer. Diesmal begann es erst einmal ganz harmlos. Man versuchte mir nebulös mitzuteilen, dass man Informationen habe, dass eine bestimmte Person etwas gegen mich im Schilde führe. So genau könne man das jetzt am Telefon aber nicht erklären.

Der Treffpunkt, um es dann „genauer“ zu erfahren, war das Mövenpick in München. 15 Minuten nach dem vereinbarten Termin sah ich vor dem Mövenpick hinter der Säule den Beamten des Verfassungsschutzes stehen. Da es regnete, war ich doch verwundert, warum er denn nicht in das Lokal hereinkommt.

Ich ging raus und fragte ihn, warum er denn nun „Säule spielt"? Er teilte mir mit, dass ja bei uns am Tisch noch jemand sitzen würde und er uns aus diesem Grund von außen beobachtete. Wir einigten uns dann darauf, dass er am anderen Teil des Lokals einen Tisch suchen und ich dazu stoßen würde, ohne unseren Anwalt, der nach einem Verfahren nichts weiter als eine Tasse Kaffee trinken wollte, zu unterrichten. Ich sagte meinem Begleiter, dass ich zufällig jemand anderen getroffen hätte und suchte den Verfassungsschutzbeamten im anderen Teil des Lokals. Leise und geheimnisvoll wurde mir mitgeteilt, dass er am Wochenende in den Besitz von Unterlagen komme, die meine Person betreffen. Auf die Frage „Welche?" konnte er mir keine Antwort geben. In dem Moment dachte ich, dass er mir das auch draußen an der Säule hätte sagen können. Es war ein kurzes Gespräch. So richtig habe ich bis heute nicht verstanden, warum es überhaupt stattgefunden hat. Er versprach mir, sich bei mir zu melden, sobald er im Besitz der Unterlagen sei. Knapp eine Woche später war es dann soweit.

An einem Tag im Mai 2001 kam der Beamte des Verfassungsschutzes und erzählte mir von einem Informanten, den er bei der U-Bahn in München getroffen habe und der ihm Unterlagen aus einer angeblichen Sitzung mit einem angeblichen „Agenten" der Scientology übergab. Dort wären eindeutige Hinweise enthalten. Man wolle mir ja keine Angst machen, aber immerhin wären die dort aufgezeichneten Informationen ein Hinweis darauf, dass die Person, die ich namentlich schütze, identisch mit der Person sei, die sich gegenüber dem „Agentenführer der Scientology" offenbarte. Ich verstand überhaupt nichts mehr. Und so bekam ich vier unleserlich beschriebene Blätter, die zwar den Namen Hartwig enthielten, aber sonst aus Kürzeln und Hieroglyphen bestanden. „Hinweise" auf irgend etwas konnte ich nicht erkennen und ein Datum war auch nirgendwo verzeichnet. Meine erste Reaktion war: „absoluter Bullshit"!

Er sagte, man könne das auch nicht so genau deuten, aber immerhin würde da ja stehen, dass die Person am liebsten zur Hartwig fahren würde, um sie „abzurasieren". Nach der Deutung des Verfassungsschützers hatte jemand in meinem Umfeld einen Auftrag und damit ein Problem. Ich verstand immer noch nicht, was diese ganze Aktion sollte. Von dubiosen Drohungen hatte ich schlichtweg die Nase voll. Unmissverständlich gab ich dem Beamten zu verstehen, dass ich mich auf so einen Mist überhaupt nicht mehr einlasse. Und dann rückte er heraus, was eigentlich der Sinn und Zweck dieser überbrachten Blätter wäre.

Bei einem der nächsten Treffen mit meinem Informanten soll ich sie ihm vorlegen und seine Reaktion abwarten. Natürlich wäre es viel sinnvoller, wenn jemand von der Behörde dieses Treffen beobachten könne, damit eine außenstehende Person aufgrund der Reaktionen ableiten kann, ob dieser Informant gezielt auf mich angesetzt sei. Mit meiner Aussage „Bullshit" lag ich also spontan richtig. Man wollte mir indirekt Angst machen, einmal mehr, ein Informant würde wieder einmal „Böses" gegen mich im Schilde führen. Und wieder fiel sie mir ein, die Schattenfrau Anita. Es war wie ein Déjà-vu-Erlebnis an diesem Nachtmittag im Mai 2001.

Wir verabschiedeten uns dann sehr schnell von dem VS Beamten, weil ich Gott sei Dank noch einen Termin hatte. Am Abend um 22.15 Uhr erreichte mich eine E-Mail. Das am Nachmittag verspürte Déjà-vu-Erlebnis wurde real. Die Schattenfrau Anita meldete sich nach sechs Jahren Funkstille per E-Mail bei mir und gab mir auf diesem Weg ihre „geheime Telefonnummer"! Außerdem teilte sie mir mit, „dass sie seit Jahren für den Verfassungsschutz arbeite." Ich lachte erst einmal – da war sie wieder die Schattenfrau – aufgetaucht in einem Moment, in dem ich nicht mehr zog, wie man es gerne hätte. Wenn das ein gezielter Kontakt war an diesem sonnigen Maitag 2001, dann ist er gründlich daneben gegangen. Denn als erstes habe ich die Akten „Schattenfrau Anita" herausgeholt und angefangen, die noch bestehenden Lücken zu füllen. Dumm gelaufen, hätte ich gerne zu denen gesagt, die glauben, mit ihren Schlapphütten seien sie vor jedem Blick auf ihre Handlungen sicher. Und noch was: Menschenkenntnis ist kein Attribut dieser Geheimdienstler. Denn sonst hätten sie in all den Jahren bemerken müssen, an dem Punkt, wo ich den Verlust von Freiheit klar erkennen kann, hält mich niemand mehr davon ab, aufzustehen und „STOPP" zu rufen!

Schlapphut-Schattenspiele

Wem gehöre ich? Dem Verfassungsschutz Bayern? Gehört ein Bürger dem Verfassungsschutz des jeweiligen Bundeslandes?

Eine berechtigte Frage, die ich mir stellte, als ich im Jahr 2000 miterlebte, wie sich verschiedene Verfassungsschutzbeamte darüber Gedanken machten, wem ich als Quelle gehöre. Wie kommt man überhaupt zum Verfassungsschutz und was hat der Verfassungsschutz für einen Auftrag? Als ich noch naiv an diesen Rechtsstaat glaubte, nahm ich das Wort Verfassungs-Schutz wörtlich und dachte, dass der Auftrag darin läge, gefährliche anti-demokratische Strukturen aufzudecken, um eben Demokratie und Rechtsstaat zu schützen.

Nur nach meiner langen Tätigkeit in der Recherche, Aufklärung und Publikation zum Thema Scientology musste auch ich lernen, dass zwischen Theorie und Praxis ein unglaublich großer Unterschied besteht.

Als ich die ersten Kontakte zum Verfassungsschutz 1992 bekam, machte ich mir erst einmal überhaupt keine Gedanken, weshalb das Bundesamt für Verfassungsschutz Köln sich auf einmal für mich interessierte. Sie standen einfach da, die „2-Meter-Männer“ aus Köln und befragten mich. Damals dachte ich mir noch nichts dabei, zumal ich doch an Klärung der sich bei mir stapelnden Unterlagen interessiert war.

Da gab es Ex-Scientologen, die mir von den Gefahren der Scientology Organisation erzählten. Gegenrecherche in diesem Thema gab es nicht. Vielleicht liegt auch hier der Schlüssel für all das, was in den vielen Jahren in dieser Aufklärungsszene – eben Aufklärung generell – schief gelaufen ist. Denn es war nie Aufklärung im Sinne des Wortes, sondern es war immer Verurteilung. Auch von meiner Seite, keine Frage.

Vielleicht war ich auch deshalb für den Verfassungsschutz so interessant. Unabhängig, keiner Institution wie Kirche oder Behörde untergeordnet und bereit, „ohne Netz und Sicherheit aufzuklären“! Und ich brauchte keinen ‚Etat‘!

Auf der anderen Seite der öffentliche Druck Anfang der 90er Jahre, als generell die Verfassungsschutzbehörden, sprich die Geheimdienste, reduziert werden mussten, denn der Feind aus dem kalten Krieg fiel nach dem Mauerfall weg. Nur: Wer will seine Planstelle verlieren? Wer seine Macht und seinen Einfluss? Und vor allem weiß ich eben jetzt auch, dass der Verfassungsschutz für den einen oder anderen Politiker als Macht erhaltendes Instrument angesehen wird. Und dann kommen sie noch dazu die 007-Spiele, „Schlapphut im Einsatz.“ Man weiß immer mehr als die anderen, wirkt sehr geheimnisvoll, nimmt mit dem Decknamen auch oft eine andere Identität an, mit der man sich nicht identifizieren muss, für die man aber auch nicht verantwortlich gemacht wird.

So überzeugt ich Anfang der 90er Jahre war, dass der Verfassungsschutz seine Berechtigung hat und auf den Grundfesten der Verfassung und unserer Gesetze arbeitet, so muss ich heute im Jahre 2002 zugeben, dass ich einem unglaublichen Blendwerk zum Opfer gefallen bin. Die 2-Meter-Männer im Jahre 1992 suggerierten mir, dass es wichtig sei alles herauszufinden, was in dieser Organisation vor sich geht. Dummerweise bin ich damals nicht auf den Gedanken gekommen, dass dies eigentlich ihr Job wäre, nicht meiner. Vielleicht hätte ich mir dann nicht nur viel Ärger erspart, sondern hätte auch weniger Lebensqualität eingebüßt. Nur heute nützt es nichts, darüber zu lamentieren. Ich hake es ab als Lebenserfahrung. Nur ich will und werde es nicht so stehen lassen, sondern ich will auch in diesem Fall die Klärung.

Reden wir von der Firma „Können Sie uns mal sagen ob ..."

„... Sie Informationen haben, dass ...?" Immer wieder der gleiche Satz, den ich über viele Jahre hörte. Erstmals im Jahre 1992, als eben die Männer vom Kölner Verfassungsschutz kamen, um uns Fragen zu stellen.

Bis zu diesem Tag hatte ich mich eigentlich immer nur mit Agenten aus dem Fernsehen beschäftigt. Ab und zu ein Film, aber das war dann auch schon genug, denn irgendwie dachte ich immer, dass ein Agent automatisch an Paranoia leidet. Diese Vorstellung bestätigte sich beim ersten Agentenbesuch aus Köln dann auch tatsächlich. Denn wer kommt denn auf die Idee, bei jemandem, bei dem man das erste Mal im Büro steht, den Stecker der Telefonleitung zu ziehen? Nur eins haben sie ja damit geschafft. Ich wurde verunsichert, und vielleicht war das auch eines der Schlüsselerlebnisse, dass ich damals die eine oder andere Geschichte von Ex-Scientologen blind glaubte, ohne zu sie zu hinterfragen oder anzuzweifeln.

Das Entree der „Schützer" 1992 war clever gemacht. Über private Gespräche wurde mir suggeriert, dass es ja einen gewissen Sicherheitsaspekt darstellt, wenn man Kontakt zum Verfassungsschutz hat. Und tatsächlich, 1992 nahm ich das denen auch noch ab. Es wunderte mich auch nicht, dass sie mich vor der einen oder anderen Einrichtung der Kritikerszene warnten. Sie haben dem Ganzen aber auch einen Aspekt der Wichtigkeit verliehen, da sie mich detailliert nach meinen Kontakten in die Kritikerszene befragten und so genau wie möglich über meinen Terminkalender Bescheid wissen wollten.

Ich musste mich an diese Art des Umgangs erst einmal gewöhnen. Zum Beispiel habe ich die Kölner einmal bis auf die Knochen erschreckt und wahrscheinlich auch blamiert. Sie wussten, dass ich als Gast in einer RTL-Talkshow war und wollten danach ein Gespräch. Wir trafen uns auf einem Parkplatz, unser Auto blieb stehen, und mein Mann Paul und ich stiegen in ihr Dienstfahrzeug. Sie hielten an einem Hotel, an dem mir die großen Buchstaben „Kegelbahn" auffielen. Na ja, eigentlich dachte ich ja, die wollten mit uns reden. Von Kegeln war bis dahin noch nicht die Rede gewesen. Als wir an der Rezeption waren und der Beamte sagte: „Wir wollen in die Kegelbahn. Wir haben reserviert, Firma IBM" stutzte ich und sagte laut: „Wieso IBM, ich denk Sie sind vom Verfassungsschutz." Die Dame an der Rezeption hielt den Schlüssel von der Kegelbahn in der Hand, sah zuerst mich an, dann den Beamten und es war für Sekunden eine ganz eigenartige Stimmung. Ich überlegte, ob ich zufällig ins falsche Auto gestiegen war, denn immerhin, mir war der Mann ja tatsächlich fremd. Man hatte mir nur den Parkplatz gesagt und da stand ein Auto mit zwei Herren, die uns zwar mit Namen ansprachen. Aber ich hatte auch nicht hinterfragt oder einen Ausweis verlangt, sondern wir sind ganz selbstverständlich eingestiegen und mitgefahren. Naiv? Nein, überhaupt nicht, denn 2-Meter-Männer hatten mir ja, als sie bei uns waren, gesagt, dass wir uns mit ihren Kollegen in Köln treffen sollten. Und wem soll man denn noch vertrauen, wenn man dem Verfassungsschutz nicht trauen kann? Tja, so dachte ich noch 1993!

Übrigens, wir haben da dann nicht gekegelt. Sondern die beiden Beamten erklärten mir, dass Kegelbahnen eben abhörsicher seien. Fairerweise muss ich jetzt sagen, dass ich in diesen letzten 10 Jahren viel gelernt habe. Eben unter anderem, dass Kegelbahnen abhörsicher sind. Dass wir uns in einer Art „Gefahr“ befinden würden, wurde durch diese ganzen Aktionen gefördert. Ob es diese für mich völlig übertriebenen Sicherheitsvorkehrungen waren oder Fahrtraining, wie man Verfolger abschütteln kann oder ob man uns zeigte, wie man Post öffnet, um etwaige Sprengsätze erkennen zu können. Auch die Treffen in Restaurants, in denen an der Eingangstür „Heute Ruhetag“ stand, waren mitverantwortlich, dass sich auch unser privates Leben immer mehr einschränkte. Um es auf einen Punkt zu bringen:

Misstrauen wurde gesät. Vielleicht ist das auch der Ursprung, warum ich in dem einen oder anderen Fall im Laufe der Jahre dann nicht mehr bereit war, alles zu glauben, was man mir erzählte, sondern anfing, hinter die Kulissen zu schauen. Durch solche Kontakte wie zum Verfassungsschutz wurde ich geradezu gezwungen, gegen mein Naturell – Offenheit – zu leben.

Schon damals widerte es mich an, wenn Aussteiger ihre Story am liebsten dem Meistbietenden erzählten, und ich genau wusste, dass sehr oft genau das erzählt wurde, was man eben dort hören wollte: „Opfergeschichten“.

Als ich den einen oder anderen Beamten darauf aufmerksam machte, dass da mit manchen „Schicksalgeschichten“ doch einiges im Argen liegt, wurde mir unmissverständlich mitgeteilt, dass man so etwas gar nicht wissen will. In meinem eigenen Büro haben Gespräche zwischen Verfassungsschutzbeamten und Aussteigern stattgefunden. Allein durch die Fragetechnik so manches Beamten war mir klar, dass hier ganz bestimmte Antworten, die dem Beobachtungsauftrag nahe kamen, gestützt werden sollten.

Und da ich sie ja kannte, diese Aussteiger, und mit ihnen auch lang geredet hatte, verstand ich manchmal nicht mehr, wie sie nun im Gespräch mit den Beamten mit völlig anderer Betonung schilderten, was sie erlebt haben wollten. Es fiel mir auch deshalb auf, da ich ja in meinen Publikationen und Vorträgen immer wieder vor Manipulation warnte und zwar immer auf Scientology als Organisation bezogen. Nun erkannte ich aber, dass auch hier in diesem Suchen nach geeigneten Informationen im Gespräch mit Informanten gezielt manipuliert wurde und man dabei vielleicht vergessen hatte, dass sich eine Organisation ja auch aus Menschen zusammensetzt.

Mein Ansinnen, dass Informationen auch zu einer Klärung der ganzen Lage um das Thema Scientology führen sollten, war – das weiß ich heute – gar nicht gefragt. Es ging von Anfang an um das Zementieren eines Beobachtungsauftrags, und dazu gehört der Aufbau eines Feindbilds. Das beweist sich auch im Jahr 2002, wenn man die verschiedenen Berichte der Dienste analysiert. Die offizielle Beobachtung begann im Juni 1997, und ich habe die nervösen Vorbereitungen dafür von Ende 1996 bis Frühjahr 1997 hautnah – oft in meinem eigenen Haus – erlebt. Ich konnte auch verfolgen, wie sich Informationen von Ex-Scientologen an den Verfassungsschutz als profitabler Markt entwickelten. Für mich war immer unverständlich, weshalb die verschiedenen Landesämter eigentlich nicht spannten, dass der eine oder andere Ex-Scientologe oder Ex-Scientologin als bezahlter Informant in verschiedenen Bundesländern gleichzeitig auftauchte. Es waren die unzähligen Fälle, die ich eben selbst erlebte und für unvorstellbar hielt und die mir nicht nur zeigten, sondern bewiesen haben, hier haben sich bestimmte Gruppierungen ihren Bedarf durch das Zurückhalten von Information und gezielter Desinformation selbst geschaffen.

Die Konstruktion des Glasgebäudes von Sektenbeauftragten und Verfassungsschutzbeamten, die das Thema Scientology bearbeiten, wurde mit einer manipulierten Berechnung errichtet und nicht mit einer regulären Statik. Genau aus diesem Grund bricht das Kartenhaus „Aufklärung“ auch zusammen.

Nehmen wir mal als erstes den Fall einer Ex-Scientologin, die sich als „Ausstiegshelferin“ vermarktet: Mehrere Scientologen bekommen untereinander Differenzen und einer wendet sich an die Ex-Scientologin und bittet sie um Unterstützung und Hilfe. Die Erkenntnisse aus dem Streitfall der drei Scientologen bot die Ex-Scientologin später dem Verfassungsschutz für DM 50.000,– an. Der Verfassungsschutz war wohl nicht bereit, diese Summe zu bezahlen, und man einigte sich mit ihr auf einen geringeren Betrag. In der Szene munkelte man von DM 5.000,–. In der Szene der Aussteiger wurde auch bald bekannt, wie man die Behörden hier zu möglichst hohen Geldzahlungen bewegen konnte. Nur, so wurde und wird auf Kosten der Steuerzahler aus völlig wertlosen Informationen ein Archiv aufgebaut. Denn es ist nicht der Auftrag des Verfassungsschutzes, sich in finanzielle Streitigkeiten von drei Scientologen einzuschleichen und daraus „eine Gefahr für den demokratischen Rechtsstaat“ abzuleiten.

In einem anderen Fall hatte die Aussteigerin eine besondere Geschäftsidee. Sie dokumentierte auf Briefpapier eines eingetragenen Vereins, dem nach außen ein sozialer Anstrich gegeben wird, Personendaten von Aussteigern. Diese Information wurde ähnlich einem Rundschreiben durch Behörden und so genannte Kritikerorganisationen versandt. Nur, was ist der Hintergrund einer solchen öffentlichen Dokumentation? Es geht um ein verstecktes Berufsverbot ohne jegliche rechtliche Grundlage. Denn wenn ich einen Menschen aufgrund einer existenziellen Notsituation dazu bringe, auszusteigen und seinen Ausstieg öffentlich zu dokumentieren, ihm auch noch verspreche, dass er „damit von den schwarzen Listen des Verfassungsschutzes und der Kritikerszene verschwindet“, dann begebe ich mich nicht nur in eine Grauzone, sondern meiner Auffassung nach sogar in eine kriminelle Ebene.

Ein Unternehmer, der jahrelang Mitglied bei Scientology war, fand sich auf einer Liste eines Kritikers wieder, die dieser im Schnitt für EUR 300,– verkauft. Die Geschäfte des Unternehmers gingen zurück, weil er auf dieser Liste stand. Er hatte nicht einmal Gelegenheit, überhaupt Stellung zu beziehen und sich selbst über seine Entscheidung zu äußern. Er fühlte sich verurteilt und das nach Lage der Dinge zu Recht. Nun bot ihm eine Ex-Scientologin die „Bereinigung der Situation“ an. Die besteht daraus, dass er seinen Ausstieg bei ihr dokumentiert, diese Dokumentation dann in den besagten Umlauf kommt, und er dann von den im Umlauf befindlichen schwarzen Listen gestrichen wird. Ausschlaggebend für ihn war ihre Aussage, dass sie beeinflussen könne, dass er beim Verfassungsschutz nicht mehr als Scientologe geführt wird. Um seine Existenz zu retten, willigte er ihrem „Stil der Aufklärung“ ein.

Nach ein paar Tagen hinterfragte er die ganze Vorgehensweise und stellte fest, dass er ja nicht nur seinen Ausstieg dokumentiert hatte, sondern auch Informationen über seine Firma und sein Produkt weitergab, was die Ex-Scientologin zur klingenden Münze machen könnte. Das wiederum hat er von anderen Aussteigern erfahren, die einen ähnlichen Weg gegangen waren. Diese fanden dann ihre Unterlagen später in einem TV Filmbeitrag wieder. Die sich nun als „fromm“ darstellende Ex-Scientologin hatte von den Medien dafür Vermittlungshonorare kassiert. Der Unternehmer ist übrigens nicht der einzige, der darin ein koordiniertes Vorgehen zwischen Behörden und Privatpersonen sieht.

Noch verwirrender wird die Angelegenheit, wenn man die gleiche Ex-Scientologin als Kronzeugin in verschiedenen Landesämtern des Verfassungsschutzes wieder findet, sie in den Medien als Informantin „Gefahren, die von Scientology ausgehen“ verkauft und dann andererseits in privaten Briefen „Auditing“ (die „Seelsorge“ der Scientologen, Anm.d.A.) als „wunderbare Sache“ darstellt.

Nun stellt sich doch für jeden objektiven Betrachter die Frage, wie es zu so einem Widerspruch kommen kann? Die Antwort kann ich zusammenfassen: Es ging nie um eine tatsächliche Klärung der Angelegenheit Scientology, sondern es ging und geht um die Manifestierung eines Feindbildes, das verschiedentlich genutzt werden konnte.

So wie die Aussteigerin ihre Existenzgrundlage sichern konnte, die diversen Planstellen ihre Daseinsberechtigung manifestierten, und der Verfassungsschutz ein Feindbild bekam, das als Beobachtungsobjekt dienen konnte, ging es, wie gesagt, um viel, aber nie um Klärung. Denn wäre das der Ansatz gewesen, hätte es nach 30 Jahren Scientology in Deutschland möglich sein müssen, zu einem Punkt zu kommen.

Die Kernfrage, die sich mir immer wieder stellte: Weshalb werden die Aussagen von Ex-Scientologen von Seiten des Verfassungsschutzes völlig ungefiltert in etlichen Berichten dargestellt? Damit wird in der Öffentlichkeit ein Bild gezeichnet, was tatsächlich nie auf Wahrheitsfindung beruhte.

Da gibt es zum Beispiel ein Ehepaar. Sie verlässt Scientology und versucht über das Anbieten von „Wissen“ bei verschiedenen Verfassungsschutzämtern Kapital zu schlagen. Es gelingt ihr über persönliche Kontakte zu Beamten mit den verschiedensten Landesämtern für Verfassungsschutz in Kontakt zu sein, ohne dass der eine dem anderen von derselben Informantin erzählt. Sie wird so zur nicht namentlich genannten „Top-Informantin“ in verschiedenen Bundesländern.

Dann gibt es ein Bundesland, das ihr großzügig hilft und ihr für eine fünfstellige Summe Unterlagen abkauft. Die gleichen Unterlagen stellt sie gleichzeitig einer anderen Verfassungsschutzbehörde in einem anderen Bundesland nicht ganz kostenfrei „zur Verfügung“.

Dann gibt es Beamte, die nutzen sie als Vorzeigeopfer und präsentieren sie so in verschiedenen Behörden. Schließlich dreht sich das Leben dieser Frau nur noch um einen einzigen Punkt: „Ich bin nur wer, weil ich ein Opfer bin.“

Auf dieser Ebene und mit diesem Umfeld findet sie es auch völlig normal, dass zwei Verfassungsschutzbeamte ihren Mann – damals noch Scientologe – in der Firma aufsuchen und ihm klar und deutlich ihre Vorstellungen von einem „Ausstieg“ nahe bringen. Vorgänge aus Geheimdienstkreisen zu bewerten, ist ein heißes Eisen. Trotzdem werde ich mich diesem Umgang widmen, denn meine Hoffnung, dass es noch Kräfte in diesem Rechtsstaat gibt, die solchen Vorgängen nachgehen, hat sich noch nicht zerschlagen. Wer denkt, dass ein solcher „Ausstieg“ zu objektiven Informationen führt, ist völlig schief gewickelt.

Und dann möchte ich an dieser Stelle auch die menschliche Seite nicht außer Acht lassen. Hier wird immer von Opfern gesprochen und von Verlusten. Ich bin in mehreren Fällen an Menschen geraten, die eben genau wegen einem solchen Zwang erst zum Opfer wurden. Auch der gerade hier geschilderte „Ausstieg“ führte zu einer menschlichen Katastrophe. Wenn Menschen zur Informationsware werden und unter Druck geraten, damit Feindbilder aufrechterhalten werden können und wenn dies von Beamten des Verfassungsschutzes praktiziert wird, dann ist das schlicht und einfach vergaloppiert. Und das ist kein 007-Spiel mehr, dem ich als Zuschauer meine Zeit widmen werde.

Querdenkergedanken

Wenn Staat und Kirche, dieses vielfach öffentlich diskutierte „Expertentreiben“ der Sektenszene weiter zulassen, dies auch noch von der Allgemeinheit über Steuerabgaben finanzieren lässt – dann stellt sich doch unweigerlich die Frage – weshalb man dann noch vor Sekten warnen soll?

SZENENWECHSEL:
Internationaler wirtschaftlicher Schaden

Verurteilung heruntergespielt

Bereits im Mai 2000 schreibt die Handelsbeauftragte des US-Präsidenten in ihrem Jahresbericht über die „diskriminierenden Auftragsvergabe-Maßnahmen“ in Deutschland.

Die Bundesrepublik wird hier der internationalen Wirtschaftsgemeinschaft zusammen mit fünf anderen Nationen auf einer „Beobachtungsliste“ präsentiert. Diese Länder eignen sich laut der Beauftragten nur bedingt für US-Wirtschaftsbeziehungen. Sie schreibt in ihrem Bericht klar und deutlich davon, dass durch die deutschen Maßnahmen Scientology-Mitglieder von Aufträgen und bestimmten Berufsgruppen ausgeschlossen werden. Auch die damit verbundene Handelsbeeinträchtigung und Benachteiligung amerikanischer Firmen wird scharf kritisiert. Da US-Firmen nicht die Religionszugehörigkeit ihrer Mitarbeiter abfragen, können sie in Deutschland geforderte „Filter“ nicht unterzeichnen.

Auch diese Information wurden von deutschen Sektenberatungsstellen als „Schwarze Propaganda“ von Seiten der Scientology-Organisation abgetan.

Es wäre wohl sinnvoller gewesen, wenn sich einige Politiker, die sich um unsere wirtschaftliche Situation und um den Standort Deutschland Sorgen machen, die Unterlagen von USA direkt besorgt hätten. Es ist ja wohl schon lächerlich, dass der Bericht vom Büro des Handelsbeauftragten der Vereinigten Staaten von Amerika, „Büro des Präsidenten Washington, D.C., vom 30. April 2000“ von so genannten „Sektenexperten“ in Deutschland als Machwerk von Scientology dargestellt wird.

Der Bericht ist sogar auf den Seiten der US-Regierung im Internet nachzulesen (www.ustr.gov).

Image-Schaden – wirtschaftlicher Vorteil

Anfragen, wer in Deutschland ein Scientologe ist und welche Firma Scientologen beschäftigt, wurden im Laufe der Jahre zu Normalität.

Irgendwann fiel mir auf, dass es den Anfragenden teilweise nicht mehr um den Themenbereich Scientology ging, sondern sie wollten lediglich eine Bestätigung, dass die von ihnen genannte Person oder Firma mit Scientology zu tun hat.

Mein Hinterfragen, weshalb man diese Information denn benötige, war unerwünscht. Man wollte eine Dienstleistung, um über diese „sein Ding machen zu können."

Genau um dieses „Ding", das jeder für sich fabrizierte, ging es dann sehr schnell. Der eine wollte „nur mal eine kurze Bestätigung", dass der Rechtsanwalt in einem bestimmten Gebäude Scientologe ist. Die Rückfrage meinerseits: „Aus welchem Grunde wollen Sie das wissen?" Antwort: „Das geht Sie nichts an. Ich will nur wissen, ob er einer ist!"

Natürlich gab es auf diese Art von Kommunikation von meiner Seite nicht einmal den Hauch einer Antwort. In diesem Fall kristallisierte sich heraus, dass man das Wort „Scientology" benutzen konnte, um die Konkurrenz auszuschalten. In wie vielen Fällen ich damit konfrontiert wurde, dass man im Nachhinein von mir eine Bestätigung wollte, kann ich gar nicht mehr sagen. Erst, wenn der Betroffene begann, sich zu wehren und anwaltliche Schritte eingeleitet wurden, suchte man verzweifelt nach Informationen, die diese „Gerüchte" bestätigten.

Als ich im Juli 2000 einen solchen Fall „dringend bearbeiten sollte", fragte ich den anfragenden Anwalt telefonisch nach den Gründen. Es ging um die Ausschreibung einer Firma. Zwei Mitanbieter waren in die engere Auswahl gekommen. Der eine Mitanbieter „hörte" – laut seinem Anwalt –, dass es sich bei dem anderen Mitanbieter um einen „Scientologen" handeln soll. Diese Information gab er an die ausschreibende Firma weiter. Daraufhin erhielt er den Zuschlag. Nur: Der andere Mitanbieter hat den Grund, warum er trotz seines günstigeren Angebotes ausgeschieden ist, erfahren.

So kam es zu einer zivilrechtlichen Auseinandersetzung, in deren Folge mich der Anwalt der Partei, die „Gerüchte gehört" hatte, kontaktierte. Auf meine Bemerkung, „es wäre doch sinnvoller, wenn Ihr Mandant nun gegenüber dem Mitanbieter die geforderte Unterlassungserklärung abgeben würde", wurde der Anwalt sehr ungehalten und fragte mich: „Ist Ihnen eigentlich bewusst, welche Kettenreaktion so etwas auslösen würde? Allein die Schadensersatzklage geht in die Hunderttausende!"

Zu diesem Zeitpunkt war ich nicht einmal mehr sprachlos! Solche Gespräche gehörten zum Alltag! Nur wollte ich diesen Alltag nicht akzeptieren!

„Sie können aber doch jetzt von mir nicht verlangen, dass ich Ihnen irgendetwas in die Hand gebe, nur damit Ihr Mandant die Konsequenzen seines Handelns nicht tragen muss", sagte ich.

Den Hörer konnte ich nun auf den Schreibtisch legen und mich im Zimmer frei bewegen; die Stimme des Anwalts dröhnte durch den Hörer. „Sie werden mir jetzt umgehend schriftlich bestätigen, dass der Mitanbieter Scientologe ist. Denn ich habe Ihre Telefonnummer bei meinem Telefonat mit dem (Bayerischen, Anm.d.A.) Innenministerium als Anlaufstelle für Abfrage erhalten. Und ich bin Steuerzahler genauso wie mein Mandant. Und ich fordere jetzt von Ihnen die Herausgabe der Informationen über diesen Mitanbieter."

Er drohte mir sogar mit einer Klage, wenn es sich herausstellen sollte, dass sein Mandant auf Grund meiner Weigerung bei diesem Verfahren Schaden erleiden würde. Als Zeugen wollte er das Innenministerium in München angeben.

Ich horchte auf. „Und was soll das Innenministerium bezeugen?"

„Dass Sie verpflichtet sind, mir Informationen darüber zu geben, ob die Person, die ich bei Ihnen anfrage, Scientologe ist und mir die nötigen Beweismittel zu überlassen."

Mir rutschte heraus, „wo er eigentlich Jura studiert habe" und „dass ich hier nicht eine Außenstelle des Innenministeriums in München sei und auch keine Auskunftei." Außerdem versuchte ich ihm klarzumachen, einmal darüber nachzudenken, aus welchem Grunde das Innenministerium seine Frage nicht beantwortet hat. „Das ist doch ganz klar, die dürfen das nicht, weil sie eine Behörde sind." Ich konterte umgehend: „Und das sagen gerade Sie mir als Jurist! Und wieso darf ich es?" Zum ersten Mal während dieses Gespräches: Ich hörte ihn durch den Hörer nur noch atmen! Er begann wohl nachzudenken!

Sein Mandant hat sich mit dem Mitbewerber außergerichtlich geeinigt und die Unterlassungserklärung abgegeben! Für den Anwalt muss es ein einschneidendes Erlebnis gewesen sein! Heute gehört er zu dem losen Arbeitskreis, der sich sporadisch trifft und Rufmord-Opfer aus diesem Themenbereich berät!

Gerüchteabwehr als Fallstrick

Dementieren kann eine heikle Angelegenheit sein. Ein aus Ängsten genährtes Gerücht, das lediglich sachlich richtig gestellt wird, beinhaltet die Gefahr eines Bumerang-Effektes, wodurch die Schar derer wächst, die das Gerücht weiterverbreiten.

Eines der eklatanten Fallbeispiele ist in diesem Zusammenhang die Warsteiner Brauerei. Seit nunmehr fast einem Jahrzehnt flackern diese Gerüchte immer wieder auf. 1994 versuchte der Inhaber, das schleichende Gerücht, „Warsteiner sei Scientology" mit einer großen Anzeige „Wanted: Rufmörder gesucht" einzudämmen.

Ein Rundschreiben ging an Gastronomen, in dem Kontakte zur Scientology ausdrücklich und mit jeder Konsequenz „dementiert" wurden. Dieses Schreiben beförderte jedoch auch das geschäftsschädigende Gerücht in Bereiche, in denen es noch nicht angekommen war. Kostspielige bundesweite Anzeigen in überregionalen Zeitschriften geschaltet sollten der Verleumdung Herr werden.

Das alte Spiel, über Gerüchte Stammkunden vom Markt abzuziehen, ist längst bekannt und wurde von vielen Soziologen bereits untersucht. Die Rufmörder in der Wirtschaft zielen entweder auf das Gewissen oder auf die Gesundheit ab.

Wenn zum Beispiel der Hersteller einer Biermarke als „Sünder wider das Reinheitsgebot" angeprangert wird, dann ist die Folge der wirtschaftliche Schaden.

Die Restaurant-Kette MacDonalds musste ausgiebige Erfahrungen sammeln mit dem Gerücht: „Im Fleisch ihrer Hamburger sind Regenwürmer.“ Nur: ein Dementi hätte auch den überzeugtesten Fast-Food-Fan alarmiert, fürchtete McDonalds und argumentierte auf die ökonomische Art: „Regenwürmer sind fünfmal so teuer wie Rindfleisch.“ Auch wenn die Wege von Gerüchten unerforschlich sind und die Wirkung, sich für wissenschaftliche Prüfungen eignet: Für das Opfer bleibt nur die Notwehr; und dies ist deprimierend.

„Die Erkenntnis, dass die Lust am Negativen stärker ist als die Kraft des Faktischen“, wie es Kapferer in seinen Forschungsergebnissen zusammenfasst, ist eben bloß ein billiger Trost. Dramatisch wird die Angelegenheit, wenn ein Wort wie „Scientology“ auslangt, um Gefahr zu laufen, die existentielle Vernichtung zu erleben.

Dass ein einmal losgetretenes Gerücht auch überregionale Folgen mit sich bringt, ist logisch. Unternehmer sind bereit, Abfindungssummen zu zahlen, damit ein Mitarbeiter, dem man eine Scientology-Zugehörigkeit nachsagt, schnellstens das Unternehmen verlässt. Ein Geschäftsmann sagt vor Gericht aus, er habe dem staatlich subventionierten Vorsitzenden einer Verbraucherschutz-Zentrale für einen hohen Betrag Listen über Scientologen abgekauft, um vor dem Gerücht „Ruhe zu haben“, dass die Firma etwas mit Scientology zu tun habe.

Einer der größten deutschen Wirtschaftsverbände lässt bei mir anfragen, ob in einem bestimmten „Fünf-Sterne-Hotel“, in dem Konferenzen mit Großindustriellen stattfinden, niemand von „Scientology“ die Finger mit im Spiel habe. Auf Rückfrage wird geantwortet: „Mir ist Scientology persönlich egal, weil mir grundsätzlich egal ist, wer was glaubt. Nur, ich kann eben nicht zulassen, dass irgend jemand aus unserem Verband mit dem Wort in Berührung kommt; das klebt an einem wie Pech.“

Da strampeln sich zwei Minister unseres Landes ab, weil sie Jahre vor ihrer politischen Karriere als Abgeordnete unbewusst von einem Scientologen eine Immobilie erworben haben. Allein aus diesem Umstand macht die politische Konkurrenz Punkte und startet eine Kampagne über „mögliche Verbindungen“ der Minister mit Scientology. In großen Lettern wird dann in den Zeitungen gefragt, „welcher Politiker mit Scientologen Geschäfte macht.“

Die Bundesrepublik Deutschland verkauft ein zentral gelegenes Grundstück an einen Scientologen und muss zeitgleich – zur „Beruhigung der Sektenkritiker" – den Grundstücksverkauf relativieren, indem man offiziell einer zu diesem Thema fanatisierten Bundestagsabgeordneten „den Auftrag erteilt", die „Scientology-Entwicklung zu beobachten."

Eine Bank reagiert auf ein anonymes Schreiben und entlässt präventiv – es könnte ja was dran sein – einen Top-Mitarbeiter in einer Führungsposition, nur um auf keinen Fall in Zusammenhang mit dem Wort „Scientology" zu kommen.

Eine soziale Einrichtung entlässt vorsorglich mit einer sehr hohen Abfindungssumme eine Scientologin, um nicht von staatlichen Subventionen abgeschnitten zu werden.

Da zahlt ein weltweit tätiger und bis in höchste politische Kreise anerkannter Unternehmensberater an seine nicht mal 30-jährige Angestellte eine Abfindung von damals 220.000,– DM (ca. 110.000 Euro), weil er Negativ-Publicity fürchtet, wenn bekannt würde, dass diese Angestellte Scientologin ist.

Demgegenüber stehen Ministerien und Verfassungsschutzämter, die offiziell an das Neutralitätsgebot gebunden sind, dieses aber umgehen, indem sie Gerüchteverbreiter hofieren und für „Abfragen" auf private Initiativen verweisen.

„... Ich habe Ihre Adresse vom Bayerischen Innenministerium erhalten mit dem Hinweis, dass Sie mir Auskunft geben können, ob die Firma, bei der ich mich kürzlich beworben habe, in irgendeiner Form mit Scientology zusammenhängt. Mir sind während des Gespräches mit den beiden Mitarbeitern der Firma einige Aspekte etwas seltsam vorgekommen, da z.B. der Regionalleiter „Beziehungs-Manager" genannt wurde. Auch bei meiner Anfrage beim Verfassungsschutz wurde ich an Sie weiter vermittelt ..."

Durch diese Maßnahme unterläuft der Staat nicht nur das auferlegte Neutralitätsgebot, sondern suggeriert Anfragenden, dass Ausgrenzung und Boykott gegenüber Scientologen legal ist.

Offiziell werden „Hotlines" geschaltet. Wer sich dort meldet, erwartet Hilfe und Antwort. Beides wird nicht geleistet. Die Anfragenden werden weitergeleitet an private Institutionen und Personen. Ihnen wird suggeriert, dass sie dort Auskunft zu ihren Fragen erhalten können.

Juristen bewerten dieses Vorgehen als staatliche Maßnahme, Privatpersonen zu Boykott und Ausgrenzung zu benutzen.

Gericht schiebt Boykott Riegel vor

Das Oberlandesgericht München, 21. Zivilsenat (Az: 21 U 4137/01), bestätigte Ende 2001 ein vom Landgericht München ergangenes Urteil (Az. 30 0 21972/00), in dem der Geschäftsführer der Jungen Union München zu Unterlassung verurteilt wurde.

Der Hintergrund ist aus den Entscheidungsgründen des Gerichts erkennbar:

„... Der Senat hält die Auffassung des Landgerichts für zutreffend und nimmt auf das angefochtene Urteil Bezug ..." Die Junge Union verbreitete den Namen einer Werbefirma, die mit dem „New Era Verlag" in geschäftlicher Verbindung stand.
Das Gericht beurteilt u.a. diesen Vorgang:

„... c) Schließlich müssen die Mittel der Durchsetzung des Boykottaufrufs verfassungsrechtlich – und im Zivilprozess auch zivilrechtlich – zu billigen sein.

Das ist der Fall, wenn der Verrufer sich gegenüber dem Adressaten auf den Versuch geistiger Einflussnahme und Überzeugung, also auf Mittel beschränkt, die den geistigen Kampf der Meinungen gewährleisten. Dagegen ist die Ausübung wirtschaftlichen und sozialen Drucks, der für die Adressaten eines Boykottaufrufs schwere Nachteile bewirkt und ihnen demgemäß die Möglichkeit nimmt, ihre Entscheidungen in voller innerer Freiheit zu treffen, nicht durch Artikel 5 Abs. 1 GG geschützt. Selbst die Verstärkung der geäußerten Meinung durch psychischen, wirtschaftlichen oder vergleichbaren, zum Beispiel sozialen Druck verlässt den Rahmen des Grundrechtsschutzes."

Laut Gericht sind die gesetzlich aufgezeigten Grenzen von der JU überschritten worden, denn sie drohte, ab sofort immer die Namen der Werbefirmen „zu veröffentlichen". Und dass damit eben auch jede Firma rechnen müsse, die für Scientology Werbeaufträge annimmt.

Das Gericht verbot der JU, Werbung der Firma für ihre Produkte zu sabotieren. In den Entscheidungsgründen ist zu lesen: „... Jede Werbefirma, die Werbeflächen in München zur Verfügung hat, und möglicherweise auch alle anderen Werbefirmen, sie müssen fürchten, namentlich und öffentlich als Scientology-Werber genannt und damit an den geistigen oder buchstäblichen Pranger gestellt zu werden. Damit wird die wirtschaftliche Betätigung eingeschnürt, ohne dass der Aufruf Ansatzpunkte für eine geistige argumentative Auseinandersetzung enthält. Das überschreitet die zulässigen Grenzen ... Die Androhung der Beklagten ist mit wirtschaftlichem Druck gleichzusetzen ... So ist die Jugendorganisation einer der bedeutendsten meinungsbildenden Parteien Deutschlands und sie nutzt den Synergie-Effekt der allgemeinen Angriffe auf Scientology und deren Organisationen. Das zeigt auch ihre Argumentation im Rechtsstreit. Umgekehrt sind Ansatzpunkte oder auch nur Anregungen für eine geistige Auseinandersetzung mit der Scientology-Bewegung der Pressemitteilung der Beklagten nicht zu entnehmen.“

Das Gericht bemängelt auch gegenüber der Jungen Union, dass zum Inhalt der Kritik nichts mitgeteilt wird. In der Mitteilung an die Öffentlichkeit ist, laut Gericht, „kein einziges für den Leser oder Empfänger auch nur ansatzweise brauchbares materielles Argument gegen Scientology“ enthalten. Die Bewegung werde von Seiten der Jungen Union in der Mitteilung nur negativ hingestellt und auf dieser Basis vor ihr gewarnt. Außerdem sei der Boykott-Aufruf „nicht auf Mittel beschränkt, die den geistigen Kampf der Meinungen gewährleisten. Sie gebraucht umgekehrt nur die Drohung „mit dem Pranger“ und verhindert durch ihre inhaltliche Leere die Möglichkeit geistigen Streits inhaltlicher Auseinandersetzung.“

An den Entscheidungsgründen des Gerichts ist nicht nur die Schieflage der Auseinandersetzung mit dem Thema Scientology erkennbar, sondern auch die Dimensionen, die es erreicht hat.

Der Geschäftsführer der Jungen Union München war zu Beginn der juristischen Auseinandersetzung Geschäftsführer der JU und wurde später Landtagsabgeordneter im Bayerischen Landtag.

Wenn einem Politiker seitens des Gerichtes dokumentiert wird, dass seine „Aufklärung“ gemäß Meinungsfreiheit nicht nach Artikel 5 Absatz 1 des Grundgesetzes gedeckt ist, dass es auch keine geistige

Auseinandersetzung, sondern ein unzulässiger Boykott-Aufruf ist, dann zeigt das nicht nur mangelnde Kompetenz, sondern – und das zählt viel schlimmer – mangelndes Demokratie- und Rechtsverständnis.

Angst macht sich breit

„Sehr geehrte Damen und Herren,
...
ich habe große Befürchtungen und möchte Sie bitten, mir kurz, ohne großen Aufwand (kostenlos) zu antworten. Wenn möglich noch heute; auch telefonisch möglich."

Mit einer solche Anfrage wurden oft Namenslisten übergeben, auf Grund derer ich nachschauen soll, ob die aufgelisteten Leute Scientologen sind.

„... Ich arbeite bei der Firma ... Und wir beziehen im neuen Jahr ein neues Büro ... Unser unmittelbarer Nachbar ist die Scientology. Ich kann mir irgendwie nicht vorstellen, dass alle so blauäugig sind und nicht wissen, was sie da tun. Wer sich in die Nähe dieser Organisation mit seinem Büro begibt, muss doch mit denen etwas zu tun haben.! Ist Ihnen irgendwie bekannt, ob die Firma ... womöglich zu denen gehört oder unser Chef ... mit denen zu tun hat!!!

Mit der Bitte um kurze Antwort verbleibe ich,
mit freundlichen Grüßen"

Diesem Schreiben wurde dann noch hinzugefügt:

„P.S.: Sie werden verstehen, dass ich zu meiner eigenen Sicherheit keinerlei Kostennote begleichen kann, aus der meine Anfrage womöglich bei einem Einbruch oder einer Hausdurchsuchung bei Ihnen nachzuvollziehen wäre."

Aber nicht genug der skurrilen Anfragen. Die Folgende sprengte selbst unsere Vorstellungskraft:

„Schreckliche Befürchtung": Eine DIN-A-4-Seite mit Anfragen über seine Verwandtschaft inklusive seiner Ehefrau schickte uns der Geschäftsführer eines Unternehmens. Er äußerte die Befürchtung, dass hinter seinem Rücken seine komplette Verwandtschaft Mitglied bei

Scientology geworden ist. Solche Anfragen landen normalerweise umgehend im Reißwolf, wenn da nicht ein Satz aufhorchen ließ:

„... Da wir bereits in mehreren Sektenberatungsstellen vorstellig wurden, und wir (mein Sohn und ich) zur Überprüfung dieser Namen bereits mehrere hundert Mark an Beratungsstellen zahlten, möchten wir es noch einmal bei Ihnen überprüft wissen ...“

Am schnellsten erledigen sich solche Geschichten persönlich. Mein Anruf war kurz. Und bestand aus einer einziger Frage:

„Wie um Himmels willen kommen Sie auf die Wahnsinnsidee, dass außer Ihrem Hund alle Mitglied bei Scientology geworden sein sollen?“

In solchen Fällen kann man ja paranoides Verhalten durchaus offen aussprechen. Sein Misstrauen konnte der Anfragende jedoch begründen. Zweimal erhielt er von einer offiziellen Sektenstelle die Antwort, dass der Name seiner Frau dort bekannt sei, aber man aus Datenschutzrechtlichen Gründen keinerlei weitere Informationen herausgeben könne. Einmal bezahlte er und erhielt dann ein Schreiben, dass weitere, intensive Ermittlungen notwendig seien, und aus diesem Grund der eingezahlte Betrag nicht auslange. Auf Rückfrage meinerseits, aus welchem Grunde er überhaupt angefragt hat, war die Antwort: „Meine Frau liest Lektüren, die mir eindeutig von Sektenbeauftragten als ‚gefährliche Beeinflussung‘ genannt wurden.“ Die Ehefrau hatte ein Seminar bei „Birkenbiehl“ besucht, las zwei Bücher über Positives Denken und geht einmal in der Woche zum Yoga.

Nachdenklich wurde ich bei seiner Überzeugung, dass ihr verändertes Verhalten nun eindeutig darauf hinweisen würde, dass sie bei Scientology gelandet sei. Und nachdem die Verwandtschaft eben zu ihr halten würde, sei er überzeugt, dass sie alle mit hineingezogen habe. Natürlich wurden seine Ängste dadurch geschürt, wenn eine offizielle Beratungsstelle davon spricht, man würde diesen Namen kennen. Das ist übrigens nicht nur leichtsinnig, sondern auch höchst gefährlich. Denn der Nachname dieser Familie kommt gleich nach Meier, Müller, Schulze. Und den Vornamen gibt es ebenfalls unzählige Male im Zusammenhang mit diesem Nachnamen. Hier handelt es sich um eine ganz normale Krise in einer Ehe.

Das Ventil, auf das alles projiziert wird, ist das Wort „Scientology“. Auf Grund von früheren Erfahrungen ahnte ich, dass ich dieses Gespräch eben nicht so einfach beenden könnte, ohne das Risiko einzugehen, dass eine neue Gerüchtewelle über viele Personen hinweg fegt. Deshalb war ich auch zu einem persönlichen Gespräch bereit, bei dem wir – mein Mann und ich – ihn erst einmal beruhigten, dass z.B. in allen uns vorliegenden Unterlagen nicht einmal der Name seiner Frau vorkommt; wir auch nicht begreifen, dass jemand ihm gegenüber eine solche Aussage gemacht hat. Denn wenn er das Telefonbuch aufschlägt, sieht er diesen Namen allein in der Stadt, in der er lebt, gleich mehrfach. Nach fast zwei Stunden begann er nachzudenken und beruhigte sich. Als er ging, bat er darum, dass man doch bitte mit seiner Frau sprechen sollte. Er wisse nicht, wie er ihr erklären soll, welche Anstrengungen er seit Monaten unternommen hatte, um ihr eine Scientology-Zugehörigkeit zu unterstellen.

Ich gab ihm den Tipp: „Gehen Sie abends mal zwei Stunden früher nach Hause und unternehmen Sie am Wochenende etwas gemeinsam mit Ihrer Frau. Reden Sie einfach mehr miteinander, anstatt irgendwelche Sektenstellen zu kontaktieren. Ich würde jede Wette eingehen: Es nützt etwas!“

Das nahm er wohl ernst, denn nach zwei Wochen kam ein Blumenstrauß mit einer Karte, auf der stand: „Danke für Ihren Tipp gegenüber meinem Mann. Eines haben wir durch Sie gelernt. Man kann viel über „positives Denken“ lesen, aber man kann es auch ganz einfach leben. Vor allem danke ich Ihnen, dass Sie meinem Mann das Gespenst Scientology verscheuchten. Denn es war dabei, unsere Ehe zu zerstören und das Misstrauen meines Mannes, ich sei bei Scientology, schwang wie ein Schwert über mir. Ich weiß heute noch nicht, was Scientology ist, und trotzdem hat es mich belastet. Danke, Ihre ...

P.S: Übrigens fahren wir über Weihnachten zwei Wochen alleine weg. Mein Mann nimmt Ihren Tipp sehr ernst!“

Anonym klappt es am besten

Anonyme Briefe gehören in den Papierkorb! Anscheinend nicht, wenn sie das Wort Scientology enthalten und speziell nicht, wenn es Informationen über angeblich „unterwanderte Firmen“ oder private persönliche Daten, die auf die Schreibtische von Behörden und Sektenkritikern flatterten.

Aussagen, wie: „Wenn ich Ihnen wieder Unterlagen bzw. Tatsachen übermitteln werde, so verstehen Sie bitte, dass ich meinen Namen nicht nennen kann."

Diesen Brief kann nun jeder geschrieben haben. Es kommt auch vor, dass ein Verteiler angeben ist. Diese Art Denunziation – teilweise mit Namen, Anschrift, Telefonnummer, Arbeitgeber bis hin zum Verdienstnachweis – wird auf diesem Weg anonym verbreitet. Über diese Schiene ist die Herkunft nicht mehr zu rekonstruieren, aber für jegliche Verleumdung, inklusive Racheakte, Tür und Tor geöffnet.

Vergil widmete der „Göttin des Gerüchts" wütende Zeilen, weil sie „Mäuler voll Schall und gerichtete Ohren" auf die Welt bringe. Ein Gerücht ist wie eine endlose Schlange, die sich durch Häuserschluchten windet, ein Ungetüm. Geheuchelte Anteilnahme bringen das Wesen „Gerücht" erst in Fahrt. In seinem Buch „Gerüchte, das älteste Massenmedium der Welt" versucht der französische „Gerüchte-Spezialist" Jean-Noel Kapferer das Phänomen zu entzaubern. Bei seiner Arbeit konzentriert sich Kapferer auf das Ergründen der „üblen Nachrede", der Klatsch, Falschmeldungen, Verleumdungen, Irrtümer zu Grunde liegen. Die Frage: „Wie gehe ich mit einem Gerücht um?", kann vielleicht beantwortet werden mit „wie drückt man Zahnpasta in die Tube zurück?"

Anonyme Denunziation

Ende des Jahres 2001 tauchten in verschiedenen Redaktionen anonym gehaltene Briefe auf, in denen gezielt unglaubliche Vorwürfe erhoben wurden. In einem Fall war zu lesen: „Deutsche Autofinanzierer unter der Kontrolle der Scientology."

Die Redaktionen wurden um Unterstützung – sprich Verbreitung in den Medien – gebeten und der anonyme Urheber nannte sich „Scientology-Aussteiger". Mitten in diesem Schreiben tauchen unhaltbare Vorwürfe gegenüber Scientology auf, die mit deutschen Konzernen in Verbindung gebracht werden. Es gibt tatsächlich Journalisten, die auf solche anonymen „Informationen" anspringen und genau das machen, was zu einer Lawine führt. Sie rufen bei verschiedenen offiziellen staatlichen und kirchlichen Experten an, um sich abzusichern und erreichen das Gegenteil. Sie bringen so die Information in Umlauf. Denn über Telefonate und in Sitzungen wird das wieder ausgetauscht, und jeder sagt es jedem weiter, schon deshalb, um sein Wissen vorzuführen.

Allein am Aufbau verschiedener anonymer Briefe an verschiedene Redaktionen kann man eine gewisse strategische Maßnahme erkennen. Damit die Geschichte im vorliegenden Fall am Laufen blieb, wurde von diesem „Anonymus" in kurzen Abständen immer wieder „Material" an die Redaktionen geliefert. So, als erhoffe sich jemand eine öffentliche Reaktion auf diese Vorwürfe. Über einen befreundeten Redakteur habe ich von diesen Vorgängen erfahren und allein schon an Hand der Formulierungen erkennen können, dass es sich hier um eine ganz gezielte Desinformation handelt.

Die Redaktion eines Öffentlich-rechtlichen Senders hat sich dann bemüht, verschiedene Medien über diese Vorgänge zu informieren, um auf keinen Fall die von irgend jemand erhoffte Öffentlichkeit herzustellen.

Als ein weiteres Beispiel tauchte im Januar 2002 ein Schreiben mit dem Briefkopf einer bundesweit bekannten Firma, die in direkten internationalen Geschäftsbeziehungen mit großen Konzernen steht, auf. Das Schreiben war so verfasst, als sei es ein Bericht direkt an Scientology. Die Texte beinhalteten eindeutig kriminelle Vorgänge innerhalb großer Konzerne und wurden so in Verbindung mit Scientology gebracht.

Nach Rücksprache mit mehreren Juristen sowie der Chefredaktion des Öffentlich-Rechtlichen Senders wurde entschieden, die Firma anzufragen. Völliges Entsetzen über diesen Vorgang. Die Staatsanwaltschaft wurde umgehend eingeschaltet.

Da es bereits früher einen ähnlich gelagerten Fall auf regionaler Ebene gegeben hatte, in den auch ein staatlicher Beamter verwickelt war, kam bei den Juristen der betroffenen Firma die Frage auf, ob hier nicht ein gezielter Versuch der Desinformation in der Öffentlichkeit das Thema Scientology als Gefahrenpotential „pushen" sollte. Das Unternehmen, dessen Briefpapier mit dem belastenden Text bundesweit und anonym an die Medien verbreitet wurde, befand sich innerhalb von 24 Stunden im Ausnahmezustand. Der normale Arbeitsablauf war vollkommen gelähmt. Die komplette Geschäftsleitung war ratlos, wie man mit solch einem gezielten Rufmord umgehen soll. Die Erfahrung mit diesem erdbeben-ähnlichen Vorfall führte als erstes dazu, sämtliche geplanten Investitionen und Expansionen einzufrieren. Die hinzugezogenen Berater diskutierten sich die Köpfe heiß, ob man die Kunden der Firma über dieses Problem informieren sollte oder nicht. Die Versuche, bei zuständigen Behörden, die in der Öffentlichkeit als Anlaufstelle für Probleme zu diesem Themenbereich genannt werden, waren eine weitere Ernüchterung für die Geschäftsleitung. Bereits nach einer Woche diskutierten die Führungskräfte über einen Standortwechsel ihres Unternehmens. Ein Land, in dem eine solche Denunziation möglich ist, wollten sie nicht weiter als Steuerzahler unterstützen. Dass mancher Auftrag in Millionenhöhe von der Aussage so genannter „Experten" abhängig ist, macht die Angelegenheit nicht leichter.

Rufmord im Internet

Aus dem Gästebuch einer scientology-kritischen Homepage:

„Anonymes Forum ... Hier ist ein Forum für Anregungen, Kommentare, Bemerkungen etc. ... Erzählen Sie Ihre Erfahrungen mit Scientology oder Scientologen, schreiben Sie, was Sie darüber denken. Ich werde hier weder zensurieren noch moderieren. Beiträge jedoch, die nichts mit dem Thema zu tun haben, werden unkommentiert gelöscht. Pro und Contra über Scientology sind sehr erwünscht ..."

Alles wunderbar, wenn der Betreiber seine angekündigte Kontrolle auch durchführen würde! Seine Aussage suggeriert dem unvoreingenommenen Leser, dass er als Webseiten-Inhaber gewissenhaft vorgeht. Das stimmt nicht!

Tatsache ist: Über Monate wurde über das Gästebuch gegen drei Personen und eine Universität gerufmordet! Völlig unkontrolliert konnte auf dieser Internet-Seite des Schweizers, der sich „Charlie" nennt und dessen richtiger Name Karl Maij ist, jemand gezielt diffamiert werden. Perfekter Rufmord sagen Juristen. Ein Gerücht, das zerstört und nicht aufklärt. Das Ganze bekommt noch den schalen Beigeschmack durch den Hintergrund:

Der Webseiteninhaber hat Scientology von innen erlebt und kennt die Problematik. Deshalb ist der auf dieser Seite gezielt lancierte Rufmord auch nicht entschuldbar, sondern ein Skandal. So wird Aufklärung zur Farce! Zumal er kein Einzelfall auf dieser Webseite war. Es ist ja geradezu eine Einladung, über diesen Weg Leute zu diffamieren, anonym mit der Sicherheit, dass der Webseitenbetreiber erst reagiert, wenn er von außen aufmerksam gemacht wird. Und da ist es meistens schon zu spät, die Lawine Rufmord zu stoppen.

Folgender Eintrag stand im März 2001 über Wochen im Gästebuch der Internetseiten und hatte sich bereits verselbständigt, wie die bei uns eingehenden Anfragen bewiesen. Um eine weitere Verbreitung der Personendaten zu verhindern, haben wir die Namen geschwärzt!

„Als Scientologe und Personalberater (Software XXX) helfe ich gerne jedem so wie man mir in dieser Kirche auch geholfen hat. Als Fachberater für Dissertationen an der Universität XXX verhelfe ich auch gerne zu einem Doktor Med. Herr Prof. Dr. med. dent. XXX von der

Uni XXX steht als Doktorvater gerne zu Verfügung. Meine Annonce im Deutschen Ärzteblatt oder im Zahnärzteblatt bitte beachten. Meine Frau XXX hilft auch gern, einen Job bei der Universität XXX zu bekommen. Auch 1.000 Milliarden Jahre Erfolg XXX.“

Die Namen und Telefonnummer stimmen, von dem Text wusste der Unternehmer jedoch genauso wenig etwas wie die angesprochenen Universität oder der Mediziner. Auch stellte sich schnell heraus, dass keine der genannten Personen einen Bezug zu Scientology hatte.

Über Oberflächlichkeit gestolpert, obwohl es Hinweise auf der Seite gab, dass etwas nicht stimmen kann. Die Uni soll von Lesern der Internetseite informiert worden sein. Aber die Diskussion lief und lief. Und der Rufmord ging weiter, indem der Beitrag weiter abzurufen war. Doch als wir zu recherchieren begannen, wusste der Betroffenenkreis nichts! Es hat uns einen Anruf und ein Fax gekostet zu erfahren, ob der Beitrag tatsächlich von dem namentlich angegebenen Unternehmer stammt. Auch die Universitätsleitung reagierte umgehend auf unsere Anfrage. Innerhalb einer Stunde war klar: Es handelt sich um gezielten Rufmord! Wie soll man nun reagieren? Die ewige Schuldfrage stellen? Den Betreiber bedauern und die Oberflächlichkeit entschuldigen? Was wird in dieser Szene erwartet? Solidarität mit dem Aufklärer, der Rufmord zulässt? Den Mantel des Schweigens ausbreiten?

Der Rufmord ist geschehen, und für den Unternehmer ist bereits ein erheblicher Imageschaden entstanden.

SZENENWECHSEL: Menschenrechte

„Wer nichts weiß, muss alles glauben“
(Marie von Ebner-Eschenbach)

In den Jahren, in denen ich mich mit dem Themenfeld Scientology publizistisch auseinandersetzte, lernte ich sehr wohl den einen oder anderen Weltanschauungsbeauftragten kennen, der mit fragwürdigen Methoden agierte und dabei weit über das Ziel hinausgeschossen ist, was seinen tatsächlichen Auftrag angeht.

Dadurch, dass mancher kirchliche Beauftragte für seine Arbeit die Gutgläubigkeit des Normalbürgers ausnutzt, der in der Regel immer noch annimmt, dass die nach außen seriös auftretenden Personen einer Volkskirche nur ehrenhaft, fachkundig und gemäß der ständig von ihnen selbst propagierten christlichen Grundsätze handeln, ist nie öffentlich geworden, was sich tatsächlich hinter den Kulissen abspielt.

Die Öffentlichkeit geht auch davon aus, dass publizierte negative Aussagen von Sektenbeauftragten über so genannte „Sekten“ nach wissenschaftlichen und moralischen Grundsätzen überprüft worden sind. Man geht allgemein vom Christenmenschen aus und glaubt das, was so ein Kirchenvertreter sagt.

Nur habe ich im Laufe dieser Zeit etliche „Beschuldigte“ kennen gelernt, denen einzelne Vertreter dieser Zunft das Leben zur Hölle machten, indem sie ohne Verhandlung verurteilten, den persönlichen Ruf und die Glaubwürdigkeit anderer schädigten, indem sie ihnen „Sektenmethoden“ unterstellten. Einem Beschuldigten Gelegenheit zur Stellungnahme zu geben, ist in diesen Kreisen eher unüblich.

Fatal, wie einzelne Sektenbeauftragte tatsächlich wie gezielt zündelnde Brandstifter agieren, indem sie laut Fragen – völlig harmlos formuliert, aber sehr gezielt strategisch überlegt – über Personen und Firmen stellen. Wenn eine Kampagne gegen derart betroffene Personen zum Flächenbrand wird, dann behaupten sie schließlich auch noch, sie seien durch den selbst erzeugten Brandherd von der Richtigkeit ihres Vorgehens bestätigt worden.

Auf Grund meiner eigenen Erfahrungen mit derartigen kirchlichen Sektenbeauftragten wunderte es mich nicht, als Firmen an mich herantraten und mir ihre Erfahrungen mit diesem Personenkreis schilderten. Hauptsächlich waren es Unternehmen, die Weiterbildungsmaßnahmen anboten und durch Anrufe von Pressevertretern aufgeschreckt wurden.

Allein die Frage eines Redakteurs an die Presseabteilung eines Unternehmens: „Wir haben aus sicherer Quelle erfahren, dass in Ihrem Unternehmen Weiterbildungen angeboten werden, von denen Sektenbeauftragte behaupten, sie seien sektenähnlich, eben so wie Scientology“, brach sofortige Verwirrung bei den zuständigen Führungskräften des Unternehmens aus.

Wohin wendet man sich aber als Unternehmer, der sich einem solchen Vorwurf ausgesetzt sieht und vielleicht nur auf Grund eines nahenden Redaktionsschlusses der Zeitung eine sehr kurze Zeit für eine Antwort eingeräumt bekommt? Man erinnert sich an das Wort „Sektenbeauftragter“, den der anfragende Pressevertreter nannte. Man ruft umgehend bei einem dieser „Experten“ an und wird verbunden. Der Unternehmer berichtet von seinem Problem und bittet um Unterstützung, wie er denn nun in diesem Fall vorgehen soll. Wohlgemerkt: er meint, an der anderen Seite sitzt ein „Experte“ zu diesem Themenbereich! Wenn er Glück hat, bekommt er zur Antwort, „man müsse sich erst einmal mit den anderen Kollegen kurzschließen, um den Sachverhalt zu klären.“

In einem Fall, in dem ich nicht nur in alle Richtungen recherchierte, sondern Teile davon selbst miterlebte, war es ein solcher Anruf, der zur sofortigen Vertragsauflösung mit einem Ausbildungsunternehmen führte. Ein ganzes Heer von Rechtsanwälten war mit diesem Fall beschäftigt. Die verschiedenen Schriftsätze lesen sich wie ein Kriminalroman. Die Überprüfung der Hintergründe ergab, dass es zwei kirchliche Sektenbeauftragte waren, die den Schneeball gegen das Unternehmen als erste geworfen hatten und damit laut dem Geschädigten Umsatzeinbußen von damals 7,5 Millionen DM verursachten. In dieser rechtlichen Auseinandersetzung zwischen dem Unternehmer und dem Brötchengeber der Sektenbeauftragten, der Evangelischen Landeskirche Rheinland, wurde durch mehrere Instanzen geklagt.

Nach Aussage des Klägers sollte über diesen Weg die Kirche gezwungen werden, ihre ständigen, über Jahre wiederholten Andeutungen hinsichtlich der angeblichen Verfehlungen des Unternehmers in einem Gerichtsverfahren offen zu legen und den Beweis dafür anzutreten. Das Verfahren wurde laut Kläger auch deshalb angestrengt, der Öffentlichkeit – und hier besonders dem Weiterbildungsmarkt – im Falle des Obsiegens der Evangelischen Kirche deutlich zu machen, welche Ziele die Evangelische Kirche tatsächlich verfolgt und welche Mittel sie einsetzt, wenn es um ihre eigenen Interessen geht. Aber auch, wie chancenlos eine einzelne Weiterbildungs-Organisation gegenüber dem Netzwerk der Evangelischen Kirche ist.

Als Beobachter des Verfahrens versuchte ich zu hinterfragen, welches Interesse ein evangelischer Sektenbeauftragter wie der inzwischen pensionierte Sektenbeauftragte Keden der Evangelischen Landeskirche Rheinland hatte, einen Weiterbildungsanbieter, der absolut nichts mit einer Sekte oder mit theologischen, weltanschaulichen Hintergründen zu tun hat, derart existentiell in die Ecke zu treiben. Hilfestellungen bekam der „Experte" unter anderem auch von seinem Kollegen, dem Sektenbeauftragten Hemminger. Auch dessen Motivation war mir nach mehreren Gesprächen im Umfeld des Unternehmers, mit seinen Anwälten und ihm selbst sowie nach Studium der Fallakten noch unklar. Ein kirchlicher Sektenbeauftragter hat sich – ganz streng genommen – doch mit theologischen Fragen auseinanderzusetzen. Was aber, wenn es solche Fragen im Zusammenhang mit zum Beispiel einem solchen Weiterbildungsanbieter gar nicht gibt?

Hat der geschädigte Unternehmer Recht, wenn er sagt, es gehe der Kirche hier um ein „Macht-Netzwerk" und nicht um „Seelenheil"?

Liest man die von dem Sektenbeauftragten zusammengetragenen Argumente, die er seinem Dienstherrn, der Evangelischen Landeskirche – in diesem Verfahren die Beklagte – vorlegte, und liest man die vorgelegten Beweise für angebliche Verfehlungen des Weiterbildungsinstituts, dann kann man sich nur wundern, warum ein Theologe ein solch zeitintensives Engagement entwickelt, um gezielt ein Unternehmen auf den kirchlichen „Index" zu stellen.

In ihrer Antwort vom 27. Juli 1999 auf die Klageschrift des Weiterbildungsinstituts führt die Kirche aus, wie sie Verfehlungen des Klägers „beweisen" möchte:

So werden zum Beispiel aus einem Kreis von mehreren tausend Teilnehmern vier miteinander befreundete Zeugen benannt, die im Jahre 1991, also zwei bis drei Jahre nach der letzten Seminarteilnahme, gesagt haben sollen:

Erstens: „In den Seminaren ... sei großer Druck ausgeübt worden." Zweitens: „Der Kläger beschwor jeden Teilnehmer, auf jeden Fall die Familie oder den Lebensgefährten, mit ins Seminar zu bringen." Drittens: „Der Kläger kommentierte Gedanken der Teilnehmer ironisch oder sarkastisch." Viertens: „In den Seminaren wurden nicht selten sehr persönliche Probleme diskutiert."

Übrigens allein drei Punkte könnte ich auf Anhieb genau den Personen nachweisen, die sich darüber mokierten und wegen dieser „Vorwürfe" aus dem Seminaranbieter in der öffentlichen Diskussion einen „Sektenguru" machten.

Weitere derartige „Verfehlungen" des Weiterbildungsinstituts auf diesem fachlichen und juristischen Niveau folgten. Der Unternehmer dazu: „Ich habe nicht in Abrede gestellt, dass alle diese Äußerungen in dieser Form tatsächlich gefallen sind und auch einen realen Anknüpfungspunkt haben könnten. Aus Sicht der Evangelischen Kirche sind diese Aussagen wohl so verwerflich, dass die Firma ... der Inquisition zugeführt werden musste. Überprüfung der fachlichen Inhalte der Seminararbeit, wissenschaftliche Gutachten oder gutachterliche Erfahrungsberichte von Geistlichen und Vertretern der Katholischen und Evangelischen Kirche, die lange Jahre an Seminaren teilgenommen haben, Gespräche mit Teilnehmern, Gespräche mit Dozenten meines Unternehmens, Überprüfung von Vermutungen etc. lehnte die Evangelische Kirche Rheinland grundsätzlich ab."

Sollte es tatsächlich so sein, wie ich es immer wieder von betroffenen Weiterbildungs-Anbietern hörte, dass die Kirche mit ihren eigenen Seminar-Angeboten in diesem Feld eine Konkurrenz sah? Als was müsste man dann die Sektenbeauftragten bezeichnen? Werkschutz?

In den gerichtlichen Unterlagen fand ich tatsächlich jede Menge Gesprächsangebote verschiedener Gutachter an die Kirche, darunter auch ein Leiter eines katholischen Jugendamtes. Weiter wurden angeboten mehrere tausend Teilnehmerbewertungen von 1981 bis

1999 und die Tatsachen, dass in den 18 Jahren seiner Existenz nie gegen das Unternehmen wegen der Inhalte der Seminare geklagt wurde, und dass die Bildungsarbeit keine Therapie ist und auch nicht als Dienst höherer Art anzusehen ist.

Die Schadensersatzklage des Unternehmens wurde vom Landgericht und Oberlandesgericht (OLG) Düsseldorf zurückgewiesen. Das OLG hat in seinem Urteil maßgeblich darauf abgestellt, dass die Evangelische Kirche im Rheinland sich bereits deshalb öffentlich mit dem Unternehmen auseinandersetzen durfte, weil der Seminaranbieter sich nicht darauf beschränke, in seinen Kursen und Seminaren individual-psychologisches Wissen zu vermitteln und zu lehren. Ziel des Seminars sei es auch, eine persönlichkeitsentwickelnde Weiterbildung von Kursteilnehmern zu fördern. Diese würden nach gesellschaftlicher Anerkennung und nach beruflichem Erfolg streben, weil sie sich hiervon ein reicheres, glücklicheres und erfüllteres Leben versprechen. Diese vom OLG erkannte Motivation der Kursteilnehmern sei Ausdruck der weit verbreiteten „Zeitgeist-Strömung", wonach berufliche und private Selbstverwirklichung den Lebensinhalt darstellten und demzufolge der Wert und die Lebensqualität eines Menschenlebens daran zu messen sei, ob und inwieweit es ihm gelungen sei, diese Ziele zu erreichen und zu verwirklichen. Wörtlich heißt es im Urteil vom 26. Oktober 2000 auf Seiten 21 und 22 dazu:

„Mit dieser Zeitgeist-Strömung muss die Beklagte [Evangelische Kirche] sich auseinandersetzen, weil sie der Verwirklichung und der Verbreitung ihrer Glaubens- und Heilbotschaft zuwiderläuft. Es gehört zu den fundamentalen Glaubensgrundsätzen der Beklagten, dass der wahre und letztendlich einzige Sinn des menschlichen Lebens darin besteht, ein gottgefälliges und durch den Glauben geprägtes Leben zu führen. Demzufolge hat der gläubige Christ in Verantwortung vor Gott und seinen Mitmenschen die Verpflichtung, seine Talente und Fähigkeiten in den Dienst seiner Mitmenschen zu stellen ..."

Weiter war in dem Urteil zu lesen, dass „der Kläger – entsprechend seiner eigenen Überzeugung – seine Kursteilnehmer darin bestärkt, berufliche und private Selbstverwirklichung und damit einhergehende gesellschaftliche Anerkennung" als einen „erstrebenswerten Selbstzweck und zugleich eine Garantie für ein sinnhaltiges, erfülltes und glückliches Leben" zu sehen.

Damit, so das Gericht, verbreite er „eine Zeitgeist-Strömung, die die Verbreitung und Vermittlung dieser religiösen Botschaft behindert und erschwert."

Bei dieser Passage hielt ich beim Lesen inne. Ich strengte mich wirklich an und überlegte, wann ich ein einziges Mal in all diesen Jahren von einem kirchlichen Sektenbeauftragten erlebt habe, dass er eine religiöse Botschaft verbreitet oder vermittelt hat. Interessanterweise hatte ich gerade auch von diesen beiden Sektenbeauftragten, die vehement gegen diesen Unternehmer arbeiteten, eher das Gegenteil erlebt.

Allein der Umstand, dass das Institut des Klägers regen Zulauf hatte und zu erwarten stand, dass zukünftig noch mehr Menschen an seinen Kursen teilnehmen werden, wurde ihm in diesem Verfahren zum Verhängnis. Das OLG Düsseldorf führt weiter aus, dass sich die Mittel, mit denen die Evangelische Kirche sich gegen das Institut zur Wehr setzen dürfe, lediglich an den Schranken messen lassen müssten, die gegenüber jedermann gelten.

Dieser Fall wurde in verschiedenen Arbeitskreisen, an denen ich teilnahm, lang und breit diskutiert. Allein die Begründung des Gerichts für die Legitimation der Kirche, sich gegen die Gefahr der Abwanderung der Kirchenmitglieder zu wenden, ist das Bemerkenswerte an diesem Urteil. Nach Lage der Dinge war auch ich der Auffassung, dass dies eine breite öffentliche Diskussion geradezu herausfordert.

Denn das Recht, sich gegenüber einem privatwirtschaftlich orientierten Unternehmen aus Wettbewerbsgründen zu äußern, ist damit an keine transparente Grundlage mehr geknüpft. Solange sich eine Volkskirche nur auf einen so genannten Öffentlichkeitsauftrag, dessen Umfang sie im wesentlichen selbst bestimmt, berufen muss, reicht es aus, wenn sie im Rahmen ihrer Äußerungen nicht allein diffamiert, sondern ihre ansonsten nicht durch Tatsachen unterlegten geschäftsschädigenden Äußerungen in das Gewand der Meinungsäußerung kleidet.

Nun war mir klar, weshalb mir Unternehmer immer wieder gesagt hatten, dass sie weit mehr Angst vor Sektenbeauftragten als vor Sektenmitgliedern haben. Sektenbeauftragte können existenzvernichtend sein.

Die Urteile des LG Düsseldorf (AZ: 2b 0 78/99) und des OLG Düsseldorf (AZ: 18 U 48/00) zeigten mir auch, dass es eine naive Annahme wäre, dieses vorliegende Verfahren würde nur diese eine Firma betreffen.

Auch ich musste nach Einsicht in diese Materialien und gemäß meinen eigenen Erfahrungen als richtig feststellen, dass der Kläger mit seiner Ansicht recht hat: „Wichtig ist, dass es nur dieses eine Schadensersatzverfahren gegen die Evangelische Kirche gibt! Dies liegt aber nicht daran, dass es keine weiteren Geschädigten gibt, sondern dass die Betroffenen weder finanziell noch nervlich in der Lage waren, eine solche Klage durchzustehen. Das Geschick dieser ‚Aufklärer', rechtlich unangreifbar, aber inhaltlich geschäftsschädigend zu formulieren, erschwert es außerdem, rechtlich fundiert gegen sie vorzugehen. Solange es keine neutrale Instanz gibt, kann sich auch weiterhin jede Interessengruppe zum Richter, Gutachter und Verfolger ernennen."

Verfolger? Richter? Gutachter? Waren das die Attribute, die einen Sektenbeauftragten auszeichnen dürfen? Ich denke nach wie vor: „Nein!"

In dem oben geschilderten Fall musste ich selbst mehrfach zivilrechtlich Unterlassungsklagen anstrengen, da die Szene der Sektenbeauftragten und deren Helfer und Helfershelfer meine Recherchen zu diesem Fall als „Zusammenarbeit" mit dem Unternehmer werteten und mir sogar fälschlicherweise unterstellten, ich würde „Psycho-Seminare" abhalten.

Selbst, als ich mehrere Verfahren in allen Instanzen gewonnen hatte und rechtskräftige Urteile vorlagen, wurde dieses Gerücht gerade in der Sektenberatungs-Szene immer wieder weiterverbreitet.

Die Hintergründe sind immer gleich. Ein Konkurrenzdenken, von dem ich zum Beginn meiner Versuche, über Aufklärung eben Klärung zu erreichen, gar nichts wusste, geschweige denn ahnen konnte.

Als mich eine ehemalige Seminar-Teilnehmerin dieses oben genannten Unternehmens kontaktierte, weil man ihr ohne Nennung von Gründen mehrere Geschäftskontakte aufkündigte, eine Bankverbindung abbrach und eine Welle von negativen Aussagen ihr berufliches und privates Leben völlig durcheinander wirbelten, kam sie auf den einzigen Nenner, den alle Gerüchte gemeinsam hatten: Sie hatte bei diesem Unternehmen, das sich gegen diese Art der „Aufklärung“ juristisch wehrte, mehrere Seminare belegt.

Und als mein Kontakt zu dieser Frau bei einer öffentlichen Veranstaltung bekannt wurde, wurde ich innerhalb von Tagen in einen Strudel von Gerüchten gerissen, die nachgewiesenermaßen alle aus diesen Kreisen der staatlichen und kirchlichen Sektenbeauftragten lanciert worden waren.

Da Rufmord seit Jahren zu meinem Alltag gehörte, wunderte ich mich über nichts mehr. Ich kannte alle massiven Versuche, meinen Ruf zu ruinieren. Systematische Diskreditierung waren die Schlüsselworte, die mich seit vielen Jahren begleiteten.

Als ein neuerliches „Corpus delicti“ auf dem Briefpapier eines Ministeriums vor mir lag, war das Alltag! Der Brief, unterzeichnet von einem Dr. Walter Kindermann aus dem Hessischen Ministerium für Umwelt, Energie, Jugend, Familie und Gesundheit, datiert vom 10. April 1997, wurde von ihm selbst dreiundzwanzig Mal an andere Ministerien verschickt. Bis hin zum Städtetag, dem Bundesinnen- und Bundesjustizministerium, damals noch in Bonn, stellte Kindermann in seinem Schreiben eigenartige Fragen über die Bürgerinitiative „Robin Direkt e.V.“, über meinen Mann und mich. Mit geschickt formulierten Fragen versuchte Kindermann an unserer Glaubwürdigkeit zu kratzen.

Jeder der Adressaten, der unsere Namen in irgendeinem Ministerium hört und keine Hintergrund-Informationen hat, würde sich an diesen Brief erinnern, ihn eventuell sogar als eine Warnung vor uns aussprechen und Kontakte zu uns unterbinden. Als Rechtfertigung kann sich dann jeder auf das Schreiben von diesem Kindermann herausreden. Gut eingefädelt, dachten vielleicht diejenigen, die es steuerten. Ich nenne es „perfektes Mobbing aus Behördenkreisen“.

Was mir persönlich passiert ist, wurde aufgebaut durch ein Gespräch mit einer Frau, die bei mir Rat und Hilfe für eine völlig verfahrene Situation suchte, die in ihr Leben durch die Aussagen von Sektenbeauftragten einbrach. Man nahm diesen Umstand, den Kontakt zu dieser Frau, als Aufhänger, um gegen uns vorgehen zu können.

Denn bereits damals sahen mich einige aus dieser Sektenszene schon deshalb als Gefahr, weil sie wussten, dass ich ihre Machenschaften nicht tolerierte. Es hört sich ja schon fast wie Realsatire an, wenn ein Beamter auf Steuerkosten mit Ministeriumspapier eine Aktion lanciert, um mir zu schaden. Bereits 1997 fragte ich mich natürlich: Haben wir soviel Steuergelder übrig, dass jeder Beamte solche Spiele quer durch Deutschland betreiben kann?

Übrigens: Hätte irgend jemand uns persönlich gefragt, wäre in fünf Minuten alles geklärt gewesen, das heißt, dass es ein mir unterstelltes Psycho-Seminar nie gab und die bundesweite Briefaktion des Beamten Kindermann wäre dadurch mit einem Telefonat hinfällig gewesen. Nur: Kein Mensch macht sich grundlos eine solche Arbeit und riskiert sogar noch eine Dienstaufsichtsbeschwerde.

Also, wer gab diesem Dr. Kindermann den Auftrag zu diesem Brief? Sein Vorgesetzter nicht, denn der wusste bei meinem Anruf am 29. August 1997 nichts von dieser Aktion. Kindermann hatte weder einen dienstlichen Auftrag, noch gehörte es zu seinem Arbeitsbereich, Rundbriefe über mich herumzuschicken. Zum Zeitpunkt meines Anrufes war Kindermann in Urlaub. Sein Vorgesetzter wollte mir erst nach einem Gespräch mit seinem Untergebenen antworten.

Weshalb wussten dann im Juli 1997 so viele Journalisten von diesem Brief? Einige riefen bei mir an und fragten mich, ob ich Feinde im Hessischen Ministerium hätte. Das Kartell der Sektenkritiker faxte ebenfalls Unterlagen herum, die dem Kindermann-Brief als Anlage beigelegen waren. Der Brief des Beamten Dr. Kindermann, den ich übrigens bis heute nicht kenne, wurde querfeldein verbreitet und stellte ein Paradebeispiel für gezieltes Mobbing dar. Raffiniert inszeniert. Ein Schreiben mit einem Briefkopf vom Ministerium lässt sich doch herumzeigen und verwenden. Wer hinterfragt denn noch Fakten bei einem so „seriösen“ Absender? Ich wusste mich zu wehren, und ich wehrte mich auch! Nur steht das jetzt hier überhaupt nicht mehr zur Debatte. Es gehört unter die Rubrik: Erfahrung mit Sektengegnern!

Die Frage ist doch: Welche Chancen hat eigentlich ein Bürger in diesem Land, wenn hier ein Kartell der so genannten Sektenkritiker über ihn herfällt? Wie oft lassen wir als Gesellschaft denn solche Vorgänge zu?

Wenn Ausgrenzung, gezielte Diffamierungen und auch Mobbing zu einem nicht nur geduldeten, sondern kultivierten Gesellschaftsspiel werden, dann driften wir ab und sollten uns auch nicht mehr auf das Grundgesetz, Artikel 1: „Die Würde des Menschen ist unantastbar“, berufen.

Eine ganz normale Mobbing-Geschichte?!

Nach einer langen Mobbing-Erfahrung musste eine Lehrerin, nennen wir sie Frau L., eine Langzeit-Therapie beantragen. Die Bewilligung durch das Schulamt erfolgte. Dies ist die Geschichte.

Im Unterricht hat Frau L. ihre Schüler über Sekten informiert und vor ihnen gewarnt. In der Schule, in der sie unterrichtete, war sie mit einer Kollegin befreundet. Diese Kollegin war Mitglied der Scientology-Kirche. Sie ließ sich hin und wieder unbezahlt beurlauben, um in Florida Kurse bei Scientology absolvieren zu können.

Frau L. hatte ein eigenes Verständnis von Religion und Spiritualität, und es war laut ihrer Aussage ein anderes als das von Scientology. Im Laufe der Zeit zog sie sich von ihrer Kollegin zurück. Aus ihrer gemeinsamen Zeit an der Schule wusste sie, dass die Kollegin wegen ihrer Scientology-Mitgliedschaft geschnitten worden war, dass die Eltern dagegen protestiert hatten, eine Lehrerin als Scientologin an der Schule zu haben und dass die Scientologin diese Art der Behandlung öffentlich geklärt haben wollte. Frau L. ließ das Gespräch mit ihr immer wieder zu und plädierte auch innerhalb der Kollegenschaft für einen Dialog. Denn für Frau L. war die Kollegin in gewisser Weise auch Opfer. Nach ihren Maßstäben kann ein erwachsener Mensch selbst entscheiden, wo er hingehört bzw. wo nicht. Das war die Basis, auf der sie bereit war, diesen Kontakt aufrecht zu erhalten. Jeder wusste, wo der andere stand.

Dann ging die Katastrophe los. Frau L. konnte sich überhaupt nicht erklären, woher auf einmal die massiven Mobbing-Attacken gegen sie kamen und erkrankte dadurch körperlich. Auf eigenen Antrag ließ sie sich in den Vorruhestand versetzen. Sie versuchte sich zu engagieren für Behinderte, Alte, einsame Menschen und wunderte sich, warum ihr immer die verrücktesten Sachen passierten. Weshalb sie gebeten wurde, nicht mehr zu kommen. Im Gespräch mit mir nannte sie es so: „Meine Welt steht allzu oft auf dem Kopf. Aber im Grunde weiß ich gar nicht, warum.“ In Kollegenkreisen wurde ihr gesagt, das alles käme sicher daher, dass sie mit der Scientologin reden würde. Aber es gab keine Beweise. Als Mitglied der Evangelisch-Lutherischen Landeskirche und Religionslehrerin fühlte sich Frau L. fest in ihrer Religion verwurzelt. In ihren Gesprächen mit der Scientologin ging es ihr um den menschlichen Kontakt.

Frau L. kam nicht zu uns, um sich als Opfer zur Schau zu stellen. Sie konnte nur nicht damit umgehen, warum ihr von unbekannter Seite – so, als würde ein Phantom wirken – immer wieder Boshaftes nachgesagt und unterstellt wurde. Ich machte ihr Mut und bat sie, weiter zu forschen, aus welchem Grunde zum Beispiel einige ihrer Freunde abrupt den Kontakt abgebrochen hatten, ihre Briefe nicht beantwortet, Telefonate mit einem kurzen Satz wegen „mangelnder Zeit" beendet wurden.

Nach mehreren Wochen erhielten wir einen langen Brief, in der die Mobbing-Betroffene ihre Nachforschungen aufgeschrieben hatte. Auf Grund verschiedener bedrohlicher Anrufe hatte sie sich eine Fangschaltung einrichten lassen. Der Anruf, in welchem sie jemand militant aufforderte: „aufzuhören, sich einzumischen, und dass sie es selbst zu verschulden habe, dass sie gemieden wird!" konnte zurückgeführt werden zu einer ihrer eigenen Lehrer-Kolleginnen, die mit ihr auch in der Kirchengemeinde Laienarbeit verrichtete. Genau die war es aber auch, die ihr gesagt hatte, die Attacken gegen sie kämen von Scientology.

Die Dokumentation endet wie folgt: „... Scientology war nie mein Weg, die Kollegin war mir als Mensch wichtig und ich wollte den menschlichen Kontakt zu ihr auch nicht verlieren. Mein Blickwinkel war als Ursache für das Mobbing immer auf Scientology und die Kollegin, die dieser Organisation angehört, gerichtet. Die Ursachen habe ich stets woanders gesucht, als in meinem eigenen beruflichen und kirchlichen Umfeld. Genau so wurde ich auch beeinflusst aus meinem eigenen sozialen Umfeld. Es kann nur Scientology sein.

An Hand der Fakten ist nachweisbar, dass ich gemobbt wurde, weil ich den Kontakt zu dieser Kollegin nicht gebrochen habe und auch offen zu diesem Kontakt stand. Es gab keine Heimlichkeiten, ich war nie mit ihr in irgendeiner Veranstaltung von Scientology. Ich sprach mit ihr über alles und vermied das Thema Scientology/Hubbard. Heute weiß ich, dass dies der Auslöser für das Mobbing war. Irgendwann einmal reißt auch einem gutmütigen Schaf wie mir der Geduldsfaden. Ich wollte endlich wissen, was gespielt wird und mich nicht mehr als Projektionsfläche benutzen lassen, von wem auch immer! Durch das lange Gespräch mit Renate Hartwig wurde mir klar, dass man sich einfach nicht unterkriegen lassen darf und Gerüchten mutig entgegentreten muss. Ich hörte auf, im Zwielicht von Vermutungen herumzutappen und ging auf alle zu, die sich grundlos von mir abwendeten. Ich wollte einfach nur wieder menschenwürdig leben!

Dieses Recht hatte ich seit langem nicht mehr. Auch wenn mich jetzt die vorliegenden Beweise erst einmal lähmen, wird mein Leben wieder durchschaubarer. Klare, deutliche Entscheidungen sind für mich unendlich wichtig geworden. Als erstes werde ich aus der Kirche austreten, weil gerade aus diesem Kreis diese Mobbing-Attacken kamen. Man hat nicht versucht, mit mir zu reden, sondern hat mich verurteilt. Ich wurde gemobbt und wurde darüber körperlich krank. Mein Glaube an die Menschheit hat stark darunter gelitten. Aber meine Lebenserfahrung ist daran gewachsen."

Stopp – wenn Aufklärung zum Fanatismus wird!

Aus dem Polizeibericht in Zwickau geht hervor: 30.000,– Euro Schaden durch Randalierer an einer Baustelle. Ein Schweizer „Aufklärer" mokiert, dass man darüber diskutiert und nennt es Bagatelle. Grund: der Geschädigte ist Scientologe.

„Unbekannte haben in der Nacht vom Dienstag gegen 21.00 Uhr auf Mittwoch 06.00 Uhr im Haus Hauptmarkt 13 in Zwickau gewütet. Sie beschmierten mit einem teerähnlichen Anstrich Fenster, Decken, Wände und Fußböden. Es entstand ein Schaden von über 30.000 Euro an den bereits sanierten Gebäudeteilen. Vermutlich gelangten die Täter über das am Haus aufgestellte Baugerüst in das Gebäudeinnere. Die Kripo Zwickau sucht Zeugen ..."

Es handelt sich dabei um eine Immobilie des Scientologen Kurt Fliegerbauer in Zwickau. Wie Fanatismus bereits greift, zeigen Äußerungen im Internet, z.B. von dem als Scientology-Kritiker gehandelten Peter Widmer aus der Schweiz. Der äußerte sich zu diesem Vorfall: „Jede kaum erwähnenswerte Bagatelle wie hier gegen den in Zwickau gerichtlich bekannten Scientologen Fliegerbauer muss zu diesem schmutzigen Getue herhalten."

Die darauf erfolgte Antwort einer Unternehmerin, die von so genannten Sektengegnern durch Rufmord geschädigt wurde, stellte Widmers „Bagatelle“ entgegen: „Herr Widmer, Schaden durch Diebstahl, Beschädigung oder Randalierer auf Baustellen haben schon zahlreiche Baufirmen in Deutschland in die Insolvenz getrieben. Sind über 30.000,– Euro Schaden durch Randalierer für Sie eine kaum erwähnenswerte Bagatelle?“

Wie man liest, für Peter Widmer schon. Für ihn wurde ja „nur“ ein Scientologe geschädigt. Für den nach außen als „Aufklärer“ auftretenden Widmer ist ein Scientologe „ein Zombie“, wie er das auch in einem Internetforum schreibt. Wäre der Zwickauer Vorfall jemandem aus dieser Zunft der Sektenbeauftragten passiert, wäre das für Widmer und sein fanatisiertes „Expertenumfeld“ sicher keine Bagatelle!

Da würde man auch sicher nicht lange fackeln, eine Gruppe zu finden, der man das, mindestens andeutungsweise, in die Schuhe schieben kann. So wie in diesen Kreisen der auch wahllos sofort zum „Scientologen“ oder „Scientologenhelfer“ gestempelt wird, der Vorgänge dieser Szene der „Experten“ hinterfragt.

Stigmatisieren, das gehört zum festen Bestandteil dieser Internetaufklärer a la Widmer! Und genau hier greift bereits Fanatismus. Hier wird Aufklärung zum Hass und zur Hetze. Es geht eben nicht, dass aus Zerstörung, egal wen sie betrifft, eine Bagatelle gemacht wird. Was heute eine „Bagatelle“ ist, kann sich schleichend zur Selbstverständlichkeit entwickeln. Dem gilt es generell entgegenzutreten. Da Widmer von sich aus gegenüber Dritten gerne auf seine Behördenkontakte hinweist, ist diese Art der „Aufklärung“ verwerflich und bedenklich.

Kennzeichnung „S"

Unser Treffen wurde vom Büro des ehemaligen Arbeitsministers Dr. Norbert Blüm für 9.00 Uhr im Frankfurter Hof avisiert. Es war ein schöner Frühlingstag 2001.

Während dieses Gespräches wollte ich ihm klarmachen, dass die Zwistigkeiten unter den Kritikern nicht mehr mit „persönlichen Animositäten" abgetan werden können, sondern dass sich dahinter ein handfester Skandal befindet, den es aufzudecken gilt. Das Gespräch über 1,5 Stunden war mehr ein „Small Talk" als ein richtiger Einstieg in die problembeladene Thematik. Ich hatte auch den Eindruck, dass Dr. Blüm über die Hintergründe gar nicht so viel wissen wollte.

Bei meinen Recherchen über wirtschaftliche Schäden, die zusammenhängenden bilateralen Beziehungen mit den USA und dem internationalen Geschäftsverkehr war mir von einem Sicherheitsbeauftragten eines Konzerns mitgeteilt worden, dass in den Arbeitsämtern Betriebe, die angeblich in Verbindung mit Scientology stehen, bereits seit Anfang 1997 mit einem „S" erfasst seien. Alle Arbeitsämter seien mit einer speziellen Software ausgestattet worden, so dass bei abfragenden Arbeitsvermittlern der Hinweis auf Scientology zusammen mit den Firmendaten erscheint.

Ich erinnerte mich an einen Vorfall 1998, in dem über ein Arbeitsamt fälschlicherweise ein Unternehmen als Scientology-Firma bezeichnet wurde und dies in einem Rundbrief an Berufsschullehrer verbreitet wurde. Ich saß damals in einer internen Veranstaltung eines Arbeitsamtes als Referentin, als der Veranstalter den Namen eines Unternehmens der Stadt nannte und es als hervorragende Leistung betitelte, dass man über verschiedene Kanäle dafür gesorgt habe, dass dieser „Scientology-Laden" allgemein gemieden wird. Mir waren die Firma und auch der Firmeninhaber persönlich bekannt. Es bedurfte einiger Anstrengung, den anwesenden Mitarbeiter des Arbeitsamtes davon zu überzeugen, dass es sich hier um ein Gerücht handelt und weder die Firma noch der Geschäftsführer etwas mit Scientology zu tun haben. Seine Aussage, die Firma wäre aber „erfasst", nahm ich gar nicht wahr, geschweige denn ernst, weil ich mir so etwas absolut nicht vorstellen konnte oder wollte. Nun bestätigte dies auch der Sicherheitsbeauftragte eines deutschen Konzerns. Wie kam es zu dieser „Brandmarkierung"?

Im Dezember 1996 gab es ein Rundschreiben der Bundesanstalt für Arbeit, in dem alle Arbeitsämter bis Ende April 1997 „auf dem Dienstweg“ der Zentrale in Nürnberg Informationen geben mussten, dass die „Eingabe mit dem S“ vollzogen sei.

Der damalige Präsident der Bundesanstalt, Bernhard Jagoda, argumentierte, dass die „Kennzeichnung der Sekten-Betriebe aus datenschutzrechtlicher Sicht“ zulässig sei. Außerdem würde diese Erfassung „der Aufgabenerfüllung“ dienen.“

Völlig verdutzt war ich bei meinen Nachrecherchen im Jahr 2001, dass die Speicherung eines Kennzeichens „S“ sogar auf die Initiative des damaligen Arbeitsministers Dr. Norbert Blüm zurückgeht.

Mit Kopfschütteln registrierte ich ab diesem Zeitpunkt das „Entsetzen“ von Politikern in der Öffentlichkeit darüber, dass die USA den Umgang mit dem Thema Scientology in Deutschland heftig kritisierten.

Natürlich sah ich seit langem den Spagat zwischen dem, was und wie Scientology hier in der gesellschaftspolitischen Auseinandersetzung behandelt wurde und dem, wie verschiedene Bundesministerien wie das Auswärtige Amt bei direkten Kontakten mit amerikanischen Senatoren und Unternehmensvertretern zurückruderten. Von wegen, die Verfassungsschutz-Beobachtung würde ja nur noch in verschiedenen kleinen Bundesländern stattfinden – wie es Anfang 2002 beschwichtigend hieß – und selbstverständlich überlasse man die Entscheidung, Scientologen zu beschäftigen, der jeweiligen Firma und würde sich auf Grund des „Neutralitätsgebotes“ in firmeninterne Angelegenheiten ja gar nicht einmischen.

Dem widersprach ja wohl die Kennzeichnung „S“ in allen Arbeitsämtern ebenso wie die vor Jahren beschlossene Negativerklärung zu Scientology in der staatlichen Auftragsvergabe. Dazu kommen die Schäden im wirtschaftlichen Bereich!

Im Jahr 2000 wurde von katholischen und evangelischen Sektenbeauftragten eine Diskussion um Microsoft angezettelt, die sich innerhalb kürzester Zeit an Hysterie nicht mehr überbieten ließ. Der Hintergrund war ein geschäftlicher Kontakt der Firma Microsoft/USA mit einem Unternehmen, dessen Besitzer ein Scientologe ist. Der hatte daraus nie ein Geheimnis gemacht und dabei wohl nicht an

Deutschland gedacht. Überlegungen, Microsoft aus den Behörden-Computern zu verbannen, waren jedoch reine Propaganda, um das Feindbild Scientology nicht zu gefährden und vielleicht auch, um den Preis für Microsoft-Produkte zu drücken. Um den deutschen Markt, die damit verbundenen Arbeitsplätze und um Umsatzzahlen nicht zu gefährden, war die Firma Microsoft wohl bereit, teilweise große Preisnachlässe für öffentliche Institutionen zu gewähren. Natürlich hat sich diese Situation ebenfalls in den Wirtschaftsgremien und -kammern in den USA herumgesprochen. So entstand über dem Großen Teich eine Diskussion über diese Zustände. Und wenn dann im „Büro für Arbeit, Demokratie und Menschenrechte" im US-Außenministerium sowie beim „US-Handelsbeauftragten" beim amerikanischen Präsidenten Beweise wie das folgende Schreiben von einem Arbeitsamt an einen Scientologen auftauchen:

„Betreff: Datenschutz, Rechte der Betroffenen

... Ihrem Antrag auf Löschen von Daten (Kennzeichnung als Mitglied der Scientology-Organisation) kann ich leider nicht nachkommen ...", da braucht sich doch in diesem Land niemand mehr zu wundern, dass es in den USA eine Diskussion bis in höchste politische und wirtschaftliche Kreise gibt.

Die mir vorliegenden Unterlagen beweisen, dass in allen ca. 860 deutschen Arbeitsämtern Computersoftware umstrukturiert wurde, um Betriebe als „Scientology" zu kennzeichnen. Über die Erhebungskriterien so einer „Zugehörigkeit" gibt es jedoch keine nachlesbaren Richtlinien. Rufmord und Diskriminierung sind so im wahrsten Sinne des Wortes vorprogrammiert.

Völlige Verwirrung herrscht in Unternehmen, die sich in Deutschland auf Grund unserer Wirtschaftssituation ohne Fusionierung mit ausländischen Firmen nicht halten können. Firmenchefs, die sich dieser allgemeinen Regel „Scientologen raus" angeschlossen haben, kommen regelmäßig in erhebliche Erklärungsnot gegenüber ausländischen Geschäftspartnern. Auf Grund meiner Dozententätigkeit im Bundeswirtschaftsministerium sind mir die Probleme der großen deutschen Konzerne und ihrer Sicherheitsbeauftragten bekannt. Der Spagat zwischen Angst vor Image-Schaden, falls irgendein Sektenbeauftragter im Unternehmen einen Scientologen aufspürt und dies über die Medien verbreiten lässt, und dem

Auftragsverlust mit ausländischen Geschäftspartnern wegen dieser Vorgehensweise zeigt die Grauzone, in die Unternehmen gezwungen werden.

Dass sich da der eine oder andere Investor ernsthaft überlegen muss, ob er in Deutschland investieren soll, ist nicht verwunderlich.

Auch nach diesen Erkenntnissen und Beweismitteln, die mir auf Grund meiner speziellen Recherche vorliegen, kann ich das eine oder andere Unternehmen verstehen, wenn es einen Standortwechsel nach außerhalb Deutschlands vornimmt.

```
H                              BETRIEBSDATEN                             F3  07:42

 0 Bez:    Z. Dr[redacted]....    11 Suchw    : [redacted]...      99: .
          ..............................     12 BKZ      : 8562a..
 3 AnZusatz: ..............................     13 Beruf    : [redacted]........
 4 Straße  : [redacted]...............     14 VV-Text: ......................
 5 PLZ/Ort  :  ................     15 BetrNr : [redacted] 000
 7 OKn/KBem:  ................     16 WKL      : 780
 9 Telefon  :                     17 Kammer : Z..  BK18a : ...... P
10 AnspPart:  ...............     20 BGröße : 0..  Beh/so: .

22 Zust. DSt  : A01           33 H BKZ: [redacted]..        34 IntKenn: ......
23 A Reg Schl: A01 10.        35 N BKZ: ..... ..... ..... ..... ..... .....
25 Werbung    : S 010899                ..... ..... ..... ..... ..... ..... ..
27 le Werbung: 200898         36 OSt   : [redacted] ..... ..... ..... ..... .....
28 Wiedervorl: ...... ....              ..... ..... ..... ..... ..... ..... 1.
30 le Kontakt: S 061098 [redacted]   37 Azubi: 0. 0. 0. 0.  41 Fachkr: 0..
42 Bemerkung : >>>Scientology<<<.....................  le Bearb: 081098 [redacted]
43 VBer: bdal  .......................................  ZusDaten: F3T

 Feld-Nr: ... >> Scientology-Betrieb <<
 Auswahl: 93. Dokumentverwaltung (SYS)
  F3V      F1       B1       A3       F2       F4       F3T   -lfd Nr- +lfd Nr+
```

```
[redacted]. [redacted] DOKUMENTE Auftrag Achtung          A3T 1 / 1
Achtung:
          >>>  S c i e n t o l o g i e   <<<





 Auswahl: 21. Dokument anzeigen                              DokSort: Name
  A1       A2     DokSort  DokListe - Dok -  + Dok +    A3   -lfd Nr- +lfd Nr+
```

Einzelfall-Entscheidung?

Ein städtischer Arbeiter, seit 1990 bei der Kommune beschäftigt, klagte gegen den von der Staatsregierung empfohlenen Fragebogen zur Ausforschung von Scientologen. Der Arbeiter verweigerte alle Angaben mit dem Hinweis, hier gehe es ausschließlich um seine Privatangelegenheit und reichte beim Arbeitsgericht Klage gegen die Stadt München ein. Dort wurde seine Rechtsauffassung bestätigt.

Genau mit ihr begann der offizielle Eiertanz.

„Nicht mehr als eine Einzelfall-Entscheidung", argumentierte das Ministerium.

Der Personalreferent versicherte gegenüber einer Münchner Zeitung: „Der Mann sei nie auffällig geworden."

Genau wie in anderen Fällen, wurde über Dritte – in diesem Fall dem Innenministerium München gegenüber der Stadt München – mitgeteilt, dass der Mitarbeiter Kontakt zu Scientology unterhalte. Erst daraufhin wurde ihm der Fragebogen vorgelegt. Der Sprecher des Bayerischen Innenministeriums sieht durch die Entscheidung die Berechtigung der in seinem Haus entwickelten Fragebögen in keiner Weise in Frage gestellt.

Seit Ende 1996 werden, das bestätigte der Sprecher des Ministeriums, im Freistaat Bayern Anwärter auf den Öffentlichen Dienst nach eventuellen Beziehungen zu Scientology speziell befragt. Auch den bayerischen Kommunen wurde dieses Abfragen flächendeckend empfohlen.

Definitiv sicher ist, dass ähnliche Abfragen auch gegenüber externen Firmen vorgelegt werden. Der Pressesprecher des Bayerischen Innenministeriums weiter: „Die große, seit der Einführung der Fragebögen 1996 angekündigte juristische Offensive gegen den restriktiven Kurs des Freistaats ist Scientology bisher in jedem Fall schuldig geblieben ... Dieses Verhalten gehört zur systematischen Desinformationskampagne der Sekte!" Genau wegen dieses letzten Satzes wurde ich übrigens aktiv.

Ist es eine Desinformationskampagne oder wird hier, nach Gerichtsfällen, schlichtweg untergestapelt mit der Aussage: „Einzelfall"?! Juristisch gesichert ist die Erkenntnis, dass gegen die Fragebögen der Bayerischen Staatsregierung nur von Betroffenen geklagt werden kann.

In der Außenwirkung haben wir Bürger keinerlei Möglichkeiten, diese Angelegenheit nun bewerten zu können. Auf Nachfrage bei Juristen wird insbesondere dieser Seitenhieb, dass die angekündigte juristische Offensive ausgeblieben sei, dahingehend bewertet, dass man nicht pauschal klagen kann, sondern logischerweise nur über eine betroffene Person. Und Klagen gegen den oben genannten Fragebogen gab es mindestens zwei. Beide wurden vom Gericht im Sinne der Scientologen beschieden.

Weil man sich einerseits vor einer klaren Rechtslage gedrückt hat und sich dann bei Klagen der anderen Seite auf populistische Aussagen zurückzieht, bleibt der „ungeklärte" Zustand erhalten.

„Verfassungstreue"

Der Freistaat Bayern schließt nicht nur in der Vertragsgestaltung zwischen Lieferanten und Dienstleistern die Erklärung als Abfrage vor Vertragsabschluss ein, sondern: Seit Ende 1996 hat jeder Arbeitnehmer und Beamte des Freistaats Bayern einen Fragebogen über alle privaten Kontakte mit Scientology auszufüllen.

Bis zum Jahr 2001 war ich der Ansicht, dass alle diese Maßnahmen rechtlich abgeklopft wurden und deshalb in Ordnung sind. Aufgefallen sind mir dann in den einzelnen Verfassungsschutzberichten jene Auf- und Abbewegungen, mit denen das Thema Scientology behandelt wird, was sich mir mittlerweile als das ewige Wiederkäuen von irgendwelchen längst bekannten und ausdiskutierten Informationen darstellt.

Nun bin ich niemand, der die Dinge „einfach so stehen lässt" und sich nicht mehr darum kümmert. Also hinterfragte ich bei Behörden, in Gesprächen mit Beamten, Juristen und Politologen, ob eine Beobachtung durch den Verfassungsschutz automatisch zu Einschränkungen im beruflichen Leben führen muss. Man erklärte mir sogar von Seiten der Verfassungsschutzbeamten, dass es im Fall Scientology um eine reine Beobachtung ohne abschließende Analyse geht. Ich wunderte mich darauf hin ein bisschen weniger über die Aussagen in verschiedenen Verfassungsschutzberichten, in denen von

„Missachtung von Regeln des Staates“ gesprochen wird, aber nach fünf Jahren „Beobachtung“ absolut nichts „Handfestes“ zu sehen ist, was eine Konsequenz für uns Bürger, die Gesellschaft, bedeuten könnte.

Dem gegenüber steht nun allerdings der Umgang mit Bürgern, die der Staat als „Scientologen“ identifiziert hat. Über einen Informanten hatte ich erfahren, dass es für Beamte in Bayern im Zusammenhang mit einer vermuteten Scientology-Mitgliedschaft ganz massive Befragungstechniken gebe. Von Behördenseite wurde ich informiert, dass eine Art „Scientology-Filter“ ein fester Bestandteil bei der Vertragsgestaltung mit externen Firmen sei. In verschiedenen „Vier-Augen-Gesprächen“ mit Beamten wurde mir klar, dass es diese so genannte Abfrage im Einzelfall tatsächlich gibt und es für die jeweilige Person tief greifende existentielle Konsequenzen mit sich bringen kann, wenn sie dabei als „Scientologe“ bestätigt wird.

Dazu fiel mir die PDS ein. Diese Partei wird auch vom Verfassungsschutz beobachtet. Wurden denn die Abgeordneten im Deutschen Bundestag – oder nach neuesten politischen Entwicklungen – ein Berliner Minister Gysi ebenfalls zu seiner „Verfassungstreue“ ins Kreuzverhör genommen? Ja oder Nein?

Für mich stellt es sich heute so dar, dass die Scientology-Beobachtung eher eine „Prävention“ darstellt, also dass man sagt, es könnte irgendwann in der Zukunft mal was passieren und deshalb werden ihre Mitglieder persönlich auf ihre „Verfassungstreue“ abgeklopft.

Wie unangenehm das Thema insbesondere in Kreisen von Behörden, aber auch von Juristen empfunden wird, erlebte ich nicht nur einmal. Umso unangenehmer es diesen Personen wurde, umso mehr begann ich, Informationen zu sammeln.

Wie es die wundersamen „Zufälle“ in meinem Leben immer wieder zeigten, erhielt ich ein Protokoll über die Befragung eines Beamten zu seiner „Verfassungstreue“ im Zusammenhang mit Scientology. Und wieder kroch es mir eiskalt über den Rücken, was hier als „feste Maßnahme“ ohne Rechtsgrundlage angewendet wird.

Ein Beamter, ein Protokoll und eine Befragung

Auf Vorladung erschien ein Beamter, um sich einer Befragung über seine Verfassungstreue zu unterziehen.

Ihm wurde mitgeteilt: „dass Erkenntnisse des Bayerischen Staatsministeriums des Inneren vorliegen, die Zweifel an seiner Treue zur Verfassung aufkommen lassen." Deshalb führte man mit ihm ein Personalgespräch. Er wurde auch auf seine Verpflichtung zu wahrheitsgemäßen Angaben hingewiesen.

Dann wurde ihm ein Verzeichnis der wichtigsten extremistischen und extremistisch beeinflussten Organisationen vorgelegt: eine Bekanntmachung des Bayerischen Staatsministerium des Inneren vom 6. April 1995, Nr. I F 1-0331-2, geändert durch Bekanntmachung vom 3. November 1997. Auf dieser Liste ist seit 1997 auch „Scientology" verzeichnet. Der Beamte wurde gefragt, ob er Mitglied einer dieser Organisationen sei. Er bestätigte, Scientologe zu sein. Daraufhin wurde der Beamte darauf aufmerksam gemacht, dass dies disziplinarrechtliche Konsequenzen nach sich ziehen könnte. Es folgten weitere Fragen, auch, wie er zu seiner Mitgliedschaft gekommen sei. Er antwortete, er sei nicht angeworben worden, sondern aus eigenem Antrieb zur SO gestoßen. Er sei schon immer ein Suchender gewesen, der sich mit dem Sinn des Lebens und dabei ausführlich mit verschiedenen Religionen beschäftigt hat. Seit Mitte der 80er Jahre hätte er Literatur von Scientology gelesen und Kurse besucht. Er betonte, dass er in Scientology keine Funktion ausübe. Der Besuch der Kurse sei seine Privatsache.

Das interessierte den Befragenden wenig. Der wollte wissen, welche und wie viele Kurse er genau besucht habe. Der Beamte meinte dazu, dass es Kurse gäbe, die sich über den Zeitraum von einigen Wochen hinziehen, andere Kurse dauerten mehrere Jahre. Es sei auch vorgekommen, dass er längere Pausen bis zu einem Jahr gemacht habe. Die Kurse hätte er sich nach seinem eigenen Interesse ausgesucht. Bevor er aber weitere Einzelheiten angäbe, wolle er wissen, welche Konsequenzen dies für ihn haben könnte und ob die Sache mit der Befragung beendet sei.

Daraufhin wurde dem Beamten erklärt, dass der Freistaat Bayern die Ziele der Scientology als verfassungsfeindlich „einschätzt" und auch die bloße Teilnahme an Kursen bereits eine Unterstützung, zumindest der finanziellen Art, der Organisation darstelle. Letztlich würde sich die Frage stellen, ob der Beamte auch weiterhin Mitglied bleiben wolle. Bei Fortsetzung des Gesprächs wurde der Beamte belehrt, dass er das Recht habe, die Aussage zu verweigern und sich gegebenenfalls auch vor weiteren Aussagen rechtlich beraten zu lassen.

Der Beamte erklärte, im Moment keine weiteren Aussagen machen zu wollen. Auf seinen Wunsch hin wurden dem Beamten eine Liste mit weiteren sehr persönlichen Fragen zu seiner Mitgliedschaft bei Scientology übergeben. Er wurde darauf hingewiesen, dass es sich um keine abschließende Aufstellung handele und dass die gewonnenen Erkenntnisse gegebenenfalls den betreffenden Behörden zur Überprüfung weitergegeben würden. Nun musste er sich entscheiden. Es wurde ein Disziplinarverfahren eingeleitet. Der Beamte hat daraufhin seinen Kontakt zu Scientology nicht mehr aufrecht erhalten.

Vergebens suchte ich in der Bayerischen Verfassung die Passage, dass das Lesen von Büchern und der Besuch von Kursen gegen die Verfassung verstößt. Hier fehlt einmal mehr die rechtliche Grundlage.

Jetzt wundere ich mich eigentlich nicht mehr, dass zum Beispiel eine Politikerin wie Frau Leutheusser-Schnarrenberger – als Vertreterin für Menschenrechte – mit solchen Vorfällen von Seiten der amerikanischen Regierung konfrontiert wird.

Man kann es drehen und wenden, wie man will: Nur, das hier erweckt schon stark den Eindruck einer Verurteilung ohne Verhandlung.

Wie widersprüchlich mit diesem Thema generell umgegangen wird, beweisen auch folgenden Fakten:

Im Jahr 2002 unterzog die Regierung von Oberbayern einen Taxifahrer einer Sicherheitsüberprüfung, der für Auftragsfahrten im Besitz der Zutrittsberechtigung zu den Anlagen des Münchener Flughafens war:

„Im Rahmen der zu Ihrer Person durchgeführten Zuverlässigkeitsprüfung gemäß § 29 d LuftVG (Wiederholungsüberprüfung) wurden uns die nachfolgenden Erkenntnisse mitgeteilt: Sie seien Mitglied der Scientology-Kirche Bayern e.V. und hätten dort Kurse absolviert ...

Das Ergebnis der Zuverlässigkeitsüberprüfung kann unter Umständen zur Folge haben, dass Ihnen die oben genannte Zutrittsberechtigung entzogen wird ...“

Der Mitarbeiter der Regierung in Oberbayern, der diese Angelegenheit bearbeitet und die Zuverlässigkeitsüberprüfung eingeleitet hat, dokumentiert in diesem Schreiben eine Rechtslage, die es nicht gibt. Auch hier ist bedenklich, wie mit dem Thema umgegangen wird. Denn die berufliche Existenz des Taxifahrers ist stark von seinen Auftragsfahrten von und zum Flughafen abhängig!

Der unbeteiligte Leser muss sich hierzu einmal klar machen, dass es von Seiten der deutschen Regierung längst nicht eindeutig geklärt ist, worum es sich bei Scientology eigentlich handeln soll. Anfang 2002 wurde Scientology in Holland als Kirche anerkannt. Im Oktober 2001 wurde die Scientology-Organisation in Italien vom Obersten Gerichtshof als kirchliche Gemeinschaft anerkannt. Im März 2000 wurde Scientology auch in Schweden die Anerkennung als Religionsgemeinschaft ausgesprochen. Mehrere vom Staat anerkannte Scientologen-Schulen gibt es in Dänemark und in der Schweiz. „Scientology – ok“ titelte die Zeitung taz bereits am 16. Mai 1998, nachdem zwei Scientology-Schulen in Nordschleswig (Dänemark) mit den dort gelehrten Inhalten genehmigt worden waren. Das bestätigte damals sogar der schleswig-holsteinische Sektenbeauftragte.

Im Jahr 2002 haben wir in Deutschland immer noch einen völlig ungeklärten Zustand. Amerikanische Firmen, die sich aus Deutschland zurückziehen. Andere, die sich auf Grund dieser Situation weigern zu investieren oder mit deutschen Firmen in Geschäftskontakt zu treten. Nicht nur sinnvoller, sondern auch demokratischer und auf den festen Beinen des Rechtsstaates stehend, wäre eine fundierte Rechtslage, der eben eine eindeutig juristische Klärung zu Grunde liegt.

Da es diese nicht gibt, riecht die ganze Angelegenheit für Außenstehende, erst recht auf dem Schreibtisch des Menschenrechtskomitees der Vereinten Nationen, nach Willkürmaßnahme.

Im Strafrecht heißt es: Im Zweifel für den Angeklagten! Bevor nicht eine rechtliche Verurteilung und Klärung in dieser Angelegenheit vorhanden ist, also ein rechtskräftiges Urteil gefällt ist, kann niemand von einer bloßen Mitgliedschaft in Scientology Schaden nehmen müssen. Demokratie ist nicht einfach. Nur: Wo fängt sie an zu bröckeln?

Bildlich gesprochen: Wenn man sie als schützende Hand über der Freiheit und der Würde des Einzelnen sieht, damit alle Menschen miteinander – egal welcher Rasse, Religion, Weltanschauung oder Hautfarbe sie sind – leben können, dann wird ihr durch Maßnahmen, die nicht rechtlich abgesichert sind, ein Finger abgeschlagen. Dadurch werden Demokratie und Rechtsstaat zur Farce!

Ich hatte in den letzten Jahren endlose Diskussionen bis hin zu sehr harten, aber sachlichen Auseinandersetzungen, weil gerade ich jetzt mit einem solche Vorstoß kam. Als erstes Argument bekam ich um die Ohren geschlagen, dass ich doch diejenige gewesen sei, die das Thema Scientology in der Öffentlichkeit thematisiert habe. Das Argument stimmt. Meine Antwort aber auch. Ich habe es in die Öffentlichkeit gestellt zur „Klärung“! Und? Wurde es geklärt? Nein! Es wurde, wie bereits erwähnt, für mehrere Personengruppen zum Steigbügel für eine sichere Position! Und für den Verfassungsschutz zum Dauerauftrag! Aber es wurde auf keinen Fall „sauber, rechtsstaatlich geklärt“! Genau darauf bestehe ich jetzt!

Ausforschung der „besonderen Art“

Der Unternehmer war mit seinem freien Mitarbeiter, einem Grafikdesigner, zufrieden, es gab keinerlei Beanstandungen. Doch es kam anders, als er wollte. Der Scientologe „musste weg“. Dadurch kam es in dem Unternehmen zu folgendem Vorfall, der vor dem Arbeitsgericht endete.

Der Inhaber des Unternehmens, einer Druckerei, rief seinen freien Mitarbeiter über das Haustelefon und bat ihn zu einem Gespräch in seinem Büro. Dort wurde der Mitarbeiter vom Unternehmer einem Herrn Gerhard B. vorgestellt. Außerdem wurde ihm eröffnet, dass es in dem Gespräch um seine Mitgliedschaft bei der Scientology-Kirche gehe. Die ihm fremde anwesende Person stellte sofort Fragen. Erst durch Zufall erfuhr der Mitarbeiter, dass dieser Herr von einer Unternehmensberatung mit dem Namen „Safety First!“ aus Nürnberg sei. Und dann begann eine Befragung der „besonderen Art“.

Der Herr von der „Unternehmensberatung“ wollte wissen, wie lange der Mitarbeiter bereits Mitglied in der Scientology sei, ob er von dieser überzeugt sei, wie weit er dort sei, wann er das letzte Mal dort war, ob er „Auditing“ (die „Seelsorge“ der Scientologen) selbst gebe oder nur bekomme, wie viel Geld er bei Scientology bereits ausgegeben hätte, wer Leiter der Scientology in München sei und weitere sehr spezielle Fragen über die Organisationsstruktur der Scientology in München. Der Mitarbeiter war durch dieses Gespräch völlig überrumpelt und versuchte, aus dem Stegreif Antworten zu geben. Dies gelang ihm nur teilweise, da er viele Fragen mangels Wissen gar nicht beantworten konnte.

Der „Unternehmensberater“ setzte sich dann vor einen Laptop und las daraus Zitate von L. Ron Hubbard, Gründer von Scientology, vor. Der Mitarbeiter entgegnete, er könne sich dazu gar nicht äußern, da er die Zitate nicht kenne und auch den Zusammenhang, in dem die Zitate stehen, nicht wisse.

Als der „Unternehmensberater“ den Mitarbeiter vor die Alternative stellte, „welche Entscheidung er fällen würde, wenn er zwischen der Scientology und der Firma entscheiden müsse“, antwortete der Mitarbeiter, „dass diese Frage in dieser Form unzulässig sei.“ Dem widersprach der „Unternehmensberater“ und antwortete: „Entscheiden Sie sich jetzt zwischen der Scientology oder der Firma.“ Der

Unternehmer mischte sich dann in das Gespräch ein, um festzustellen, dass es wohl besser sei, man würde sich trennen.

Als der Mitarbeiter an seinen Arbeitsplatz zurückkehrte, wussten seine Arbeitskollegen bereits Bescheid. Sie schienen bereits über diese Aktion eingeweiht gewesen zu sein. Drei Tage später erhielt der Mitarbeiter die Kündigung in schriftlicher Form. Der tatsächliche Kündigungsgrund war nicht darauf zu lesen:

„Kündigung:
Im Nachgang zu dem Gespräch vom vergangenen Freitag ... bestätigen wir hiermit die mündliche ausgesprochene Kündigung ...! Da Herr ... bei uns als freiberuflicher Mitarbeiter tätig war, erübrigt sich die Einhaltung eventueller Kündigungsfristen.

Mit freundlichen Grüßen
...
Geschäftsleitung ..."

Ein weiteres Gespräch zwischen dem freien Mitarbeiter und dem Unternehmer verlief ergebnislos, obwohl der Mitarbeiter äußerte, dass er das Ganze als sehr unfair empfinden würde, zumal der Unternehmer bereits seit längerem von der Scientology-Mitgliedschaft seines Mitarbeiters wusste.

Da der Unternehmer von der Angelegenheit nichts mehr hören wollte, ging der Scientologe vor Gericht und klagte vor dem Arbeitsgericht gegen diese Kündigung. Es kam auch zur Sprache, dass der „Unternehmensberater" im Auftrag des Unternehmers dazu bestimmt worden war, Gründe für die Kündigung des Scientologen zu finden.

In diesem Fall ist eindeutig beweisbar, dass die fristlose Kündigung wegen der Mitgliedschaft bei Scientology erfolgte. Natürlich stellt das eine „unerlaubte Handlung" dar. Es ist ja schon makaber, dies immer wieder zu wiederholen, aber es geht eben nicht anders: „Unerlaubt" deshalb, weil es eben keine Rechtsgrundlage gibt. Dass solch ein Fall als „weltanschauliche Diskriminierung" von Seiten der Scientology an Menschenrechtsgremien gemeldet wird, ergibt sich ja fast schon von selbst.

Ich erkannte diesen Fall auf Anhieb, trotz der vielen Schwärzungen. Ich konnte mich erinnern, dass der Unternehmer von mir damals wissen wollte, „wie man am besten einem Scientologen kündigen kann." Meine Erläuterungen, dass das überhaupt nicht möglich ist, machten ihn sehr nervös. Erst in der Nachrecherche erfuhr ich, warum: Ihm war eindeutig mitgeteilt geworden, dass er mit einem Mitarbeiter, der Scientologe ist, Gefahr läuft, keine städtischen oder staatlichen Aufträge mehr zu erhalten. Auf Rückfrage bei verschiedenen offiziellen Anlaufstellen wurde ihm von staatlicher Seite dieser „Unternehmensberater" empfohlen. Nach meiner Recherche musste der Firmeninhaber dem „Unternehmensberater" für diesen „Service" einen Betrag von DM 2.000,– und dann noch ein saftiges Lehrgeld zahlen aufgrund der Auseinandersetzung vor dem Arbeitsgericht, die danach folgte. Die Abfindung an den gekündigten Scientologen und die Gerichts- und Anwaltskosten. Das einzige, was nichts kostete, war das schlechtes Gewissen, das er dabei bekam.

Episoden am Rande
„Können wir für Sie werben?"

Wer soll sich da noch auskennen? Während eines mehrjährigen Rechtsstreits gegen die Bundesanstalt für Arbeit, in dem eine Scientologin heftig für die Erteilung einer Lizenz als Arbeitsvermittler kämpfte, bekommt sie ein Rundschreiben des Arbeitsamtes. Die Scientologin wird darüber informiert, dass die gesetzlichen Grundlagen für Arbeitsvermittler im März 2002 geändert wurden und sie deshalb als Arbeitsvermittlerin begrüßt werde. Der Scientologin, die über acht Jahre und drei Instanzen Prozess- und Anwaltskosten investieren musste und währenddessen zwischen „Berufsverbot" und „Arbeitserlaubnis" hin und her sprang, mag dies wohl auch wie ein schlechter Witz vorgekommen sein.

Ich erinnerte mich an das Verfahren aus den letzten Jahren, als ich das hörte. Völlig absurd, was sich hier mitten unter uns abspielt, war mein erster Gedanke. Ich erinnerte mich an den Anruf einer Richterin, die mich bat, ihr Hubbard Richtlinien zu erklären. Auf Nachfrage interessierte sie sich wegen einem Gerichtsverfahren für dieses Metier, in dem es um die Beweislage „Unzuverlässigkeit" von Scientologen wegen ihrer Mitgliedschaft ging. Scheinbar hatte sie sich auch noch bei anderen Stellen mit der gleichen Frage gemeldet. Und nun wird das Arbeitsamt aktiv und bietet dieser Scientologin, die seit acht Jahren gerichtlich um ihre Lizenz kämpft, Werbeflächen im Arbeitsamt an? Wie passt das zusammen? Vor ein paar Jahren hätte ich noch gesagt: „Da weiß die linke Hand nicht, was die rechte tut."

Heute sehe ich es wegen der Unglaublichkeiten, auf die ich kam, sehr klar. Im Thema Scientology werden alle Grauzonen erlaubt und als normal betrachtet, die es gibt, bis hin zur Überschreitung der Grauzonen. Die Devise – „Feindbild nicht klären, sondern aufrecht erhalten" – ist (fast) flächendeckend angekommen.

2001 kam nun der Arbeitsamtskandal – staatliche Vermittler wurden für ineffektiv befunden – und schwups wurde das Arbeitsvermittlergesetz geändert.

Nur wer übernimmt nun eigentlich in diesem Rechtsstaat die Klärung, ob das, was da acht Jahre lang an Prozessen gelaufen ist, rechtens war?

Eine Aussage und die Hintergründe

Im Mai 2000 äußerte sich der Pressesprecher der Deutschen Bank in Frankfurt gegenüber den Medien, wie die Bank mit dem Thema Scientology umgehe: „Im Bankengeschäft spielt die Konfession keine Rolle, und es kann nicht sein, dass wir einzelne Glaubensgruppierungen ächten."

Vorausgegangen war natürlich Lehrgeld, das die Deutsche Bank in den USA gegenüber einer Scientologin zahlen musste. Die Scientologin, Ende 20, wurde in der Deutschen Bank in Manhattan/New York in der Devisenabteilung angestellt.

Nach sechsmonatiger reibungsloser Zusammenarbeit wurde sie mit einem „Arbeitsverbot" belegt, gegen das sie sich wehrte. Hintergrund war ihre Scientology-Mitgliedschaft, aus der sie ja auch keinen Hehl gemacht hatte. Auf mehrere Beschwerden hin, dass sie weiterarbeiten möchte, wurde ihr gekündigt. Zehn Monate lang klagte sie wegen Diskriminierung gegen die Deutsche Bank in Manhattan/New York. Schließlich einigte man sich außergerichtlich auf eine Zahlung von 125.000,– Dollar Schadensersatz und einer schriftlichen Entschuldigung von Seiten der Deutschen Bank gegenüber der Scientologin.

Eine dubiose Kündigung

Eine Kündigung, die dubioser nicht sein kann. Der vorliegende Fall befand sich schon einmal auf meinem Schreibtisch. Damals wie heute halte ich die folgende Vorgehensweise als typische Handlungsweise ohne jede Rechtsgrundlage.

Dieses Mal befand sich der Fall in den Bergen von Dokumenten, die Scientology zur Untermauerung ihrer Vorwürfe für die Ungleichbehandlung ihrer Mitglieder in Deutschland bei den Vereinten Nationen und einem Menschenrechtsbüro bei der amerikanischen Regierung vorgelegt hat.

Übrigens ist mir dadurch auch klar geworden, aus welchem Grunde die offiziellen „Sektenstellen" bei Staat und Kirche anfragenden Politikern oft nicht nur gar keine, und wenn, dann sehr wachsweiche Antworten zu den Vorwürfen, die aus USA gegenüber Deutschland erhoben werden, geben können. Im Zeugnis des Mitarbeiters ist zu lesen:

„Er ... erwies sich stets als äußerst zuverlässiger und fleißiger Mitarbeiter, der es verstand, sowohl unsere konkreten Anforderungen zur großen Zufriedenheit umzusetzen als auch eigene Ideen zu entwickeln. Besonders hervorzuheben ist seine Zuverlässigkeit und sein freundliches und selbstbewusstes Auftreten sowie seine sachbezogene Arbeitshaltung, die die Zusammenarbeit mit ihm sehr angenehm machte. Wir danken Herrn ... für seinen Einsatz und bedauern es sehr, dass wir uns von ihm trennen müssen."

Die Tätigkeitsschwerpunkte wurden in diesem Zeugnis ebenfalls noch einmal mit einer halben Seite aufgelistet, und sein Einsatz lobend erwähnt. Wenn so ein Zeugnis vor einem liegt, fragt man sich, weshalb die Firma sich von ihm trennen „musste".

Pressemitteilung und keine Folgen

Im Herbst 2000 erhielt ich über mehrere Unternehmer eine Pressemitteilung der Scientology-Kirche Deutschland e.V. zur Stellungnahme übermittelt. Die Scientology informierte darüber, dass die Klage eines Scientologen vor Gericht wegen des bayerischen Scientology-Fragebogens Erfolg hatte. Der Fragebogen hat den Zweck, Scientologen aus dem öffentlichen Dienst „herauszufiltern" und wurde vom Gericht für unzulässig erklärt.

Daraufhin wartete ich über Wochen, dass darüber eine öffentliche Diskussion in Gang kommt. Aber es geschah nichts. Im Gegenteil. Die Angelegenheit wurde von den verantwortlichen Stellen und auch den „Sektenbeauftragten" unter den Teppich gekehrt. Das hielt ich bereits Ende 2000 für einen unglaublichen Skandal, zumal gerade diese Stellen sich immer damit rühmen, Hilfestellungen gegenüber Anfragenden zu leisten. Die einzige Hilfestellung sind sogenannte „Scientology-Erklärungen".

Mir war es wichtig, die Hintergründe zu diesem Verfahren nachzurecherchieren, um auch gegenüber Anfragenden auf keinen Fall eine Auskunft zu geben, die rechtlich in der letzten Konsequenz keinen Bestand hat.

In der Pressemitteilung wurde detailliert über den Hintergrund berichtet:

„Pressemitteilung
Scientologe gewinnt vor Gericht:
Bayerischer Scientology-Fragebogen unzulässig!

Seit 1990 ist Herr K. bei der Stadt München beschäftigt. Nach über neun Jahren unbeanstandeter Diensterfüllung, im September 1999, flatterte ihm ein rigoroses Schreiben auf den Tisch: Der Verfassungsschutz – so sein Arbeitgeber – meinte herausgefunden zu haben, dass Herr K. Mitglied der Scientology-Kirche sei. Deshalb würde er gebeten, einen Fragebogen über ‚Beziehungen zur Scientology-Organisation' auszufüllen. Herr K. staunte nicht schlecht, sollte er doch ‚umgehend' und detailgenau aufzeichnen, ob und wie viel Zeit er mit ‚Organisationen, Gruppen und Einrichtungen ..., auch solchen, die sich im sozialen und wirtschaftlichen Bereich oder im Bildungsbereich betätigen', die in irgendeiner Weise mit der Scientology-Kirche verbunden seien, verbringt. Der Fragebogen war im September 1996 von Innenminister Beckstein zur Diskriminierung von Mitgliedern der Scientology-Kirche erfunden worden, fand aber kaum Freunde in der städtischen Verwaltung. Herr K. sah sich in seiner Privatsphäre verletzt und klagte beim Arbeitsgericht München. Das Gericht entschied jetzt, dass Herr K. ‚mangels Anspruchsgrundlage nicht verpflichtet' sei, den Fragebogen auszufüllen. Es lägen keine konkreten Anhaltspunkte vor, dass Herr K. Mitglied einer verfassungsfeindlichen Organisation sei. Auch ‚der Umstand, dass der Kläger ... bei der Scientology-Kirche Bayern e.V. ... beschäftigt war, ist kein Anhaltspunkt für verfassungsfeindliche Tätigkeiten des Klägers.' So das Gericht im Urteil vom 24. Oktober 2000 (AZ: 21 Ca 13754/99)."

Die logische Konsequenz war natürlich, dass das Menschenrechtsbüro der Scientology-Kirche Deutschland e.V. dieses als „mutige und gerechte Entscheidung" begrüßte. „Es wird Zeit, dass der Freistaat aufwacht und sich bei der Beurteilung des Themas Scientology an den Fakten orientiert."

Die mangelnde Diskussionsbereitschaft zu diesen Vorgang wurde in der Kritikerszene damit erklärt, dass „man Scientology mit dieser Diskussion keine Freunde bereiten" wolle. Ich war total anderer Ansicht, weil ich mit einem solchen Gerichtsurteil eines städtischen Beamten auch ableiten konnte, womit Arbeitgeber in ähnlichen Verfahren im Zusammenhang mit Scientologen als Mitarbeiter rechnen müssen. Ich besorgte mir das Urteil des Arbeitsgerichts München vom 24. Oktober 2000. Dort fällte der Richter nach einer mündlichen Verhandlung folgendes Endurteil (21 Ca 13754/99):

„Es wird festgestellt, dass der Kläger nicht verpflichtet ist, den auf Blatt 2 des Antrages wiedergegebenen Fragebogen zu Beziehungen zur Scientology-Organisation auszufüllen, zu unterzeichnen und an die Beklagte zurückzugeben."

Die Beklagte trägt die Kosten des Rechtsstreits.

Der Streitwert wird auf DM 5.594,48 festgesetzt."

Berufung wurde nicht eingelegt.

Nun war es glasklar erkennbar, dass das Thema Scientology von staatlichen und kirchlichen Organisationen benutzt wurde, um Planstellen zu schaffen und Existenzen auf Kosten der Steuerzahler zu sichern, aber die ganze Angelegenheit speziell beim Thema Scientology abdriftete in Boykott-Aufruf, Rufmord, versteckte Berufsverbote, Ausgrenzung und eine gezielte Stigmatisierung. Meine Versuche, mit sogenannten „Profis" aus Staat und Kirche über diesen Werdegang Gespräche zu führen, scheiterten! Im Gegenteil! Die Angriffe aus der Kritikerszene mir gegenüber übertrafen alles, was ich in der direkten Auseinandersetzung mit Scientology über viele Jahre erlebt hatte.

Durch meine Kontakte in Wirtschaft und Industrie wurde ich jeden Tag mit ähnlichen Fällen konfrontiert. Ich erkannte dabei, dass sich Unternehmer auf Aussagen von staatlichen und kirchlichen Beauftragten verlassen, aber diese Informationen mit diesem rechtlichen Hintergrund gar nicht erfahren haben. Mein Spagat zwischen Loyalität und meinem Wissen begann. Egal, mit wem ich aus dem Kreis der Sektenkritiker darüber zu diskutieren versuchte – bis hin zu Beamten des Verfassungsschutzes –, ich bekam immer wieder denselben Tenor zu hören:

„Man darf nichts machen, was Scientology freuen könnte!" Ich fing an, mit mir selber zu ringen. Diese Entwicklung hat mir seither viele schlaflose Nächte bereitet. Gerade weil ich ja diejenige war, die mit Vehemenz versucht hat, über eine öffentliche Thematisierung Klärung von staatlicher Seite zu erreichen. Sah es so aus, das Bürgerengagement, von dem die Politiker immer reden und es von uns erwarten? Befand ich mich hier in einem großen Kasperle-Theater? Kaum anders kann man den Umgang dieser Aufklärungsszene der Beauftragten, wenn man hinter die Kulissen schaut, nennen.

Wie stellt sich denn eigentlich der Verfassungsschutz zu diesen Entwicklungen?

Mit Entsetzen stellte ich fest, dass auch von dieser Seite die bis dahin bereits aufgelaufenen Fakten darüber, dass hier etwas zum Schaden von Bürgern und Unternehmern geschieht, nicht von Interesse waren. Im Gegenteil! Man versuchte mich zu „moralisieren". Als ich auf eine Rechtsgrundlage pochte, war schnell Druck, indirekte Warnung zu spüren und zu hören.

Wir sind in einem Rechtsstaat.
Wir nennen uns Demokratie.
Und wir haben ein Grundgesetz.

Und wenn hier Dinge passieren, die außerhalb dieser drei Faktoren von Seiten des Staates wissentlich akzeptiert werden, dann befinden wir uns nicht nur in einer Schieflage, sondern auf einem total verkehrten Weg. Dann sind wir eben kein Rechtsstaat und auch keine Demokratie. Hier geht es nicht um politische Trickserei, wer hier welche Stimmen bei der nächsten Wahl bekommt. Hier geht es einerseits um Aufklärung und andererseits darum, dass es Scientology in Deutschland seit über 30 Jahren gibt.

Mein Einstieg 1991 war bereits von diesem Gedanken getragen. Und vor welchem Scherbenhaufen stand ich nun? War das diese Aufklärung, von der ich erwartete, dass sie für alle Klärung bringen würde? Für mich hatte nun auch Bestand, dass Scientology als Organisation und deren Mitglieder eine Rechtsgrundlage dafür bekommen, was sie dürfen und was sie nicht dürfen. Aber nichts dergleichen passierte! Im Gegenteil. Wenn sich Scientology oder ihre Mitglieder öffentlich oder vor Gericht wehrten, wurden und werden diese Aktionen als „Propaganda" abgetan.

Nicht nur, dass ich es generell unfair finde, die gewonnenen Urteile unter den Tisch zu kehren, sondern diese Urteile zeigen doch ein Stück weit das Bild, was rechtlich möglich und was rechtlich eben nicht möglich ist. Und wenn wir miteinander in dieser Gesellschaft zurecht kommen müssen, dann müssen sich alle an diese Gesetze und an diese Rechtslage halten. Einiges Entsetzen löste bei mir die Reaktion von Verfassungsschutz-Beamten aus, die genauso reagierten wie irgendwelche Sektenbeauftragten, die die Dimension des Ganzen ja gar nicht erkannten. Das Problemfeld in Wirtschaft und Industrie interessiert einen katholischen oder evangelischen Sektenbeauftragten sowieso nicht. Seine Denkweise geht eindeutig in die Richtung: „Schadensbegrenzung" für die eigene Kirchengemeinde. Und auch in diesem Fall habe ich mittlerweile erkannt, dass die nach außen getragene „Nächstenliebe" in den meisten Fällen Makulatur ist.

Mit all diesem Wissen saß ich nun vor einem Urteil, in dem klar und deutlich zu lesen ist, dass die Beklagte, die Landeshauptstadt München, der Meinung sei, „der Kläger müsse den vorgelegten

Fragebogen, wie er zur Scientology-Organisation steht, ausfüllen." Der Kläger hielt dagegen, „dass sein allgemeines Persönlichkeitsrecht das Fragerecht des Arbeitgebers beschränke. Ob er Verbindungen zur Scientology-Kirche habe oder nicht, sei ausschließlich seine Privatangelegenheit. Die Mitgliedschaft in einer weltanschaulichen Vereinigung habe den Arbeitgeber nicht zu interessieren. Seine Tätigkeit bei der Beklagten sei nicht ideologisch geprägt und ein konkreter Bezug zu seinem Arbeitsverhältnis sei völlig ausgeschlossen." Die Entscheidungsgründe sind klar und unmissverständlich.

Der Kläger ist mangels Anspruchsgrundlage nicht verpflichtet, den ihm von der Beklagten vorgelegten Fragebogen auszufüllen. Gemäß der Gesetze für Angestellte und Beamte hat sich der Kläger so zu verhalten, wie es von Angehörigen des öffentlichen Dienstes erwartet wird. Der Kläger ist nicht verpflichtet, sich über sein Privatleben ausfragen zu lassen. Der Arbeitgeber könne nicht „ins Blaue hinein" zu „geschäftlichen oder sonstigen Beziehungen zu einer Organisation fragen, die er für verfassungsfeindlich hält."

Polizei-Hubschrauber-Staffel rotiert

Im November 1996 wandte sich die Polizei-Hubschrauber-Staffel Bayern mit folgendem Wortlaut an einen Lieferanten für Papier und Druckerpatronen:

„... Nach einem Beschluss der Ständigen Konferenz der Innenminister ... sind die öffentlichen Stellen im Bereich fiskalischen Handelns aufgefordert, ... Aufträge an Lieferfirmen künftig nur noch nach Abgabe einer Erklärung gemäß Anlage zu vergeben.

Wir hoffen auf Ihr Verständnis und bitten Sie, den beiliegenden Erklärungsvordruck unterzeichnet zurückzusenden."

Diesem Schreiben war als Anlage eine Erklärung beigefügt, die vom Lieferanten sinngemäß eine Bestätigung haben wollte, dass er kein Scientologe sei.

Die Verwendung solcher so genannter „Schutzerklärungen" wurde sowohl bei der Vergabe öffentlicher Aufträge als auch bei Einstellungen in den Öffentlichen Dienst etabliert. Während eines meiner Gespräche, wie ich sie regelmäßig mit Firmen, Behörden und Schulen führe, wurde Bayern als sogenanntes „Vorzeigeland“ immer wieder wegen der Einführung der „Schutzerklärung“ gelobt.

Als Bürgerin dieses Staates muss ich doch annehmen, dass die rechtlichen Grundlagen für diese Schutzerklärung vor der Übernahme in staatliche Bereiche juristisch abgeklopft und in alle Richtungen abgeklärt wurden. Aus diesem Grunde war für mich völlig unerklärlich, dass es gerade im Bereich der Polizei einem Lieferanten gelungen sein soll, diese Schutzerklärung zu „umgehen“.

Die Firma erhielt als Lieferant der Polizei-Hubschrauber-Staffel, genau wie alle anderen Firmen, die Erklärung zugesandt. Ohne eine Unterschrift auf dieser Erklärung gäbe es keinen Auftrag, so sinngemäß das Begleitschreiben.

Nur, der Firmeninhaber unterzeichnete nicht, sondern ging zum Anwalt und er sowie die Scientology-Kirche Deutschland e.V. stellten Antrag auf Erlass einer Einstweiligen Anordnung gegen den Freistaat Bayern, vertreten durch das Bayerische Staatsministerium des Inneren.

Hier wäre nun der Punkt gewesen, die Angelegenheit für alle Beteiligten klar zu stellen! Und zwar auch gegenüber den vielen Firmen, die vom Freistaat Bayern gezwungen worden waren, diese Schutzerklärungen zu übernehmen, um weitere Aufträge zu bekommen.

Aber, Sie werden es sicher bereits erraten haben: Es wurde nicht geklärt!

Nach der juristischen Gegenattacke des Lieferanten kontaktierte ihn die Polizei-Hubschrauber-Staffel Bayern mit folgendem Schreiben:

„Scientology-Organisation – Abgabe einer Erklärung –
Unser Schreiben vom 12.11.1996

Sehr geehrte Damen und Herren,
wir bitten, das oben angegebene Schreiben dahingehend zu verstehen, dass nur die Firmen betroffen sind, die auf Grund der von ihnen angebotenen Leistungen in besonderer Weise Einfluss nehmen können. Das Schreiben wurde versehentlich an alle Firmen herangetragen, mit denen wir in Geschäftsbeziehungen stehen. Wir bitten es

deshalb als hinfällig zu betrachten und wären für eine weitere gute Zusammenarbeit dankbar.

Mit freundlichen Grüßen
i.A. ...
Polizeihaupt-Kommissar"

Einerseits wird groß in der Presse bayerische Politik als Vorzeige-Modell gefeiert. Andererseits wird die Angelegenheit sofort zurückgenommen, wenn ein Scientologe Klage androht. Es kam überhaupt nicht zu diesem Verfahren. Dieses Verhalten zeigt, dass die Maßnahmen eben rechtsstaatlich nicht in Ordnung sind.

Was soll jetzt eigentlich der Unternehmer denken, der vor dem Arbeitsgericht eine Abfindung wegen einer nicht rechtmäßigen fristlosen Kündigung zahlen musste? Der Hintergrund dieser Kündigung war seine Existenzangst davor, keine öffentlichen Aufträge mehr zu erhalten, wenn ein Scientologe in seiner Firma arbeitet.

Und was ist mit dem Taxifahrer, der aufgrund von „Hinweisen" von unbekannter Seite eine neuerliche Sicherheitsüberprüfung machen musste?

Was ist mit dem Flugzeugkapitän, der öffentlich als Scientologe in Hamburg vorgeführt und zur Angstmache missbraucht wird?

Die bisher geschilderten Fälle sind ein Bruchteil dessen, was dem Menschenrechtskomitee der Vereinten Nationen vorgelegt wurde.

Einerseits bin ich entsetzt, andererseits aber auch wütend auf mich selbst, dass ich tatsächlich elf Jahre lang daran geglaubt habe, dass irgend jemand in diesem Land an einer rechtsstaatlichen Klärung der Angelegenheit Scientology interessiert sein könnte. Es stellt sich im Jahr 2002 so dar, dass hier eine der größten, für den Steuerzahler sehr teure Volksverdummung stattfindet, die auch weiterhin täglich wirtschaftlichen Schaden anrichtet!

SZENENWECHSEL:
Achtung: Denken verboten!

Anlässlich eines Seminars des Bundeswirtschaftsministeriums für sicherheitsbetreute Firmen kam ich als Referentin in den Genuss, den ehemaligen Bonner Atombunker zu besichtigen.

Es war eine der letzten Möglichkeiten, dieses zeitgeschichtliche Bauwerk als Zeitzeuge zu begehen. Der Bunker wird aufgelöst. Eine Ära geht zu Ende. Einen Käufer für diesen ausgehöhlten Berg zu finden, gestaltet sich schwierig.

Nachdenklichkeit überkam mich, als ich von der warmen Sommersonne in den ca. 18 km ausgehöhlten Berg durch meterdicke Sicherheitsschleusen kam. Wir wurden durch eine gespenstische Welt geführt unterhalb der Erde, in der im Ernstfall etwa 3.000 Menschen bei einem Atomangriff überleben sollten. Kabel und überdimensionale Generatoren prägen diesen Mammutbunker.

Das Kanzlerzimmer war genauso wie die anderen Schlafräume lediglich für das nackte Überleben möbliert. Im Lagebesprechungsraum brauchte man nicht viel Fantasie, um sich vorzustellen zu können, welche Gedanken, Emotionen und Energien im Ernstfall in diesem Raum gebündelt sein würden.

Nach über zwei Stunden wieder zurück an der Sonne, lag vor mir ein Bau, dem man nicht ansah, was er in sich birgt. Ich war in einem Bunker, der für eine speziell ausgesuchte Elite gebaut wurde, um deren Überleben zu ermöglichen. Sarkastisch könnte man nun sagen: Der Bunker wird aufgelöst, der Krieg findet außerhalb des Bunkers jeden Tag statt. Und es gibt dann eben keinen Zufluchtsort mehr. Der Krieg des Alltags wird von Millionen Menschen täglich neu durchlebt. In der Politik gibt es immer mehr Stagnation, Politikverdrossenheit, zu wenig Staatsmänner, zu viele Politiker. Vielleicht deshalb, weil ein Politiker bei seiner Arbeit immer nur an die nächste Wahl denkt und ein tatsächlicher Staatsmann an die nächste Generation.

Als ich im Mai 2001 bei der Abfahrt aus Bonn auf den Eingang des Atombunkers blickte, überkam mich nicht nur Nachdenklichkeit, sondern auch der Wunsch, dass wir uns als Menschen viel mehr um unser aller Überleben kümmern sollten. Die Gleichgültigkeit, die Gewohnheit, die Selbstverständlichkeit von Ungeheuerlichkeiten macht uns zur lethargischen „Bestie Mensch".

In Diskussionsrunden wird mit Psychologen über die Vorgehensweise der Aktivisten von Greenpeace diskutiert. Was sind das für Menschen, die sich als „lebendes Mahnmal" an Öltürme ketten lassen? Wie kommt jemand dazu, sich in Japan der Lebensgefahr auszusetzen, um sich mitten im Meer dem Abschlachten der Wale mit kleinen Beibooten entgegenzustellen und zu stören? Die psychologischen Runden versuchen, an Hand eines eventuellen Kindheits-Traumas zu erklären, warum es eben solche Menschen gibt, die ohne Rücksicht auf sich selbst Leib und Leben einsetzen, um ein Stück weit Bewusstsein zu schaffen für das, was Kinder in der Schule als „Mutter Erde" kennen lernen.

„Achtung: Denken verboten!" – kommt mir in den Sinn, wenn ich solche theoretischen Fernsehdiskussionen mitverfolge, Zeitungsartikel und Kommentare lese, wenn wieder einmal ein Öltanker mehr auf hoher See zerbrochen ist. Wenn jegliches Leben zerstört wird durch die schwarze Pest.

Denken verboten, abschalten, vorbei gehen lassen und auf das nächste Mal warten. Vielleicht, bis es irgendwann einmal kein nächstes Mal mehr gibt! Und derjenige, der es wagt weiterzudenken, wird schnell auch in seinen eigenen Reihen merken:

„Denken verboten!" Denn wer denkt, wird unangenehm, zum Störfaktor, fängt an zu agieren. Wer denkt, zeigt Flagge! Vielleicht sind mir auch diese Gedanken gekommen, weil ich nach elf Jahren als Speerspitze in der Auseinandersetzung um Scientology erkannt habe: Es ging tatsächlich nie um die Sache. Immer hing unsichtbar ein Schild über allem: „Denken verboten!"

Denn derjenige, der anfängt zu denken, muss aus seinem Sessel aufstehen! Er wird sich einmischen, Missstände anprangern und beginnen, darüber zu diskutieren. Wir leben auf einer Erde, auf der jeder, der sich auch nur bemüht, eine Stunde nachzudenken, weiß, dass sie – die Erde – geschunden, ausgebeutet, überzogen von Raubbau so nicht weiterexistieren kann. Doch, so wie es aussieht, tendiert die Masse der Menschen eher dazu, sich einen Bunker zu bauen, um in der eigenen kleinen heilen Welt nur ja zu verhindern, über den Tellerrand blicken zu müssen. Die Devise „Denken verboten!“ zu leben, ist viel leichter. Sie ist – in letzter Konsequenz – vielleicht auch angenehmer. Ich halte es da eher mit Voltaire, der eine alte Weisheit der Römer zitiert: „Jeder Tag hat seine Plage. Aber hat nicht jeder Tag auch seine eigene Freude?“

Meine Freude an diesem heutigen Tag heißt: Ich gönne mir „Denken erlaubt!“ Und ich gönne mir, dies auch zu leben. Ich gönne mir auch weiterhin aufzustehen.

Deprogramming – christliche Hilfestellung?

Unter „Deprogramming“ ist der Versuch zu verstehen, ein „Programm“ in einer betroffenen Person zu löschen, sie zu deprogrammieren. Der Begriff kommt aus der Computer-Sprache. Deprogramming wurde und wird mit Personen gemacht, die einer umstrittenen Gruppe beigetreten sind. Meist wird die Person entführt oder unter falschen Vorgaben in eine isolierte Umgebung gelockt und dann von „Spezialisten“ solange unter Druck gesetzt, bis sie eine Austrittserklärung zu dieser Gruppe unterschreibt. Die dabei angewendeten Mittel rangieren von unmoralisch bis illegal. Auch in der deutschen Anti-Sektenszene gab es derartige „Angebote“, die meist von Familienangehörigen „gebucht“ werden.

„Der Mensch ist keine beschreibbare und löschbare Diskette. Was er erlebt hat, in welcher Weise auch immer, wird zu seiner Biografie gehören und kann – und darf – nicht gelöscht werden. Es kann – und muss – verarbeitet werden. Die Begriffe „Programming“ und „Deprogramming“ sind, wenn sie auf Menschen bezogen und angewendet werden, Un-Menschen-Sprache ...“ Diese Aussage machte der verstorbene evangelische Sektenbeauftragte Friedrich-W. Haack vor vielen Jahren.

Mit einigen seiner Kollegen habe ich versucht, hinter das Phänomen „Deprogramming“ zu kommen. Es begegnete mir immer wieder, und ich stufte es von Anfang an als eine kriminelle Handlung am Menschen ein. Nicht nur, dass ich „Deprogramming“ immer kategorisch ablehnte, ich wunderte mich, dass gerade in Sektenberatungskreisen diese Art der Gehirnwäsche als ein „notwendiges Instrument“ angesehen wurde.

Als ich das erste Mal von den profitgierigen Glaubensaustreibern – Deprogrammierern – hörte, die Entführungen, Freiheitsberaubung, körperliche und seelische Schäden billigend in Kauf nehmen, hielt ich es für unmöglich, dass es tatsächlich kirchliche und weltliche Sektenbeauftragte geben sollte, die solche Vorgehensweisen billigen.

Für mich gab und gibt es kein Recht, das zulässt, dass jemandem, der sich einer Sekte oder weltanschaulichen Gruppierung angeschlossen hat, die Freiheit entzogen wird. Dass er eingesperrt wird, alle Türschlösser funktionsuntüchtig gemacht werden, die Griffe an den Fenstern, sogar auf der Toilette abgeschraubt werden und er in Räumlichkeiten eingeschlossen wird, in denen die Scheiben aus Panzerglas bestehen. Diese brutale Gewalttour mit der Zielsetzung, die festgehaltene Person durch Nahrungs- und Schlafentzug, über Beeinflussung durch Videos und stundenlanges Anschreien, tagelanges Einsperren und Schlägen ihren „Glauben" auszutreiben, kommt Teufelsaustreibung, Exorzismus gleich.

Was soll daran bitte christlich sein? Wie kommt ein Familienmitglied an professionelle „Deprogrammierer" aus dem Ausland, die 40.000 Deutsche Mark verlangten, um eine solche Reihe von Straftaten zu vollziehen?

In der Bibel steht: Am siebten Tag sollst du ruhen! Der „Deprogrammierte" musste am siebten Tag eine Erklärung abgeben: „Hiermit versichere ich, dass ich in keiner Weise misshandelt, genötigt oder zu irgend etwas gezwungen wurde." Danach wurde er nach Bonn gebracht zu einem Anwalt, der in der Sektenkritiker-Szene involviert ist. Dieser sollte eine Klage vorbereiten. Der Entführte konnte dann aus einem Bonner Hotel unbemerkt entkommen. Aus Rücksicht gegenüber seiner Familie hat er auf eine Strafanzeige verzichtet. Diese erzwungene Gehirnwäsche von Seiten der Sektengegner hielt ich in unseren Breitengraden für unvorstellbar.

Ich hatte von solchen brutalen Methoden der „professionellen Gehirnwäsche" zwar immer wieder aus den USA gehört, wo professionelle „Deprogrammierer" Leute entführten und diesen Methoden unterzogen. Aber auch in Deutschland gab und gibt es solche Fälle. In Los Angeles gab es bereits in den 80er Jahren einen Zivilprozess, nachdem eine junge Frau 38 Tage lang von solchen „Deprogrammierern" festgehalten worden war. Die Familie einer 29 Jahre alten Scientologin hatte sich bereit erklärt, 75.000 Dollar für die Entführung und den Psychoterror, den man durchaus „Folter" nennen kann, zu zahlen. In dem Zivilverfahren, so berichteten die Medien, sagte die junge Frau aus, sie habe befürchtet, „von dem Deprogrammierer umgebracht zu werden", falls sie versucht hätte zu fliehen. Dieser habe sie als „hirnlosen Roboter" und „Zombie" bezeichnet. Erst nach der Unterzeichnung einer Austrittserklärung wurde sie freigelassen.

An diesen Fall erinnerte ich mich deshalb, als ich im Jahr 2002 im Internet von einem Schweizer „Aufklärer" namens Peter Widmer die gleiche Terminologie gegenüber Scientologen wiedererkannt habe. Auch er nennt in seiner Umgangssprache Scientologen, die sich im Internet in Diskussions-Gruppen zu Wort melden, überwiegend „Zombie" und „hirnlose Roboter". Im Winter 1994/1995 konnte die Öffentlichkeit auch im deutschen Frühstücksfernsehen erleben, wie „Deprogramming" propagiert wurde. Vor der Kamera: Eine „Ausstiegsberaterin" und ein dümmlich grinsender Ex-Scientologe, Arm in Arm flanierend. O-Ton der „Beraterin": „Wir verwenden sanftes Deprogramming."

Ich wunderte mich in den letzten Jahren mehr und mehr, dass diese menschenverachtende Rhetorik und diese Methoden in Kritikerkreisen als „gegeben und akzeptiert" angenommen wurde. Das ist schon deshalb verwunderlich, da gerade der Sektenbeauftragte für den Begriff „Jugendreligion", der verstorbene Pfarrer Haack, sich bereits zu dieser „Un-Menschen-Sprache" äußerte. Als Pfarrer vertrat er die in seiner Position nachvollziehbare Ansicht: „Verstehen wir unseren Glauben richtig, so haben wir kein Recht, den anderen in seinem Glauben zu lassen."

Ob diese Aussage dazu führte, dass ein Teil dieser Sektenszene bereits Ende der achtziger Jahre als Rechtfertigung ihres Handelns diese Ansicht des Pfarrers übernahm, bleibt offen.

Ein 39-jähriger Deutscher wurde 1991 vor dem Schwurgericht im schweizerischen Lugano zu vier Monaten Haft auf Bewährung verurteilt, weil er zusammen mit drei Helfern gewaltsam über „Deprogramming" Gehirnwäsche an einem Anhänger der „Hare-Krishna-Bewegung" praktizierten. Der Deutsche und seine drei Helfer bekamen eine Geldbuße und durften drei Jahre lang nicht in die Schweiz einreisen.

Die verschiedenen Unterlagen, die diese Fälle behandelten, brachten mich über den Deutschen zu einer Information, die ich als noch skandalöser empfinde.

Der Entführte berichtet: Er wurde 1986 entführt und von dem Leverkusener U. M. „zwangsbearbeitet". Außerdem berichtete er, dass eine Verbindung zu einer Elterninitiative bestand. Diese hätte seinen Vater zu einem Deprogrammierer weitervermittelt, der bei einem Mitglied dieser Initiative wohnte. In dessen Haus musste er, nach seinen eigenen Aussagen, „um besser kontrolliert werden zu können", mit dem Deprogrammierer ein Zimmer teilen. Er berichtete, dass es ihm recht unangenehm aufgefallen sei, dass diese Person „Berge von Fleisch aß, eine Zigarette nach der anderen rauchte und sehr großzügig dem Alkohol zusprach." Wie aus den Aussagen hervorgeht, soll der Deprogrammierer „vom Arbeitslosengeld gelebt haben." Die Nebentätigkeit des Deprogramming war auf Grund der hohen Summen, die Familienmitglieder bezahlten, ein finanziell attraktiver Nebenverdienst. Summen ab 10.000,– DM aufwärts waren durchaus im Normalbereich und konnten in dem einen Fall bis auf 75.000,– DM steigen.

Weshalb ich dann anfing, mich mehr für Deprogrammierung und die Geschichte dieser Kritikerszene zu interessieren, waren die Personen aus Kirche und Staat, die in diesem für mich nicht nur höchst dubiosen, sondern schon kriminellen Verfahren ihre Hände mit im Spiel hatten.

Als in den 80er Jahren die ersten Verfahren vor Gericht anhängig wurden, konnte nachgelesen werden, dass sich ein in der Szene bekannter Anwalt von „kriminellen Deprogrammierern" öffentlich distanzieren wollte. Aus den Akten eines Münchener Strafverfahrens gegen englische Deprogrammierer, die wegen ihrer Tätigkeit zu Gefängnisstrafen verurteilt wurden, ergeben sich später wieder Hinweise, dass der gleiche Anwalt über einen Münchener Kontaktmann die Adresse genau dieser Deprogrammierer weitergegeben hatte.

Wer hier Vermittlerdienste für solche Leute übernimmt, kann sich distanzieren, soviel er will. Für mich gibt es auch eine moralische Schuld! Und die wiegt in einem Fall wie dem dieses Anwalts, der von staatlichen und kirchlichen Kreisen als so genannter „Aufklärer" anerkannt ist, weit mehr. Denn er gilt als Multiplikator für viele besorgte

Bürger! Und wenn jemand die menschenverachtenden Methoden der Deprogrammierung durch Vermittlung von Adressen gefördert hat fehlt ihm schlichtweg die charakterliche Voraussetzung, Konfliktsituationen objektiv im Sinne des Grundgesetzes: „Die Würde des Menschen ist unantastbar!“, zu klären.

Licht in eine dunkle Szene

Nur durch die Hilfe von Anwälten und Journalisten, die sich in den achtziger Jahren mit der Sektenkritiker-Szene beschäftigt hatten, war es mir möglich, die Anfänge der Aufklärungs-Szene nachrecherchieren zu können.

Dabei ging mir auf, wie leichtsinnig ich eigentlich in meinen ersten Jahren in der „Branche“ die Position eines Pfarrers, der zeitgleich Sektenbeauftragter war, oder einer staatlichen Institution, die sich mit Sekten auseinandersetzt, auf den Sockel der „Unantastbarkeit“ gesetzt hatte. Viele Puzzlestücke fielen an ihren Platz, als ich die Akten in einem Fall aus dem Jahre 1988 einsah, in dem eine damals 32-jährige Frau in einer notariell beglaubigten eidesstattlichen Versicherung ihre Erlebnisse schildert. Um die Betroffene vor möglichen Angriffen des Sektenbeauftragten zu schützen, habe ich die Namen der Beteiligten geändert:

„Ich wollte am 04.09.1988, um 10.30 Uhr, das Haus ... verlassen, als ich von zwei Männern, die aus einem Auto stiegen und mir ein Papier entgegenhielten, das wie ein offizieller Ausweis aussah, angehalten wurde mit den Worten: ‚Kommen Sie bitte mit, wir müssen da noch etwas abklären‘ aufgefordert wurde, in das Auto einzusteigen. Ich dachte in diesem Moment, dass es sich bei diesen Männern um Kriminalbeamte handelte. Ich setzte mich also auf den Rücksitz des Autos. Der Fahrer, der auch derjenige war, der mich angesprochen hatte, war etwa 35 bis 40 Jahre alt, 1,80 bis 1,85 m groß, hatte dunkelblondes Haar, war schlank und hatte eingefallene Augen. Der Beifahrer war etwas kleiner, hatte rotbraunes Haar und Bauch und war etwa genauso alt. Beide trugen Lederjacken und Stoffhosen mit Aufschlag. Der Beifahrer trug ein Gliederarmband, auf dem der Name „Uwe“ aus kleinen Steinen zu lesen war.

Die Fahrstrecke führte über die Silbersteinstraße zur Autobahn hoch, dann wieder ein Stück City, dann wieder die Autobahn ... Als wir die Straße, in der sich das Gebäude der Kriminalpolizei befindet, passierten und in eine andere Richtung weiterfuhren, habe ich die beiden Männer gefragt, wohin sie mit mir fahren. Es sagte der Beifahrer, sie wären vom Zivilschutz, und das sei eine Organisation, die Leute beschützt und Aufträge von Familienangehörigen von gefährdeten Personen annehmen würde. Ich sagte daraufhin, sie sollten sofort anhalten, sonst würde ich die Scheibe einschlagen. Der eine der beiden antwortete: ‚Bleib mal schön ruhig, mein Kind, deine Familie hat sich Informationen über dich eingeholt.' Und zwar von meinem Arzt, der gesagt haben soll, ich sei gefährdet und labil, und dass ich mein Kind ablehnen würde, und es daher ein Leichtes für meine Familie wäre, mich in psychiatrische Behandlung zu schicken und meine Tochter ... in ein Heim zu stecken. Des weiteren hätten sie Informationen vom Jugendamt bekommen und sich in dem Haus, in dem ich wohne, erkundigt, wie ich herumlaufe, ob ich die Wohnung sauber mache etc. Er sagte dann noch, es wäre kein Problem für meine Familie und meinen (Ex-)Mann, mich in eine psychiatrische Anstalt zu stecken. Daraufhin wurde ich ruhig, da ich dachte, sie würden mich in eine psychiatrische Anstalt bringen sowie mir meine Tochter wegnehmen, an der ich sehr hänge. Wir bogen dann in eine Straße ... ein und hielten an ... Ich las am Eingang ‚Büro Pfarrer Bremer'.

Dort erwarteten mich meine Schwester, mein Schwager sowie mein Ex-Mann, und sie sagten mir, ich soll hochgehen und mit Pfarrer Bremer sprechen. Ich sagte, ich hätte kein Interesse daran. Daraufhin sagte mein Ex-Mann, dann wäre ... (meine Tochter) am gleichen Abend weg. Ich ging daraufhin mit den anderen in den ersten Stock, rechte Wohnung, betätigte die Klingel ... wir kamen durch eine Glastür zu einer normalen Tür, mussten dort wieder klingeln, eine Frau öffnete die Tür und wir befanden uns im Vorzimmer von Pfarrer Bremer.

Wir wurden von diesem Vorzimmer aus in einen sehr großen Raum geführt und mir wurde gesagt, dass Pfarrer Bremer sich ... beim katholischen Pfarrer befinde und gleich zurückkommt. Es dauerte keine fünf Minuten, da kam er auch schon. Er sagte: ‚Hallo, ich bin Pfarrer Bremer', ohne mir die Hand zu geben und mich anzuschauen ... Er fragte mich dann, ob ich wüsste, welchen Posten er bekleidet, ... welche Kurse ich gemacht hätte, wie ich dazu käme, einen Mitarbeitervertrag zu unterschreiben, und ob ich die Kurse beendet hätte. Ich beantwortete ihm keine dieser Fragen. Ich fragte ihn dann, was er damit bezwecken würde und er antwortete, dass das nicht nur ihn interessieren würde, sondern auch noch andere Leute, worauf ich ihn fragte, wer denn die anderen Leute seien, und er antwortete: ‚Das soll für dich erst mal egal sein'. Er sagte dann weiter, dass sich meine Familie Sorgen machen würde, und als ich fragte, warum, gab er mir die gleiche Antwort wie die beiden Männer, die mich mit dem Auto abgeschleppt haben. Zwischendurch sprach Pfarrer Bremer in meinem Beisein mit meinem Ex-Mann und Pfarrer Bremer meinte, man könne mich ja zur Beobachtung für 48 Stunden in eine Irrenanstalt einweisen, ohne dass ich mich dagegen wehren könne. Diese Äußerungen waren in meinen Augen versteckte Drohungen und Erpressungsversuche, mit denen mich Pfarrer Bremer einschüchterte und gefügig machen wollte. Als nächstes forderte mich Pfarrer Bremer nämlich dazu auf, eine Austrittserklärung aus der Scientology zu unterschreiben und meinen Mitarbeitervertrag zu kündigen.

Ich sagte ihm, ich wüsste nicht, wie ich das machen soll und er diktierte daraufhin den Brief, nämlich, dass ich ab sofort aus der Scientology-Kirche austrete, dass ich alle meine Unterlagen, als auch die von mir eingezahlten Beträge für Kurse zurückverlange. Als der Brief fertig war, musste ich unterschreiben und er machte sich gleich drei Kopien davon, eine für den Polizeipräsidenten, eine Kopie für sich und eine für einen Rechtsanwalt. Er behielt das Original des Briefes bei sich und sagte, er schicke ihn selbst ab. Er diktierte mir dann einen Brief, den ich in meiner eigenen Handschrift schreiben musste, und in dem ich erklärte, dass ich aus freien Stücken zu ihm gekommen wäre und auch die Austrittserklärung aus freien Stücken geschrieben hätte. Ich meinte daraufhin, von freiwillig könne ja wohl so nicht ganz die Rede sein, woraufhin Pfarrer Bremer meinte, das wäre nur ein formloses Schreiben, und er müsse sich absichern. Er stellte mir dann noch eine Reihe von Fragen über Interna der Scientology-Kirche Berlin und beendete das Gespräch. Er gratulierte mir zu meinem Austritt und sagte mir, ich würde öfter mal Post von ihm bekommen. Dann durfte ich allein nach Hause fahren. Die beiden Männer, die mich gebracht hatten, waren nicht mehr da. Ich war zu jener Zeit schwanger und verlor mein Kind durch eine Frühgeburt drei Wochen später.

Berlin, 14. November 1990
Unterschrift ..."

Das ist schier unglaublich! Ich versuchte, das Umfeld dieser Frau zu befragen. Die ganzen Schilderungen klingen ja mehr so, als entstammen sie einem totalitären System, zumal die junge Frau ja ihrer eidesstattlichen Versicherung zufolge von der Straße weg genötigt wurde, bei einem Sektenbeauftragten zwangsweise „auszusteigen“. Der Kern der Auseinandersetzung liegt auf dem Wort „Zwang“!

Egal, wie man zu welcher Gruppierung auch immer stehen mag: Jeder gesunde Menschenverstand muss hier einsetzen, denn hier wird mit Zwang, Angst und Druck in einer menschenverachtenden Weise einer Person eine Handlung aufgezwungen, gegen ihren freien Willen.

Und jetzt gleich die Gegenfrage:

Ist das die Arbeit eines Sektenbeauftragten? Wer toleriert diese Grauzone, die für mich weit mehr als „grau“ bedeutet?! Eine solche Vorgehensweise unterstütze ich als Steuerzahler nicht! Und ich nehme an, dass jeder Kirchensteuerzahler genauso denkt wie ich! Skandalöse Zustände in einer Szene, die nach außen mit einem „Heiligenschein“ in heuchlerischer Art und Weise agiert, aber dann solche Vorgehensweisen nicht nur toleriert, sondern womöglich noch als selbstverständlich hinstellt. Denn es muss so sein, sonst wären diese Fälle bereits öffentlich geworden. Und dass hier ein öffentliches Interesse besteht, hängt allein mit der „offiziellen“ Position dieser Leute zusammen.

Man kann über eine Mitgliedschaft – in welcher Gruppierung auch immer – öffentlich diskutieren. Man kann es ablehnen, man kann sich damit auseinandersetzen, man kann sich an der Sache reiben und auch sein Unverständnis kundtun.

Nur eines kann man nicht:

Einem Menschen, der sich für einen Weg entschieden hat, auch wenn man diesen nicht tolerieren kann, „zwangsweise zum Austritt zwingen“!

Nach der Recherche zum Thema Deprogramming stand für mich fest: Ich kann diese „Aufklärung“ über Sekten und Psychokulte auf keinen Fall so stehen lassen, geschweige denn so tun, als wüsste ich von der dunklen Seite dieser Szene nichts! Nicht nur mir und meinem Gewissen, sondern vor allem gegenüber der Öffentlichkeit war ich es schuldig, dieses jahrzehntelange „Tuch der Heuchelei“ endgültig wegzureißen. Solch einen Weg gehe ich keinen Millimeter mit!

Im Jahr 2001 hatte die Szene der so genannten Sektenexperten Erinnerungslücken der „ganz besonderen Art“. Ich versuchte, Hintergrund-Informationen über Deprogramming im deutschsprachigen Europa zu bekommen.

„Wir wissen nichts. Nein, damit haben wir nie etwas zu tun gehabt. Wir lehnten Deprogramming immer ab. Dazu sage ich nichts“, waren die immer gleichen Standard-Aussagen. Ein Jurist wickelte das Knäuel, das sich in diesen Fällen gebildet hatte, über eine Zeugin auf.

Und auf einmal waren sie da, die schriftlichen Beweise, wie, wann und mit wem Deprogramming mitten unter uns sehr wohl durchgeführt wurde. Und wie sie es alle wussten und teilweise auch beteiligt waren.

Mich interessierte das deshalb, da ich gewisse Parallelen zu dem Lisa McPherson-Fall feststellen konnte. Es ging immer um Geld. Es waren immer Sektenbeauftragte, die in der Öffentlichkeit als Anlaufstelle genannt werden.

Einer dieser Beauftragten rechtfertigte den doch sehr eigenartigen Geldfluss in dieser Szene gegenüber einem Journalisten auf dessen Einwurf, dass es „ja eigentlich schade“ sei, „dass jeder sein eigenes Süppchen kocht“, wobei er sich bereits damals auf die mehr als unseriöse Geldbeschaffungsmethoden dieser Szene bezog, mit der Antwort: „... da muss ich eines sagen, die Leute versuchen, ein bisschen Geld nach Hause zu bringen ...“

Das „bisschen“ waren zum Beispiel bereits 1989 die in den Journalistenkreisen als „Geldschneiderei“ bezeichneten Summen von immerhin damals DM 5.000 für ein paar kopierte Blätter und ein vermitteltes „Opfer“.

Immer wieder fragte ich mich, weshalb Deprogramming, diese Art der kriminellen „Hilfestellung“ eigentlich öffentlich so wenig bekannt geworden war? Ich wühlte mich durch Berge von Papier und wurde fündig. Eidesstattliche Erklärungen, Zeugen, peinlichst genaue Aufzeichnungen bis hin zu gerichtlichen Verurteilungen von Szenemitgliedern pflastern den Weg des durchgeführten „Deprogramming“.

Das kalte Entsetzen packte mich, als ich verschiedene Personen wieder fand, die bis heute von staatlichen Steuertöpfen bedient werden und von denen sich der/die eine oder andere als „sanftes, helfendes Wesen“ in der Öffentlichkeit vermarktet. Heuchler! Nichts als Heuchler! Von wegen Hilfe! Und schon gar nicht Klärung!

„Abzocken“ war angesagt, und das bereits ganz dick in den achtziger Jahren. Von wegen Gedächtnislücken, die kann ich den Damen und Herren Experten gerne wieder füllen! „Gedeckelt“ ist das richtige Wort. Und das, wie es sich liest, aus gutem Grund. Jeder Politiker, jede Behörde und jeder Beamte, der Personen, die auf der Deprogramming-Schiene fuhren – und wenn auch „nur“ als Vermittler – heute als „helfende Hand“ nennt und unterstützt, der macht sich mitschuldig, wenn er die damaligen Hintergründe nicht lückenlos aufgeklärt hat.

„Rückholer“

Sie nannten sich „Rückholer“ und Eltern zahlten teilweise bis zu DM 50.000, um ihre Kinder „umpolen“ zu lassen. Daraus wurde ein lukrativer Geschäftszweig.

Das unterschlagene Faktum: Es handelte sich nicht um „Kinder“ im Sinne des Wortes, auch nicht um Jugendliche, sondern um längst erwachsene Männer und Frauen.

Sogar in Zeitungen wurde inseriert: „Wir holen Ihr Kind da raus.“ Privatdetektive warben mit dem Slogan: „Je nach Erfordernis bieten wir Begleitschutz und/oder Wahrung Ihres Inkognito. Mitteilung darüber nur persönlich.“

Wer sich auf eine solche Anzeige hin meldete, musste fünfstellige Summen locker machen. Dass dies fragwürdige Dienstleistungen von knallharten Geschäftemachern waren, wurde bereits 1990 öffentlich.

Und wiederum bewahrheitet sich der Satz: „Nichts ist so alt wie eine Zeitung von gestern!“ Denn ansonsten hätten die Politiker, die diese Leute heute preisen und mit unseren Steuergeldern teilweise auch noch finanzieren, stutzig werden müssen.

„Eine Möglichkeit zu entrinnen gab es nicht: Alle Türschlösser waren funktionsuntüchtig gemacht, die Griffe an den Fenstern, sogar auf der Toilette, abgeschraubt worden. Die Scheiben bestanden aus Panzerglas. Bewacht wurde ich auf Schritt und Tritt ..."

Ich machte mich auf die Suche nach den Hintergründen dieser Informationen und wurde erneut fündig.

„Im Namen des Volkes"

Ein Urteil, in dem zwei Männer vor einem Schöffengericht wegen gemeinschaftlicher Freiheitsberaubung und gemeinschaftlicher Körperverletzung für schuldig befunden wurden. Die Angeklagten wurden zu Freiheitsstrafen auf Bewährung verurteilt. Die Begründung liest sich eher wie ein Kriminalroman.

„... Der Angeklagte M. (das vollständige Urteil liegt mir vor; die Namen der verschiedenen Beteiligten sind mir bekannt. RH) ist von Beruf ‚Kultberater'. An einer britischen Universität erzielte er den Abschluss eines ‚Magister der Philosophie'. Gleich im Anschluss daran wandte er sich dem Bereich der Kultberatung zu. Derzeit lebt er vom Arbeitslosengeld ... Am 14.11.1987, gegen 13.00 Uhr, lockten die Angeklagten im bewussten und gewollten Zusammenwirken ... auf Veranlassung der anderweitig verfolgten R.B., deren Tochter B.S., eine Angehörige der Glaubensgemeinschaft Scientology-Church, durch einen fingierten Telefonanruf von ihrer Wohnung in ... in ein Nebengebäude ... In dem von einer bisher unbekannten Frau geführten Telefongespräch wurde B.S. vorgespielt, ihre Mutter sei gestürzt und benötige dringend einen Inhalations-Apparat und die dazugehörigen Medikamente. Die Angeklagten ... sperrten B.S. sodann gegen ihren ausdrücklichen Willen in dem Anwesen ein, um sie durch Anwendung von psychischer und physischer Gewalt von ihrem Glauben abzubringen.

Für die Durchführung der Deprogrammierung war ein Zeitraum von bis zu 3 Tagen vorgesehen. Die anderweitig verfolgte R.B. hatte hierzu das Gebäude angemietet und den Angeklagten ... sodann DM 4.000 gezahlt. Ferner hatten die Angeklagten ... im Wohnzimmer des Gebäudes die Fensterläden mit Vorhangschlössern versperrt, die Vorhänge und Vorhangschienen abgenommen, Wandbilder entfernt, die Deckenbeleuchtung abgedeckt sowie die Türgriffe abmontiert. Auch im Badezimmer hatten sie die Steckdosen verklebt und die Wandlampe abgenommen.

Bei einem Fluchtversuch, der von dem Angeklagten M. gewaltsam unterbunden wurde, zerbrach B.S. eine Fensterscheibe, wodurch sie blutende Verletzungen an den Händen erlitt.

Nachdem sich der anderweitig verfolgte D. gegen 15.00 Uhr entfernt hatte, begannen die Angeklagten mit dem Deprogramming, indem sie B.S. stundenlang mit Glaubensthesen und -meinungen überschütteten.

Als B.S. gegen 20.00 Uhr um Hilfe rief, warfen sie die Angeklagten zu Boden und hielten ihr den Mund zu. Auf Grund des Hinweises eines aufmerksam gewordenen Passanten wurde B.S. jedoch gegen 23.30 Uhr am 14.11.1987 von der Polizei befreit. B.S. erlitt durch das Vorgehen der Angeklagten Blutergüsse am rechten Oberarm und einen schweren Schock.

Strafantrag wurde form- und fristgerecht gestellt. Die Angeklagten machten sich dadurch schuldig einer gemeinschaftlichen Freiheitsberaubung, rechtlich zusammentreffend mit einer gemeinschaftlichen Körperverletzung ...

Den Angeklagten war durch die Anklageschrift vom 21.12.1987 darüber hinaus noch zur Last gelegt worden, für die Durchführung der Deprogrammierung einen Zeitraum von 14 Tagen vorgesehen zu haben ..."

Zuerst hoffte ich ja, auf einen dieser „Einzelfälle" gestoßen zu sein. Jedoch, umso tiefer ich bohrte, umso detaillierter erhielt ich Informationen, was bereits in den achtziger Jahren in dieser Szene los war.

Nicht nur, dass in dem oben geschilderten Fall mindestens zwei Personen – unabhängig von den Verurteilten – tätig wurden, damit diese Deprogrammierung überhaupt stattfinden konnte, sondern dass im Jahr 2002 genau diese Personen von öffentlichen Stellen über Jahre mit Steuermitteln finanziert wurden und heute als Anlaufstelle für Hilfesuchende genannt werden.

Kopfgeldjäger als Hilfstrupp?

Die folgende Geschichte zeigt die Kluft, die durch solche Art von „Hilfe" zwischen Menschen entsteht.

Wer „Kopfgeldjäger“ mit unglaublicher krimineller Energie auch nur durch Vermittlung unterstützt, kann und darf in einem demokratischen Rechtsstaat nie und nimmer als so genannte „Anlaufstelle“ genannt werden.

Der Fall eines Fünfundzwanzigjährigen zeigt den unüberwindbaren Vertrauensbruch, der mit solchen Aktionen erst geschaffen wird.

Durch eine Lüge lockte ihn seine Mutter in ein abgelegenes Haus in Stade. Dieser Treffpunkt war ihm als „Hausbesichtigung“ verkauft worden. Was auf ihn wartete, war der knallharte Verkauf seiner Menschenwürde. Hinterher hat er erfahren, dass seine Mutter für den kommenden Horrortrip 40.000 DM bezahlt hatte.

Der junge Mann traf im Haus zwei kräftige Männer an, die ihn gegen seinen Willen festhielten. Der eine hielt ihm eine Materialsammlung einer Stuttgarter Verbraucherschutz-Zentrale unter die Nase. Im Strafrecht nennt man das übrigens lapidar „Freiheitsberaubung“!

Sein Einwurf an die anwesenden Männer „Sie wissen, dass das, was Sie mit mir machen, nicht in Ordnung ist“, wurde von den Kopfgeldjägern mit der Aussage „Ihre Mutter hat es in Kauf genommen, die rechtlichen Konsequenzen zu tragen, und wir wissen, dass dies, was wir tun, nicht in Ordnung ist“, beantwortet.

Der junge Mann wurde gegen seinen Willen drei Tage lang mit Gewalt in diesem Haus festgehalten und gezwungen, von morgens bis abends ihm vorgelegtes „Material gegen Scientology“ zu lesen und anzusehen. Dabei wurde er streng bewacht und keine Minute alleine gelassen. Als er eines Mittags sagte, dass er jetzt hinaus will und mit einem Messer drohte, sich umzubringen, packte ihn einer der Kopfgeldjäger am Arm, nahm ihm das Messer aus der Hand und die in der Zwischenzeit weiter dazugekommenen Männer überwältigten ihn und drehten ihm den Arm auf den Rücken. Bei dieser Gelegenheit wurde mit weiterer körperlicher Züchtigung gedroht. Nach sieben Tagen durfte er das erste Mal an die frische Luft und in Begleitung von drei Personen einen Spaziergang machen. Vorher musste er noch eine Erklärung folgenden Inhaltes unterschreiben:

„Hiermit versichere ich ..., dass ich in keiner Weise misshandelt, genötigt oder zu irgendetwas gezwungen wurde.“ Danach machte man zwei Fotos von ihm und einem dieser fremden Männer, wie sie auf dem Sofa sitzen, wobei großer Wert darauf gelegt wurde, dass seine Hände sichtbar sind. Zur weiteren Fortführung der „Gehirnwäsche“ sollte er ins Ausland gebracht werden. Auf der Fahrt nach Irland gelang ihm die Flucht.

Von Fall zu Fall fragte ich mich, wie ich als Mutter von drei Kindern in einer Situation reagiert hätte, wenn eines unserer Kinder einen Weg gegangen wäre, den ich hätte nicht nachvollziehen können.

Ich verwarf den Gedanken, das, was da abgelaufen ist zu verstehen, weil Gewalt für mich noch nie ein Mittel war, um etwas zu klären oder zu erreichen. Und hier fand Gewalt statt. Und alle wussten davon. Ja, genau diejenigen, die auch heute als „Sektenexperten“ so tun, als gehe es ihnen um das Wohl der Menschen. Kann tatsächlich ein Elternteil, das von sich behauptet, „aus Sorge zu handeln“, diese Vorgehensweisen des Deprogrammierens gutheißen? Welche Sorge und Zuneigung soll das sein? Welche Charaktere stecken in dieser Art von Beratern, die Adressen von solchen Kopfgeldjägern weitervermitteln? Wieviel Geld ist eigentlich als Provision an die Vermittler geflossen?

Fragen, die nie wirklich öffentlich gestellt oder flächendeckend diskutiert und schon gar nicht beantwortet wurden.

Die Politiker, die ich nach diesen Vorfällen befragte, staunten und hielten es zunächst für völlig abwegig, dass solche Methoden in Deutschland möglich sein sollten. Der eine oder andere, dem die Erhaltung der Menschenrechte am Herzen liegt, stutzte, als er die Fakten sah und schüttelte den Kopf. Einige äußerten sich klarer und versprachen diesen Hintergründen in der neuen Legislaturperiode auch politisch auf den Zahn zu fühlen. Ich hielt dagegen, dass genau so einige geredet haben, als ich mit ihnen unrechtmäßige Kündigungen diskutierte, die Rufmordbeweise auf den Tisch legte und ihnen das Problem für den Standort Deutschland aus der Sicht der Unternehmen erläuterte. Auch, als ich die Beweise lieferte, dass keine dieser Personen, die existentiell vernichtet wurden, überhaupt die Chance erhielt, sich wenigstens zu erklären.

Und? Hat es was verändert? Nein, eben nicht, denn alle, die das zu verantworten haben, sitzen noch auf ihren sicheren Arbeitsplätzen und agieren in diesem selben Stil weiter. Ich werde meine Fragen weiter stellen, bis lückenlos geklärt ist, was mitten unter uns seit Jahrzehnten passiert.

Zum Beispiel fand vom 7. bis 9. Dezember 1984 im Evangelischen Tagungs- und Freizeitheim Hasensprungmühle in Leichlingen ein Seminar statt, das von der AGPF in Bonn organisiert wurde. Teil des Programms war ein Vortrag eines Mannes, der in mehreren Fällen als knallharter Deprogrammierer in Erscheinung getreten war und mindestens in einem Fall auch verurteilt wurde.

Auffallend in den ganzen Hintergrundinformationen, die ich Stück für Stück nachrecherchierte, war die Vorarbeit, um den Geldfluss in Gang zu bringen.

Zuerst gab es immer viel Öffentlichkeitsarbeit über so genannte Einzelschicksale, verlorene „Kinder", in der Regel waren sie jedoch volljährig. Anfang der 80er Jahre wurden dann verschiedene Personen, die sich hinterher als Deprogrammierer herausstellten, hofiert. Diese wurden in der Sektenszene und in den Medien als so genannte „Experten und Helfer" vorgestellt.

So liest sich dann in der Zeitung im Dezember 1984 unter „Was Eltern gegen Sekten machen" eine Werbung für eine „Elterninitiative zur Wahrung geistiger Freiheit." Mit „Eltern" verbindet jeder Leser zunächst einmal das Wort „Kind". Das Kind ist beschützenswert und die Emotionalisierung wird sehr schnell flächendeckend hergestellt. Dass dieses „Kind" längst erwachsen ist, hinterfragt niemand mehr. Es wird nur noch vom „ältesten Sohn" gesprochen, der das elterliche Haus verließ. Die Mutter, deren erwachsener Sohn sich im Falle dieser Elterninitiative den Hare Krishna zugewandt hatte, unterhielt nachgewiesenermaßen mit einem Deprogrammierer nicht nur ein persönliches, intensives Verhältnis, sondern trat auch als Vermittlerin für Deprogrammierer in Erscheinung. Diese Frau nannte dies gegenüber den Medien „gegenseitige Hilfe von Betroffenen". Man nahm es ihr nicht nur damals, sondern nimmt es ihr bis heute noch ab. Aber was ist es in Wirklichkeit?

Was ist das für eine Desinformation, wenn sich eine Initiative „zur Wahrung geistiger Freiheit" zusammenschließt und dabei die Freiheit der eigenen Kinder mit Füßen tritt?

Der eine oder andere Fall erinnerte mich eher an Berichte, die man von der Amnesty International über diktatorische Umerziehungslager berichtet: „... Plötzlich stürmen vier meiner Onkel in den Tempel und packen mich brutal, ziehen mich gewaltsam in Richtung Ausgang. Ich versuche, mich überall, wo es möglich ist, festzuklammern. Dabei wird ein Briefkasten aus der Wand gerissen und eine Tür beschädigt ... Draußen steht ein Auto, in dem ein weiterer Verwandter sitzt. Ich werde in das Auto gezerrt und gestoßen. Ein Entkommen ist zwecklos, ich werde mit großer Gewalt von Leuten, die viel kräftiger sind, in die Polster gedrückt, so dass ich mich kaum rühren kann. In meinem Kopf rasen die Gedanken. Von dem Kampf und der äußersten Nervenanspannung klopft mein Herz, mir wird heiß und kalt. Ich kann kaum die Situation fassen. Auch wird mir mein Hckbeads (eine Kette aus Holzperlen) abgenommen. Mein Haarschopf wird mir abgeschnitten. Die folgenden Tage bringe ich im Hause meiner Eltern zu. Am Mittwoch, dem 20. Januar, kommt durch die Vermittlung eines Bekannten der Familie aus Osnabrück ein Geistlicher aus Aachen, der sich als so eine Art Sektenbeauftragter vorstellt, zu uns. Er heißt K. und ist der Bruder der Bundesministerin ..., die u.a. für Sektenfragen in der Bundesregierung zuständig ist. Herr K. spricht vom Johannishof, einer Einrichtung zur Rehabilitation von ehemaligen Anhängern von Jugendsekten im Bergischen Land.

Am nächsten Dienstag, ich fühle mich inzwischen sehr unglücklich, dass ich wieder und wieder gegen meinen Willen in der alten, für mich in keiner Weise zufrieden stellenden Situation bin, fahren der Bekannte und ich zum Johannishof ..."

Das „Umpolen" im Johanneshof klappte nicht. Daraufhin nahm der Vater des bereits volljährigen „Kindes" Kontakt zu einem katholischen Geistlichen aus Münster auf. Dort wurde eine Querverbindung zur AGPF hergestellt. Dort wiederum verwies man den Vater, nach Aussage des Betroffenen, an Frau Z. aus Leverkusen, einem Vorstandsmitglied der AGPF. Durch Frau Z. kam der Kontakt zu M. zu Stande, „der", so der junge Mann in seinem mehrseitigen Bericht, „nicht nur bei Z. wohnt, sondern auch Vorstandsmitglied ihres Vereins ist und zu ihren engsten Vertrauten zählt. Es scheint, dass mein Vater mit den Erfolgen des Johannishofes nicht zufrieden war und sich von der Gruppe um Frau Z. und M. bessere Fortschritte versprach. Mein Vater empfahl mir jedenfalls, mit diesem M. zu sprechen, der mich am Montag, dem 8. Februar oder Dienstag, dem 9. Februar, im Johannishof besuchte."

Ab diesem Zeitpunkt geriet der junge Mann zwischen die Mühlen der verschiedenen Personen, die sich als „Ausstiegshilfe“ sahen. „Herr K. schien mich oder meinen Fall mehr als etwas wie seine eigene Sache oder sein Eigentum zu betrachten und war recht gestört, dass nun die andere Gruppe ihm ins Handwerk pfuschen wollte. Er versuchte, Stimmung gegen M. zu machen, indem er sagte, M. verlange 30.000 DM für eine Deprogrammierung. Tatsächlich ist von meinem Vater aber auch Geld an Frau Z. bzw. M. gezahlt worden.“

Die Odyssee ging für diesen „Krishna-Anhänger“ aber weiter.

„Am darauf folgenden Mittwoch, dem 10. Februar, wurde ich aus dem Johannishof entlassen. Ich wurde nach Leverkusen gebracht in das Haus von Frau Ursula Z. Dort musste ich mir, um besser kontrolliert werden zu können, mit M. ein Zimmer teilen ... M. war früher selbst für einige Monate Mitglied in der Hare-Krishna-Bewegung gewesen, und so fühlte er sich besonders berufen, im Verein mit Frau Z. mich zu deprogrammieren. Seine Vorbilder waren, nach seinem eigenen Bekunden, Deprogrammierer aus den USA. Wie ich später erfuhr, bezahlte mein Vater 100,– DM für jeden Tag meines Aufenthaltes im Hause von Frau Z. ... M. ging keiner beruflichen Tätigkeit nach. Es schien, dass er vom Arbeitslosengeld lebte. Seine Nebentätigkeit schien auch vom finanziellen Standpunkt aus für ihn sehr attraktiv gewesen zu sein ... Am Ende meines Aufenthaltes im Hause Z. schrieb ich einen langen handschriftlichen Erfahrungsbericht, wie ich zum Krishna-Bewusstsein gekommen war und wie die Zeit im Tempel und danach gewesen war. Ohne mich um Erlaubnis zu fragen, was mich ziemlich störte, wurde mein Bericht fotokopiert ...“

Dieser Fall interessierte mich schon deshalb, da einige Personen, die mit diesem Fall des jungen Mannes Ende der achtziger Jahre beschäftigt waren, auch heute in der mir mehr als dubios erscheinenden Expertenszene eine Rolle spielen, darunter auch „Ausstiegsberater“ Rohmann, der im Bericht des jungen Mannes auftaucht:

„... kann ich mich ferner daran erinnern, dass im Johanneshof des öfteren von einem Herrn Dieter Roman die Rede war. Es hieß immer, er wäre „auf der Straße“, um gegen die neuen religiösen Bewegungen gewissermaßen an der Front zu arbeiten ... Dieser Bericht beruht auf einem langen persönlichen Gespräch, das ich am Sonntag, dem 12. Juni 1988 ... hatte. Ich habe alles hier niedergeschrieben, nach bestem Wissen und Gewissen aufgezeichnet. Die Inhalte dieses Berichtes sollen an die Medien, interessierte Kreise und an die Öffentlichkeit gegeben werden ...“

Deprogramming oder Psychologie?

Wer in staatlichen Institutionen um Hilfsangebote nachfragt, stößt auch heute immer wieder auf den Namen Dieter Rohmann. Mir begegnete dieser Mann zwar nie persönlich, aber er hielt eine Zeitlang mit mir schriftlichen Kontakt. Er hatte sich mir als „psychologische Beratungsstelle, die in Sektenfragen operiert“ vorgestellt.

Nun fielen mir in den Unterlagen zu dieser ganz dunklen Seite dieser Szene Querverbindungen auf, die er im Kontakt mit mir jedoch nicht erwähnt hatte. Zum Beispiel war ich völlig überrascht, als ich in einem Berg von Papieren aus dem 80er Jahren immer wieder auf den Namen Dieter Rohmann stieß, wenn es um Deprogramming ging. Über so genannte „Rehabilitations-Einrichtungen“ wie früher der Johannishof muss es seit vielen Jahren Informationen zum Thema Deprogramming geben. Und es wissen auch die meisten, die damals bereits als Sektenbeauftragte tätig waren.

Völlig irritiert hat mich der Name Inge Mamay, die erst den Johannishof führte und dort mit Dieter Rohmann zusammen arbeitete. Diese beiden Namen sind auch im Zusammenhang mit dem Wort Deprogramming aufgetaucht. In einem mir vorliegenden Brief vermittelt Dieter Rohmann einen Deprogrammierer an eine Mutter, der ihre 32-jährige Tochter später entführt, einer Gehirnwäsche aussetzt und dafür verurteilt wird.

Inzwischen sind über 10 Jahre vergangen. Wenn man in diesen Kreisen jetzt das Wort Deprogramming nennt, kommt es bei einigen dieser Personen zu den bereits erwähnten Gedächtnislücken, bei anderen zu Panik-Attacken, weil sie alle dieses Thema weder diskutieren und schon gar nicht aufarbeiten wollen.

Der Grund ist ebenfalls leicht zu erklären: Es läuft ja gerade so gut! Man will nicht gestört werden.

Statt dem damaligen Johannishof gibt es nun einen „Odenwälder Wohnhof“, der als europäisches Vorzeigemodell für Sektenaussteiger propagiert wird. Mit Steuermitteln subventioniert, hat dort Inge Mamay ein neues Aufgabengebiet gefunden. Dass in diesem Zusammenhang auch der Name Dieter Rohmann wieder aufgetaucht ist, hat mich nicht verwundert. Es ist wie in einem Wanderzirkus, irgendwie trifft man sie alle wieder in diesem Bereich „Sektenaufklärer“!

Episoden am Rande – „Gebrauchtwaren-Handel“

Der Journalist richtete sich auf ein langes Interview mit zwei Sektenexperten ein. Was er dabei erlebte und vor allem zu hören bekam, hätte er garantiert nicht für möglich gehalten, wenn es ihm von irgendwelchen Dritten erzählt worden wäre.

Es ging um Deprogramming, Beziehungskisten und Alkohol. Auf die Frage des Journalisten, wie es denn mit Deprogramming in der Szene aussieht, antwortete der kirchliche Sektenbeauftragte:

„Ich habe zu diesem Thema den H. in B. angerufen, weil ich wissen wollte, was los ist. Herr F. ist so ein Typ, der hat jedenfalls von Krishna überhaupt keine Ahnung. Er fährt einfach dahin, kidnappt den Typ und traf dann zufällig den M. Und so sagte der F. zum M. ‚wir haben da so einen Krishna-Typ, mach da mal mit‘. Womit übrigens H. andeuten wollte, dass der M. zwar dabei war, aber er war nicht richtig beteiligt an der Entführung.“

Der Journalist wunderte sich und stellte die Frage: „Ja, aber der M. war doch der Fahrer. Das hat mir zumindest H. gesagt.“

Der Kirchenmann: „Na, vielleicht wusste er es noch nicht. Mir gegenüber hat er jedenfalls die Sache runtergespielt, wo er ja hätte wissen müssen, dass wir, wenn der M. ordentlich in der Scheiße sitzt, nicht besonders mitleidig sind.“

Der Journalist wollte wissen, ob es eine Art „weiches Deprogramming“ war, das man bei einem Betroffenen anwendete. Der Sektenbeauftragte musste nicht lange überlegen und äußerte sich: „Nein, auch hartes!“

Auch auf die Einwände, dass es sich bei dieser Art von „Hilfe“ doch eher um Geldschneiderei handelt, fiel der Name eines Mitgliedes der heutigen so genannten „Expertenszene“. Der Sektenbeauftragte hatte auch hier gegenüber dem Journalisten sofort die Antwort parat: „Ja klar, das ist ein ehemaliger Fremdenlegionär.“ Über eine lange Zeit ging das Gespräch nur noch über Geld. Der Sektenbeauftragte jammerte über viel zu wenig staatliche Zuschüsse. Und er sinnierte, wie man an staatliche Gelder kommen könnte. Und irgendwie rutschte dann das Gespräch von Seiten des Kirchenmannes ab in ganz persönliche Geschichten der einzelnen Experten. Völlig konsterniert vernahm der Journalist, welche Beziehungskisten in dieser Szene gang und gäbe sind. Lachend erzählte der Sektenbeauftragte eine Story der „ganz besonderen Art“: „Eine Sache habe ich mal gehört, aber der Beobachter muss im Suff gewesen sein. Also, der M.A. muss bei einer Tagung ins falsche Zimmer gegangen und dann Zeuge einer heftigen Zweisamkeit geworden sein. Wobei die Frage ist, kann jemand so besoffen sein, dass er ins Zimmer von Frau U. geht. Ich will ja keine besonders strengen Maßstäbe anlegen, aber es ist nicht so, dass man gleich weglaufen müsste. Wenn man sie nicht kennt, würde man nicht gleich weglaufen. Sie ist eigentlich ganz nett, ist eine Lehrerin, kann Englisch, ... H. ist nicht betroffen. Er hat sich tierisch in SO eingearbeitet. Und er hat dann im Laufe seiner Tätigkeit immer wieder Mädchen kennen gelernt. Er war mal mit der A. befreundet, und die hat ihm dann der M. ausgespannt. Kennen Sie die Geschichte? Der M. hat A. von H. übernommen. Und der H. hat dafür das gebrauchte Auto vom M. übernommen ...“

Ja, lieber Leser, das sind sie, die Experteninformationen, für die wir Steuerzahler immerhin eine Menge Geld hinblättern. Wäre der Sektenbeauftragte jetzt eine Frau, würde so mancher sagen: „Waschweiber-Geschwätz“

Nur, „Geschwätz“ ist ja richtig und es beweist durch diesen kurzen Abschnitt, mit welcher „Nächstenliebe“ und welcher „Kompetenz“ diese Experten miteinander umgehen. Und die sollen die Fähigkeit besitzen, Konflikte zu lösen?

Nach all den aufgedeckten Unglaublichkeiten wundert mich auch nicht mehr, weshalb die Kritikersekte vehement verhindert, dass die Öffentlichkeit erfährt, dass sie nur die zahlenden Zuschauer in einem miesen Theaterstück sind!

SZENENWECHSEL: Steuergelder für Ausgrenzung

Reden wir vom Geld

In einem Sitzungsprotokoll der AGPF (Aktion für geistige und psychische Freiheit, Arbeitsgemeinschaft der Elterninitiativen e.V.) vom 19. September 1987 ist bereits klar erkennbar, dass es von jeher im Interesse dieser einzelnen Personen in Führungsebenen von Vereinen und Institutionen lag, über das Thema „Sekten" Steuergelder zu kanalisieren.

Zum Fallbeispiel AGPF liegen uns folgende Zahlen vor: Für das Jahr 1983 wurden vom damaligen Bundesministerium für Jugend, Familie und Gesundheit 139.490,– DM genehmigt. Im Jahr 1987 waren es bereits 152.350,– DM. Demgegenüber steht ein Zahlenspiel, das jeden Steuerzahler interessieren muss:

Allein der Geschäftsführer der AGPF, Ingo Heinemann, bezog im Jahr 1986 aus der staatlichen „Förderungssumme" in Höhe von 150.700 DM ein Gehalt von 78.100 DM . 1987 wurde dieses Gehalt auf 84.800 DM aufgestockt, während die „Förderung" auf 152.350 anstieg. Weit mehr als die Hälfte der AGPF-Finanzen wurde also allein als Gehalt des Geschäftsführers geschluckt.

Der damals für die AGPF zuständige Beamte im Bundesministerium für Familie und Jugend, Norbert Reinke, nahm am 19. September 1987 an einer Vorstandssitzung teil. Die AGPF – als Dachverband von Anti-Sekten-Initiativen – wurde damals von einer Austrittswelle geschüttelt. Das Ganze stand damals im Zusammenhang mit den Diskussionen um Deprogramming. Laut Reinke seien im Bundesministerium Diskussionen im Gange, ob die AGPF vom Bund weiter finanziell gefördert werden darf. Der Bundesrechnungshof habe sie schon wegen der Übersubventionierung der AGPF kritisiert. Das Bundesministerium habe dies zurückgewiesen. Dies sei aber ein rein behörden-interner Vorgang, so das Protokoll der Sitzung, welcher der AGPF nicht zur Kenntnis gegeben werden könne, also auch nicht die Argumente des Bundesrechnungshofes. Der Protokollführer dieser Sitzung, Ingo Heinemann, merkte dazu an: „Aus Herrn Reinkes Ausführungen ging doch hervor, dass er die Dachfunktion der AGPF als entscheidendes Förderkriterium ansieht. Wenn es nicht möglich sei, wieder alle Vereine unter dem Dach der AGPF zu vereinen, dann müsse damit gerechnet werden, dass die Förderung etwa Ende 1988 eingestellt werde ..."

Natürlich hat der Hauptnutznießer der staatlichen Subventionierung, Ingo Heinemann, ein reges Interesse daran, dass die privaten Initiativen nicht nur als Informationsgeber, sondern hauptsächlich als Argumentation dienen, um den „Tanz um das Goldene Kalb" auch weiterhin tanzen zu können. Deshalb ist es nicht verwunderlich, dass Hauptnutznießer, Geschäftsführer und Protokollersteller Heinemann einen kritischen Punkt in die Vorstandssitzung einbrachte:

„c) 2.000 DM (für) Reisekosten, Beirat: soll dazu verwendet werden, die ausgetretenen AGPF-Mitglieder-Vereine zum Wiedereintritt zu bewegen."

Wie bitte? Ist das nicht immer wieder der Vorwurf, den gerade jemand wie Ingo Heinemann Sekten vorwirft, dass man sie nicht freiwillig gehen lässt und sie immer wieder angeht, um sie zum Wiedereintritt zu bewegen?

Obwohl die Ehrenamtlichen, also die private Initiativen, in ihrer Gesamtheit als Produkt notwendig waren, um an die staatlichen Gelder zu kommen, waren sich der AGPF-Vorstand und Geschäftsführer Heinemann nicht zu schade, deren ohnehin kleinen Anteil am staatlichen Obolus abzuzweigen. Das Protokoll hierzu:

„a) 1.000 DM für Ehrenamtliche: Wird auf die Vorstandsmitglieder pauschal für Telefonkosten umgelegt. Pro Vorstandsmitglied 200 DM pro Jahr."

Da es sich bei diesen Geldern um noch freie Haushaltsmittel handelte, wurden sie „zweckmäßig" entfremdet!

Auf dieser Sitzung wurde der Jahresabschluss für das Jahr 1986 – genauso wie der Tätigkeitsbericht 1986 – genehmigt. Weiterhin beschloss der Vorstand:

„Der Geschäftsführer erhält für Arbeit an arbeitsfreien Tagen Zeitausgleich an Arbeitstagen. Gehalt Geschäftsführer: Der Vorstand wird einen Antrag auf Hochstufung von BAT IIa nach BAT Ib, der vom Geschäftsführer zu entwerfen ist, unterschreiben.“ (BAT, Bundesangestelltentarif, Anm.d.A.)

Die sichere Existenz des Ingo Heinemann fing an zu bröckeln, als das Verwaltungsgericht Köln im November 1985 „Im Namen des Volkes“ feststellte, „... dass die von der Bundesrepublik Deutschland der AGPF gewährte institutionelle Förderung rechtswidrig ist.“ Eine der von der „Aufklärungsarbeit“ betroffenen Gruppen hatte gegen die „nahezu 100%ige Förderung“ der AGPF durch den Staat geklagt und gewonnen.

Der Name Ingo Heinemann taucht in dieser Szene als erstes Vorstandsmitglied der Aktion Bildungsinformation e.V. auf. Bereits dort ziehen sich die Wörter „unseriöse Geschäftsmethoden“ und „Geldabzocke“ wie ein roter Faden durch die Medien. Bereits 1981 war in der Zeitung „Rheinischer Merkur“ lesen:

„Mit Abmahnungen lässt sich gutes Geld verdienen. Das beherzigt auch die ABI, deren Verbraucherschutz ganz einträglich ist. Sie achten streng auf Sauberkeit und Ordnung. Sie bezeichnen sich selbst als Bildungspolizei und TÜV im deutschen Bildungswesen ... Außerdem steht die ABI auf der Zuschussliste von Bund und Land ... Dies könnte sich jetzt ändern, wenn unseriöse Praktiken der Stuttgarter Verbraucherschützer an die Öffentlichkeit kommen. Der Vorsitzende des Münchener Vereins „Patientenhilfe e.V.“, Dietmar Stutzer, rief gar den Petitionsausschuss des Bundestages an, die Zuschüsse für die ABI zu streichen und gegebene Zuschüsse zurückzufordern ... Die ABI sei keine neutrale Verbraucherschutz-Organisation, sondern ein auf Gewinn ausgerichtetes Erwerbsunternehmen, das sich lediglich als Verbraucher-Organisation tarne und besser erst einmal die eigenen Missstände aus der Welt schaffen solle, als andere in Misskredit zu bringen ...“

Auch andere Medien brachten bereits damals Berichte über die Aktion Bildungsinformation e.V. unter dem Titel „Wenn Verbraucherschutz zum Rufmord wird.“ Mit solchen Schlagzeilen verbunden: auch immer wieder die Namen Ingo Heinemann (früher ABI) und Eberhard Kleinmann. Es hat sich seit damals nicht viel geändert. Außer, dass die Bevölkerung diese immer wieder aufflackernden Schlagzeilen nicht mehr registriert. Nach der Devise: „Nichts ist so alt wie eine Zeitung von gestern“, wurde Jahr für Jahr weiter um das Goldene Kalb „Steuersäckel“ getanzt.

Tanz um das Goldene Kalb

In einem Rundbrief vom 8. Juli 1997 schreibt Ingo Heinemann von der Aktion für geistige und Psychische Freiheit (AGPF) in Bonn ernüchternd über das Tauziehen um Steuergelder zwischen den einzelnen Anti-Sekten-Gruppen. Eine Bedrohung stellt wohl die wachsende Konkurrenz der Psychologen dar, die sich immer mehr in diese Szene einklinken und auch etwas vom Steuersäckel wollen.

Dieses Schreiben bestätigt nicht nur die Differenzen und Intrigen innerhalb der Szene, sondern, dass es nicht um eine Auseinandersetzung mit den vorgegebenen Themen geht.

So beschuldigt Ingo Heinemann in seinem Schreiben eine Mitarbeiterin der Sekteninfo Essen, dass sie in letzter Zeit auffällig oft um Steuermittel gebuhlt hätte:

„... maßgebliche Mitarbeiterin dort ist Diplom-Psychologin Beate Roderigo. Diese hat einen Vortrag veröffentlicht, in dem sie die Initiativen massiv kritisiert und deren Mitarbeiter verhöhnt ... In einem AJS/IDS Fachgespräch am 30. April 1997 im Landtag NRW wollten Teilnehmer dies ansprechen. Frau Roderigo hat behauptet, in dem Aufsatz sei es lediglich um das Problem der Kooperation und Aufgabenteilung gegangen. Es sei in diesem Zusammenhang zu Missverständnissen gekommen, die mittlerweile aber in einem Briefwechsel mit Herrn Heinemann (AGPF) weitgehend ausgeräumt seien. Beides ist falsch. Nach dem Protokoll dieser Sitzung hat Frau Roderigo dann vorgeschlagen, ein Netzwerk herzustellen. Sie hat damit die bisherigen Anstrengungen und Erfolge ignoriert oder sie kennt diese nicht. Denn ein solches Netzwerk besteht längst. Also hätte Frau Roderigo darlegen müssen, worin ihr Angebot an die Initiativen besteht. Davon lese ich nichts ...“

Heinemann macht damit nicht nur mir klar, dass es hinter den Kulissen einen Machtkampf zwischen den staatlich subventionierten Sekten- und Dokumentationszentren und einer Gruppe von Psychologen gibt. Die Psychologen in der Szene akzeptieren die privaten Initiativen zwar als Zulieferer, sehen sich aber als die einzig wahren „Sektenberater“. Nun soll es sogar Seminare für Anti-Sekten-Initiativen geben.

So wird das Phänomen „So genannte Psychogruppen und Sekten in unserer Gesellschaft“ zur Arbeitsbeschaffungsmaßnahme eines bestimmten Kreises von „Experten“ benutzt. Wenn die Analyse der Kompetenz einer privaten Initiative von Anpassung an diese Strukturen abhängig wird, dann bleibt Aufklärung auf der Strecke. Betrachtet man nun auch einmal die Laufbahnen derjenigen, die sich einen Platz im großen Karussell der „Experten“ auf dem Sekten- und Psychomarkt sichern wollen, dann bleibt aufgrund der vorliegenden Fakten unter dem Strich: An erster Stelle steht die Existenzsicherung der Berater, die sich alle um einen großen Topf aus Steuergeldern scharen. Da sich der Kreis der „Experten“ laufend vergrößert, der Topf aber nicht voller wird, entsteht zu der normalen Konkurrenzsituation ein „Krieg um Steuergelder“.

Das große Karussell der „Experten“ dreht sich, nach meinem heutigen Kenntnisstand, nicht um die Sache. „Betroffene“ werden als Ware gebraucht, um sich die Existenz zu sichern.

Steigerung: Modell-Projekt

Der „Steuersäckel“ ist beliebt. Man braucht nur einen Ansatz, um ihn anzuzapfen. „Beratungsbedarf und Therapiekonzept“ heißt die neue Pipeline, die zur Zeit installiert wird.

Es geht um ein Modell-Projekt unter den Vorzeichen, dass es sich hierbei um eine nicht näher definierte „Prävention im Bereich der so genannten Sekten und Psychogruppen“ handelt.

Eine weitere Berufsgruppe hat sich in die Reihen der Steuergeld-Pipeline eingereiht. Allein für den Zeitraum von Juli bis Dezember 2002 wird die Bundesregierung bis zu DM 37.500,– Euro monatlich dafür investieren. Ein Gesamt-Projekt, indem mal wieder das Bundesfamilienministerium finanzielle Unterstützung von etwa 1 Million Euro bereitgestellt hat.

Nun muss sich natürlich jeder Steuerzahler fragen: Welche Motive stehen hinter einem solchen Modell-Projekt? Und genau wer diese Motive dann hinterfragt, kommt sehr schnell auf gesellschaftliche Situationen, in denen man diese Million weitaus sinnvoller anlegen könnte.

In der öffentlichen Ausschreibung des Modell-Projekts wird in der Kurzbeschreibung die folgende „Ausgangslage“ zur Begründung angegeben:

„... die neunziger Jahre brachten einschneidende gesellschaftliche Umbrüche mit sich ... Zentrale Zielsetzung des Modell-Projekts ist es daher, Beraterinnen und Berater in den psychosozialen Beratungsstellen (Ehe-, Lebens-, Familien-, Erziehungs-Beratungsstellen und andere Fachdienste) für ihre Beratungsaufgaben auf diesem speziellen Feld zu qualifizieren, da diese in der Regel die Anlaufstellen für Sektenopfer sowie deren Angehörigen sind.

Modellteilnehmer: Zur Mitwirkung an dem Modell-Projekt an einzelnen Standorten können sich anerkannte Träger der öffentlichen und freien Jugendhilfe, sozialpsychiatrische Dienste bei den Gesundheitsämtern, Sozialdienste der psychiatrischen Krankenhäuser und der psychiatrischen Hauptfach-Abteilungen sowie vergleichbare, einschlägig interessierte Fachdienste bewerben ...“

Hier wird nun eine Maschinerie an den Start gebracht, die sich genauso explosionsartig vergrößern wird, wie die der Sektenbeauftragten. Wofür das gut sein soll, ist eine berechtigte Frage, die nur niemand stellte bisher!

Gutachten:
Alter Wein in neuen Schläuchen – wie immer auf Kosten der Steuerzahler

„Wenn Dir die Argumente ausgehen, lass ein Gutachten machen.“ Dieser Satz eines Uni-Professors fiel mir ein, als 1998 der Bayerische Innenminister Beckstein verlauten ließ, dass die bayerische Regierung in einem Gutachten „herausfinden“ würde, dass es bei Scientology „Gehirnwäsche“ gibt.

Genau dieses Argument hörte ich bereits 1992 von Sektenbeauftragten auf meine Frage, warum man das, was über Scientology erzählt wird, nicht beweisen könne. Immer wieder hat man sich auf „Gutachten“, die man „noch machen müsse“, zurück gezogen und wenn dann eines vorlag, war nicht selten der Fall, dass der einzige, der davon profitierte, der Gutachter selbst war. Und dann gab es natürlich noch Peinlichkeiten der besonderen Art.

Beispielsweise ließ die Stuttgarter „Interministerielle Arbeitsgruppe für Sekten und Psychogruppen“ bereits Mitte der neunziger Jahre aus Steuermitteln im Institut für Kriminologie an der Universität in Tübingen ein Gutachten erstellen. „Gefährdungspotenziale von Scientology“, so der Titel. Die dafür ausgegebenen 80.000 DM Steuergelder hätte man sich sparen können. Denn da dieses Gutachten nicht so ausfiel, wie es sich die Auftraggeber sich wünschten, verschwand es in der Schublade eines staatlichen Sektenbeauftragten. Als dann die Zeitung „Stuttgarter Nachrichten“ von diesem Steuerskandal berichtete, wurde es sehr ruhig in dieser Szene der Experten.

Und einmal mehr hoffte man darauf: Nichts ist so alt wie die Zeitung von gestern, die Bürger würden es schon vergessen. Vielleicht! Nur es ist und bleibt eben ein Faktum, dass hier einmal mehr entlastende Beweise unter den Teppich gekehrt wurden. Und genau das sind aber letztendlich die Vorgehensweisen, die einem Rechtsstaat und der Demokratie schaden. Ich gehe noch weiter: sie zeigen Tendenzen eines totalitären Systems. Da mich das mehr als beunruhigte, habe ich mich dann bemüht, die 270 Seiten der Expertise zu bekommen und es war ein Kraftakt, überhaupt jemanden zu finden, der darüber etwas sagen wollte und ein weiterer, eine Kopie zu erhalten. Schnell wurde mir klar, warum.

Zuallererst war der Sekretär der Enquete-Kommission zu „so genannten Sekten und Psychogruppen“ im Deutschen Bundestag Mitautor des Gutachtens. Die Quellenlage für das Gutachten müsste demnach sehr gut gewesen sein. Zumindest konnte man nicht behaupten, für die Studie „zu wenig“ Informationen gehabt zu haben.

Und dann kommt das Gutachten unter anderem zu folgendem Schluss: „Scientology lässt sich nach den auf die verfügbaren Materialien gestützten Befunden jedoch nicht als ‚kriminelle Vereinigung‘ im Sinne des Strafrechts charakterisieren. Für kriminologische Einstufungen als ‚organisierte Kriminalität‘ und selbst ‚organisierte Wirtschaftskriminalität‘ reichen die Beweisindizien ebenfalls nicht hin.“

Weiter wird ausgeführt: „Bisher haben amtliche Ermittlungsverfahren lediglich, aber immerhin das wiederholte Ergebnis erbracht, dass die in Deutschland bis 1996 bearbeiteten Fälle kriminalistisch, kriminologisch und juristisch die Existenz einer kriminellen Vereinigung nicht belegen. In der Tendenz gehen viele Ergebnisse offenbar auch dahin, dass Einzelfallzuschreibungen sich nur bedingt aufrecht erhalten lassen."

Nicht zu vergessen, es war 1997, als klar war, dass die These „Scientology = kriminell" entzaubert wurde. Just in dem Jahr, in dem dann der Verfassungsschutz die Beobachtung aufnahm. In Dutzenden von Gesprächen mit Unternehmern, Soziologen, Politologen und Juristen zeigte sich das ungute Gefühl, dass hier etwas überzogen worden ist und keiner den Mut hatte es zuzugeben. Das Pferd „Achtung krimineller Staatsfeind" wurde auch deshalb nicht abgesattelt, sondern weiter auf der Rennbahn gelassen, weil dadurch die an der Ziellinie anvisierte „Existenzsicherung" für viele Planstellen auf dem Spiel stand und steht.

Auch in Bayern wird es im Juni 2002 leise um das großmundig angekündigte Gutachten der Bayerischen Regierung. Auf jeden Fall sei es noch nicht fertig, wie ich in Erfahrung bringen konnte. Auch ist es sicher, dass dafür bereits rund DM 450.000,– (230.081 Euro) für die begutachtenden Professoren verbraten und Dutzende von „Ex-Scientologen" interviewt worden waren. Bei denen war man übrigens nicht so großzügig. Einer der für diese Studie Interviewten erhielt für fünf Stunden detaillierter Befragung einen Betrag von DM 100,– (51,13 Euro) als Aufwandsentschädigung. Befragt wurde er nach den persönlichen Höhen und Tiefen seines Lebens, seinen sexuellen Beziehungen, Finanzen und Problemfeldern, wie z.B. Drogeneinnahme, bis hin zu Erlebnissen aus seiner Kindheit (eine solche Befragung würde man übrigens im Umkehrfall bei Sekten als „Ausforschung" bezeichnen). Die etwa 1.300 Kilometer Reiseweg plus einer Übernachtung wurden nicht erstattet. Die Interviewten wurden übrigens streng selektiert.

Mir fiel auch auf, dass sich einer der Gutachter mit solcher Art „Begutachtung" schon seit Jahren ein sehr lukratives Zubrot verdient. Einmal wurde er in einem Gerichtsverfahren von einem in der Enquetekommission des Bundestags als „Psychogruppe" bezeichneten bundesweiten Seminarunternehmen engagiert.

Er bestätigte deren Inhalte mit teilweise scientologischem Ursprung als durchweg positiv. Das Unternehmen zahlte für die 64-Seiten-Gutachter-Entwarnung eine fünfstellige Summe.

Nun sitzt der gleiche Professor im Auftrag der bayerischen Regierung als Gutachter für eine „geringe“ Entlohung von 150.000 DM (76.700 Euro) in einer Kommission, von der sich der bayerische Innenminister wieder einmal eine „neue Ära“ der Aufklärung verspricht.

Nur, es ist alter Wein in neuen Schläuchen. Es ist wieder ein Gutachten, wie eben vor sieben Jahren in Tübingen eins gemacht wurde, um scheinbare Gefährdungen durch Scientology zu finden. Tatsächlich neu ist: das bayerische Gutachten ist um vieles teurer. Und noch was ist neu: das Gutachten, das die Steuerzahler bereits vorfinanzierten, wird als Buch erscheinen, und dann dürfen es die Steuerzahler für „nur“ 40 Euro über einen Verlag erwerben.

Ein Gesetz, das für blankes Entsetzen sorgt

Ein Gesetzentwurf des Bundesministeriums der Justiz löste im Dezember 2001 in der Szene der Sektenbeauftragten und der Kirchen blankes Entsetzen aus.

Es handelt sich um ein zivilrechtliches Antidiskriminierungs-Gesetz, das erstmals auch im Privatbereich Mitglieder von religiösen und anderen Minderheiten vor Ungleichbehandlung ausschließlich wegen ihrer Mitgliedschaft schützen soll.

Am 4. Juni 2002 ließ die Bundesfraktion von Bündnis90/Die Grünen verlauten, dass das Gesetz nicht mehr vor den Bundestagswahlen im September 2002 in den Bundestag eingebracht werden wird. Grund: Der Druck der beiden großen Kirchen gegen Einführung des Gesetzentwurfs sei zu groß. Trotz Kompromissvorschlägen seien die Kirchen nicht bereit, den Entwurf zu unterstützen.

Der Entwurf des Bundesjustizministeriums stützt sich auf zwei verbindliche Richtlinien der Europäischen Union (2000/43/EG und 2000/78/EG) und dem deutschen Grundgesetz. Danach soll in das Bürgerliche Gesetzbuch ein Benachteiligungsverbot eingeführt werden:

„Benachteiligungsverbot

(1) Niemand darf aus Gründen des Geschlechtes, der Rasse, der ethnischen Herkunft, der Religion oder Weltanschauung, einer Behinderung, des Alters oder der sexuellen Identität bei der Begründung, Beendigung und Ausgestaltung von Verträgen, die a) öffentlich angeboten werden oder b) eine Beschäftigung, medizinische Versorgung oder Bildung zum Gegenstand haben, oder
(2) dem Zugang zu und der Mitwirkung von Organisationen, deren Mitglieder einer bestimmten Berufsgruppe angehören, unmittelbar oder mittelbar benachteiligt oder belästigt werden."

Wie weit hier das Unrechtsbewusstsein fortgeschritten ist, zeigen die verschiedenen Argumente aus der Kritikerszene gegen den Gesetzentwurf.

So schreibt der „Dachverband" der „Anti-Sekten-Initiativen" AGPF am 19. Februar 2002 eine Empfehlung an das Ministerium: „Die

AGPF empfiehlt dringend, die Merkmale ,Religion und Weltanschauung' aus diesem Gesetzentwurf herauszunehmen ...", weil „,Religion und Weltanschauung' ein beträchtliches Gefahrenpotenzial beinhalten" und weil „Anwendungsbereich des Gesetzes, Zahl und Dauer der zu erwartenden Prozesse und damit die Kosten in keiner Weise absehbar sind."

Ein Anti-Diskriminierungsgesetz ist offensichtlich deshalb gefährlich, weil man eine Vielzahl von Klagen wegen Diskriminierung befürchten muss! Hier existiert doch wohl offensichtlich eine rechtliche Lücke!

Nach der Veröffentlichung des Entwurfs im Dezember 2001 wurde durch die Reihen der so genannten Sektenkritiker, im besonderen derjenigen, die sich diesem Thema aus existentiellen Sicherheitsgründen angeschlossen haben, Gegendruck organisiert. In der Folge werden die in vielen EU-Ländern bereits umgesetzten EU-Richtlinien in Deutschland von den beiden Kirchen, evangelisch und katholisch, blockiert.

Bei all den Eigeninteressen im Hintergrund wird gar nicht mehr registriert, dass der Widerstand gegen das Gesetz zum absoluten Bumerang für Deutschland – nicht nur in der EU – werden könnte. Dieses Risiko sind die Politiker in der 14. Wahlperiode des Deutschen Bundestages nun eingegangen. Denn das Gesetz gegen Diskriminierung ist vorläufig erst einmal gescheitert.

In der Süddeutschen Zeitung vom 22. Mai 2002 schrieb der Redakteur Jonas Viering dazu: „Politiker, Kirchenmänner und Wirtschafts-Lobbyisten spielen Schwarzer Peter. Im Streit um die Einführung eines Gesetzes, das im privaten Rechtsverkehr die Diskriminierung etwa wegen der Religion oder der Abstammung eines Menschen verbietet, will keiner schuld am Scheitern des Gesetzes sein. Der rechtspolitische Sprecher der SPD-Bundestagsfraktion, Alfred Hartenbach, erklärte zu Pfingsten: ,zähneknirschend' fände sich der Gesetzgeber damit ab, dass der Widerstand gegen das Gesetz zu groß sei. Die verbleibenden Wochen vor der Wahl seien zu kurz ... Die SPD-Fraktion hat insbesondere den Kirchen den Schwarzen Peter zugeschoben. Vergangene Woche hatten diese in einem Spitzengespräch abgelehnt, dass religiöse Diskriminierung verboten wird. Katholische wie evangelische Kirche wollen weiter die Freiheit haben, nur Angehörige ihrer Konfession als Mieter zu nehmen oder mit

Werkaufträgen zu bedenken; Andersgläubige also abzulehnen. Selbst eine Ausnahmeklausel für die Kirchen akzeptierten sie nicht."

Obwohl jedem klar ist, dass dieses Gesetz bis Ende 2003 verabschiedet werden muss, um sich nicht eine Vertragsstrafe mit der EU einzuhandeln, will es jetzt – mitten im heißen Wahlkampf – niemand anlangen, um sich dabei nicht die Finger zu verbrennen.

Mit Steuergeldern finanzierte Sektenberatungsstellen befürchten, dass über ein „Antidiskriminierungs-Gesetz" ihre Pfründe verloren gehen könnten. Katholische und evangelische Kirchen melden ihre Bedenken an, weil sie weiterhin Andersgläubige ohne Konsequenz ausgrenzen wollen. Die Politiker fürchten, Wählerstimmen zu verlieren, wenn sie das Gesetz noch vor der kommenden Bundestagswahl verabschieden würden.

Allein das Setzen dieser Prioritäten zeigt, dass wir uns von dem Begriff „Demokratie und Rechtsstaat" immer weiter entfernen.

Damit keine Missverständnisse entstehen: Wir schreiben das Jahr 2002!

Schlusswort: Rien ne va plus!

Beim Roulett der Aufklärung geht nichts mehr. Die Kugel rollt. Jeder hat seinen Einsatz gemacht. Wie es aussieht, haben einige zu hoch gepokert; sogar ihren Job aufs Spiel gesetzt, andere haben ihre Zulassung als Anwalt verloren, Ruf und Beförderung riskiert. Und viel zu viele haben untätig den Falschspielern zugeschaut!

Wer in diesem Spiel die Spielart zu verantworten hat, müssten eigentlich die Politiker, die Gelder für diesen Personenkreis zur Verfügung gestellt haben, klären lassen. Sie werden es aber nicht von alleine tun, diese Chance haben sie schon gehabt. Nur ein Protest der Bürger kann die weitere Untergrabung unseres Rechtsstaates verhindern. Alles, was hier passiert ist, zeigt den jahrelanger Betrug am Bürger und Steuerzahler. Dieses „Expertenkarussell" dreht sich solange weiter, wie es die zahlende Allgemeinheit zulässt. Das Schauspiel „der inszenierte Rechtsstaat „wird solange nicht abgesetzt, solange es Zuschauer gibt. Ab heute kann niemand mehr sagen, er habe nicht gewusst, was da gespielt wird.

Rien ne va plus! Nichts geht mehr! Wie oft habe ich mich nach jeder neuen Attacke gefragt:

Muss das sein?
Wie kann ich es abstellen?
Wo ist sie, die Demokratie?
Wer hat sie in dieser Szene versteckt?

Ich habe lange genug gefragt, lange genug zugeschaut und mehr als genug ertragen. Es reicht! Ich war nie Mitglied in einem Psychokult, in keiner Sekte!

Und ich will und werde nicht blind werden vom vermeintlichen Glanz der „Götter der Aufklärung"! Die Frage: „Was steckt hinter Scientology?" wollte ich klären. Was ich nicht ahnen konnte: Es gab und gibt Interessengruppen, denen meine Suche nach der Wahrheit gelegen kam. Nicht, weil sie an der Wahrheit interessiert waren, sondern weil ein Feindbild wie Scientology, sichere Jobs und Einnahmequellen versprach.

Heute bin ich um eine Erfahrung reicher. Nicht jeder, der vorgibt, dem Allgemeinwohl zu dienen, tut das auch. Und damit sind nicht nur Einzelpersonen gemeint. Auch offizielle Stellen und Geheimdienste kochen ihr eigenes Süppchen, nutzen Hysterie, um sich selbst unverzichtbar zu machen. Und verhindern dadurch die Antwort auf die Frage: „Was stimmt von all dem, was man über Scientology sagt und ab wann muss der Staat reagieren?". Ich bin nie angetreten, um jemandem zu schaden, war nie nur gegen etwas. Was ich wollte, war Klärung. Heute bin ich desillusioniert. Der Rechtstaat hat mit Unrecht zurückgeschlagen. Das ist der eigentliche Skandal.

Zum Schluss möchte ich nicht versäumen, allen zu danken, die mich ermuntert und mir geholfen haben, nicht stehen zu bleiben, sondern weiter zu gehen und diesen letzten Schritt der Aufarbeitung zu machen.

Wenn dieses Buch dazu beiträgt, dass sich etwas verändert, dann hat sich alle Mühe gelohnt. Mein Optimismus sagt mir: Auch hier ist es möglich, etwas zu bewegen. Man muss es – eben – nur tun!

Renate Hartwig

Gefährliches Schweigen
Jugendroman von Renate Hartwig

Das Gymnasium steht Kopf. Durch eine Schulreform werden Schulen rund um die große Kreisstadt geschlossen. Die Schüler kommen deshalb in die Schulen nach Plochen. Im Gymnasium kommt es zu Spannungen. Wegen Platzgründen wurde die Hauptschule im selben Gebäude untergebracht wie das Gymnasium.

Zwischen den Schülern der beiden Schulen gibt es keinen Kontakt. Nach außen sieht alles friedlich und ruhig aus. Doch in Wirklichkeit wurde längst aus Ablehnung, Feindschaft und aus Kritik, Hass. Innerhalb kürzester Zeit verwandelt sich die Schule in einen Hexenkessel. Olaf, der sich einer fanatischen politischen Gruppe angeschlossen hat, will „Recht und Ordnung" einziehen lassen. Als es nach dem Tod einer Hauptschülerin zu einer Razzia kommt und bei Rosanna Rauschgift gefunden wird ist die Eskalation nicht mehr aufzuhalten. Die beiden Musterschüler Philipp und Jonas, die Rosanna helfen wollten, werden in den Hexenkessel gerissen. Wie ein Flächenbrand breitet sich an den Schulen gegenseitiger Hass aus.

Ein gefährliches Schweigen greift um sich. Innerhalb kürzester Zeit verändert sich die ganze Stadt ...

Bundesweite Aktion
„Wissen schützt vor Fanatismus“ (c)
ein voller Erfolg

Handeln – statt Reden – ist die Devise der Autorin Renate Hartwig. Durch engen Kontakt mit Jugendlichen und Lehrern kam die Idee auf, eben andere Wege zu gehen. So entstand „Jugend informiert Jugend“ und wurde auch gleich umgesetzt. Lesungen im ganzen Bundesgebiet haben gezeigt, Schüler wollen sich einbringen, mehr erfahren, dann aber auch mehr wissen und auch mitreden. Wissen schützt – auch vor Fanatismus – denn den gilt es zu verhindern. Nur wer immer die Tür einen Spalt offen lässt, miteinander im Gespräch bleibt, verhindert, dass aus Fremden Feinde werden. Nur wer nicht ausgrenzt, kann Vorurteile abbauen. Hass und Gewalt bekommen so ein Stoppschild verpasst. Können sogar verhindert werden.
Der Slogan: „Wissen schützt vor Fanatismus“ im Verbund Unternehmer & Jugend greift und zeigt am Erfolg, dass persönliches Engagement ohne bürokratischen Wasserkopf funktioniert. Jugendliche haben untereinander Kontakt aufgenommen und stehen für Gespräche und Diskussionen in Schulen zur Verfügung.
Anlaufstelle für Jugendliche, die mitmachen und Lehrer, die es nutzen möchten, ist das Büro Hartwig, Hotline-Nummer 0 73 08/96 90 10. In enger Zusammenarbeit mit bundesdeutschen Unternehmern ist es gelungen „Wissen“ zu sponsern. So wurde eine Lanze für Bürgerengagement gebrochen. Anstatt darüber zu reden, wie man auf Kosten der Steuerzahler für alles und jedes noch mehr Plan- und Expertenstellen einrichten kann, hat „EULE“ längst gehandelt. Unternehmer, Lehrer, Schüler, junge Erwachsene und Künstler sind eingebunden und werden selbst aktiv, um gesellschaftpolitische Problemfelder miteinander anzugehen. Anstatt verurteilt und ausgegrenzt, wird informiert und geklärt. Der Einstieg zum Gespräch, der dann zum Handeln führt, sind die Jugendbücher von Renate Hartwig. Altersgerecht werden hier soziale Problemfelder in der Gesellschaft behandelt. Unternehmen sponsern die Bücher für Schulen.
Schüler haben die Handlung von Büchern über Rollenspiele erarbeitet, Jugendliche wurden motiviert, auch außerhalb vom Unterricht, aktiv zu werden. Die erste Theatergruppe über die „Aktion EULE“ ist gegründet und probt bereits. Und das alles war und ist möglich, ohne einen Euro an Steuergeldern zu wollen oder zu benötigen.

Wie gesagt – es geht – man muss es nur tun!